만들어진
간첩

만들어진 간첩

유럽 거점 간첩단 사건, 그리고 최종길 교수 죽음의 진실

초판 1쇄 발행 2017년 5월 20일 ＼**초판 2쇄 발행** 2017년 6월 20일
지은이 김학민 ＼**펴낸이** 이영선 ＼**편집이사** 강영선 ＼**주간** 김선정
편집장 김문정 ＼**편집** 임경훈 김종훈 하선정 유선 ＼**디자인** 김회량 정경아
마케팅 김일신 이호석 김연수 ＼**관리** 박정래 손미경 김동욱

펴낸곳 서해문집 ＼**출판등록** 1989년 3월 16일(제406-2005-000047호)
주소 경기도 파주시 광인사길 217(파주출판도시) ＼**전화** (031)955-7470 ＼**팩스** (031)955-7469
홈페이지 www.booksea.co.kr ＼**이메일** shmj21@hanmail.net

© 김학민, 2017
ISBN 978-89-7483-850-8 03910
값 19,500원

이 도서의 국립중앙도서관 출판시도서목록(CIP)은 e-CIP 홈페이지(http://www.nl.go.kr/ecip)에서
이용하실 수 있습니다.(CIP제어번호: CIP2017009990)

만들어진 간첩

유럽 거점 간첩단 사건, 그리고
최종길 교수 죽음의 진실

김학민 지음

서해문집

42세의 법학 교수를 기리며

함세웅(신부)

공수래공수거空手來空手去, "벌거벗고 세상에 태어난 몸, 알몸으로 돌아가리라"(욥기 1, 21). 자연의 섭리에 겸허하게 머리 숙입니다. 그리스도인들은 '십자가에 못 박혀 돌아가신 예수님'을 구세주 하느님의 아들이라고 고백합니다. 그러나 "아니, 전능하신 분께서 그렇게 무력하게 돌아가시다니, 불의한 권력자들, 가증스러운 위선자들을 깨끗하게 척결하셨어야지!" 하는 의문이 늘 남아 있습니다. 그러함에도 불구하고 신앙인들은 이 의문을 의지적으로 누르고 십자가의 예수님을 응시하며 고난 속에서도 매순간 새로운 답을 찾고 있습니다. 인간은 바로 구도자求道者이기 때문입니다.

이 책을 읽으면서 44년 전으로 거슬러 올라가 제 자신과 우리 공동체가 겪은 사건과 걸어온 길을 새롭게 깊이 떠올렸습니다. 특히 유럽 간첩단 사건에 연루된 많은 분들의 가슴 아픈 사건을 기억하며 분단된 민족의 아픔과 고통을 깊이 되새겼습니다. 1973년 10월 19일 중앙정보부 5국 조사실에서 고문으로 숨진 만 42세의 서울법대 최종길 교수는, 의사인 아내와 두 자녀의 가장이었고, 중앙정보부 감찰실 직원이 동생이었습니다.

스위스 출신 신학자 한스 큉 사제는 "모세, 부처, 공자, 마호메트 등 훌륭한 종교 창시자들은 모두 성공한 후 고령에 제자와 추종자 들에게 둘러싸여 인생을 누릴 만큼 다 누리고" 간 분들이라고 했습니다. 그러나 그리스도교의 주역인 나자렛 예수는 30대에 '타살당한 청년'임을 강조하며, 이 십자가의 죽음이 바로 그리스도교의 본질이며, 정체성이라고 설파했습니다(한스 큉, 《그리스도교 : 본질과 역사》, 분도출판사, 2002, 71쪽). 그렇습니다. 타살당한 청년 예수, 바로 이분이 그리스도교의 핵심이며 고난사의 상징입니다. 성서에는 타살당한 많은 분들의 이야기가 담겨 있습니다. 예수 아기 탄생 때 잔인한 권력자 헤로데 왕은 두 살 이하의 남자 어린이들을 모두 살해하기도 했습니다(마태오 2,16-18). 무죄한 이 어린이들을 우리는 순교자라고 칭송합니다.

이 책에는 감옥에 갇히고 고문당한 많은 분들, 고국산천과 가족들을 그리며 이국땅에서 숨진 분들이 등장합니다. 독재 시대 최종길 교수를 비롯한 모든 억울한 희생자들이 바로 넓은 의미에서 순교자입니다. 이 모든 분들을 기억하며 분단의 상처를 치유할 민족의 일치와 화해를 위해 기도합니다. 모든 역사 기술은 그야말로 빙산의 일각입니다. 잠겨 있는 물속의 실체를 우리는 역사적 상상력과 기억을 통해 다시 구성해야 합니다. 최종길 교수 사건은 이승만·박정희·전두환 등 독재 시대가 저지른 크고 많은 범죄 중 부분적으로 밝혀낸 한 조각에 불과합니다. 다행히 우리는 그분의 사건에 대해 진상을 규명하고 서울대학교 법과대학에 기념홀도 마련했습니다. 그를 길잡이로 잊힌 많은 희생자들을 기억하며, 특히 후학들이 아름답고 정의로운 세상을 이루기 바랍니다.

중앙정보부로 상징되는 박정희 유신독재 시기 한국 사회는 한마디로 병영국가, 곧 온 나라가 감옥이었습니다. 국가안보와 경제 발전이라는 미명 아래 국가권력이 자행하는 24시간 도청, 감시, 미행, 불시 연행, 납치, 고문, 폭행이 일상화된 시대였습니다. 제가 응암동성당에 있을 당시 주변에는 정보과 형사들과 중앙정보부원들이 늘 상주해 누구를 만나고, 무엇을 하는지 일거수일투족을 철저히 감시했습니다. 그때 저는 일제의 침략 시기 독립과 자유를 소망했던 선열들의 삶을 기억하며 "하느님! 제가 저 잔인한 독재자들을 극복하도록 힘과 용기를 주십시오!" 하며 기도를 바쳤습니다. 예수님의 십자가 길과 고통, 박해 시대의 삶을 실감한 때였습니다.

1974년 1월과 4월 박정희는 긴급조치 1~4호를 발동해 청년 학생, 교수, 변호사, 종교인 등 200여 명 이상을 구속하고 인혁당 사건을 조작했고, 원주교구장 지학순 주교님도 구속했습니다. 청년 사제들이 '천주교정의구현전국사제단'을 결성해 구속자들의 석방과 인권 회복, 민주화, 경제 평등과 노동자들의 권익, 자유 언론 실천을 위해 투신하며 중앙정보부 해체와 유신헌법 철폐를 주장하면서 전국 성당에서 매주 월요일 저녁에 미사를 봉헌했습니다.

이러한 지향으로 명동성당에서 미사를 봉헌하던 1974년 10월 24일, 메리놀회 선교사 시노트 신부님이 《워싱턴포스트》를 건네주시며 말씀하셨습니다. "최종길 교수님 사건을 아세요? 지난해에 중앙정보부에서 고문으로 돌아가신 분입니다. 이 기사를 보세요!" 불과 1년 전의 사건, 그것도 법대 교수님이 고문으로 돌아가셨다는데 우리 사제들은 아무것도 모르고 있었습니다. 우리는 깜짝 놀랐고 참으로 부끄러웠습니다. 사제단은 1974년 12월 10일 세계인권선언 기념미사에서 이 문제를 제기하고, 12월 18일 최종길 교수 추도미사를 봉헌한 후 진상 규명을 위한 호소문을 발표했습니다.

그 미사에 최종길 교수님의 부인 백경자 님과 두 자녀가 함께했습니다. 십자가의 길 제13처, 두렵고 떨리는 마음으로 예수님의 시신을 십자가에서 내려 부둥켜안고 우셨던 성모마리아, 피에타 상의 모습을 그리며 우리는 결연한 마음으로 기도했습니다. 그리고 고문의 진상을 밝히라고 요구했습니다. 국립대학 법대 교수를 대낮에 고문으로 죽이고 간첩으로 조작한 중앙정보부와 박정희에 대한 선전포고였습니다.

12월 31일 저녁 송년미사를 지낸 밤 10시경 갑자기 한 분이 찾아오셨습니다. 중앙정보부원이었던 최종선 선생, 최종길 교수님의 동생이었습니다. 한참 동안 아무 말도 없이 저는 그분의 손을 잡고 있었습니다. 전율만 느꼈습니다. 그분의 떨리는 목소리, 그 아픈 얘기를 귀담아 들었습니다. 저는 '하느님 도와주십시오!'라는 화살기도를 올리며 탄원기도와 함께 먼 훗날 언젠가 진상이 밝혀질 희망과 부활을 꿈꾸며 그분의 말에 귀를 기울였습니다. 자신의 얘기와 함께 한 권의 노트를 제게 전하기 위해 그는 목숨을 건 결단으로 저를 찾아왔습니다. 형님의 비극적인 죽음을 증언하는 현장을 확인하고도 아무것도 할 수 없었던 자신의 무능과 권력에 대한 분노로 녹아내리는 가슴을 안고 고민하다가 정신병동에 입원해, 형님과 관련된 중앙정보부의 범죄와 그 과정을 낱낱이 기록했습니다. 당시 5국 조사실의 건물 구조, 수사관들의 이름과 직책, 지위를 포함해 사건 전후를 육하원칙으로 기록한 완벽한 수기였습니다. '꼭 이 사건의 진실을 세상에 드러내리라' 다짐하면서 저는 이 수기를 받아 제 목숨을 보호하듯 잘 보존했습니다. 그 후 최종선 님은 미국 망명을 계획했지만 뜻을 이루지 못했습니다.

10여 년 뒤, 아들 광준은 아버지의 유훈을 따라 법학 전공을 위해 독일 유학을 떠났습니다. 유학 가기 전에 그는 저를 찾아와 세례를 받았습니다. 딸 희정은 성심여대에서 제 종교학 강의를 들었습니다. 최종길 교수 고문치사 사건의 시효 15년 직전인 1988년 7월에 우리는 최종선 님의 수기와 함께 사건을 공개했습니다. 뜻있는 검찰들이 도와주어 나름대로 조사를 했습니다. 남산 중앙정보부 정문 앞에서 검찰은 대치만 하고 현장검증도 못 했습니다. 박근혜·최순실 국정농단 사건 수사 중인 특검의 현장검증을 청와대가 거절한 것과 똑같은 독재 권력의 행태였습니다.

그 뒤 광준이 독일 유학을 마치고 귀국한 후 1993년 10월 경기도 남양주시 마석 모란공원묘원에서 박기용 선생과 지인들, 우리 사제들은 20주기 추모기도회를 가졌습니다. 공적으로 기억한 첫 모임이었습니다. 1998년 10월 서울대 법대 강당에서는 25주기 행사가 있었습니다. 고 김근태 의원 등 많은 이들이 함께했습니다. 저는 그날 추모사에서 공동체 구성원으로서 서울대학 법대 출신들의 회개와 헌신을 당부했습니다.

"서울법대 선후배 구성원 모두는 반성해야 합니다. 돌아가신 분을 25년 만에 이곳 모교에서 추모한다는 것은 뜻있는 일이긴 하지만 매우 부끄러운 일이기도 합니다. 이곳 법대를 거쳐 간 최종길 교수의 선후배 동문들과 제자들이 법원, 검찰 등 법조 영역에서 얼마나 많이 종사하고 있는데, 그들의 스승이, 선배가, 후배가 혹은 친구가 불법으로 중앙정보부에서 고문으로 목숨을 잃었는데도 25년 동안 무엇을 했는지 진심으로 자신들의 삶을 돌아보고 회개해야 합니다. 무엇을 위해, 누구를 위해 법조인으로 살고 있는지 오늘 자신에게 되묻고 양심의 소리를 듣고 최종길 교수와 우리 사회 공동체 구성원들에게 진심으로 대답해야 합니다. 한국의 사법부는 역대 독재정권의 시녀였다는 이돈명 변호사의 용기 있는 고백과 성찰을 되새깁니다. 모든 법학도들이 초심을 간직해 정의의 길잡이가 되기를 바라며 기도합니다."

2015년 5월 24일 백경자(데클라) 님이 선종하셨습니다. 종암동성당 교우들과 함께 장례미사를 봉헌한 후 최종길 교수님 옆에 영원한 안식처를 마련했습니다. 5월 24일은 바로 박정희를 제거한 김재규 장군 등 여섯 분들 기일이기에 더욱 뜻있는 날이었습니다. 지금 최종길 교수님에 대한 기억을 책으로 묶어 내는 것은 권력이 자행하는 폭력의 실상을 우리 공동체가 기억하고 그 감시자로서 책임과 의무를 함께 나누고 다짐하기 위해서입니다.

이 책에는 지난 44년간 마음과 몸을 다해 진실을 규명하고 한국 사회의 민주화를 염원했던 한 가족, 아니 우리 민족 공동체의 삶이 압축되어 있습니다. 감시와 탄압에도 형님의 억울한 죽음을 가슴으로 써 내려간 동생 최종선 형제의 공포와 두려움, 김아멜리아 수녀님 등 많은 은인들의 노고로 깊이 감추어졌던 자료가 세상에 드러난 초조함도 담겨 있습니다. 44년 동안 드러내지 못한 가족의 이야기, 자유와 민주주의를 염원했던 최종길 교수의 42년 삶은 우리 시대의 자화상입니다. 이 책이 최종길 교수님의 가족에게는 우리 사회 공동체가 드리는 위로가 되고, 우리 공동체 구성원 모두에게는 민주화와 통일을 위해 헌신하자는 다짐의 기회가 될 것입니다.

끝으로 이 책의 지은이 김학민 님의 투지에 경의를 표하며, 이 기록이 중앙정보부 수사와 인권 보호의 교과서가 되고, 법조인을 꿈꾸는 모든 법학도들의 길잡이가 되기를 바랍니다. 최종길 교수님과 부인 백경자님, 그리고 모든 희생자들의 영원한 안식을 위해 기도드리며 민족의 일치와 화해를 염원합니다.

그 오래고 깊은
이야기

김정남(전 청와대 교육문화수석)

최종길 교수(1931~1973)는 이 대학에서 법과 정의를 가르쳤다. 그는 학문으로서 나라를 일으켜 세우고자 했던 학자요, 선지자였으며, 내 몸을 던져 제자를 사랑했던 참스승이었다. 달을 보고 해라고 말해야 했던 시대, 그는 진실을 말하고 정의를 외치다가 불의한 권력에 의해 희생당했다. 그는 진실 없이는 정의 없고 정의 없이는 자유가 없다는 것을 온 생애를 들어 증거했다. 이 방에 들어오는 이는 누구나 이런 질문을 받고 있다.

"오늘 당신은 이 땅의 인권과 정의를 위해 무엇을 하고 있는가?"

위의 글은 서울대 근대법학백주년기념관의 '최종길 교수 기념홀'에 새겨져 있는 명문銘文으로, 1998년 내가 썼다.

나의 최종길 교수와의 인연은 1974년부터 시작되었다. 우리가 익히 알고 있는 바와 같이 최종길 교수는 1973년 10월, 중앙정보부에서 의문의 죽음을 당했다. 그의 부인이 의사인데도 부검에 입회는 물론 사체를 볼 수 없다는 조건 아래 동료 서울대 교수 등 외부인 참석이 철저히 통제되는 가운데 그의 장례가 치러졌다. 그리고 세상에는 그가 간첩이었음을 자백하고 양심의 가책에 못 이겨 중앙정보부의 7층 화장실에서 밑으로 뛰어내려 자살한 것으로 발표되었다. 그러나 중앙정보부의 발표를 액면 그대로 믿는 사람은 아무도 없었다. 소문으로는 새로 도입한 고문 기구의 오작동에 의한 심장 파열로 죽었다는 등의 이야기들이 나돌았지만, 그 소문마저 이내 잊혔다.

최종길 교수의 의문의 죽음은 1972년 10월, 박정희의 유신 쿠데타 이후 그해(1973) 8월에 있었던 김대중 납치 사건에 뒤이어 터져 나온 정치적 사건이자 정치적 탄압에 의한 의문사 1호로 기록되는 사건이었다. 이 사건이 공개적으로 거론된 것은 천주교정의구현전국사제단의 탄생과 무관치 않다. 이제까지 자신들이 쌓아 놓은 교회의 울타리를 크게 벗어나지 않고 있었던 한국의 천주교회는 1974년 7월, 원주교구장 지학순 주교의 구속으로 교회 밖 세상에 관심을 가지게 되면서, 세속에서 일어나고 있는 권력의 횡포에 경악과 분노를 느끼기 시작했다. 특히 젊은 사제들은 권력이 저지르는 온갖 만행을 더 이상 지나치거나 방치할 수 없다는 결론에 따라 기도회 등의 방식으로 유신 권력에 감히 정면으로 맞섰다.

그 첫 시도가 1974년 12월 18일의 최종길 교수 추도미사였다. 이보다 앞선 12월 10일의 인권 선언일 기도회에서 "최종길 교수는 자살한 것이 아니라 고문치사되었다. 많은 사람들의 증언과 해외 언론의 보도가 밑받침하고 있다. … 인권유린의 수부首府 중앙정보부는 마땅히 해체되어야 한다"고 강경한 성명을 낸 뒤를 이어, 18일에는 미사 강론과 현실 고발 등을 빌려 최종길 교수의 고문치사를 기정사실화하고 규탄하면서 "오늘에야 이 땅에 올바르게 살려고 하는 사람들의 뜻을 모아 당신의 추도미사를 올리게 됨을 부끄러워합니다. … 당신의 이름 석 자를, 언제나 우리의 결의와 각오를 새롭게 하는 타오르는 횃불로 우리는 기억할 것입니다. 우리는 이렇게 다 같이 모여 통곡으로 당신을 추모합니다. 전능하신 하느님께서는 우리의 뜻을 굽어살피시어 우리가 악에 물들지 아니하고, 정의를 말하는 데 주저하지 않게 하시며, 독재에 저항할 수 있는 용기와 힘을 주소서. 최종길 교수에게 영원한 안식을 주소서"라는 추도사를 바쳤다.

최종길 교수가 고문치사되었다는 것을 온 세상에 알리고 공개적으로 그를 추모하는 것이야말로 당시로서는 엄청나게 대담한 일이었다. 그것은 사제단만이 할 수 있는 일이었다. 유신독재 권력과 그것을 지탱하는 정보 공작 정치의 본산이라 할 중앙정보부에 대한 정면 비판은 당시로서는 더더욱 엄두도 낼 수 없는 일이었다. 사제단이 그 일을 한다고 했을 때, 솔직히 나는 그 일을 피하고 싶었다. 그만큼 두려웠다. 그러나 사제들은 그 일을 신앙의 힘으로 치러 냈고, 사제들의 보호 속에서 나에게는 아무 일도 일어나지 않았다. 지금 지나고 보니 참으로 용케도 그 시절을 헤쳐 나왔구나 하는 심정이다.

최종길 교수와의 인연은 1988년에 다시 더 굵게 이어진다. 당시 나는 《평화신문》의 편집 책임을 맡고 있었다. 최종길 교수의 동생 최종선의 수기가 있다는 말을 1975년 초에 함세웅 신부에게 들어 알고 있었지만 정작 그 수기를 본 것은 《평화신문》 창간 무렵이 아니었던가 싶다. 그러는 가운데 최종길 교수에 대한 살인죄 공소시효가 다가오고 있었다. 나는 최종선의 수기를 《평화신문》 10월 9일 자와 16일 자에 내보냈다. 6공 치하인데다가 여전히 안기부라는 이름으로 중앙정보부가 엄존했으므로 여간 조심스러운 것이 아니었다. 지학순 주교가 양심선언을 발표한 것이 1974년 7월인지라, 최종선이 1973년 10월에 쓴 수기는 지학순 주교의 양심선언 전에 씌어진 최초의 양심선언이라고 할 수 있었다.

사제단은 그것을 발판으로 1988년 10월, 최종길 사건 진상 규명과 관련자 처벌을 요구하는 고발장을 서울지검에 냈다. 성명과 함께, 최종길 교수의 죽음과 명예훼손에 직접·간접으로 관계가 있는 사람들의 명단과 직책을 공개했다. 이때 최종선의 양심선언과 증언이 결정적인 역할을 했다. 그러나 서울지검은 공소시효가 만료되는 10월 18일, 최종길 교수가 간첩인지 아닌지, 타살인지 아닌지를 끝내 밝혀내지 못했다면서 사건을 종결했다. 흔히 하는 말대로 '혹시나' 했지만 '역시나'로 끝난 것이다. 그러나 이때 최종선의 활약은 당차고 담대했다. 검찰청에 나가 "지금부터 내가 진술하는 것은 검사에게 하는 것이 아니라 역사 앞에 하는 것이다. 내가 진술하는 내용은 후일 기필코 역사가 되돌아볼 것이니, 한 자한 획도 빠뜨리거나 조작하거나 왜곡되게 바꿔 써서는 안 된다" 하면서 자신이 겪어 나온 역사를 증언으로 남겼다.

최종선은 중앙정보부에 수석으로 입사해 감찰실에 배치되는 등 처음에는 잘나갔지만, 최종길 교수의 죽음 이후부터는 완전히 찬밥 신세였다. 그는 오로지 형 최종길 교수의 죽음의 진실과 명예 회복을 위해 그 온갖 수모를 다 견뎌 냈다. 자신이 근무하는 중앙정보부 안에서 최종길 교수가 의문의 죽음을 당하고도 7년 반을 더 일하다가 그는 1981년 1월 23일 마침내 사표를 내고 중앙정보부를 떠난다. 그러나 그가 중앙정보부에 근무할 때 맡았던 동일방직 사태 등에 대한 증언은 역사적 자료가 되고 있다. 그가 그동안 겪었던 심적인 고통과 통분이야 오죽했으랴.

최종선은 1990년대에 한국을 떠났다. 미국에서 양심선언의 후속편이라 할 《산 자여 말하라》라는 제목의 책을 써서 국내에서 출판했다. 그가 떠난 이후의 진상 규명과 명예 회복을 위한 노력은 최종길 교수의 아들 최광준 교수에 의해 계속되었다. 최광준 교수의 끈질긴 노력으로 마침내 최종길 교수의 명예 회복은 이루어지고, 죽음의 진실도 상당 부분 밝혀졌다. 그러나 최종길 교수가 사망에 이르게 된 직접적인 원인이 무엇인지는 아직까지도 명쾌히 밝혀지지 않고 있다. 그를 고문한 수사관들이 끝내 입을 열지 않고 있기 때문이다. 이처럼 최종길 교수 가족들의 명예 회복과 죽음의 진실을 밝히기 위한 투쟁과 그 살아온 역정은 눈물과 분노 없이는 읽어 내려 갈 수가 없다. 그런 가운데 최종길 교수의 부인 백경자 여사는 2015년 5월 24일, 향년 80세를 일기로 영면했으니 애달프다.

이 책은 1973년 10월 19일, 최종길 교수가 중앙정보부에서 의문의 죽음을 당한 이래, 그 가족들이 겪었던 고난의 행적과, 그동안 그 가족을 비롯한 살아 있는 사람들이 끊임없이 전개해 온 진상 규명 및 명예 회복을 향한 긴 여정을 통시적으로 찬찬하게 추적하고 있다. 그동안 단편적으로는 발표되거나 소개된 적이 있었지만, 이렇게 체계적으로 정리된 적은 없었다. 내가 미처 몰랐던 사실들이 이 책에 하나하나 밝혀져 있는데 나도 놀랐다. 따라서 이 책은 최종길 교수의 죽음 이후 간첩의 가족이라는 누명을 안고 살아야 했던 그 가족들의 가족사이며 동시에, 유신 시대 이래 이 나라가 걸어온 민주화 과정이 모두 투영되어 있는 시대사의 기록이라고 할 수 있다. 이 모든 자료를 어디서 다 구했을까 싶을 정도로, 기록들을 샅샅이 정리한 김학민 선생에게 경의를 표한다. 그리고 같은 시대를 살았던 사람은 물론, 오늘을 살고 있는 사람이라면 한 번쯤은 꼭 읽어 봐야 할 실록으로 이 책을 권하고 싶다. 이 책을 읽으면 우리가 지난날 어떠한 질곡과 고난 속에 살았으며, 이 나라, 이 공동체가 어떻게 오늘 여기까지 왔는지를 어렴풋하게나마 헤아릴 수 있게 될 것이다. 이 책을 꼭 읽어야 할 이유가 여기에 있다.

중앙정보부나 보안사령부, 치안본부 대공분실 등 공안기관에 한 번이라
도 연행된 적이 있는 사람이라면 그곳에서 '사건'이 어떻게 '만들어지는
지'를 잘 알겠지만, 일반 시민이 그 '제조 과정'을 알아내기는 쉽지 않다.
그런데 친절하게도 공안기관에 근무했던 한 전직 수사관이 그 '비법'을
공개했다. 1973년 10월 16일부터 10월 19일까지 서울대학교 법과대학
최종길 교수를 조사했던 중앙정보부 수사관 차철권은, '증거 없이'(결국
불법으로) 중앙정보부로 불러들인 사람을 조사할 때는 아래와 같은 '방식'
을 쓴다고 털어놓았다(《신동아》 2002년 3월호 인터뷰).

> … 먼저 백지를 앞에 내놓고 '진술서'라고 쓴 후 원적·본적·주소·직업·
> 성명·생년월일 등의 인적 사항과 전과 관계, 재산 관계, 학력과 경력, 가
> 족관계 등을 쓰게 합니다. 그리고 서독 유학 동기, 유학 기간 중에 접촉한
> 사람과 동독을 여행한 사실이 있는지 등을 하나하나 제목을 줘 가며 쓰게
> 합니다. 이렇게 같은 진술서를 밤새워 반복해서 쓰게 하면, 조금씩 내용
> 이 달라지는 부분이 나오게 됩니다. 그러면 달라진 부분을 별도로 기록해
> 두었다가 한 시점을 택해, '왜 이 부분에 대한 진술은 이렇게 달라지는가?

이 차이가 무엇이냐?'고 파고드는 것입니다.

차철권의 말대로 그렇게 '증거 없는' 사람에게 진술서를 몇 회에 걸쳐 반복해서 쓰게 하면 당연히 내용이 조금씩 바뀌게 된다. 이게 거듭되면서 그의 일상적 '행동'은 수사관의 머릿속에서 구체적 목적을 가진 '활동'으로 정리되고, 그 활동 하나하나는 특정 '사건'의 '증거'로 차곡차곡 쌓인다. 그리고 나서 더 이상 진술서를 받을 필요가 없으면 수사관의 질문에 피의자가 답하는 형식의 심문조서로 마무리되면서 '증거 없이' 공안기관에 불러들여진 사람은 '증거가 확실한' 피의자로 바뀌고, 그런 피의'자耆'가 여럿이면 '단團'으로 묶인다.

진술서가 심문조서로 업그레이드되면서 자연스럽게 피의자의 '증거와 활동'이 명료하게 정리되는 것 같지만, 실제 심문조서에 이르기까지 피의자는 형극의 길을 걸어야 한다. 끊임없는 구타와 고문, 협박을 통해 '있는 그대로의 사실과 행동'은 '있어야 할 사실과 그를 뒷받침하는 활동'으로 바뀐다. 그 다음 진술서와 심문조서를 토대로 작성하는 검찰 송치 의견서에 이르면 그 활동 하나하나가 '공안적' 용어로 각색된다. 피의자가 특정인을 처음 만나면 '접선'이요, 여러 번 만나면 '포섭'이고, 부탁을 주고받으면 '지령 수수'다.

지난해 여름은 무척이나 더웠다. 끓어오르는 가마솥 같은 대낮이 한 달 이상 계속되었고, 한 달 이상의 그 밤도 열대야로 쪽잠조차 허용하지 않았다. 나는 그 여름 내내 1973년 '유럽 거점 간첩단 사건'의 구속 피의자였던 김장현과 김촌명, 그리고 기타 관련자들의 수천 장에 달하는 진술서, 심문조서, 판결문 등과 씨름했다. 그 씨름은 각각의 진술서에서 객관적 '사실'을 파악한 후, 그 '사실'이 다른 관련자의 진술서 속에서 어떻게 부풀려지고 비틀려지는가를 크로스체크함으로써 새로운 '사실'이나 숨겨진 '진실'을 찾아 나가는 작업이었다.

그러나 나는 그 진술서들의 단어 하나하나에서, 그리고 문장 한 구절 한 구절에서 '사실'과 '진실'을 찾아내는 데는 성공하지 못했다. 진술서의 행간에서 내가 '찾아낸' 것은, 중앙정보부 지하 조사실의 백열등 아래 불안과 공포, 절망 속에서 최소한의 자존을 지키려고 고군분투하던 인간, 그러나 결국엔 협박과 회유, 고문에 굴복해 처절하게 무너져 내린 그런 인간의 모습이었다. 이 중 두 명은 재판에 회부되어 지난한 법정 싸움 끝에 무죄판결을 받았지만, 그 무죄판결이 '모든 것을 잃어버린' 그들의 삶을 되돌려 주지는 못했다.

이들 중에는 '모든 것을 잃어버린' 삶조차 누리지 못한 사람도 있었다. 서울대학교 법과대학의 최종길 교수는 1973년 10월 16일 오후, 당시 중앙정보부 직원이었던 동생 최종선의 안내로 정보부에 출두했으나, 사흘 후인 10월 19일 새벽 '간첩 혐의 자백 후 투신자살'이라는 중앙정보부의 일방적 '발표'와 함께 차가운 시신으로 돌아왔다. 그의 죽음에는 간첩의 증거는커녕 자필 진술서나 심문조서, 구속영장 한 장 없이 중앙정보부의 밑도 끝도 없는 '발표'만이 들씌워져 있을 뿐이었다. 그리고 그 닷새 후인 10월 25일, 중앙정보부는 '유럽 거점 간첩단 사건'이라는 것을 발표하면서 최 교수를 거기에 끼워 넣었다.

최종길 교수의 동생 최종선과 천주교정의구현전국사제단은 중앙정보부의 이 거짓 '발표'를 뒤집기 위해 30여 년을 싸워 왔다. 그 30여 년 싸움의 여정, 그리고 최 교수를 죽음에까지 이르게 한 배경이었던 '유럽 거점 간첩단 사건'의 실체와 그 전개 과정을 파헤쳐 정리한 것이 이 책이다. 이 사건의 전개 과정에는 피해자와 가해자, 제보자 등 수많은 사람이 등장한다. 그러므로 이 책은 '사람의 이야기'일 수밖에 없다. 그래서 이들의 이야기를 객관화하기 위해 이 책은 서론·본론·결론의 '논문적' 실용성보다는 '기승전결起承轉結'의 '문학적' 스토리텔링을 택했다.

1973년의 '유럽 거점 간첩단 사건' 관련자들의 판결문·진술서 등 재판문서와 세브란스병원 정신병동에서 기록된 최종선의 '양심수기,' 중앙정보부 수사관 차철권의 2002년《신동아》인터뷰와 의문사진상규명위원회의 보고서는 이 책을 지지支持하는 네 얼개다. 그리고 사건 이후 신문·잡지 등의 보도 내용과 여러 인사들의 기고문, 사건 관련자와 그 친지 및 최종길 교수 지인들의 증언으로 그 얼개의 빈틈을 메웠다. 특히 이 책을 위해 처음으로 증언을 해 준 분들로부터 새로운 사실을 다수 확인할 수 있었고, 그동안 잘못 알려져 왔던 부분들도 바로잡을 수 있었다.

'유럽 거점 간첩단 사건' 관련자 중 구속되어 재판을 받았던 김장현·김춘명의 재판 기록은 이 사건이 1967년의 '동베를린 간첩단 사건'에서 파생되었음을 확인해 주었다. 동시에 이 사건이 박정희 집권 시기 중앙정보부가 정권이 위기에 몰릴 때마다 전가의 보도처럼 빼들었던 '조작' 간첩 사건의 전형임도 그 재판 기록들을 통해 알 수 있었다. 김장현의 재심 때 재판부에 제출된, 그리고 '민주화운동 관련자 명예 및 보상 심의 위원회'가 확보한 이 사건 기소유예 관련자들의 진술서 등도 사건의 실체를 밝히는 데 많은 도움이 되었다.

최종선이 세브란스병원 정신병동에 은신하여 기록한 '양심수기'는, 최 교수의 연행과 불법 조사, 죽음, 그리고 그 은폐에 이르기까지의 미스터리를 풀어 나가는 중심축이었다. 이 '수기'가 온존함으로써 2002년 의문사진상규명위원회의 조사가 효율적으로 진행될 수 있었고, 그래서 보다 진전된 판단이 내려질 수 있었다. 최종선은 2001년, 이 '수기'와 함께 최종길 사건에 대한 본인의 여타 글들을 묶어 《산 자여 말하라 : 나의 형 최종길 교수는 이렇게 죽었다》를 펴냈다. 이 책에서 그는 중앙정보부 수사관들의 실명을 공개했다. 사건 관련 수사관들의 실명 확인은 그 책에 힘입었다.

차철권은 '최종길 사건'에서 핵심 역할을 한 주무수사관이다. 《신동아》는 2002년 3월호에 〈천지신명에 맹세코 나는 최 교수를 죽이지 않았다〉는 제하로 차철권과의 인터뷰를 실었다. 이 인터뷰는 '최종길 사건'의 시말에 대한 차철권의 '주장'을 가감 없이 소개하고 있어 차철권에게 책임 회피와 변명의 장으로 이용되었다는 비판도 받았다. 그러나 이 증언으로 최종길 교수 조사팀의 작동 기제 등 정보부 내부의 세세한 움직임을 엿볼 수 있었기 때문에, 이 인터뷰는 최종선의 '양심수기'와 대척점에 있는 자료로서 의의를 갖고 있다.

2002년 의문사진상조사위원회의 최종길 사건 '조사 보고서'는 이 책을 마무리하는 데 큰 도움이 되었다. 위원회는 1973년 '유럽 거점 간첩단 사건' 및 최종길 교수의 죽음에 직접적으로 관련되었던 중앙정보부 5국 수사관들, 사건 직후 뒷수습에 간여한 중앙정보부 감찰실 직원들, 최 교수의 시신을 부검했던 국립과학수사연구소 관계자 등을 대거 소환 조사했다. 이들의 일치하는, 또는 어긋나는 진술들을 비교 분석함으로써 위원회는 진실에 근접하는 결론을 내릴 수 있었다. 이 책의 결結은 이 보고서의 결론을 정리한 것이다.

이 책은 많은 분들의 증언과 도움이 있었기 덕분에 가능했다. 함세웅·김정남, 두 분은 최 교수 사건의 의혹을 세상에 폭로하게 된 경위와, 그 진실을 밝히기 위해 벌였던 지난한 싸움에 대해 증언해 주었다. 1973

년 10월의 사건 전후 중앙정보부 내부의 생생한 움직임에 대한 기술은 전적으로 최종선 님의 '양심수기' 덕분에 가능했다. 김창희 전《동아일보》독일 특파원으로부터는 '동베를린 간첩단 사건'과 '유럽 거점 간첩단 사건'에 이중으로 얽힌 관련자들의 이야기를 통해 중앙정보부의 공작 실태를 파악할 수 있었다. 일일이 주석을 달아 밝히지는 않았지만, 이 책의 많은 부분에 위 네 분의 증언이 촘촘하게 서려 있다.

최종선의 '양심수기'와 관련해서는 두 분의 귀중한 증언이 있었다. 박기용 님은 1974년 가을 최종길 교수의 유가족과 천주교정의구현전국사제단이 만나게 된 경위와 '양심수기'가 함세웅 신부에게 전달된 경위에 대해서, 그리고 김아멜리아 수녀는 그 '수기'가 중앙정보부의 감시의 눈을 피해 안전하게 숨겨지기까지의 속 이야기를 증언해 주었다. 심재갑 선생 등 제물포고등학교 동창회 관계자들로부터는 인천중·제물포고 동문인 노봉유, 이재원, 최종길, 이재문 등 이 사건의 핵심 관련자들 사이에 얽히고설킨 사연들을 들을 수 있었다. 이 분들의 증언으로 이 책의 '스토리텔링' 성격을 좀 더 높일 수 있었다.

판결문 등 자료 수집에 도움을 준 이창훈 님, 자료들을 컴퓨터로 입력해 준 유지연 님, 컴퓨터그래픽으로 삽화를 그려 준 이은혜 님에게도 감사드린다. 이 분들의 도움으로 자료 분석과 글쓰기에만 집중할 수 있었다. 아내 양해경의 격려도 이 책을 쓰는 데 큰 힘이 되었다. 그녀는 불평한 마디 없이 시도 때도 없이 컴퓨터 앞에 앉아 있는 남편을 응원해 주었다. 끝으로 어려운 출판 사정에도 불구하고 선뜻 출간을 결정, 반듯한 책자로 만들어 준 서해문집 편집진께도 진심으로 감사의 인사를 드린다.

2017년 4월
김학민

차례

추천사1 42세의 법학 교수를 기리며_함세웅 • 4
추천사2 그 오래고 깊은 이야기_김정남 • 10
책을 내면서 • 16

프롤로그_그날 • 26
중앙정보부, 1973 | 운명의 사흘 | 그날 새벽

01 박정희   39

영구 집권의 꿈 | 더 이상 대통령선거는 없다! | 유신 | 중앙정보부, 1961 | 이후락, 1970~1973 | 대학의 병영화 | 학생운동의 용공 조작 | 김대중 납치 사건 | 서울대학교 10·2시위

02 최종길   75

노력파 수재 | 마음이 여린 사람 | 서울법대 교수 시절 | 10월 16일 전후의 최종길

03 최종선   97

비극의 그날 | 장송록 | 현장 | 투항 | 기만 | 부검 | 탄원서 | 기이한 장례식

04 세브란스병원 정신병동   123

입원 | 용공 조작 | 화장실 | 복귀

05 유럽 거점 간첩단 사건   147

간첩의 탄생 | 동베를린 간첩단 사건 | 유럽 거점 간첩단 사건 | 최종길 | 충격 | 김촌명 | 김장현 | 기소와 재판 | 간첩단 54명! 그러나 '간첩'은 한 명도 없었다!

06 유럽의 대남 공작원   199

인천중학교 | 노봉유 | 김성수 | 이재원 | 이재문 | 이재원 형제의 실종 | 정문혜

07 제보자   227

동베를린 간첩단 사건 | 유럽 거점 간첩단 사건 | 양복 한 벌의 악연

08 차철권 243

특무대 출신 정보부원 | 제보 | 구수회의 | 고문은 없었다! | 녹지 | 투신자살
| 뒤처리 | 울릉도 간첩단 사건

09 거짓말 271

혐의 사실과 조사 동기 | 조사 과정과 조사 방식 | 7층 조사실로 이동한 시점
과 그 이유 | 간첩 자백 | 자살과 타살 | 투신 정황

10 은폐와 조작 299

감찰 조사 | 부회보 제42호 | 문건 조작 | 여론 공작

11 정의구현전국사제단 317

양심선언 | 함세웅 신부 | 1974년 | 지학순 주교 | 기나긴 여정

12 불안한 동거 353

중앙정보부 6국 | 2국 학원과, 6국 학원과 | 서울법대 | 제10대 국회의원선거
불법 공작 | 동일방직 노동조합 와해 공작 | 최종선, 정보부를 떠나다

13 서울지방검찰청 383

고발 | 김정남 | 고발인 조사

14 의문사진상규명위원회 409

특별법 통과 | 진정 7호 '최종길 사건' | 최종길의 내사는 공작이었다 | 최종길은 간첩이라고 자백하지 않았다 | 고문은 있었다! | 중정의 사망상황 발표는 허위였다 | 최종길 관련 서류는 모두 조작되었다 | 현장검증에 관한 의문 | 부실한 부검과 중정의 부검 감정서 탈취 기도 | 중앙정보부의 고문 사실 은폐와 간첩 조작 | 검찰의 부실 조사와 중정 직원들의 허위 진술 대책회의

에필로그_진실 • 462
최종길은 '자살'했다, 1973 | 최종길은 '타살'되었다, 2002 | 정의란 무엇인가, 2017

최종길 교수 사건 일지 • 474
유럽 거점 간첩단 사건 관련 인물 약전 • 486
참고 자료 • 496
찾아보기 • 504

그날

중앙정보부, 1973

1973년 10월, 서울법대 최종길 교수의 막냇동생 최종선은 중앙정보부 감찰실 요원이었다. 감찰실은 중앙정보부원들의 규율과 행동을 감독해 위법 사실이나 비위 사실이 발생했을 때 조사 및 징계 처분을 내리는 부서이기 때문에 정보부원들은 감찰실을 '정보부 안의 정보부'라고 인식했다. 따라서 감찰실에는 정보부원 중에서도 엘리트 요원들이 근무했다. 최종선은 중앙정보부 제9기 정규과정에 수석으로 합격해 일정 기간의 특수교육을 마친 뒤 1973년 1월 첫 보직으로 감찰실에 발령받았다. 중앙정보부 발족 초기 군이나 경찰 등에서 정보부로 들어온 요원들과는 달리 공채 정보부원은 모두 유수한 대학 출신으로서 나름대로 국가안보를 책임진다는 자부심과 긍지를 갖고 있었고, 자유민주체제에 대한 신념도 강했다고 한다. 최종선은 9기 공채 정보부원들이 교육생일 때의 일화를 다음과 같이 술회했다.

1972년 1월 21일 정보학교에 입학하고 보니 해군사관학교를 나온 현역

해군 소령 하 모 군을 학생장으로 임명해 우리를 그야말로 군대식으로 통솔하기 시작했는데, 이미 3년 가까운 국방 의무를 다 마치고 온 우리 일반 대학 출신자들은, 우리가 군에 재입대한 것도 아니고, 사관학교에 재입학한 것도 아니며, 우리가 현역도 아닌데, 왜 현역 소령의 통제를 받아야 하며 훈련병 시절을 재현해야 하는지 이해가 안 되는 것이었습니다. 동기생이면 다 같은 동기생이지 소령이라고 우리보다 선임자라는 그런 군 우월의 군사문화를 우리는 인정할 수 없었습니다. … 결국은 학생 총회에서 "북한 공산 집단으로부터 나라를 지키는 국가안보의 최고 무기는 민주주의 그 자체다. 따라서 민주국가의 최고 안보기관인 우리는 가장 민주적이어야 한다. 학생장은 무기명 비밀투표에 의해 민주적으로 자유롭게 직접 선출돼야 하고, 교육과정 또한 군사교육 방식으로 획일화하지 말고 모두 문민화해 최대한으로 자율성과 개성을 존중해야 한다"고 결의해 정보학교장에게 이를 강력히 건의해 관철시켰던 것입니다.

그러나 9기 공채 요원들도 정보학교에서 교육을 마치고 실무에 들어가면서부터는 중앙정보부가 국민과 국가안보를 위한 기구가 아니라 박정희 정권의 친위대로 전락되어 있음을 절감하고 깊은 실망과 번민 속에서 괴로워했다. 그렇지만 기왕에 정보부에 발을 내디딘 이상, 9기 정규과정 동기생들은 언젠가는 정보부를 정권 차원의 조직에서 국가와 민족 차원의 조직으로 만들겠다는 말없는 다짐 속에서 서로를 격려하고 위로할 수밖에 없었다. 어려운 시절이었지만, 최종선을 비롯한 9기 공채 요원 모두는 그럭저럭 중앙정보부에 적응해 갔다.

1973년 10월 13일 오전 11시경, 최종선은 셋째형 최종수의 친구이자 당시 중정 총무국에 근무하던 박웅규를 이문동 본청 구내식당 앞에서 우연히 만났다. 그 자리에서 박웅규는, 최종선과도 잘 알고 지내는 5국 김석찬 수사관이 출근길 통근 차 안에서 최종선의 둘째형 최종길에 대해 아느냐고 묻기에 "훌륭한 분이고, 그 동생도 감찰실에 근무하고 있다"고 말해 줬다면서, "5국에서 동백림 사건 비슷한 사건을 조사한다는데 북괴 공작원 이름이 이재원이라는 것"과, 최종선의 둘째형 최종길과 이재원이 인천중학교 동창으로서 비슷한 시기에 유럽으로 유학을 갔기 때문에 5국에서 관심을 갖는 것 같다고 덧붙였다.

'이재원이라?' 둘째형과 인천중 동창생이라지만 최종선으로서는 기억조차 희미한 사람이었다. '이재원이 간첩이든 아니든, 그게 우리 형과 무슨 상관이 있단 말인가?' 최종선은 박웅규가 그 사실을 알려줘서 고맙다는 생각보다는 오히려 모욕을 당한 듯한 불쾌감이 앞섰다. 그러나 시간이 흐르면서 최종선은 점점 마음이 편치 않아졌다. 그렇잖아도 중앙정보부가 인권유린의 총본산이라고 비난받고 있는데, 그들이 평소 곱게 보지 않던 자기 형에게 칼날을 들이댈 수도 있는 상황이 발생했기 때문이었다.

중앙정보부에서 인권이나 과학적 수사, 묵비권, 변호인 같은 것은 모두 꿈같은 이야기임을 최종선 자신이 누구보다 잘 알고 있었다. 그러므로 최종선은 최악의 경우 중앙정보부가 그 사건을 빌미로 둘째형에게 다소 비인격적 모욕을 가할지 모른다고 생각했으나, 설마 그들이 둘째형을 살해해 반역자 누명을 씌우리라고는 꿈조차 꾸지 못했다. 최종선은 박웅규와 헤어져 사무실로 돌아와서는 감찰실의 직속상관인 이용섭 과장에게 박웅규로부터 전해들은 사실을 정식 보고하고, "둘째형이 혹시 참고인으로라도 조사받게 될 경우 비인격적 대우가 없도록 노력해 줄 것"을 요청했다. 그러자 이용섭 과장도 이를 흔쾌히 받아들였다.

이용섭 과장과의 면담을 끝내고 난 오후 2시 30분경, 최종선은 혹시 둘째형에게 가해질지도 모르는 핍박과 모욕에 대한 불안을 못 이긴 나머지 5국의 담당 수사관 김석찬에게 전화를 걸어 오후 3시에 구내식당에서 만났다. 최종선은 그날 오전 박응규로부터 들은 이야기를 모두 김석찬에게 해 주고는 "만약 형님으로부터 조사 협조를 받게 될 경우 인격적으로 대우해 줄 것"을 웃으며 부탁했다. 그러자 김석찬도 따라 웃으면서 "이미 실질적인 조사는 종결되어서 최종적으로 기자회견 발표문을 쓰고 있으니 신경 안 써도 된다"며 최종선을 안심시켰다.

최종선은 그날 저녁 약간 늦은 시간에 최종길의 집으로 갔다. 최종길의 집에 도착하니 마침 형수는 수술을 받아 친정의 병원에 입원해 있었고, 두 조카(광준, 희정)는 잠이 들어 있었다. 최종선은 형에게 낮에 있었던 일들을 정리해 대강 이야기한 후, 그 건으로 혹시 중앙정보부로부터 협조 요청이 있을 경우 불쾌하게 생각하지 말고 최선의 협조를 다해 달라고 부탁했다. 또 며칠 전 서울대학교 문리대, 법대, 상대생들이 연이어 반유신 시위를 벌인 적이 있으므로 당분간 교수회의는 물론 매사에 행동을 조심해 달라고도 간곡히 말씀드렸다. 그러나 최종길은 어이없고 가소롭다는 표정을 지으며 "그들이 나를 데려가겠다는 것은 그것 때문이 아니라 다른 목적이 있을 것"이라고 단호한 어조로 말했다.

형의 단호한 반응에 최종선은 "형님께서 지난번 교수회의에서 학생들의 강제 연행에 항의 발언을 하셨고, 평상시에도 타협을 모르는 자유주의적 성향을 지니셨기 때문에 그들이 평소부터 형님을 좋지 않게 생각하고 있으리라는 것은 저도 잘 알고 있습니다. 그러나 이번 문제는 다른 문제도 아닌 사상 관계인데 설마 형님께 그렇게까지 하겠습니까?"라며 조심스레 거들었다. 최종길은 "어쨌든 그놈(이재원)이 빨갱이이기 때문에 나로부터 순수하게 수사 협조를 받는 게 목적이라면 국민의 한 사람으로서 협조하는 것은 당연한 일 아니냐?"라고 하면서 "오랜만이니 술이나 한잔 같이하자"고 해, 두 형제는 늦게까지 술을 마시며 시국과 학원 문제, 집안 이야기 등을 나누다가 헤어졌다.

운명의 사흘

최종선이 최종길을 만나고 온 지 이틀 후인 1973년 10월 15일 저녁 퇴근할 무렵이었다. 감찰실 직속상관 이용섭 과장이 최종선을 부르더니 5국 수사공작과장 안흥용에게 가 보라고 했다. 최종선이 안흥용을 찾아가 "감찰실 최종선 직원입니다. 부르셨습니까?"라고 인사를 하자 안흥용이 물었다.

"아 그러십니까? 그런데 최 선생께서는 서울법대 최종길 교수의 친동생이시던데, 사실입니까?"
"그렇습니다."
"우리가 지금 이재원이라는 간첩 사건에 대해서 조사하고 있는데 이 사실을 알고 계십니까?"
"조금은 알고 있습니다."
"이 사실을 형님께도 말씀드렸나요?"
"수사에 적극 협조하시라고 말씀드렸습니다."
"이재원에 대해서 알고 있는 사실이 있으면 우리에게 협조해 주십시오. 그러면 선처하겠습니다."

"도대체 무엇을 선처한단 말씀이십니까? 우리가 선처받아야 할 무슨 잘못이라도 있는 것처럼 말씀하시는군요. 빨갱이 잡는 데 국민의 한 사람으로서 최선의 협조를 다하는 것은 당연한 도리 아닙니까?"

그러나 안흥용은 최종선의 항변에는 아무 대답도 하지 않고 말꼬리를 돌렸다.

"형수께서 병원에 입원 중이시던데, 형수께서 퇴원하신 다음에 형님으로부터 수사 협조를 받는 게 좋으시겠습니까?"
"수사에 협조하는데 형수가 입원한 사실이 무슨 관계가 있겠습니까? 언제고 좋습니다."
"좋습니다. 그렇다면 내일 아침에 형님을 모시고 오실 수 있겠습니까?"
"예, 그렇게 하겠습니다."

다음 날인 10월 16일 오전 8시 30분경, 최종선은 최종길에게 전화를 걸어 "부에서 형님으로부터 수사 협조를 받았으면 좋겠다고 하는데, 오늘 아침에 저와 만나 들어가 바로 끝내 버립시다"라고 말했다. 그러나 최종길은 "오늘 아침에는 곤란하다. 너도 알겠지만 법대생 데모로 휴강을 해 오다가 오늘에야 첫 강의가 시작되는데, 학생들은 항상 공부해야 한다고 설득하던 교수가 첫 강의에 빠질 수 있겠느냐? 그쪽에 물어보아 오후 2시경이면 어떻겠는지 알아 봐서 다시 연락해라"라고 했다. 최종선이 즉시 안흥용에게 형의 사정을 이야기했더니 오후라도 좋다고 했다.
1973년 10월 16일 오후 1시 45분, 최종선과 최종길은 아스토리아 호텔 커피숍에서 만나 차를 마시고는 웃으며 걸어서 중앙정보부 남산 분청사 정문 출입자 통제소에 도착했다. 통제소에 들어가 최종선이 5국 담당과에 전화를 걸어 형이 도착했음을 알리자 담당 공작과 직원 변영철이 나와 최종길의 출입 절차를 밟았다. 변영철을 따라 들어가는 형을 지켜보면서 일말의 불안감이 스쳐 지나갔지만, 최종선은 불안을 감추고 "형님! 이 못난 동생의 직장 이번에 한 번 봐 두십시오" 하며 웃었다. 최종길도 "허허! 말로만 듣던 남산에를 다 들어와 보게 되었구나" 하면서 쓴웃음을 지었다.

10월 16일 저녁. 최종선은 퇴근길에 출입자 통제소에 들러 주민등록증 보관함에서 형의 주민등록증을 확인해 보았다. 외부인이 정보부에 출입하려면 규정상 주민등록증을 꼭 맡겨야 했기 때문이다. 최종선은 형이 정보부에 들어온 지 이미 네 시간이 경과했는데도, 주민등록증이 아직 그대로 있다는 것을 확인하고 수사 협조가 아니라 수사 대상이 된 게 아닐까 하는 불안감이 들었다. 그들이 형을 대상으로 삼아 학원 탄압의 범죄를 공작하고 있는 것이 아닐까 하는 생각에 갑자기 온몸에 소름이 끼쳤다. 한편으로 설마 죄 없는 사람을 간첩으로 만들까 하는 생각도 들었지만, 최종선은 형님 걱정으로 그날 밤을 뜬눈으로 보냈다.

최종선은 날이 밝자마자 정보부로 향했다. 정문 출입자 통제소에는 형의 주민등록증이 그대로 있었다. 단순한 수사 협조가 아니라 무언가 불길한 일이 꾸며지고 있다는 확신이 들었다. 그러나 최종선은 형의 결백과 하느님만을 믿으면서 설마 하는 마음으로 기다릴 수밖에 없었다. 상황이 어떻게 돌아가는지 전혀 모르면서 지레짐작으로 항의를 제기해 그들을 자극할 수도 없었고, 변호인을 선임해서 초법적 권력기관인 그들과 정면 대결을 성급히 벌일 수도 없었다. 최종선은 갈팡질팡하며 사태를 제대로 파악하지 못하고 시간만 흘려보냈다. 최종선으로서는 무척이나 긴 하루였다.

오후 5시경, 감찰실장 손종호가 과장들을 모아 놓고 저녁회의를 하는 자리로 최종선을 불렀다. 그는 최종선에게 "형님에 대해 아는 것을 모두 말해 봐라. 그러면 5국에 선처하도록 잘 말해 주겠다"라고 했다. 최종선은 그 자리에서 형의 결백을 주장하면서, 명백한 인권유린이라고 강력히 항의했다. 그러면서 자기가 이 사실을 처음 파악하고 즉시 직속상관인 이용섭 과장에게 '직원 신상 문제'로서 정식으로 보고했음을 상기시키면서 형의 즉각 석방을 요구했다. 손종호는 옆에 앉아 있던 이용섭에게 사실 여부를 물었다. 이용섭이 사실이라고 답변하자 손종호는 최종선의 어깨를 두드리며 "처음 알자마자 즉각 '직원 신상 문제'로서 직속 과장에게 보고한 것은 대단히 잘한 일이다. 이 친구 형이 죄가 있으면 그때 도망을 쳐도 이미 쳤지, 두 형제가 손잡고 제 발로 걸어 들어 왔겠는가?"라면서 최종선을 위로하고 안심시켰다.

그때 옆에서 자초지종을 듣고 있던 감찰실 부실장 배명갑이 바로 5국 수사 담당과에 전화를 걸어 과장을 바꾸라고 했다. 조사계장 고병훈이 전화를 받아 과장이 자리에 없다고 하자, 배명갑은 "나도 대공수사 수십 년 해 본 사람인데, 종선이의 말을 들어 보니 당신들 초점이 틀린 것 같다. 편견을 갖고 무조건 덮어씌우는 식의 조사를 해서는 안 되니 과학적이고 공정한 조사를 하라"면서 전화를 끊었다. 그리고 최종선에게 "처음부터 너의 직속 과장에게 보고한 것은 훌륭하다"라고 칭찬하며 돌아가라고 했다.

최종선은 감찰실 회의 분위기를 보고는 다소 안심을 하고 낙관적인 마음으로 퇴근을 서둘렀다. 그러나 퇴근하면서 출입자 통제소에 들러 보니 형의 주민등록증은 변함없이 그 자리에 있었다. 최종선은 형이 겪고 있을 고초를 생각하니 피가 거꾸로 솟아올라 당장 지하 조사실로 달려가 강제로라도 형을 구출해 나오고 싶은 충동을 느꼈다. 그러나 '형님이 죄가 없으니 내일이면 나오시겠지…' 하며 하느님의 뜻에 의지할 수밖에 없었다. 손종호의 선처(공정한 처리) 약속을 믿고 또 하루를 그대로 흘려보낸 것이다.

다음 날인 10월 18일 아침, 최종선은 하늘이 무심치 않기를 두 손 모아 빌면서 출근했다. 최종선이 자기 책상에 앉자마자 직속 과장 이용섭이 그를 호출하더니 "행정과에 올라가 행정과장의 지시를 받으라"라고 했다. 행정과장의 통제를 받으라는 것은 현 직위에서 해제되었거나, 총무국 대기상태가 되었음을 뜻했다. 최종선은 이용섭의 명령에 아무런 대꾸도 하지 않고 과장 방을 나와 지금까지 하던 업무를 옆의 직원에게 상세하게 인계해 주고 행정과로 올라갔다. 그날 하루 종일 최종선은 행정과에서 대기상태에 있었으나 그들은 최종선에게 아무런 지시도, 요구도 하지 않았다. 최종선은 이제 일이 이렇게 벌어진 이상 고분고분 그들의 뜻대로 따라가 주지는 않겠다고 결심했다.

퇴근시간이 되자, 행정과장은 최종선에게 내일 아침에 정상 출근하라면서 집으로 돌아가라고 했다. 이는 그 시간까지 최종길에게서 아무런 범죄 사실도 확인하지 못했다는 의미일 것이다. 최종길에게 고문이라도 가해 범죄 사실 조작이 완결되었다면, 동생인 최종선이 집으로 돌아가기는 쉽지 않았을 것이다. 최종선이 자유롭게 중정을 빠져나가면 수사 기밀이 누설될 수 있기 때문이다. 또한 혐의자의 친동생이기 때문에 그 사건과의 관련 여부를 확대 조사하기 위해서라도 최종선을 구금했을 것이다. 그러므로 최종길은 그 시간까지도 중정이 조작한 혐의를 인정하지 않고 결백을 주장하며 사투를 벌였을 것이다.

그런데 어제까지도 최종선을 위로하고 도움을 줄 것 같았던 감찰실 간부들의 분위기가 하루 사이에 돌변하더니 냉랭해졌다. 최종선은 속으로 두려워하던 일이 벌어지고 있다는 생각에 불안했다. 또한 형의 혐의에 대한 조작극 지시가 감찰실보다 더 높은 고위층에서 내려와 감찰실로서도 물러설 수밖에 없었던 게 아닌가 하고 추리해 보기도 했다. 10월 17일 손종호의 긍정적 태도를 믿고 귀중한 시간을 허비한 자신의 어리석음에 통탄을 금할 수 없었지만, 이미 지난 일이었다. 더 이상 가만히 앉아서 당할 수 없다는 생각을 하지 않을 수 없었다.

최종선은 다음 날 일찍 중앙정보부 감찰실장을 지냈던 이재걸의 집을 찾아가기로 결심하고, 사흘째 밤도 뜬눈으로 새웠다. 이재걸은 최종길과는 서울법대 동기동창으로, 당시 중앙정보부장이던 이후락의 조카였다. 이재걸은 최종길이 하버드 대학 유학을 마치고 귀국하자, "권력기관에 있는 사람이 회장을 맡고 있으니 동창회 성격이 이상해지는 것 같다. 그러니 교수인 네가 회장직을 맡아서 동창회를 순수하게 끌고 가라"며 자신이 맡고 있었던 서울법대 9회 동창회인 '구법회九法會'의 회장직을 넘길 정도로 서로가 신뢰하는 관계였다.

그런데 당시 이재걸은 '윤필용 사건'에 연루되어 보안사령부에 구속되어 있었다. 수도경비사령관 윤필용의 직계로서 수경사 참모장으로 있었던 동향 친구 손영길과 어울린 죄였다.(《김형욱 회고록》에선 이재걸이 윤필용과 가까웠던 한양대 총장이자 《대한일보》 사장 김연준으로부터 100만 원의 뇌물을 받은 것이 들통나 구속되었다고 기술했다.) 최종선은 이재걸이 구속되기 전 몇 달간 그 밑에서 일을 같이한 인연이 있었다. 이재걸은 당시 감옥에 있었으므로 만나기가 쉽지 않겠지만, 최종선은 지푸라기라도 잡는 심정으로 이재걸의 부인에게 모든 사실을 이야기하고 도움을 받아 이후락 중정부장을 직접 만나 탄원키로 생각했다.

그날 새벽

그러나 실낱같이 희망을 걸었던, 최종선의 마음속 계획을 아무런 의미도 없게 하는 일이 벌어졌다. 10월 19일 새벽 5시경, 최종선은 중앙정보부 당직실로부터 전화 한 통을 받았다. 전화를 건 당직실 직원 태성범은 "감찰과장님(이병정)이 최 선생을 오전 7시까지 당직실에 대기시켜 놓으라 하시니 7시까지 들어오십시오"라고 했다. 전화를 받은 뒤 최종선은 '드디어 그들이 형에게 간첩 누명을 씌워 민족 반역자로 만들었구나. 그래서 나도 조사하기 위해 호출하는구나' 생각했다. 최종선은 자신의 '수기'에 당시의 심정을 다음과 같이 적었다.

05:40
아내의 모습. 그 뱃속에 숨 쉬고 있는 이제 3개월짜리 아기.
나는 눈을 감고 하느님을 불렀다.
"하느님! 이래도 되는 겁니까?"

06:30
나는 아내에게 "아기를 잘 낳아 키우라. 남자면 남자답게, 여자면 여자답게 키울 것"을 당부하고 집을 떠났다. 집 밖을 나오니 골목 어귀에 낯익은 정보부의 검은 코로나 차량이 대기하고 있다가 내가 탄 택시를 미행하는 것이었다. 정보부의 차량들은 대부분 일본에서 직수입한 일본제 코로나

승용차로서 국산 코로나와는 확실히 구분이 되었고, 그러한 차들은 정보부와 청와대에서만 사용되고 있었다.

06:55
나는 당직실까지의 수십 개 계단을 올라가고 있었다. 한 계단 한 계단을 오를 때마다 나의 마음은 이상하게도 상대적으로 맑고 차가워졌다. 그날의 당직 근무자 태성범, 공성근 직원이 도리어 나를 보고 당황하며 내 시선을 피하는 것이 알 수 없는 일처럼 느껴지는 것이었다.

07:15
부내 전화벨이 울리고 감찰과장이 출근하는 차 속에서 무전으로 내가 당직실에 와 있는가를 확인하는 것이었다. '내가 어디로 도망이라도 갈 줄 알았단 말인가? 무슨 죄가 있다고 내가 도주하는가? 내가 간첩이어서 월북이라도 한단 말인가?'

7시 25분, 감찰과장 이병정이 올라와 최종선을 자기 사무실로 불렀다. 최종선은, 감찰과장이 '피치 못하게 되어 당신을 5국에 인계하니 입장을 이해해 달라'는 정도로 나오리라 예상하고 마음을 냉정하게 다잡았다. 그러나 그는 아무 말도 없었고, 표정은 어둡고 침통하기까지 했다. '아! 형님께서 돌아가셨구나!' 최종선은 눈을 똑바로 뜨고 이병정을 뚫어질 듯 쏘아보았으나, 그는 최종선의 시선을 피하고 있었다.

박정희

01

영구 집권의 꿈

1961년 5월 16일, 군사 쿠데타를 일으킨 박정희는 그 첫날 '혁명공약' 6개항을 발표했다. 공약의 마지막 6항은 "이와 같은 우리의 과업이 성취되면 참신하고도 양심적인 정치인들에게 언제든지 정권을 이양하고 우리들 본연의 임무에 복귀할 준비를 갖춘다"였다. 그러나 박정희는 2년 후, 스스로 밝힌 '원대 복귀' 약속을 헌신짝처럼 버리고 민주공화당을 창당해 대통령 후보로 나섰다. 결국 박정희는 1963년 제5대 대통령선거와 1967년 제6대 대통령선거에서 윤보선을 연달아 제치고 대통령직을 거머쥐었다. 그러나 제3공화국 헌법은 대통령의 임기를 연임까지만 가능하게 규정하고 있어 1971년이면 박정희는 대통령직에서 퇴임할 수밖에 없었다. 그러자 박정희는 8년 집권에 만족하지 않고 장기 집권을 꾀하고자 비밀리에 대통령의 3선 출마를 허용하는 헌법 개정을 획책하기 시작했다.

우선 박정희는 국회에서의 개헌 선을 확보하기 위한 대책을 강구했다. 그 결과 1967년 6월 8일에 실시된 제7대 국회의원선거를 관권·부정·타락 선거로 이끌어 민주공화당이 압승하도록 만들었다. 그해 5월에 치러진 제6대 대통령선거에서 승리한 박정희는, 공화당 후보 김병삼을 당선시키고 야당 후보 김대중을 떨어뜨리기 위해 목포에서 국무회의까지 여는 등, 위로는 대통령으로부터 아래로는 말단 공무원에 이르기까지 국가 행정력을 총동원해 여당의 선거운동을 지원했다. 선거 결과 공화당 130석, 신민당 44석, 대중당 1석으로 야당은 호헌 선인 59석에도 미달하는 참패를 당했다.

선거가 관권·부정선거로 결말이 지어지자 대학가에서 먼저 이를 규탄하는 시위가 벌어졌다. 그러자 박정희 정권은 6월 15일 전국 28개 대학과 157개 고교에 휴교령을 내려 강압적으로 학원 시위를 봉쇄하는 한편 권오석과 양달승 등 공화당 당선자 9명을 제명해 정국을 수습하고자 했다. 그러나 야당인 신민당은 의원 등록을 거부하고 '총선무효화투쟁위원회'를 결성해 강경한 대여 투쟁을 전개했다. 야당은 6·8총선을 '선거 쿠데타'로 규정하고 전면 재선거를 요구했다. 그러나 야당은 기약 없는 등원 거부에 부담을 느껴 10월부터 공화당과 협상을 시작했다. 결국 11월 29일 6개월에 걸친 등원 거부 투쟁에 종지부를 찍고 신민당 당선자들이 등원함으로써 국회는 정상화되었다. 이 과정에서 박정희도 다소 손상을 입었으나, 국회에서 개헌 선을 확보했으니 박정희로서는 3선 개헌의 8부 능선을 넘은 셈이나 다름없었다.

박정희는 제6대 대통령 임기의 반환점을 지나는 1969년 6월경부터 3선 출마를 위한 개헌 움직임을 노골화시켰다. 그러자 이를 규탄하고 반대하는 대규모 학생 시위가 대학가에서 벌어졌고, 7월 17일에는 야당과 재야 세력을 중심으로 '3선개헌반대투쟁위원회'가 결성되어 전국적으로 반대 운동이 전개되었다. 야당과 종교인, 지식인, 학생 들의 치열한 반대 투쟁에도 불구하고, 9월 14일 새벽 2시 30분 1200명의 경찰을 배치하고 여당인 민주공화당 소속 국회의원만이 참석한 가운데 태평로의 국회 제3별관에서 개헌안이 변칙 통과되었다. 그리고 이 헌법개정안이 10월 17일 형식적인 국민투표에서 77.1퍼센트의 찬성률로 확정됨으로써 박정희는 또다시 대통령선거에 출마할 수 있게 된 것이다.

대통령의 3선 출마를 허용하는 새로운 헌법이 확정되어 박정희가 장기 집권 계획을 착착 진행시켜 가던 1970년 11월, 한국 사회의 구조적 모순을 극명하게 드러내고 이후 한국현대사의 변혁 운동에 지대한 영향을 끼친 '전태일 분신자살 사건'이 일어났다. 전태일이 평화시장 노동자로 살던 1960년대 후반은 박정희 정권의 소위 '조국 근대화 정책'이 본격화되던 시기였다. 박정희 정권은 이를 실현하기 위해 공업화를 통한 경제개발 정책으로 방향을 정하고, 그 재원을 마련하기 위해 일본과 국교를 정상화하는 한일 협정(한일기본조약)을 체결했다. 그리고 한일 협정 체결 이후 청구권 명목으로 도입된 일본의 차관(무상 2억 달러, 유상 3억 달러)으로 많은 기업이 설립되면서 '공업화'는 매우 빠른 속도로 진전되었다.

그러나 수출입국을 겨냥한 공업화는 자본과 기술, 기계설비, 원료, 시장 등 모든 것을 미국과 일본에 의존하는 구조여서 높은 부가가치를 만들어 내지 못했다. 거기에다가 부족한 기술력과 후발 주자라는 조건 때문에 한국 제조업의 수출품들은 저가 정책을 펼 수밖에 없었다. 그리고 이는 필연적으로 생산원가를 낮추기 위한 노동자들의 열악한 근로 환경과 살인적인 저임금을 전제로 할 수밖에 없었고, 노동자들이 저임금으로 살아가기 위해서는 식량 등의 저低농산물 가격이 뒷받침되어야 했다. 이러한 박정희 정권의 지속적인 저농산물 가격 정책은 농촌을 파탄에 이르게 해 많은 농민이 농촌을 떠나 공장 노동자, 또는 도시의 단순 노동자가 되었다. 1960~1975년 사이에만 무려 700만의 농민이 농촌을 등지고 도시로 밀려들었는데, 이들은 공장과 도시에서 '풍부하고 값싼 노동력'의 원천이 되었다.

전태일 역시 채광·통풍 시설도 없는 비좁은 작업장에서 최저생계비의 5분의 1도 되지 않는 저임금으로 하루 15시간 이상 중노동에 시달리던 노동자였다. 전태일은 직접 경험한 현실과 동료 노동자들이 당하는 참상을 목격하고 노동 조건 개선을 위해 투쟁하기로 결심하고, 1970년 11월 13일 시위를 벌이려다 경찰에 의해 강제해산당하자 휘발유를 끼얹고 항의 분신을 했다. 전태일은 화염에 휩싸인 채 "근로기준법을 준수하라", "우리는 기계가 아니다"라고 절규하다 병원으로 옮겨졌으나, "내 죽음을 헛되이 말라"는 유언을 남기고는 끝내 숨을 거두었다.

노동자와 농민의 희생 아래 공업화를 통한 경제개발 정책의 참상을 고발한 이 사건이 발생하자 연일 추모 집회, 시위, 철야 농성 등이 일어났고, 박정희 정권에 대한 사회 각계의 비판 여론도 들끓는 등 한국 사회는 큰 충격에 빠졌다. 전태일 분신 사건은 노동운동 등 1970~1980년대 한국 사회의 변혁 운동을 질적·양적으로 성장케 하는 기폭제가 되었다. 특히 나중에 알려진 전태일의 일기 한 대목 "나에게도 대학생 친구가 하나라도 있었더라면…"은 당시 대학생들에게 큰 충격과 함께 한국 사회 전반에 대한 일대 각성을 갖게 해 1970년대 학생운동에 지대한 영향을 끼쳤다.

더 이상 대통령선거는 없다!

이러한 분위기 속에서 1971년 4월 27일 제7대 대통령선거가 실시되었다. 세 번째로 대통령선거에 출마한 박정희는 낙승을 기대했다. 하지만 야당의 대통령 후보 김대중이 반공법 개정, 예비군 폐지, 대중경제 구현을 위한 노사공동위원회 설치, 남북한 서신 교류·기자 교환·체육인 접촉, 지식인·문화인·언론의 권력으로부터의 해방, 제2한일회담 및 월남 파병군 철수, 미·일·중·소 4대국 한반도 안전보장, 정부기관 일부 대전 이전, 전매 사업 공영화 내지 민영화 실현, 대통령 재산 공개 등을 선거 공약으로 내걸고 박정희 정권의 안보 논리와 경제성장의 허구성을 정면 공격함으로써 국민들로부터 큰 지지를 받았다.

김대중의 선전에 당황한 박정희는 국민 여론에 입각한 민주정치 구현, 야당 협조에 의한 생산적 정치 윤리 구현, 민원 행정 간소화, 단계적 지방자치제 실시, 세제 및 금융제도 개선, 국토 개발 계획 수립 등을 내세우면서 "다시는 국민에게 표를 찍어 달라고 나서지 않겠다"고 호소했다. 그러나 김대중은 장충단공원에서의 마지막 유세에서 "이번에 정권교체를 이루지 못하면 총통제가 실시될 것"이라고 '예언'했다.

김대중에 대한 지지 여론이 높아지자 취약 지역에서의 불법 선거운동과 부정투표를 감시하기 위해 대학생들이 농촌과 소도시 등의 투개표 참관인으로 대거 자원해 갈 정도로 국민들은 정권교체의 열망에 들떠 있었다. 그러나 선거 결과 박정희는 총투표의 51.2퍼센트(유효투표의 53.2 퍼센트)를 획득, 43.6퍼센트(유효투표의 45.2퍼센트)를 얻은 김대중을 약 95만 표 차로 따돌렸다. 박정희가 막대한 선거 자금을 살포했고, 관권을 총동원했으며, 60만 장병의 군부대 투표가 부정불법으로 점철되었음을 감안하면 실제로는 김대중이 승리했을 것이라는 평가가 많았다.

특히 제7대 대통령선거에서는 도시와 농촌, 지역에 따른 표의 쏠림이 확연히 드러났다. 김대중은 전체 도시 유권자 표의 51.5퍼센트를 얻었는데, 특히 서울에서 59.39퍼센트의 득표율을 보여 박정희의 39.95퍼센트에 비해 압도적이었다. 김대중은 전라북도에서 61.52퍼센트, 전라남도에서 62.8퍼센트, 박정희는 경상북도에서 75.62퍼센트, 경상남도에서 73.35퍼센트를 각각 얻었다. 선거 결과 민심이 박정희 정권으로부터 크게 이반되었음이 확인되었고, 김대중은 박정희에게 최고로 위협적인 인물로 부상했다. 3선 개헌 이후 영구 집권을 꿈꾸던 박정희로서는 '다시는 국민에게 표를 찍어 달라고 나서지 않을' 무언가 '특별한 수법'을 모색해야 했다.

독재자가 가장 확실하게 집권을 연장할 수 있는 수법은, 민주주의의 본질적 기제인 선거 자체를 아예 없애거나, 형식적으로 선거제도를 유지하면서 그 규칙을 자기들에게 일방적으로 유리하게 만드는 것이다. 대부분의 독재자는 세계인의 눈을 의식해 선거 자체를 폐지하기보다는 허울뿐인 선거제도를 만들어 놓고 '혼자 뛰어 혼자 우승하는' 수법을 선호한다. 절차적 민주주의에서 최선의 제도라 할 수 있는 선거를 통한 집권 연장이 불가능하다고 생각한 박정희도 다른 독재자들처럼 후자의 수법을 택했다. 그리하여 박정희는 중앙정보부와 검찰, 일부 어용 헌법학자들로 하여금 대만의 총통제 헌법 등을 연구해 1인 독재체제를 구축할 수법을 모색하게 했다. 그것이 바로 1972년의 '유신'이다.

스스로 만든 제3공화국 헌법 기능을 정지시키고 자신의 영구 집권을 확실하게 담보하는 '유신'을 선포하기 전에 박정희는 우선 두 가지 작업을 시작했다. 하나는, 1971년 12월 6일의 국가비상사태 선포다. 박정희는 "현재 대한민국은 안전보장상 중대한 시점에 처해 있다"며, 그 이유로 "중공의 유엔 가입을 비롯한 제 국제정세의 급변과, 그 틈을 탄 북괴의 남침 위협"을 들면서, 이에 따라 "국가안보를 최우선시하고 일체의 사회불안을 용납치 않으며, 최악의 경우 국민의 자유 일부도 유보하겠다"는 등 6개항의 특별조치를 발표했다. 국가비상사태는 통상 외적의 침략이나 내란 발발, 대규모 천재지변 발생으로 국가의 치안질서가 중대한 위협을 받아 통상적인 방법으로는 공공의 안녕과 질서를 유지하기 불가능한 상태일 때 선포한다. 그러나 당시의 국가비상사태를 선포한 직접적 배경은 대학생들의 치열한 교련 반대 투쟁 및 종교계의 부정 부패 척결 시위 등을 억압하기 위해서였다. 미국조차도 북한의 '남침 위협' 주장은 타당성이 없다고 비판했다.

집권 여당인 공화당은 박정희의 국가비상사태 선포의 법적 근거를 마련하기 위해 대통령에게 무소불위의 '비상 대권'을 부여하는 '국가보위에 관한 특별조치법'안을 12월 21일 국회에 제출했다. 이 법안은 경제 질서에 대한 강력한 통제 권한과 언론·출판·집회·시위의 자유 등 국민의 기본권을 대통령이 자의적으로 제약할 수 있는 내용을 담고 있다. 또한 노동자들의 단체교섭권과 단체행동권을 주무 관청의 허가를 받아야만 행사할 수 있도록 만들어 사실상 노동기본권을 봉쇄해 버렸다. 야당인 신민당은 특별법 저지 투쟁에 나섰지만, 공화당과 일부 무소속 의원들은 12월 27일 새벽 3시 국회 제4별관에서 이 법안을 통과시켰다.

다른 하나는, 7·4남북공동성명이다. 1972년 7월 4일 남한과 북한은 정치적 대화 통로와 한반도 평화 정착 계기를 마련하기 위한 남북한 당사자 간의 최초 합의 문서인 '남북공동성명'을 발표했다. 이 성명은 "첫째, 통일은 외세에 의존하거나 외세의 간섭을 받음이 없이 자주적으로 해결해야 한다. 둘째, 통일은 서로 상대방을 반대하는 무력행사에 의거하지 않고 평화적 방법으로 실현해야 한다. 셋째, 사상과 이념, 제도의 차이를 초월해 우선 하나의 민족으로서 민족 대단결을 도모해야 한다"면서 "쌍방은 ① 긴장 상태 완화, 상대방 중상 비방 중지, ② 무장 도발 중지, 불의의 군사적 충돌 사고 방지 합의, ③ 남북 사이에 다방면적 제반 교류 실시, ④ 적십자회담 성사 적극 협조, ⑤ 서울과 평양 사이에 상설 직통전화 개설, ⑥ 이후락 부장과 김영주 부장을 공동 위원장으로 하는 남북조절위원회 구성 운영, ⑦ 합의 사항을 성실히 이행할 것"을 엄숙히 약속했다.

그러나 7·4남북공동성명 전후 시점에서 박정희의 우선 관심사는 국내 정치였다. 1971년 12월에 국가비상사태를 선포하면서 그 근거로 '북한의 도발 위협'과, 긴장 완화라는 명목하에 열강들이 약소국을 희생의 제물로 삼을 수 있다는 '데탕트 위기론'을 들었는데, 갑자기 남북의 평화적 공존을 내용으로 하는 공동성명을 발표하니, 국민들은 불과 6개월 사이에 바뀐 박정희의 모순된 언행에 의심의 눈초리를 거두지 않았다. 그렇지만 여론은 어찌되었든 남북 간에 대화의 통로가 열린 것을 환영했다. 그러나 7·4남북공동성명은 한국전쟁 이후 최초의 남북한 당사자 간 합의라는 역사적 의의만을 남긴 채 잉크도 채 마르기 전인 10월 17일 남한에서는 박정희 독재의 유신체제가, 12월 북한에서는 김일성의 유일사상체제가 등장하는 결과로 이어졌다.

유 신

박정희는 1971년 4월 김대중을 꺾고 대통령직을 거머쥐었지만, 끊임없는 학생 시위와 함께 곧 사회 각 부문의 전방위적 도전에 직면하게 되었다. 같은 해 5월에 실시된 제8대 국회의원선거에서는 야당이 대약진을 했다. 야당인 신민당은 '총통제 음모 분쇄'를 구호로 총선에 임해 개헌 저지 선인 69석에서 20석을 더 확보했다(공화당 113석). 7월에는 사법권 수호 투쟁으로 전국의 판사들이 집단으로 사표를 제출한 '사법파동'이 일어났고, 8월에는 경기도 광주대단지로 강제 이주된 판자촌 주민 5만여 명이 정부의 무계획적인 도시 정책과 졸속 행정에 반발해 폭동을 일으켰다. 그 뒤를 바로 이어 인천 앞바다에서 특수훈련을 받던 병사들이 총기를 난사하며 영등포까지 진입한 후 자폭한 '실미도 사건'이 일어났다. 그리고 10월에는 박정희 직속의 공화당에서 항명파동이 일어났다. 야당의 3부장관 해임 건의안에 일부 공화당 의원이 찬성표를 던져 그중 오치성 내무부장관 해임 건의안이 통과된 것이다.

이러한 흐름 속에서 박정희는 1971년 12월에 유신체제 구축의 전초 작업인 국가비상사태를 선포하고, 그 이듬해인 1972년 최후의 칼을 빼들었다. 1972년 10월 17일 오후 7시를 기해 전국에 비상계엄령을 선포하고, "조국의 평화와 통일, 그리고 번영을 희구하는 국민 모두의 절실한 염원을 받들어 우리 민족사의 진운을 영예롭게 개척해 나가기 위한 나의 중대한 결심을 국민 여러분 앞에 밝히는" '대통령특별선언'을 발표했다. 박정희는 이 선언에서 한반도를 둘러싼 열강들의 세력균형 관계의 변화가 "우리의 안전보장에 직접적 또는 간접적으로 위험스러운 영향을 미치게 될 것"으로 보고 있으며, 남북조절위원회와 남북적십자회담을 통한 "남북대화를 더욱 적극적으로 과감하게 추진해 나가야 할 중대한 시점에 처해 있"는데도 불구하고 우리 사회는 "무질서와 비능률이 활개를 치고 있으며, 정계는 파쟁과 정략의 갈등에서 좀처럼 헤어나지 못"하는 "민족적 사명감을 저버린 무책임한 정당과 그 정략의 희생물이 되어 온 대의기구"의 정비가 시급하다고 주장했다.

또한 박정희는 "우리 헌법과 각종 법령, 그리고 현 체제는 동서 양극 체제하의 냉전 시대에 만들어졌고, 하물며 남북의 대화 같은 것은 전연 예상치도 못했던 시기에 제정된 것이기 때문에 오늘과 같은 국면에 처해서는 마땅히 이에 적응할 수 있는 새로운 체제로의 일대 유신적 개혁이 있어야 하겠"다면서 "평화통일이라는 민족의 염원을 구현하기 위해 우리 민족 진영의 대동단결을 촉구하면서, 오늘의 이 역사적 과업을 강력히 뒷받침해 주는 일대 민족 주체 세력의 형성을 촉성하는 대전기를 마련하기 위해 다음과 같은 약 2개월간의 헌법 일부 조항의 효력을 중지시키는 비상조치를 국민 앞에 선포하는 바"라고 선언했다.

1. 1972년 10월 17일 19시를 기해 국회를 해산하고, 정당 및 정치활동의 중지 등 현행 헌법의 일부 조항의 효력을 정지시킨다.
2. 일부 효력이 정지된 헌법 조항의 기능은 비상국무회의에 의해 수행되며, 비상국무회의 기능은 현행 헌법의 국무회의가 수행한다.
3. 비상국무회의는 1972년 10월 27일까지 조국의 평화통일을 지향하는 헌법개정안을 공고하며, 이를 공고한 날로부터 1개월 이내에 국민투표에 부쳐 확정시킨다.
4. 헌법개정안이 확정되면 개정된 헌법 절차에 따라 늦어도 금년 연말 이전에 헌정 질서를 정상화시킨다.

박정희는 "정치 현실을 직시할 때, 나는 정상적인 방법으로는 도저히 이 같은 개혁이 이루어질 수 없다는 판단을 내리게 되었"으며, "오히려 정상적인 방법으로 개혁을 시도한다면 혼란만 더욱 심해질 뿐더러, 남북대화를 뒷받침하고 급변하는 주변정세에 대응해 나가는 데 아무런 도움이 될 수 없다고 믿었기 때문"에 "국민적 정당성을 대표하는 대통령으로서 나에게 부여된 역사적 사명에 충실하기 위해 부득이 정상적 방법이 아닌 비상조치로써 남북대화의 적극적인 전개와 주변 정세의 급변하는 사태에 대처하기 위한 우리 실정에 가장 알맞은 체제 개혁을 단행해야 하겠다는 결심을 하기에 이르렀"다면서, "만일 국민 여러분이 헌법개정안에 찬성치 않는다면 나는 이것을 남북대화를 원치 않는다는 국민의 의사 표시로 받아들이"겠다는 터무니없는 '국민 협박'도 서슴지 않았다.

박정희의 '특별선언'에 따라 비상국무회의는 10월 27일 비밀리에 준비해 두었던 헌법개정안을 공고하고, 11월 21일에는 국민투표를 실시했다(이 헌법개정안은 동국대 교수 한태연, 중앙대 교수 갈봉근, 중앙정보부장 이후락이 만들었다고 해 '한갈이 헌법'이라 불렸다). 비상국무회의는 유신헌법 지지 및 투표 참여 지도 계몽반을 편성해 전국적으로 캠페인을 벌였다. 대학교수라는 자가 TV에 출연해 "유신헌법을 반대하는 것보다 국민투표에 참여하지 않는 것이 더 나쁘다"고 지껄일 정도였다. 결국 공무원과 통반장 등을 통한 투표 동원과 전국 군부대의 '찬성' 공개 투표로 91.9퍼센트 투표율에 91.5퍼센트 찬성률을 얻어 '유신헌법'이 확정되었다.

유신헌법으로, ①통일주체국민회의가 대통령선거 및 최고의결기관으로 설치되었고, ②직선제이던 대통령선거가 통일주체국민회의 대의원들에 의한 간선제로 바뀌었으며, ③대통령 임기가 4년에서 6년으로 연장되었고, ④국회의원 정수定數의 3분의 1을 대통령의 추천으로 통일주체국민회의에서 일괄 선출하고, ⑤국회의원의 임기를 6년과 3년의 이원제二元制로 해 통일주체국민회의에서 선출된 의원은 3년으로 했으며, ⑥국회의 연간 개회 일수를 150일 이내로 제한하고, ⑦국회의 국정감사권을 없앴으며, ⑧지방의회를 폐지하고, ⑨대통령이 제안한 헌법개정안은 국민투표로 확정되고, 국회의원의 발의로 된 헌법개정안은 국회의 의결을 거쳐 통일주체국민회의에서 다시 의결함으로써 확정되도록 이원화했다. 그 밖에도 1972년 10월 17일의 비상조치와 그에 따른 대통령의 특별선언을 제소하거나 이의를 제기할 수 없도록 헌법 부칙에 못 박았다.

유신헌법의 확정에 따라 12월 15일 대의원 2359명이 선출되어 '통일주체국민회의'를 구성하고, 12월 23일 통일주체국민회의 대의원들의 간접선거에 박정희 혼자만 출마해 제8대 대통령으로 당선되었다. 대의원 전원이 투표해 투표율 100퍼센트를 기록했고, 박정희는 기권자 2명을 제외한 2357명의 지지를 얻어 득표율 99.9퍼센트를 기록했다. '혼자 뛰어 혼자 우승한' 박정희는 12월 27일 대한민국의 제8대 대통령에 취임, '죽을 때까지 대통령을 하는' 영구 집권의 길로 들어섰다.

1978년 7월 6일엔 다시 통일주체국민회의 대의원들에 의한 제9대 대통령선거가 있었다. 대의원 2581명 중 2578명이 투표에 참가해 투표율 99.8퍼센트를 기록했고, 박정희는 2577명의 지지를 얻어(1명 무효표) 0.04퍼센트 차이로 '아깝게' 득표율 100퍼센트를 놓쳤다. 이로써 '죽을 때까지 대통령을 하려는' 박정희의 꿈은 더욱 현실화되었고, 1년 뒤 현직 대통령의 지위에서 김재규의 총에 맞아 죽었으니 '죽을 때까지 대통령을 하겠다는' 박정희의 꿈은 결국 이루어졌다!

중앙정보부, 1961

1960년 4월혁명으로 집권한 민주당 정부는 집권 초기의 혼란에 편승한 윤치영 등 이승만 추종 세력과 이범석 등 족청 계열, 일부 군부의 끊임없는 쿠데타 기도 정보에 시달렸다. 그리하여 장면 정부는 미국 중앙정보국의 권고를 수용해 국외 정보 및 국내 보안 정보의 수집·작성 및 배포 등과 관련된 정보와 범죄에 대한 수사 및 보안 업무의 기획·조정의 필요성을 감안해 국무총리를 위원장으로 하고 국무원사무처장, 외무·내무·재무·법무·국방부장관을 위원으로 하는 중앙정보연구위원회(약칭 중앙정보연위 또는 정보연위)를 1960년 11월 11일 발족시켰다.

중앙정보연구위원회 발족 후 당과 정부 일각에서는 정보 관련 업무를 실행할 기관의 설립 필요성을 장면 국무총리에게 여러 번 건의했지만, 장면은 이승만 정권하의 특무대장 김창룡이 벌인 무소불위의 만행을 지적하며 설치를 쉽게 허락하지 않았다. 그러나 밑도 끝도 없는 쿠데타 소문과 대학생들과 혁신계 인사들의 연이은 시위로 사회가 불안해지자 결국 장면은 특별 정보기관 설치를 결심, 1961년 3월 2일 총리실 직속 시국정화운동본부(시국정화단)를 발족시켰다. 시국정화단은 5·16쿠데타로 조직이 폐지될 때까지 서울시 경찰국장을 지낸 이귀영이 총리정보비서관이라는 직함으로 본부장을 맡았다.

5·16쿠데타 발발 닷새 후 김종필 주도로 발족한 중앙정보부는 앞서 발족한 중앙정보연구위원회와 시국정화운동본부를 통합한 정보기관이다. 또한 중앙정보부는 당시 미국의 대외 정보기관인 CIA를 모방했다고 해 'KCIA'로 불리기도 했다. 그러나 미국의 CIA와는 달리 처음부터 대공 정보나 대외 정보 수집 업무는 뒷전이었고, 국내 정치에 직접 개입,

박정희 독재정권의 전위대 노릇을 하면서 국민과 야당을 감시하고 탄압하는 폭압 기구로 출발했다. 특히 중앙정보부는 명칭이나 조직 형태는 정보기관인데도 정보만 수집하고 분석하는 것이 아니라 수사권까지 갖는, 세계 어디에서도 유례를 찾아볼 수 없는 초법적인 기관이었다. 중앙정보부 설치법령 제6조 2항은 "정보부장, 지부장, 수사관은 범죄수사권을 갖고 수사에 있어 검사의 지휘를 받지 않는다"고 되어 있고, 제7조 1항은 "정보부 직원은 그 업무 수행에 있어 전 국가기관으로부터 필요한 협조와 지원을 받을 수 있다"는 등 초헌법적 권한을 부여하고 있다.

중앙정보부는 1961년 5월 창설 직후에는 반도 호텔을 비롯한 서울 시내 곳곳의 안가에 흩어져 있다가 이듬해인 1962년 성북구 석관동 의릉에 본청을 두게 된다(당시는 '이문동 본청'이라 불렸다). 그러다가 1972년부터 남산 분청이 국내 파트를 전담하게 되면서 남산 분청은 이문동 본청을 제치고 실질적인 중앙정보부의 총본산이 되었다. 이때부터 세간에서는 중앙정보부를 '남산'이라는 별칭으로 부르기 시작했다. '남산'은 1995년 내곡동으로 이전하기 전까지 23년 동안 "나는 새도 떨어뜨리고, 남자를 여자로 바꾸는 것 이외에는 모든 것을 다 할 수 있는 곳"이라는 무소불위의 권력기관으로서 악명을 떨쳤다.

남산의 중앙정보부 터는 조선 통감 데라우치 마사타케의 관저가 있던 곳이다. 데라우치는 1910년 8월 22일 남산 통감부 관저에서 이완용을 상대로 한일병합조약을 체결했고, 그 일주일 후인 8월 29일 이 조약이 발효되어 조선은 일본의 식민지가 되었다. 일제 36년 조선 민중 수탈의 문을 열었던 터에 그 60여 년 후 중앙정보부가 들어앉아 언론과 사법부를 불법 사찰하고, 정권에 비판적인 민주 인사들, 간첩 조작의 희생자들, 심지어 여야 정치인들까지 고문하고 수사해 대한민국의 민주주의를 유

중앙정보부 변천사

일자	내용	청사 위치
1960.11.11.	- 국무원 산하 중앙정보연구위원회 설치 - 위원장 장면(1960. 11. 11~1961. 5. 18 재임)	중앙청
1961.3.2.	- 국무총리 직속 특별 정보기관 시국정화운동본부(시국정화단) 설치 - 본부장 이귀영(1961. 3. 2~5. 18 재임)	
1961.5.20.	- 중앙정보연구위원회와 시국정화운동본부를 통합해 중앙정보부 발족 - 초대 부장 김종필(1961. 5. 20~1963. 1. 6 재임)	반도 호텔 등 서울 시내 곳곳의 안가에 사무실 분산
1961.6.10.	- 국가재건최고회의, 중앙정보부법 제정(법률 제619호)	
1964	- 조직 개편을 통해 300명이던 요원을 1964년에는 3700명으로 늘림	이문동 의릉에 본청 개관, 국내·해외 파트 총괄
1972.12.	- 6대 부장 이후락(1970. 12. 21~1973. 12. 2 재임) 권력의 2인자 군림. 유신, 남북회담 등 무소불위 권력 행사	이문동 본청에는 해외 파트만 남기고, 남산 분청으로 국내 파트 분리
1979.10.26.	- 8대 부장 김재규(1976. 12. 4~1979. 10. 27 재임) 의 박정희 격살로 중앙정보부 조직 초토화	
1980.4.14.	- 전두환(1980. 4. 14~7. 17 재임), 현역 군인으로 중앙정보부장 서리에 취임해 권력 탈취 세력 구축	
1981.4.8.	- 전두환 집권 후 국가안전기획부(ANSP, 안기부)로 개칭 - 초대 안기부장 유학성(1981. 4. 8~1982. 6. 1 재임)	
1995.9.	- 11대 안기부장 권영해(1994. 12. 24~1998. 3. 3 재임)	내곡동으로 본청 이전
1999.1.	- 국가정보원(NIS, 국정원)으로 개칭 - 초대 국정원장 이종찬(12대 안기부장 임기 포함 1998. 3. 4~1999. 5. 25 재임)	

린하고 법치주의를 무력화시켰다는 것은 역사의 아이러니다. 여기에서 '풍년사업'이라는 공작명으로 유신헌법의 초안이 작성되었고, 유럽 거점 간첩단 사건, 민청학련 및 인혁당 재건위 사건, 크리스천아카데미 사건, 김대중 내란 음모 사건, 수지김 사건 등 숱한 인권유린 사건들이 기획되고 조작되었다(1995년 국정원이 내곡동으로 이전한 후 중앙정보부장 집무실이 있던 본관은 유스호스텔로, 인권유린과 고문수사의 두 본거지인 5국은 서울시청 별관으로, 6국은 서울시 도시안전실로 쓰이고 있고, 부장 관저는 '문학의 집'으로 변했다).

김종필이 중앙정보부를 창설해 제1대 부장으로 임무를 시작하면서 처음으로 한 일은 박정희의 권력에 도전하는 군부 내의 '혁명 동지' 세력을 제거하는 일이었다. 김종필은 자신들이 추대한 국가재건최고회의 의장인 장도영 육군참모총장을 비롯해 쿠데타에 참여한 장성급 중에서 송요찬, 김동하 등 박정희의 선배 되는 자들을 대부분 제거해 박정희 일인체제 구축의 주춧돌을 놓았다. 창설 초기 국내 정치에 관여했던 이러한 악습들이 굳어져 이후 중앙정보부는 국민 위에 군림하며 독재자의 정권 안보에만 치중하는 사적 권력기관으로 자리 잡게 된 것이다.

이후락, 1970~1973

이후락은 1924년 경남 울산에서 출생했다. 그는 해방이 되자 국군 창설에 참여해 1945년 12월 군사영어학교 1기생으로 입교, 이듬해 3월에 임관했다. 이후락은 1948년 육군 정보국 차장을 시작으로 군 시절 대부분을 정보 분야에서 근무하다가 1961년 육군 소장으로 예편했다. 예편 직전 그는 국방부 정보실장으로 있으면서 장면 정권이 1960년 11월 11일에 창설한 중앙정보연구위원회의 정보실장직을 겸했으며(1961년 2월 12일까지), 예편한 후에는 1961년 2월 13일부터 5월 20일까지 같은 연구위원회의 연구실장으로 자리를 옮겨 근무한, 곧 '장면 정권의 사람'이었다. 그러나 1961년 초 박정희 등이 쿠데타를 모의하자 이 정보를 접한 그는 재빨리 쿠데타 세력에 붙었다. 그러고는 쿠데타가 성공하자 중앙정보연구위원회에서의 활동과 군 시절 정보 분야 근무 경력을 발판으로 박정희에게 공작·정보 정치의 아이디어를 제공, 박정희 집권 내내 출세가도를 달렸다.

1970년 12월 21일부터 1973년 12월 2일까지 제6대 중앙정보부장으로 있으면서 이후락은 숱한 용공·음해·테러 공작을 주도했다. 이후락은 정보부장 재임 중 위수령 발동과 같은 학원 탄압과 서울대생 내란 음모 사건 등 잇따른 용공 조작 사건의 최종 책임자였고, 1972년의 '유신'을 기획, 박정희 영구 독재를 위한 체제 구축에 앞장선 민주주의 파괴분자였다. 또한 이후락은 야당 국회의원에 대한 테러와 김대중을 납치해 수장시키려는 공작을 기획하고 실행한 인물로, 역대 중앙정보부장·국가안전기획부장·국정원장 33명 중에서 가장 악랄하다는 평가를 받는다. 그는 1979년 박정희가 피살된 후 자신에 대한 부정부패 문제가 언론에 보도되자 "떡을 만지다 보면 손에 떡고물이 묻기도 한다"는 '명언'을 남기기도 했다. 1980년 전두환 등 신군부의 소위 제5공화국이 출범하자 그는 '권력형 부정축재자'로 지목되면서 1980년 이후 모든 공직에서 밀려났다.

1973년은 박정희 정권 내 권력이 재편되는 과도기였다. 당시 수도경비사령관 윤필용은 이후락과 함께한 자리에서 "박통은 이제 그만하고 다음은 형님(이후락)이 해야 한다"는 헛소리를 지껄였다가 하루아침에 보안사 서빙고분실로 연행되어 치도곤을 당했다. 윤필용의 심복인 수경사 참모장 손영길과, 이후락의 조카로서 그의 심복인 중앙정보부 감찰실장 이재걸(손영길과는 국민학교 동기동창, 이하 국민학교는 초등학교로 표기) 또한 서빙 고분실로 연행되어 혹독한 조사를 받았다. 그 사건으로 윤필용도 실권했 지만 이후락도 기울 만큼 기울었다.

박정희를 등에 업고 1970년대 초 대한민국을 쥐락펴락하던 이후락의 권력도 1973년 여름을 넘기고부터는 지는 해와 같은 신세였다. 이후락 은 1973년 8월, 김대중의 납치 살해를 기획했으나 김대중을 수장시키는 마무리를 제대로 하지 못해 박정희의 눈에 나 버린 것이다. 그즈음부터 중앙정보부의 실권은 검사 출신 김치열 차장에게 집중되었고, 이후락의 정보부 장악력은 확 떨어졌다. 결국 과도기적으로 김치열 차장이 이후락 부장을 거치지 않고 박정희에게 직접 보고하고 직접 지시받는 체제로 정보부가 운영되었다.

당시 정보부 감찰실에서는 감찰실장 손종호의 극비 특명으로, 이후락 의 고향인 울산과 동향인 자, 군 병참병과 출신자 등 이후락 계열 특채자 100여 명의 명단을 확인하고 그 일주일여 후에 100여 명 전원을 면직 조치하기도 했다. 1973년 9월에는 가짜 중앙정보부원 이회기(육영수와 동 향, 충북 옥천 출신)에 대한 정보부의 고문 및 성불구 피해 진정 사건으로 영 부인 육영수가 박정희에게 이후락의 경질을 강력히 요구한 일도 있었다. 미 CIA의 한국 책임자 그레그(Donald P. Gregg)가 이후락의 경질을 요구 한 정황도 있다(도널드 그레그, 차미례 옮김, 《역사의 파편들》).

그들(KCIA)은 미국에서 교육받은 한국인 한 명(최종길 교수)을 자기가 근 무하는 대학 캠퍼스의 폭동을 선동했다는 혐의로 체포했다. 그들은 그 교수를 공포의 대상이었던 KCIA 조사실로 끌고 갔다. 거기서 그들은 그에게 고문을 가해 죽음에 이를 정도가 되도록 했거나, 아니면 그가 고통에서 벗어나기 위해 창문에서 뛰어내릴 정도가 되도록 만들었다. 그가 KCIA가 날조해 낸 허위 혐의를 자백할 것을 계속 거부했기 때문이다. 그의 부인이 의사였다고 보도됐지만 부인마저 고문당한 남편의 시신을 보는 것이 한동안 금지됐다. 이런 사실들이 널리 알려졌고 나는 적절한 절차에 따라 그것들을 워싱턴에 보고했다. 그리고 그 보고서에 덧붙여서 이런 야만적인 행위에 대해 내가 KCIA 측에 공개적으로 항의하는 것을 허용해 주도록 요청했다. 워싱턴의 내 상관은 10년 전에 죽었는데, 당시 내 요청을 거절했다. 그는 나에게 "한국인을 한국인으로부터 구하는 일은 중단하고" 사실만 보고하는 데 집중하라고 명령했다.

나는 그 구두 명령을 며칠 동안 곱씹었다. 이는 나에게 중대한 도덕적 위기였기 때문이다. 그래서 내 경력 가운데 처음이자 유일하게 상부 지시를 의도적으로 위반했다. 나는 박종규 경호실장을 찾아가서, 워싱턴의 승인이 나지 않은 사항이지만 내가 개인적으로 이야기하는 것이라고 말했다. 그러면서 나는 정치적으로 견해가 다르다는 이유로 자국민들을 고문하면서 북한의 위협에 대해서는 전혀 관심이 없는 그런 조직과 일하는 것이 너무 힘들다고 말했다. 박은 내 말을 매우 진지하게 경청했고 메모를 했지만 아무런 질문도 하지 않았다. 그리고 자기를 찾아와 준 것에 고마워했다. 그러고 나서 열흘도 되지 않아 이후락 KCIA 부장의 해임 발표가 있었다. 그는 국외로 달아났지만, 해외에서도 추적 대상이 됐다.

이러한 흐름 속에서 검사 출신 김치열 차장이 김종필, 박종규, 신직수 등 반反이후락계 인사들의 지원을 받아 중앙정보부의 주도권을 완전 장

악했고, 현직 검사로서 중정 5국장(대공수사국장)이던 안경상이 정보부의 새로운 실세로 부상하면서 중앙정보부는 박정희 독재 권력을 유지하기 위해 국민들의 민주화 요구를 억압하고 인권을 말살하는 숱한 공안 조작 사건을 만들어 냈다. 이후락의 후임으로는 검사 출신 신직수가 임명되었다.

대학의 병영화

박정희가 '유신' 선포를 준비하면서 한편으로 크게 고심한 것은 대학가의 동향이었다. 당시 야당은 '낮에는 야당, 밤에는 여당'이라는 비아냥거림을 들을 정도로 박정희의 프락치들에 의해 농단당하고 있었고, 많은 의원들이 중앙정보부의 '적절한' 당근과 채찍으로 이미 순치되어 있었다. 그러나 4월혁명으로 이승만 독재정권을 무너뜨린 자랑스러운 역사를 갖고 있던 학생들은, 박정희 집권 초기 굴욕적인 한일회담 규탄 시위 투쟁과 1969년의 3선 개헌 반대 투쟁으로 박정희 정권을 궁지에 몰아넣은 것처럼 한국 사회에서 사회변혁의 폭발력을 갖고 있는 유일한 집단이었다.

이에 박정희가 우선 구상한 것이 대학의 병영화였다. 1969년 군사훈련(교련)이 대학의 이수과목으로 도입되었을 때는 선택과목이었고, 교관도 예비역 군인이 맡았다. 그런데 신학기 직전인 1971년 2월 25일 박정희 정권은 교련 강화 지침을 발표했다. 선택과목이던 교련을 교양필수로 격상하고, 교관도 현역 군인이 담당하도록 했다. 남자 대학생은 학교에서 주 3시간의 학과를 이수한 후 방학 중 군부대에서 집체훈련을 받아야 졸업이 가능했다. 교련은 학과수업과 집체훈련을 합해 졸업 때까지 7학점을 채우도록 규정했다.

1971년 3월, 개학하자마자 전국의 대학이 교련 반대 투쟁으로 불타올랐다. 6·25전쟁 시기에도 대학생의 군사훈련이 그토록 강화된 적은 없었다. 사회문제에 관심이 적은 일반 학생은 물론 교수들까지도 교련 강화 지침에 비판적이었다. 교련 반대 투쟁은 일부 대학에 휴업령이 내려질 정도로 격렬했지만, 그해 4월에 대통령선거가 있었기 때문에 박정희 정권은 강경하게 대응하지 않았다. 김대중과 겨룬 제7대 대통령선거에서 가까스로 승리한 후, 박정희는 교련의 필수과목화와 현역 군인으로 교관을 맡게 한다는 독소조항은 그대로 둔 채, 교련수업을 주 3시간에서 2시간으로 줄이고 교련을 이수한 학생에게는 이수학점에 비례해 병역 단축 혜택을 주는 유화책을 내놓았다.

그러나 수십 명의 현역 군인 교관이 학원에 상주하는 방침이 그대로 인 상태에서 이러한 유화책을 학생들이 받아들일 리 없었다. 9월, 2학기가 시작되자마자 대학은 다시 교련 반대 투쟁으로 들끓었다. 집회는 매번 캠퍼스에서 성토 대회를 연 후 가두로 진출했다. 일부 대학에는 교련 교관으로 현역 군인이 시간강사 급으로 30~40명씩 들어와 있었는데, 학생들이 그들을 캠퍼스 밖으로 밀어내기도 했다. 또 성토대회장에서 교련복을 입은 허수아비와 군복 화형식을 벌이기도 했다. 바로 이런 교관 밀어내기와 군복 화형식이 박정희의 분노를 촉발했다.

1971년 10월 15일 정오경 공수특전단의 무장한 군인들과 수도경비사령부 헌병대가 서울대, 연세대, 고려대 등의 캠퍼스에 진입했다. 위수령이 발동된 것이다. 양택식 서울시장이 "데모로 흐트러진 학원 질서를 바로잡기 위해 군을 투입해 달라"고 육군에 요청했고, 육군이 이를 받아

들여 위수령이 발동된 것이다. 박정희는 이날 오전 "교련 반대를 빙자한 불법 데모로 질서가 파괴된 대학에는 학원의 자유·자주·자치를 인정할 수 없다"는 내용의 '학원 질서 확립을 위한 특별명령'을 발표했다. 박정희는 이 명령에서 "경찰은 학원 안에 들어가서라도 데모 주동 학생을 색출하고 안 되면 군을 투입해서라도 질서를 잡으라"면서 "학생들의 불법적 데모·성토·농성·등교 거부 및 수강 방해 등 난동은 일체 용납할 수 없다. 주동 학생을 전원 잡아들여 학적에서 제적하라"고 문교부에 지시했다.

장갑차를 앞세우고 완전무장을 한 군인들이 몇백 명씩 대학으로 물밀듯 쏟아져 들어갔다. 군인들은 시위 주동 여부를 가리지 않고 강의실을 덮쳐 학생들을 연행했고, 달아나는 학생의 뒤를 쫓아가 무자비하게 구타하기도 했다. 위수령 발동 첫날인 10월 15일 서울시내 7개 대학에서 연행된 학생 수는 1889명에 달했다. 각 대학은 문교 당국에서 내린 '학원 질서 확립 6개항'에 따라 서울대 61명을 비롯해 전국 23개 대학에서 총 171명의 학생을 제적 처분했고, 74개의 학생 서클이 해체되었으며, 13종의 학내 간행물이 폐간되었다.

제적된 학생들은 강제징집을 당해 군에 입대해야 했다. 병무청은 교련을 거부한 35개 대학 1만 3505명에게 병무 신고를 받게 한 후, 이들 중 5000여 명에게는 징집 경고를 내렸다. 이들 중 경찰에 연행된 후 바로 징집영장을 받고 군대로 끌려간 학생들은 논산훈련소에서 기초훈련을 받고 대부분 전방부대로 배치되었다. 이들은 3년여의 군복무를 마칠 때까지 늘 보안대의 감시와 동향 파악 속에서 지냈다. 1971년 연세대학교 정치외교학과 2학년생으로 교련 반대 시위에 앞장섰다가 서대문경찰서에 연행된 후 강제징집된 김용석(노무현 정부 청와대 인사비서관 역임)은 당시의 상황을 다음과 같이 술회했다.

위수령 발동 후 연행되어 서대문경찰서에 구금되어 있다가 10월 26일 영문도 모른 채 형사 2명과 함께 등촌동의 국군통합병원으로 끌려갔습니다. 같이 구금되어 있었던 정법대 학생회장 목정래도 함께였습니다. 그날 국군통합병원에서는 ROTC 지원 대학생 수백 명이 팬티만 입은 채 신체검사를 받고 있었는데, 우리가 도착하자 그들의 신체검사는 바로 중단되었습니다. 형사들은 우리를 병원장실로 데리고 갔고, 바로 내과·외과·안과 등 전문의 군의관들이 차례로 병원장실로 와서 우리 둘을 검사했습니다. 병원장실로 장비를 가져올 수 없는 X레이 촬영만 따로 설치되어 있는 방으로 가서 했습니다. 모든 검사를 마치자마자 바로 종합판단이 나왔습니다. '1등급 갑종 합격!' 입영일은 그 나흘 후인 10월 30일이었습니다. 신변정리를 위한 나흘간의 귀가를 허용했으나 24시간 내내 형사 두 명이 감시했습니다. 심지어 친구들과의 송별 술자리에도 형사 두 명이 합석해 내가 친구들에게 그들을 소개하기도 했지요.

10월 30일 입영 열차를 타기 위해 용산역에 갔더니 함석헌 선생 등 재야 인사, 학생 등이 1000여 명 나와 있었습니다. 출영 나온 사람들과 징집되는 우리들이 함께 〈아침이슬〉을 합창하는 가운데 기차는 떠나갔습니다. 그때 논산훈련소로 징집된 대학생은 80여 명이었는데, 겹치지 않게 각 소대마다 1명씩 배치했습니다. 기초 군사훈련을 마치고는 절반인 40여 명씩 의정부의 101보충대와 춘천의 103보충대로 이송되었습니다. 우리들의 병적카드 왼편 상단에는 모두 'ASP(Anti-Government Student Power)'라고 씌어 있었습니다. 군 생활 내내 우리들은 ASP로 불리었지요. 'ASP 병사'들은 보충대로 갈 때 이미 병적카드에 어느 사단의 어느 연대, 어느 대

대의 어느 중대의 소대와 분대까지 정해져 있었습니다. 내가 복무했던 28사단에는 연대별로 4명씩 배치되어 각 대대에 1명이 할당되었지요. 3년 간의 군 생활 내내 대대에 파견된 보안대원이 나를 관리하며 매달 동향과 특이사항을 사단 보안부대에 보고했습니다.

위수령은, 서울 지역 7개 대학에 군대가 진주해 한동안 주둔하고, 전남대를 비롯한 지방 8개 대학에 휴업령를 내리면서 전국 23개 대학의 학생 171명을 제적시키는 등 캠퍼스를 쑥대밭으로 만들어 놓고는 발동된 지 25일 만인 11월 9일에야 해제되었다.

학생운동의 용공 조작

박정희의 학원 탄압은 두 갈래로 진행되었다. 한편으로는 1971년 10월의 위수령처럼 수많은 학생운동 지도자들을 제적시키거나 강제로 군에 징집해 대학으로부터 격리·추방하고, 다른 한편으로는 학생들의 순수한 동아리 활동에 국가 전복이라는 내란 혐의나 용공 혐의를 들씌우는 조직 사건을 만들어 학생운동을 위축시키거나 여론의 비판을 받도록 유도하는 공작을 폈다. 총학생회 간부나 동아리 활동가 등 공개적인 시위 주도 학생들의 제적·강제징집 등은 주로 경찰과 문교부가 담당했고, 독서회·세미나·토론회 등의 활동에 대한 용공 조작은 중앙정보부가 맡아 실행했다. 중앙정보부 안에서도 공개 학생운동은 6국이 관할했고, 5국 또는 2국은 학생운동의 용공 조작을 담당했다.

위수령 이후 중앙정보부의 첫 용공 조작은 '서울대생 내란 음모 사건'

이었다. 위수령이 해제된 직후인 1971년 11월 13일, 중앙정보부는 서울 대생 4명과 사법연수원생 1명이 국가 전복을 모의했으며, 그 가운데 4명을 국가보안법 제1조 반국가 단체 구성과 형법상의 내란 예비 음모 혐의로 구속했다고 발표했다. 구속자는 이신범(서울법대 재학생, 서울법대 지하신문 《자유의 종》 발행인), 심재권(서울상대 재학생, 민주수호전국청년학생연맹 위원장), 장기표(서울법대 재학생), 조영래(서울법대 졸업, 사법연수원생)였고, 수배자는 김근태(서울상대 재학생)였다.

중앙정보부는 이들이 "1971년 4월 말경에 학생 시위를 일으켜 경찰과 충돌을 유도하고, 사제 폭탄을 사용해 중앙청과 경찰서 등 주요 관서를 습격해 파괴하고, 박정희 대통령을 강제 하야시키고 혁명위원회를 구성하는 등 민주수호전국청년학생연맹을 통해 반정부 시위와 폭력으로 정부 전복을 계획했다"고 발표했지만, 20대 초반의 대학생 몇몇이 국가 전복을 위해 내란을 모의했다고는 누구도 믿지 않았다. 이 사건은 박정희가 학생운동을 정치권과 연계시켜 용공 혐의를 들씌우기 시작한 시발점이었다. 중앙정보부는, 1971년 대통령선거에서 김대중의 연설문 작성을 도운 연세대 정치학과 대학원생 윤재걸과 김대중의 장남 김홍일을 매개로 해, 이신범 등 서울대생들이 김대중의 지시를 받아 내란음모를 도모했다고 몰아갔다.

1973년 3월 30일에는 전남대학생들의 〈함성〉 지 사건이 일어났다. 광주지검은 전남대 졸업생 박석무와 재학생 이강, 김남주, 이정호, 김정길, 김용래, 이평의, 윤영훈, 이황 등 9명을 국가보안법과 반공법 위반으로 구속했다. 이들은 1972년 말과 1973년 봄, 〈함성〉과 〈고발〉 등의 지하유인물에 "박정희와 그 주구들의 국민에 대한 고혈 착취에 반대한다며 북괴를 이롭게 할 목적으로 반국가 단체를 구성해 국가 전복을 위해 국가

변란을 모의했다"는 혐의로 기소되어 재판을 받았다. 그러나 항소심 재판에서 국가 변란을 모의했다는 반국가 단체의 '수괴'인 박석무가 무죄를 선고받은 것에 비해 '종범' 격인 나머지 학생 피고들은 모두 유죄를 선고받았다.

1973년 5월 24일에는 고려대 학생 서클인 '한맥(NH)회' 용공 조작 사건이 벌어졌다(NH은 Nationalism과 Humanism). 중앙정보부는 학생들이 "북괴의 지령에 따라 'NH회'라는 지하서클을 조직하고, 정부를 비방하는 〈민우〉지를 제작해 배포했다"고 발표했다. 한맥회는 1971년 위수령 때 해체됐으나, 남은 회원들이 1973년 3월 유신체제의 허구성을 폭로하는 〈민우〉라는 지하유인물을 제작해 학내에 살포하다가 검거된 것이다. 이는 중앙정보부가 학생들이 18년 전 월북한 전과가 있는 고려대 노동문제연구소 사무국장 김낙중과 자주 접촉했음을 간파하고, 이를 학원 침투 간첩단 사건으로 조작한 것이다. 이 사건으로 김낙중과 고려대 학생 함상근, 김영곤, 정발기, 최기영, 박영환, 정진영, 윤경노, 박세희 등 8명이 구속되었다.

'〈민우〉지 사건'에 이어 고려대학생 7명이 구속된 '검은 10월단 사건'이 발표되었다. 경찰은 "1971년 10월 15일 위수령 발동과 함께 고려대의 불순 서클 한사회韓社會가 해체되자 남은 회원들이 '검은 10월단'이라는 서클을 조직해 지하투쟁을 벌이기로 하고, 1973년 5월 불온 지하신문 〈야생화〉를 등사해 250여 부를 고려대 학생회관에 뿌린 혐의"로 고려대생 제철, 최영주, 박원복, 유영래, 유경식, 김용경, 이강린 등 7명을 구속했다. 이 두 번의 혹독한 용공 조작 사건으로 고려대 학생운동은 1974년 민청학련 사건이 일어나기까지 크게 위축되었다.

단순히 시국에 대한 의견을 발표한 학생들의 선언문을 반공법 위반으로 다스린 경북대의 '정진회 필화 사건'도 있었다. 1971년 4월 경북대 학생 서클 정진회正進會가 개최한 학술 토론회에서 '반독재 구국선언문'이 발표되었는데, 이에 관련된 학생 4명이 "북괴를 이롭게 했다"며 반공법 위반 혐의로 구속 기소된 사건이다. 이 사건으로 경북대학생 이현세, 정만기, 정욱표, 여석동이 기소되어 재판을 받고 실형을 살았다. 이 사건은 재심이 이루어져 42년 만인 2013년 9월 26일 최종 무죄로 확정되었다.

1971년 10월 15일의 위수령을 시발점으로 한 박정희 정권의 이러한 두 갈래의 학원 탄압은 크게 효과를 보는 듯했다. 1972년 유신체제가 들어서면서 온 사회가 얼어붙어 학생운동은 엄두도 낼 수 없었고, 그 여파로 1973년 신학기가 시작되면서 학생운동은 하강 국면으로 들어섰다. 바야흐로 박정희의 영구 집권 계획이 탄탄대로를 걷는 듯했다.

김대중 납치 사건

박정희 유신정권의 서슬 퍼런 폭압 통치로 국내의 민주화세력은 전혀 움직일 수가 없었지만, 해외에서는 좀 다른 기운이 있었다. 김대중이 미국과 일본을 오가며 활발하게 반유신 운동을 펼친 것이다. 박정희에게 김대중은 눈엣가시 같은 존재였다. 이미 국제적 명망을 쌓은 김대중의 반유신 움직임과 발언은 즉시 세계 언론에 보도되어 국제 여론에도 큰 영향을 끼쳤고, 이것이 다시 국내로 전해져 은밀하게 유포되었다. 박정희로서는 김대중에 대한 특단의 조치를 강구해야 했다. 박정희는 사람을 보내 좋은 조건을 걸고 회유해 보기도 했으나 김대중은 요지부동이었다.

1973년 8월 8일, 일본 도쿄의 한 호텔에서 김대중이 '괴한'들에 의해 납치당한다. 김대중은 대통령선거 과정에서 의문의 교통사고로 다친 고관절 치료를 위해 1972년 일본으로 건너가 있었다. 그러나 그해 10월 박정희가 계엄령을 내리자 김대중은 귀국을 포기하고 미국으로 건너갔다. 그는 미국에서 동지들을 규합, 1973년 7월 '한국민주회복통일촉진국민회의(한민통)'를 결성하는 등 해외에서의 반유신 운동 확산을 위해 동분서주했다.

'한민통'의 일본 지부 결성을 위해 일본에 온 김대중은 1973년 8월 8일, 민주통일당 당수 양일동을 만나러 그랜드팔레스 호텔에 갔다가 괴한들에게 납치되었다. 이후 괴선박 '용금호'에 감금된 채 동해를 떠돌다가, 납치 129시간 만인 8월 13일 서울의 자택 부근에서 풀려났다. 당시 이 사건을 조사한 일본경시청은 납치 현장에서 주일 한국대사관의 1등서기관 신분으로 일본에 체류하고 있던 중앙정보부원 김동운의 지문을 채취하는 등 증거를 확보해 출두를 요구했으나, 한국 정부는 관련 사실을 완강히 부인했다. 이에 따라 이 사건은 한·일 간의 외교 문제로 비화해 양국 관계는 교착 상태에 빠졌다. 또한 8월 28일, 북한도 이 사건을 이유로 7·4남북공동성명 이래 이어져 오던 남북 접촉을 중단한다고 선언했다.

궁지에 몰린 박정희 정권은 11월 2일, 김종필 총리로 하여금 박정희의 친서를 휴대케 해 김대중 납치 사건에 대한 유감의 뜻을 일본의 다나카 총리에게 전달했다. 이에 맞춰 일본의 다나카 총리 또한 이 사건에 대해서는 더 이상 문제 삼지 않겠다는 답신을 전달해, 양국 정부 모두 김대중 납치 사건의 진상을 은폐하기로 결정함으로써 한·일 간의 갈등은 일시 봉합되었다. 이때의 한·일 양국의 은폐와 야합으로 이 사건의 배후와 납치 과정이 명확히 밝혀지지 못하다가, 2007년 '국정원과거사진실규명을통한발전위원회'의 조사 보고를 통해 당시 중앙정보부장 이후락의 지시 아래 중앙정보부 요원들에 의해 수행되었음이 확인되었다.

　김대중 납치 사건은 국민들에게 큰 충격을 주었다. 9월 26일 정일형 의원은 국회에서 "김대중 납치 사건이 정보부의 소행임은 삼척동자도 다 안다"고 일갈했다. 유신체제 아래 숨도 못 쉬고 하루하루를 지내던 국민들이었지만, 국가기관인 중앙정보부가 자기 나라 국민을, 그것도 국민의 반수 가까운 지지를 받던 대통령 후보자를 납치해 수장하려 한 살인 기도 행위에 치를 떨었다. 김대중 납치 사건은 유신체제 출범 이래 수면 아래에서 숨죽이고 있던 학생운동 세력에게도 박정희 정권의 폭압성을 다시 한 번 상기시켜 주어, 결과적으로 중앙정보부의 이 '공작'은 박정희 정권을 일대 위기로 몰아넣었다.

서울대학교 10·2시위

대학가는 1971년 10월의 위수령 발포로 쑥대밭이 되었다. 의식 있는 학생들은 제적되어 대학으로부터 쫓겨나거나 강제로 군대로 끌려갔다. 그리고 1년 만에 유신체제가 들어섬으로써 온 나라는 동토의 제국이 되었다. 교련 반대 시위 이래 근 2년간 침묵 속에서 지내온 대학이 독재정권에 대한 저항의 횃불을 높이 든 계기는 1973년 10월 2일의 서울대 문리대의 반유신 시위였다. 이 시위는 학생회장 도종수와 나병식, 정문화, 강영원, 김일, 황인성, 이근성, 강구철 등 문리대 학생들이 주도했다. 이날 문리대 학생 300여 명은 오전 11시 20분경 교내 4·19탑 아래서 비상학생총회를 열고 다음과 같은 선언문을 낭독했다.

오늘 우리는 전 국민 대중의 생존권을 위협하는 이 참혹한 현실을 더 이상 좌시할 수 없어 스스로의 양심의 명령에 따라 무언의 저항을 넘어서 분연히 일어섰다. 극에 달한 부정과 불의, 억압과 빈곤이 전 국민 대중을 무서운 절망으로 몰아넣고, 소수 특권층의 만행적인 부패와 패륜이 민족적 양심과 도덕을 최악의 구렁까지 타락시키고 있다.

보라! 민중을 수탈하여 살찐 불의의 무리가 홀로 포식하며 오만무례하게 거들먹거린다.

보라! 권력을 쥔 부정의 무리가 생존의 권리를 요구하는 민중의 몸에 무시무시한 정보 정치의 쇠사슬을 무겁게 씌우고 있다. 인간의 존엄성은 유린되고, 자유는 압살되고, 도덕은 타락하여 퇴폐와 불신이 우리를 깊은 절망으로 몰아넣고 있다.

이미 그 흔적마저 찾아볼 수 없는 자유의 사각지대에서 우리는 민족을 외면한 현 정권의 정보·파쇼 통치를 목격한다. 미·중공의 화해는 반공 일변의 현 체제에 심각한 모순을 야기 시켰으니 그들의 최후 발악은 국민 대중을 칠흑 같은 공포 속에 몰아넣고, 정보·파쇼 체제를 제도화해 민족적 양심인 자유민주주의의 신념을 철저히 말살하는 것이다. 그들은 입법부의 시녀화, 사법부의 계열화 등 일체의 국가기구를 파쇼 통치의 장식물로 전락시키고, 학원과 언론에 가증스러운 탄압을 가함으로써 영구 집권을 기도하고 있다.…

선언문 낭독을 마치고 교내 시위를 시작하자 시위대는 순식간에 600, 700명으로 늘었다. 이들은 도서관, 운동장, 4·19탑, 본관을 거쳐 정문 앞에서 "유신체제 철폐하고 민주주의 회복하라", "민생 파탄 내는 경제 위기 해결하라", "김대중 납치 사건의 진상을 규명하라", "폭압 통치의 원흉 중앙정보부를 해체하라"는 등의 구호를 외치며 연좌 농성을 벌였다. 이 날의 시위로 학생 181명이 경찰에 체포되어 그중 20명이 집시법 위반으로 구속되었다. 또 학교 측으로부터 23명이 제적되었고, 18명이 자퇴, 56 명이 무기정학 처분을 받았다.

서울대 문리대의 시위가 있은 지 이틀 후인 10월 4일에는 서울대 법 대생 200여 명이 교내 '정의의 종' 앞에 모여 유신체제 반대 성토를 한 후 교문을 박차고 나와 문리대 앞까지 행진했고, 10월 5일에는 서울대 상대생 300여 명이 김대중 납치 사건 진상 규명, 대일 예속 청산, 자립 경제 확립, 중앙정보부 해체, 학원 자유 보장 등을 촉구하는 선언문을 낭 독하고 10일간의 동맹 휴학을 결의한 후 시위를 벌였다. 서울법대의 홍 정기·이문성, 서울상대의 김병곤·정금채 등은 사전에 문리대 주동자들 과 연쇄 시위를 벌이기로 약속했다. 문리대 동양사학과 4학년에 재학 중 이 사건으로 구속되었던 이근성(전《프레시안》대표)의 증언이다.

문리대 학생들 사이에서 유신헌법 철폐 시위 계획이 논의되기 시작한 것 은 1973년 여름이었다. 문리대 학생회는 여름방학을 이용해 경북 칠곡군 으로 농촌 봉사를 떠났는데, 여기에서 4학년생들을 중심으로 조심스럽게 유신 철폐 시위가 논의되었지만, 학생회장 도종수 등 3학년 그룹은 쉽게 동조하지 않았다. 농활이 끝나고 서울로 올라와서도 4학년생들은 자주 만 나 논의를 계속했다. 흑석동 한강가 등 인적이 드문 곳에서 여러 번 만났 지만, 9월 초까지도 시위 찬성파와 반대파가 반반으로 나뉘어 쉽게 의견 을 모을 수가 없었다. 시위가 성공하기 위해서는 학내 합법 기구인 학생회 의 참여가 필수적인데, 문리대 학생회 등 3학년 그룹은 시위 참여를 놓고 9월 초까지 진통을 겪고 있었고, 군복무를 마치고 막 복교한 67, 68학번 문리대 선배 그룹도 대부분 시위를 벌이기에는 사회 분위기가 너무 나빠 학생들의 희생만 클 것이라며 반대하는 입장이었다. 결국 시위를 벌이자는 사람은 하고 반대하는 사람은 하지 말자는 어정쩡한 타협안으로 의견이 모아져, 시위 찬성자들은 일단 10월 2일에 유신 철폐 시위를 벌이기로 결정했다. 나는 10월 시위를 반대하는 입장이었으나 시위를 준비하는 측의 준비가 너무 허술해 보여 찬성 쪽으로 돌아섰다. 여기에 학생회 등 3학년 그룹도 참여하기로 결정, 힘을 보탰다. 거사 일을 10월 2일로 정한 것은 그날이 연고전을 하는 날이었기 때문에 연세대와 고려대로 시위가 확산되기를 기대해서였다.

하루 전날인 10월 1일 저녁, 주동자들은 신일고등학교 앞의 여관에서 3학년 그룹과 4학년 그룹으로 나누어 잠을 잤다. 나는 선언문 제작을 맡았는데, 철필로 등사지를 긁어 글씨를 쓰는데 받쳐 주는 철판이 없어 우여곡절 끝에 이튿날 새벽 이를 구해 가까스로 선언문 1000여 장을 만들었다. 보통 시위가 시작되면 1, 2분 안에 경찰이 선언문 낭독자를 제압하므로 선언문은 줄이고 줄여 짧게 썼다. 그런데 시위가 시작되자 깜짝 놀랄 일이 일어났다. 우선 시위 참여자가 무척 많았다. 보통 때는 4·19탑에서 문리대 정문까지의 행렬도 채우기 힘들었는데, 이날은 문리대 교정이 거의 가득 찰 정도였다. 또 하나는 경찰 병력이 전혀 없었던 것이다. 선언문이 너무 짧아 선언문을 몇 번이나 되풀이해서 읽고 교내를 몇 바퀴 도는데도 경찰이 나타나지 않았다. 9월 중순 이후 문리대에서는 몇 번의 시위 소문이 돌았다. 그때마다 경찰이 출동했지만, 시위가 일어나지 않아 경찰은 이날의 시위 정보도 헛소문으로 판단한 것 같았다. 한참 후에 출동한 경찰도 학내 진입을 않고 교문 밖에 모여 있기만 했다. '하는 수 없이' 학생들이 교문 밖으로 밀고 나갔고, 일대 격전이 치러진 끝에 시위는 진압되었다.

3학년 그룹은 문리대 시위를 시작으로 연이어 의대·법대·상대에서의 시위를 계획, 법대와 상대에서는 시위가 성공했다. 그리고 11월 초에는 한신대, 고려대, 연세대, 경북대에서도 시위가 일어났고, 11월 12일 이화여대의 대규모 시위를 기점으로 전국 주요 대학으로 시위가 들불같이 번졌다. 그리고 그해 말부터는 종교계, 법조계, 문화예술계, 학계, 재야에서도 유신헌법 철폐 및 개헌 주장이 거세게 일어나, 박정희는 유신체제 출범 1년여 만에 최대 위기에 몰렸다. 이러한 상황을 목도하고는, 1973년 10월의 유신 철폐 시위에 반대했던 국사학과의 한 선배는 "내가 역사 공부를 헛했다"고 토로하기도 했다. 1974년 4월의 전국 동시다발 유신헌법 철폐 시위 계획(민청학련 사건)에 문리대 67, 68학번 선배 그룹이 적극 참여한 것도 1973년 10월의 시위가 끼친 영향 때문이었다.

박정희 정권의 철저한 언론 통제로 서울대 3개 단과대학의 연이은 시위 소식은 일체 보도되지 않았으나, 시위 가담자와 목격자의 전언, 그리고 일본 언론들의 보도로 그 소식은 순식간에 전국 대학으로 알려졌다. 그리하여 11월부터는 고려대, 연세대 등 서울 소재 대부분의 대학과 경북대, 부산대, 전남대 등 지방 대학이 대거 유신 반대 시위에 나섰다. 특히 대부분이 우리 사회의 중상류층 가정의 자제들인 이화여대생들의 시위는 전국적으로 유신 반대 시위를 확산시키는 데 결정적 역할을 했다. 11월 12일, 이화여대 총학생회는 민주체제 확립과 언론 자유 보장, 구속 학생 석방이 관철될 때까지 전교생 8000여 명이 검은 리본을 달고 다니기로 결의하고, 11월 28일에는 4000여 명이 시위를 벌여 학교 밖까지 진출했다. 그리고 이 시위대 앞에서는 김옥길 총장과 교수들이 학생들을 보호해서 큰 반향을 일으켰다.

대학의 유신 반대 시위가 전국적으로 확산되고, 유신 반대 여론이 학계·언론계·종교계 등 지식인 사회에 비등해지자, 박정희는 초기의 강경 대응에서 크게 후퇴할 수밖에 없었다. 박정희는 12월 7일, "10월 2일부터 학원 사태와 관련해 구속된 학생 전원을 석방하고 학사 처벌을 백지화할 것"을 내각에 지시해 사실상 백기를 들었다. 이때 박정희 정권은 전혀 예상치 못한 서울대 학생들의 시위를 보며 자유주의 성향의 교수들이 학생들의 배후에 있다고 판단한 것 같다. '불온' 학생들은 대거 추방되었지만, '불온' 교수들은 대학 내에 그대로 상존하고 있었다고 본 것이다. 그러나 이들을 솎아 내기 위해 교수 사회 전체를 들쑤시는 것은 불가능한 일이었다.

최종길

02

노력파 수재

최종길은 1931년 4월 28일 충청남도 공주시 반포면 상신리 374번지에
서 아버지 최상희와 어머니 성금례 사이 4남 2녀 중 둘째로 태어났다. 최
종길은 1939년 공주의 반포보통학교에 입학했으나 3학년을 다니던 해
에 집안이 인천으로 이주해 인천의 송현보통학교로 전학했고, 해방되던
해인 1945년 3월에 졸업했다. 최종길의 집안은 가정 형편이 어려워, 장
남인 최종남이 집안의 생계를 책임지기 위해 진학을 하지 않고 일찍부터
가장 노릇을 했다. 최종길 이하 다섯 남매는 동생들을 위해 희생한 장남
최종남을 존경했다. 최종길의 형제 중 다섯째인 최종례의 증언이다.

초등학교 시절에는 우애 있는 모범 형제의 표본으로 전교생들 앞에서 교장
선생님께 칭찬을 받기도 해서 동생인 저도 자랑스럽고 기뻤던 기억이 납니
다. 최종길 오빠는 6년 개근과 도지사상을 받기도 한, 큰오빠(최종남)의 의
지와 노력과 사랑의 열매였습니다. 큰오빠는 우리 집안의 생계를 책임지고
일찍이 직장 생활을 하셔야 했기 때문에 학업을 중단하실 수밖에 없었습니

다. 큰오빠의 뜻을 헤아려 보건대, 어쩌면 그분의 못 이루신 학업의 꿈을 작은 동생인 최종길 오빠를 통해 이루려 하시는 거라는 생각이 듭니다.

맏아들 최종남이 일찍부터 직장 생활을 하며 어머니처럼 집안 경제를 이끌어 갔다면, 둘째 최종길은 동생들을 다그쳐 열심히 공부하게 하고 동생들의 진로를 결정하는 데 아버지처럼 큰 영향을 끼쳤다고 한다. 최종길의 아들 최광준이 삼촌들에게서 들은 이야기다.

아버지는 종수 삼촌과 종선 삼촌이 진로를 결정하는 데 아주 단호하셨다고 합니다. 종수 삼촌은 육사를 가고 싶어 그 입학원서를 준비했는데 그것이 들켜 아버지가 원서를 찢어 버려 결국 전기로 대학을 못 가고 후기인 인하대학교를 갔다고 합니다. 종선 삼촌은 집안의 막내라 좀 튀는 편이어서 아버지의 의과대학 진학 권유를 듣지 않고 돈을 많이 벌어 집안을 일으키겠다며 경영학과로 진학했는데, 엉뚱하게 중앙정보부에 들어갔다고 합니다. 당시 중정에 입사하려면 장성급 이상의 확실한 신원보증이 있어야 하는데, 종선 삼촌은 아버지 몰래 어찌어찌 준비해 중정에 들어가게 되었다고 합니다. 아버지는 동생들이 군대나 정보부 등 권력기관에 몸담는 것을 탐탁지 않게 생각하신 것 같습니다.

최종길은 송현보통학교를 졸업하고 1945년 9월에 인천중학교(6년제로, 제물포고등학교의 전신)에 입학해 한국전쟁이 한창이던 1951년 8월에 졸업했다. 인천중학교 재학 시절 최종길은 학교에 못 간 청소년들을 오후 늦게 집으로 불러 모아 공부를 가르치고, 자신은 아침에 일찍 일어나 학교 공부를 했다고 한다. 그러고도 최종길은 인천중학교에서 수재로 이름을 날렸는데, 특히 영어에 능통했다고 한다. 최종길의 동기생 김석주(전 외환은행 지점장)의 회고다.

> 중학 6년을 다니는 동안 우리 둘은 여러 번 같은 반이었다. … 그와 나는 키가 작아 출석부 순이 5, 6번쯤 되었다. 그의 키가 나보다 1센티 정도 큰 듯해서 바로 내 다음 옆자리에 앉았다. … 항상 가까이 있다 보니 우리 둘은 자연히 친해졌다. 교실 맨 앞자리에서는 뒷자리에 앉은 키 큰 학생들처럼 수업시간 중 장난을 칠 수 없으니 선생님 말씀을 열심히 들을 수밖에. 성적이 나쁠 수 없었고, 특히 근면한 그의 성적은 나보다 훨씬 앞이었다.

최종길 형제들 사이에 단골로 전해져 내려오는 6·25전쟁 때의 일화가 있다. 공산주의에 대한 최종길의 생각은 '반공'에 가까웠다. 최종길과 형 최종남이 함께 남쪽으로 피난을 가는 중이었는데, 최종길은 당시 인천중학교 학생으로 빡빡머리였으므로 교복을 입고 교모를 쓰고 피난길에 나섰다. 그런데 별안간 비행기가 나타나 피난민 대열에 대고 기총소사를 하므로 이리 뛰고 저리 뛰는 아비규환이 벌어졌다. 잠시 후 비행기가 물러가자 헤어졌던 형제는 다시 만나 살아 있음을 감사하며 남쪽으로 발걸음을 떼려 했다. 그런데 최종길이 그 소란 통에 교모를 잃어버리고 말았다. 형은 "이놈아, 빨리 가서 모자를 찾아 쓰고 와라! 모자가 없으면 너는 빡빡머리라 인민군으로 몰려 총살당한다!"고 호통을 쳤다. 그러나 최종길은 사람이 죽어 넘어져 있고 부상자들이 신음하는 아비규환의 현장으로 다시 돌아가 모자를 찾고 싶은 생각이 털끝만치도 없었다. 결국 최종길은 못 가겠다고 주저앉아 버렸다. 형이 "너 이놈! 빨갱이로 몰려 죽기 전에 어서 안 갔다 와?" 하고 뺨을 두어 차례 때리자 최종길은 하는 수 없이 한참이나 거슬러 올라가 시신과 부상자 사이에서 벌벌 떨며 가까스로 교모를 찾아 쓰고 왔다고 한다.

모자 덕분인지는 모르지만, 두 형제는 아군의 여러 검문소를 무사히 통과해 부산까지 피난을 갈 수 있었다. 최종길은 부산에서 학도병으로 군에 입대했는데 탁월한 영어 실력을 살려 미군 웰치 장군의 통역병으로 군복무를 마쳤다. 그는 전쟁 중인 1951년 9월에 서울대학교 법과대학에 입학해 1955년 3월에 학업을 마쳤다. 1955년 4월, 최종길은 학부 졸업 후 서울대학교 대학원에 진학해 민법을 전공했다. 대학원 재학 중에 모교 길영희 교장의 권유로 제물포고등학교에서 영어와 독어, 일반사회(공민)를 가르치기도 했다. 길영희 교장은 뛰어난 제자들이 대학을 졸업하면 잠시라도 모교에 와서 후배들을 가르치도록 해 제물포고등학교를 명문으로 만든 교육자였다. 그들 중에는 최종길과 함께 '유럽 거점 간첩단 사건'에 얽힌 노봉유, 이재원도 있었다. 당시 제물포고등학교 후배들에게 최종길은 선망과 존경의 대상이었다. 제물포고등학교 졸업생 지훈상(전 분당 차병원 원장)의 회고다.

당시에는 인천중학의 선배들 중에 많은 분들이 대학을 졸업하고 인천중학 선생으로 재임하는 경우가 많았다. 길영희 교장선생님이 졸업생들 중 인재를 엄선해서 후배들을 위한 강의의 기회를 제공해 주신 교육방침 덕이다. 길영희 교장선생님은 입에 침이 마르게 최종길 교수님을 칭찬하시더니 학교 강당에 학생들을 모아 놓고 독일 유학에서 민법 박사학위를 취득하고 돌아오신 최종길 교수님의 초청 강연을 연 적이 있었다. 그 자리에서 최종길 교수님은 … 유럽의 여러 나라, 특히 프랑스의 드골리즘과 독일의 근면성 등에 대해 열강하신 것으로 기억된다. 우리 보고도 가난한 나라에 산다고 주눅 들지 말고 희망과 야망을 가지라고, 야망을 갖고서 도전하라고, 동안童顔에 작달막한 키, 패기와 기상이 넘쳐 나는 기상…. 유학을 통해 길러진 그분의 세계적 안목과 열변을 들으며 가슴이 뜨거워지는 것을 느낄 수 있었다.

1957년 5월, 최종길은 스위스인 홀러커의 도움을 받아 스위스로 유학을 떠났다. 당시 홀러커는 최종길의 형 최종남이 근무하던 인천의 동일방직에 기술 고문으로 와 있었는데, 영어에 이어 독일어도 능통하던 최종길이 홀러커의 독일어 통역을 해 준 인연 덕분에 스위스 유학의 도움을 준 것이다. 최종길은 스위스 취리히 대학교 법과대학에서 국제법의 대가인 바더(Bader) 교수를 지도교수로 삼아 공부하다가 1958년 4월 스위스를 떠나 독일의 쾰른 대학교 법과대학으로 옮겼다.

최종길은 바더 교수의 추천으로 쾰른 대학에서 민법과 국제법, 로마법의 대가인 케겔(Gehard Kegel) 교수의 지도를 받았다. 케겔 교수의 회고에 따르면, "최종길은 매우 친절하고 모범적인 외국학생이었으며, 중국 등 극동에서 온 학생들과는 달리 언어의 장벽을 쉽게 극복했던 사람"이었다. 케겔 교수는 최종길을 자기의 학문적 적통으로 삼고 싶어 했다고 한다. 독일인 제자들조차 케겔 교수에게 어려운 부탁이라도 하려면 최종길을 통해서 할 정도로 케겔 교수는 최종길을 깊이 신뢰했다. 그렇기 때문에 1973년 최종길이 한국의 중앙정보부에서 의문의 죽음을 당했다는 소식을 듣고 케겔 교수는 크게 상심했다고 한다.

최종길과 케겔 교수 사이에 재미있는 일화도 전한다. 로마법을 공부하기 위해서는 라틴어가 필수였다. 독일에 와서 라틴어를 처음 배우기 시작한 최종길이 케겔 교수에게 라틴어 공부의 어려움을 말씀드렸더니,

함께 있던 케겔 교수 부인이 농담 반 진담 반으로 남편에게 "미스터 최는 우리가 모르는 한자를 알고 있으니 라틴어 공부는 면제해 주시라"고 부탁했다고 한다. 그러나 케겔 교수는 단호히 거절했다. 로마법, 국제법을 연구하기 위해 라틴어는 꼭 넘어야 할 산이었기 때문이다. 물론 최종길도 라틴어 공부를 면제받기를 원하지 않았다. 그리하여 최종길은 더욱 열심히 공부해 라틴어를 1년 만에 떼었다. 어학의 천재에게 영어, 독일어, 프랑스어, 일본어에 이어 라틴어까지 더해진 것이다.

최종길은 쾰른 대학에서 1961년 2월 16일, 29세의 나이에 한국인으로서는 최초로 독일 법학 박사학위(Dr. iur)를 취득했다(학위논문 〈한국민법 및 국제사법에 있어서의 이론〉). 최종길은 박사학위 취득 후에도 은사 케겔 교수의 추천으로 세계적으로 유명한 홈볼트 재단의 장학생으로 선발되어 쾰른 대학의 '국제사법 및 외국사법연구소'에서 연구 활동을 계속할 수 있었다. 그는 이때 6개월간 프랑스로 연수를 떠나 소르본 대학에서 프랑스어를 배우기도 했다.

마음이 여린 사람

최종길은 진중하고 학구적이었지만, 한편으로는 매우 사교적이고 유머러스한 사람이었다. 유럽에 처음 발을 내디딘 스위스에서나, 독일에서 기독학생기숙사에서 지낼 때나 항상 많은 독일인 친구들과 친밀하게 지냈다. 동족상잔의 6·25전쟁이 끝난 지 얼마 되지 않은 한국 현실에서, 경직된 반공 이념과 이승만 독재체제하에서 청년기를 보낸 최종길에게 유럽의 자유로운 분위기는 그야말로 신세계였을 것이다.

최종길은 쾰른 대학에 남아 달라는 요구를 뿌리치고 독일에서의 연구 활동을 모두 정리하고 1962년 여름에 귀국해 모교인 서울법대에서 후진 양성에 몰두했다. 그리고 이듬해인 1963년 4월, 32세의 노총각 최종길은 인천 인덕의원의 딸인 의사 백경자(당시 인천기독병원 산부인과 의사)와 혼인했다. 두 사람의 결혼식은 인천중학교 강당에서 제물포고등학교 길영희 교장의 주례로 성대하게 치러졌다. 신부 백경자는 최종길의 인천 송현보통학교 4년 후배이기도 했다.

미국 하버드 대학교 교환교수 시절(1970. 3~1972. 2)의 최종길. 서울법대 학생과장직을 그만두고 모처럼 편안한 마음으로 가족들과 함께 지낸 시절이었다. ⓒ최종길 가족

두 사람이 맞선을 보고 나서 데이트를 할 때 최종길의 성격을 가늠할 수 있는 일화가 있다.

어느 날 백경자가 최종길의 집을 방문해 등나무 정자 밑에서 가족들과 담소하고 있을 때, 갑자기 등나무에서 손가락 굵기만 한 송충이 비슷한 초록색 벌레가 최종길과 백경자 사이로 떨어졌다. 최종길은 소스라치게 놀라 뒤로 물러났지만, 백경자는 벌레를 보고는 대수롭지 않게 발로 밟아 죽여 버렸다. 백경자는 당시 레지던트 중이었기 때문에 매일 수술에 참여했었으므로 보통의 또래 여성들과는 좀 다른 면이 있었다. 그러나 최종길은 눈살을 찌푸리며 집안으로 들어가 아예 나오지 않았다. 최종길은 '무슨 여자가 그렇게 잔인할 수 있는가?'라고 화를 내면서 근 한 달 동안이나 백경자를 만나지 않고 화를 풀지 않았다. 양가에서는 두 사람의 혼사가 어려운 지경에 이르지 않을까 걱정했다. 최종길은 그렇게 마음이 여린 사람이었지만, 결국 백경자와 결혼해 슬하에 아들 광준과 딸 희정 남매를 두었다.

최종길의 여린 정서에 대해서는 최종선도 한 장면을 기억하고 있다. 최종선은 언젠가 최종길의 집에서 〈스파르타쿠스〉라는 영화를 소개하는 과월호 일본 영화잡지를 보고 있었다. 최종길이 서재에서 나와 "공부는 않고 무엇을 보는가?" 하면서 웃었다. 그러면서 최종길은 그 영화를 이미 오래전에 외국에서 보았다고 했다. 최종선과 백경자는 최종길에게 〈스파르타쿠스〉 영화 이야기를 해 달라고 졸랐다. 최종길은 영화의 마지막 장면, 스파르타쿠스의 아내가 십자가에 매달려 죽어 가는 스파르타쿠스에게 그들의 아들을 쳐들어 보이면서 "It's your son! It's free!"라고 외치는 장면을 말하면서 눈자위에 눈물이 가득했고, 결국은 눈물이 뺨을 타고 주르륵 흘러내렸다는 것이다. 최종선은 말한다.

> Free! 자유를 말하면서 불타던 그 눈길, 그 뜨거운 눈물! 형수와 나의 눈에도 눈물이 … 자유가 얼마나 고귀하고 귀중한 것인지를 우리는 형의 그 눈길에서, 그 눈물에서 백 마디 천 마디의 웅변보다 더 강렬하고 새롭게 깨우쳤던 것이다. 하찮은 영화 이야기를 하면서도 자유의 고귀함을 깨우쳐 줄 수 있었던 나의 사랑하는 형이, 그 영원한 자유인이 공산주의자일수 있으며 간첩일 수 있단 말인가?

서울법대 교수 시절

결혼으로 안정을 찾은 최종길은 1964년 8월 2학기에 서울대학교 법과대학 전임강사로 발령을 받은 이래 조교수와 부교수를 거쳐 1972년 8월에 정교수로 승진했다. 우수한 성적으로 서울대학교 법과대학과 대학원을 마치고, 독일 쾰른 대학에서 세계적인 법학자 케겔 교수에게 지도를 받아 연구 활동을 해 박사학위를 취득한 최종길이 서울법대 교수로 취임한 것은 너무나 당연했다. 교수 최종길은 젊은 데다가 천성이 유머러스해 학생들이 거리감 없이 대하던 스승이었지만, 학문의 열정에서만큼은 조금의 양보도 없이 철저했다. 최종길에게 배운 서울시립대 김학동 교수의 증언이다.

> … (최종길 교수는) 학자로서 불타는 학문적 열정과 불굴의 개척자 정신을 가지셨습니다. 이는 고인이 최초로 독일의 박사학위 취득을 얻은 것뿐만 아니라 미국에서의 교환교수 시절 1년의 연구 기간을 마치고 다시 1년을 휴직하면서까지 연구를 계속했던 점에서도 엿볼 수 있습니다. 그러면서도 인간적으로는 완전한 웃음을 머금은 모습에서 느껴지는 대로 인자하시고 자상하셨습니다. 학생들에게는 마치 정다운 누님처럼 사랑과 애정으로 돌보아 주셨습니다. 강의 시간은 언제나 부드러움이 넘쳐흘렀습니다. 그러면서도 불의나 부정과는 타협하지 않는 강인함을 가지셨습니다.

최종길은 민법을 전공했지만, 그중에서도 가장 관심을 갖고 연구한 분야는 사유재산 제도의 기초가 되는 물권법이었다. 민법은, 하나의 인간으로서 생존 유지와 지속을 위한 사회생활의 규율을 다루는 법체계다. 그러므로 민법은 주로 재산관계와 가족관계를 다루는 사적 생활의 법이라고도 할 수 있어, 민법의 세계는 개인의 사유재산제도가 절대적으로 보장되는 자본주의체제, 개인의 권리가 철저하게 보장되는 민주주의체제를 전제로 하게 된다. 따라서 민법학자들은 대부분 민주주의와 자본주의에 대한 확고한 소신과 신념을 학문적 기초로 삼고 있기 때문에 자유주의 부르주아 사상에 투철하지만, 사회변혁에 대해서는 보수적인 편이다. 곧 '공산주의 사상을 가진 민법학자'란 '뜨거운 얼음'처럼 형용모순인 셈이다.

그러므로 민법학자 최종길도 자기 전공의 특성상 보수에 가까웠지만, 대학교수로서의 지성과 학문적 양심에서는 누구보다도 정도의 길을 걸었다. 최종길은 박정희 집권 기간과 3선 개헌 이후 유신체제하에서 교수로서 민주화운동에 투신했거나 최소한 이에 대해 공개적으로 지지를 표명한 사실은 없는 것으로 판단된다. 그러나 최종길은 유신체제의 성격을 고려할 때 국립대학 교수 신분으로 민주화운동에 직접 참여하기는 힘들었지만, 정의와 자유, 민주주의를 위한 학생들의 행동을 깊이 이해하고 옹호하는 생각을 교수 취임 초기부터 갖고 있었다. 서울법대의 후배 교수였던 김유성의 증언이다.

(내가 최종길 교수님의 조교로 일했던) 유신 전 한일회담 반대 시위가 한창이던 1964년, 비상계엄령이 선포되었다. 그 당시 최종길 교수님은 판례 연구와 관련해 일본 출장을 가시게 되었다. 가시기 바로 전날, 교정을 한동안 바라보시던 최 교수님은 "나는 일본에 가고 싶지 않다네. 나라를 사랑하는 마음으로 자신의 몸이 다칠 줄 알면서도 저렇게 열심히 반대 시위를 하는 학생들이 있는데, 내 아무리 할 일이 있다 하지만 일본에 간다는 것이 영 마음에 걸리네" 하시며 눈물을 보이셨다.

곁눈 팔지 않고 오로지 연구와 강의에만 전념하던 최종길도 1967년 8

월 서울법대의 학생과장직을 맡고부터는 이런저런 시련을 겪을 수밖에 없었다. 동료 교수들의 증언에 따르면, 최종길은 학생과장으로서 경찰의 강압적인 학생 연행 등을 반대했고, 교수회의에서 정부를 비판하는 학생들을 옹호하는 발언을 했다고 한다. 백충현(서울법대 교수)은 최종길이 법과대학에 부임한 이후 대학원생, 조교, 동료 교수로서 각별한 친분을 유지해 왔다. 백충현에 따르면, "최종길 교수가 학생과장으로 재직하던 시기(1969. 8. 24~1970. 2)는 민주화와 반독재 투쟁이 절정에 이른 시기였고, 서울법대도 그 중심 역할을 담당했는데, 교수회의 석상에서의 발언 내용이나 학생지도를 할 때 보여 준 모습은 사회 정의를 추구하는 학생들의 패기를 이해하고 이를 잘 이끌려는 모습이었다"고 한다.

또 백충현은 "학생운동이 정부 당국과 마찰할 때 최종길 교수는 교수회의에서 항상 학생들의 정의로운 행동을 이해하는 발언을 했고, 대학이 앞장서서 치안 책임자에게 항의해야 한다는 주장을 서슴지 않았다. 학생과장으로서 담당 기관과의 견해 차이가 있을 때도 앞장서서 학생들을 옹호하는, 행동하는 교수셨다"고 했다. 또 최종길은 강의를 철저히 하는 편이라 출석 체크를 하다가 학생을 가장하고 들어온 사복경찰을 발견하곤 굉장히 흥분했는데, 이러저러한 일로 당시 중앙정보부 5국의 서울대 담당요원이던 김덕창과 불화가 심했다고 한다. 1970년 전후 서울법대 학생운동권의 주축이던 이신범(전 국회의원)의 증언이다.

1969년 3선 개헌이 추진되면서 6월 12일 서울법대의 헌정 수호 성토대회를 시작으로 반대 투쟁이 벌어졌다. 중앙정보부가 나를 찾기 시작했다. … 나는 얼마 동안 숨어 지내다가 출두하기로 작정했다. 동숭동 낙산다방으로 중앙정보부 5국(대공수사국) 변 수사관이 나를 데리러 왔다가 민법 교수로 학생과장인 최종길 교수에게 연행을 통보하러 갔다. "오늘은 저물었으니 교수들의 체면을 보아 낮에만 수사를 해 주십시오. 그리고 내일 출두하도록 양해를 해 주세요." 최 교수의 간곡한 부탁에 변 수사관은 전화로 상의하더니 그렇게 하자고 했다. 변 수사관이 나가자 최 교수가 목이 멘 목소리로 말했다. "이 사람아, 중앙정보부에 들어가면 성해서 나오는 사람이 없다는데 어쩌면 좋으냐?" 스승과 제자는 말없이 서로 쳐다보며 한참을 그렇게 있었다.

1967년부터 서울법대 교수로 재직한 이수성은 "최종길 교수가 당시의 대다수 지식인들과 마찬가지로 자유주의적인 성향을 가지고 있어서 박정희 정권에 대한 비판적인 의식만은 뚜렷이 가지고 있었지만, 당시 교수 신분으로서 민주화운동에 참여하는 것은 거의 불가능했고, 최 교수도 예외는 아니었으나 심정적인 지지는 보냈을 것"으로 추측했다. 이수성은 최종길이 "학생들의 처벌에 강경하게 반대하는 모습을 보인 사례가 몇 차례 있었으며, 그러나 절대로 대한민국에 불리한 행동을 할 수 있는 사람은 아니다"라고 강조했다. 이수성은 1973년 10월 4일 서울법대의 유신 반대 시위가 벌어졌을 당시 서울법대 학생과장으로 있었기 때문에 정보부에 연행된 제자들에 대한 혹독한 고문과 당시의 학교 분위기를 잘 알고 있었다. 이수성이 최종길에게서 직접 들었다는 증언이다.

(이수성 교수조차 구타당하고 제자들이 혹독한 고문을 받는 극한상황에 처하게 되자) 최종길 교수는 서울대 총장이 대통령에게 항의해야 한다고 강력히 주장했다. 당시 중앙정보부 2국 학원과 서울대 담당 정보관 김덕창이 최 교수를 찾아와 이 같은 사실을 확인하는 과정에서 둘 사이에 격렬한 언쟁

이 벌어졌다. 그러나 당시 중앙정보부 감찰실장 이재걸 씨가 최 교수와 서울법대 9회 동창회장을 인수인계할 정도로 가까운 관계라는 점이 감안되어 당시로서는 더 이상 문제가 되지는 않았다.

1969년 박정희는 장기 집권을 위한 3선 개헌을 무리하게 추진하고 있었다. 그러자 이에 반대하는 각계각층의 성명과 성토가 전국적으로 불길처럼 일어났고, 대학가에서도 반대 시위가 치열하게 벌어졌다. 당시 서울법대 학생들도 시위에 적극 가담했다. 특히 서울법대생 50여 명은 9월 1일 법대도서관을 점거하고 무기한 단식농성에 들어갔다. 학생들은 도서관 계단에 책걸상을 쌓아 외부의 진입을 막고는 가두를 향해 '7·25 성명을 통박한다,' '우리의 투쟁은 멈출 수 없다'는 성명을 스피커로 되풀이해 낭독했다. 그러나 연일 계속된 단식농성으로 망가졌을 학생들의 건강을 염려한 교수들의 설득으로 학생들은 농성을 풀고 도서관 밖으로 나왔다. 이 해산 과정에 대한 《조선일보》 1969년 9월 5일 자 기사다.

… 농성 학생들을 돌려보내기 위한 스쿨버스 2대도 준비됐다. 도서관 분수대 앞에 가설된 스피커를 통해 학생과장 최종길 교수가 농성 중인 도서관 2층을 향해 통곡과 같은 호소를 시작했다. "학생들의 의사가 충분히 표시된 이상 이제 집으로 돌아가 달라." 그러나 '반개헌'의 긴 현수막이 늘어뜨려져 있고 '무기한 단식투쟁 중'이라는 합판이 붙어 있는 2층 열람실에서는 반응이 없었다. 낮 12시 5분, "15분까지 자진해서 내려오지 않으면 교직원들이 바리케이드를 뚫고 올라가 모두 해산시키겠다." 최(종길) 교수의 목소리는 울부짖음으로 변했다. … "왜 우리는 이렇게 해야 합니까?" 교수들의 팔에 매달려 도서관을 나서는 학생들은 응석처럼 울부짖었다.

오후 1시 40분 서울관 5-83과 5-27, 두 대의 버스에 실린 학생들은 애국가를 부르며 교문을 나섰다. 제자들을 실려 보낸 교수들은 손수건을 눈으로 가져갔다.

너무나 지쳤을까. 최종길은 1970년 6월 서울법대 학생과장직의 연임을 마치고 미국 유학을 떠났다. 최종길은 하버드 대학교 옌칭연구소의 지원으로 하버드 대학교 법대에서 연구에 전념했다. 원래는 1년간의 지원을 약속받았지만, 그의 학문적 우수성을 인정한 하버드 대학 측은 그에게 1년의 기간을 더 연장해 주었다. 이때 최 교수는 미국의 석학 코헨(Jerome Alan Cohen) 교수 및 폰 레름 교수와 학문적 교류를 가졌다. 1972년 3월, 그는 하버드 대학 유학을 끝내고 귀국하는 길에 독일 훔볼트 재단의 초청으로 6개월간 독일을 방문해, 1962년 쾰른 대학에서 함께 공부한 독일인 학우들과 재회했다. 최종길의 일생에서 가장 포근하고 행복했던 몇 달이었지만, 1년 후 그는 의문의 죽음을 당하고 만다. 훔볼트 재단 이사 파이퍼(Heinrich Pfeiffer) 박사의 증언이다.

훔볼트 재단은 한국 신문을 통해 그의 죽음을 접했습니다. 당시 독일의 시사주간지 《슈피겔》은 그의 자살 의혹에 관한 기사를 실었습니다. 그가 자살할 하등의 이유가 없다는 측면에서 죽음에 관한 의문점을 지적한 것이죠. … (죽음의 소식을 듣고) 훔볼트 재단은 즉각 재단 이사장을 비롯해 간부회의를 소집했고, 최 교수 문제를 어떻게 처리할 것인가에 대해 논의했습니다. 그리고 즉각 회의 결과를 실행에 옮기기로 했습니다. 첫째 모금을 해 그의 유가족에게 전달하고, 둘째 그의 자제가 성공적으로 학업을 마칠 수 있도록 장학금을 지급하기로 했지요.

1972년 8월, 최종길은 귀국해 서울대학교 법과대학 교수로 복귀했다. 그는 법학도서관장직을 맡아 일하면서, 한편으로는 연구 활동에 열중해 그동안 발표한 50여 편의 논문을 토대로 민법총칙 교과서를 집필하기 시작했다. 그해 10월 17일 박정희 영구 독재를 획책하는 '유신'이 일어났지만, 11월 최종길은 서울대학교 법과대학 정교수로 발령받고 학문 연구에만 열중했다. 그러나 운명은 그를 연구실에만 있게 놓아두지 않았다.

10월 16일 전후의 최종길

1973년 10월 2일 서울대 문리대에서 유신체제의 압제를 뚫고 최초의 반유신 시위가 벌어졌다. 그리고 10월 3일 개천절 휴일이 지나고 10월 4일에는 서울대 법대에서 시위가 벌어졌고, 10월 5일에는 서울대 상대 학생들이 반유신의 기치 아래 시위에 나섰다. 그해 8월 중앙정보부가 김대중 납치·살인을 계획해 실행에 옮겼으나 실패로 끝나 정권은 대내외적으로 큰 곤욕을 겪고 있었는데, 완전히 소멸되었을 것으로 판단한 학생 시위가 발생한 것이다. 이에 중앙정보부는 크게 당황했고 전가의 보도인 공안 광풍을 획책하기 시작했다. 서울법대 학생들의 시위가 있던 10월 4일 긴급 교수회의가 열렸다. 당시 서울법대 교수였던 최송화의 증언이다.

1973년 10월 2일을 기점으로 동숭동 캠퍼스에는 데모의 불길이 다시 번졌다. … 다소라도 비판적인 성향이 노출된 학생들의 움직임에 대해 철저한 감시와 통제가 행해졌기에 이러한 대규모 데모는 정부로서는 더없이 당황스런 일이었던 것이다. 10월 4일, 등교한 법대생 전원이 참석한 데모는 유신 반대를 정면으로 내걸었다. 긴급으로 열린 교수회의에서도 최종길 교수는 학생들의 행동에 정당한 이유가 있다는 것을 역설했다. 그리고 며칠 후 최 교수는 자진 출두 형식으로 중앙정보부에 연행되었다.

1973년 10월 16일 동생 최종선의 전갈을 받고 중앙정보부로 출두하기 직전 최종길은 서울대학교 법과대학 교수 및 지인들과의 약속들이 잡혀 있었다. 그러나 이 약속에 최종길이 나타나지 않음으로써 최종길의 지인들은 불안감 속에서 그의 신상에 이상이 발생했음을 감지했다. 우선 서울대학교 법과대학에서는 늘 성실하던 최 교수가 학교에 연락도 없이 결근을 해 크게 걱정하고 있었다. 최종길의 서울법대 후배이자 동료 교수였던 김유성의 증언이다.

며칠째 연락이 없이 결근을 해 이상하다고 생각한 김증한 교수님이 사방으로 연락하던 중, 중정에서 통보가 왔다. 처음에는 "아무래도 사고가 있는 것 같다. 자세한 것은 나도 모르겠다"던 김증한 교수님의 이야기를 듣고 그날 밤 걱정스러운 마음으로 잠을 이룰 수 없었던 나와 동료 교수들은 '돌아가셨다'는 소식이 전해지자 무척 놀라 어떤 마음을 가져야 하는지 알 수가 없을 지경이었다. 도대체 지금 이 상황에서 무엇을 어떻게 해야 하는지, 눈물을 흘려야 하는 건지 분노해야 하는 건지 막막하기만 할 뿐 실감이 나지 않았다. '이러고 있을 수만은 없다'는 생각으로 여러 교수들이 모여 당시 수유리의 배재식 교수님 댁으로 갈 때서야 비로소 흐르는 눈물과 침통한 마음을 금할 수 없었다. 배재식 교수님 댁에 도착한 우리는 점차적으로 논의를 해 가며 흥분하기 시작했다. 성명을 낸다거나 하는 형식으로 직접적인 방법을 취해야 한다는 의견이 가장 지배적이었다. 그때까지 우리 젊은 교수들의 논의를 듣고만 계시던 배재식 교수님께서 "우선은 지켜보자. 그 방법은 나중에 써도 늦지 않다"고 하시며 사람들을 진정시켜나가기 시작했고, 우리들도 우선은 지켜보기로 합의를 했다.

서울대학교 법과대학 교수 백충현은, 그날 오전 최종길과 만나 학교 업무를 의논하기로 했는데, 최종길이 갑작스레 점심 약속이 생겼다며 그 약속을 취소했다고 증언했다. 백충현은 취소한 이유를 몰랐지만, 최종길은 동생 최종선과 중앙정보부 근처 아스토리아 호텔에서 오후 두 시에 만나기로 한 약속 때문에 백충현과의 만남을 취소한 것이다. 백충현의 증언이다.

1973년 10월 16일. 그날은 화요일이었다. 최종길 교수님과 함께 한 독일 교수님을 법과대학에 모시기 위해 초청장 내용을 구상하기로 했었는데, 선생님께서는 갑작스런 점심 약속이 생겼다고 오후에 하자며 동숭동의 법과대학 연구실을 나서셨다. 하지만 선생님은 저녁시간이 되어도 돌아오지 않으셨다. 그 전엔 한 번도 연락도 없이 약속을 어기셨던 분이 아니라 나는 초조하게 늦게까지 기다렸다. 그런데 선생님은 끝내 돌아오지 않으셨다. 그 길이, 그렇게 황급히 연구실을 나가셨던 그 뒷모습이 우리 모두와의 영원한 이별의 길이 된 것이다.

서울대학교 법과대학 교수였던 이시윤(감사원장 역임)은, 최종길이 중정으로부터 출두를 통고받기 며칠 전에 한 맥줏집에서 우연히 최종길을 만났다고 한다. 최종길은 이시윤을 반가워하며 부부 동반으로 돈암동의 자기 집에서 금요일 저녁에 식사를 하자고 초청했다. 바로 10월 19일, 최종길이 중앙정보부에서 목숨을 잃은 그 금요일이었다. 이시윤의 회고다.

내가 최 교수님을 마지막으로 만난 날이 아마도 1973년 10월 중순경이었던 것 같고, 만난 장소는 당시 교수나 지식인이 많이 이용하는 '낭만'이라는 관철동 맥줏집이었던 것 같다. 나와 최 교수님은 서울대 법대 교수로서, 1964년 이른바 입사 동기였던 인연이 있고, 누구보다도 친한 사이였기 때문에 오랜만에 만나 서로가 반가웠다. 그때 최 교수님은 그 다음 주 금요일 돈암동 자택으로 우리 부부를 초대한다며, 정확한 일시는 직전에 알린다고 했다. 오랜만에 만나 회포 풀 기대를 하고 있었지만, 약속한 금요일이 지나도록 종무소식이었다. 다소 섭섭한 마음이었는데, 그로부터 2, 3일 후 서울법대의 모 교수가 찾아와서 최 교수님이 작고했다는 무척이나 충격적인 말을 전했다. … 장례식에는 최 교수님의 스승 김증한 교수님 이외는 참석할 수 없고, 최 교수님과의 모든 왕래 편지, 관계 서류를 없애는 것이 좋고, 미구에 최 교수의 친구 등 관계인들이 조사받을 가능성을 배제할 수 없다는 것이었다.

윤영전(전 국무총리 비서관)은 최종길의 서울법대 제자로, 1966년 군에서 제대한 후 서울법대 법학연구소에서 근무했다. 그는 1972년에 창립된 서울법대의 테니스클럽 총무를 맡았는데, 클럽의 회장이 최종길이라 자주 그의 시합 상대가 되었다. 최종길이 중앙정보부에 출두한 10월 16일에도 두 사람은 테니스 시합을 약속했다. 윤영전의 회고다.

1973년 10월 14일, 여느 날과 같이 법대 테니스장에 나타난 최종길 교수님은 코트 옆에 있는 내 사무실 창문을 두드리며 "미스터 윤, 빨리 나와. 한 게임 하자"고 말씀하셨다. … 그날도 만면의 미소를 지으시며 테니스를 하시면서 "미스터 윤, 이 테니스야말로 정말 좋은 운동이야. 이 운동을 시작하면서 감기도 안 걸리고 잔병도 없어졌고 혈압도 내려가. 어찌 보면 만병통치약이야" 하셨다. … 이런 대화를 나누며 호탕한 웃음을 짓는 최 교수님의 모습은 마치 천진난만한 어린아이와 같이 해맑은 모습이었다. 그날, 내일이 개교기념일이니 하루 쉬고 16일 날 만나자고 하시면서 코트에서 헤어진 것이 마지막이 될 줄이야…. 10월 16일 코트에 나오시지 않아 연구실에 전화했더니 부재중이라 했다. 하루도 빠지지 않으셨는데 무슨 일일까? 그런데 그 다음 날도, 그리고 다음 날도 안 나오셨다.

1973년 10월 16일 오후 2시. 최종길은 간첩 수사에 협조해 달라는, 밑도 끝도 없는 중앙정보부의 연락을 받고 당시 중앙정보부 감찰실에 근무하던 동생 최종선의 안내로 남산 중앙정보부 안으로 들어갔다. 독일 유학 시절의 몇 가지만 잠시 물어보면 된다는 말에 최종길은 가까운 동료 교수들에게도 알리지 않고, 혹시라도 무슨 일이 생기면 후배인 이수성 교수에게 연락하라며 중앙정보부 정문 안으로 들어간 것이다. 그러나 최종길은 그날 중앙정보부를 빠져나오지 못했다. 그 다음 날에도, 그리고 그 다음다음 날에도. 최종길의 부인 백경자의 증언이다.

남편이 정보부에 들어갔다는 소식은 시동생이 동시에 알려주어 바로 알았습니다. 그러나 죄지은 것이 없기 때문에 별로 걱정을 하지 않았습니다. 남편의 사망 소식도 시동생을 통해서 들었습니다. 그때 두 남매는 초등학교에 다녔습니다. 그런데 TV나 신문에 아빠가 간첩이라고 크게 나와서 아이들이 이것을 보지 못하게 하고 불광동 친척집으로 보냈습니다. 정보부에 끌려가기 전에도 남편은 민법 책을 쓰느라고 여러 날 밤을 새셨습니다.

최종선

03

비극의 그날

1973년 10월 19일 금요일, 이른 새벽 최종선을 자기 방으로 호출한 감찰과장 이병정이 어두운 표정으로 물었다.

"형님은 자녀가 몇인가?"

이미 형의 죽음을 직감한 최종선은 머릿속이 하얘지며 대답 대신 그에게 되물었다.

"형님께서 어떻게 되셨는가요?"

이병정은 최종선의 물음에는 대답하지 않고 질문을 이어 갔다.

"형수는 직업이 있는가?"

"왜 그런 걸 묻습니까? 형님께서 도대체 어떻게 되셨습니까?"

이병정이 잠시 뜸을 들이다가 말을 했다.

"단도직입적으로 말하지. 최 교수께서 오늘 새벽 1시 30분, 자신의 반역 행위를 자백하고 양심의 가책을 못 이겨 7층에서 투신자살해 돌아가셨어. 그래서 5국에서는 국장(안경상)이 위로단을 편성해 가족들을 찾아 사죄키로 하는 등 부部가 온통 뒤집혔어."

최종선은 미칠 것 같은, 죽이고 싶은 감정을 가까스로 억제했다. 최종선은 정신을 가다듬고 자리에서 벌떡 일어섰다.

"형님께서 돌아가신 현장을 좀 봐야겠습니다."

그러나 이병정은 딴청을 피웠다.

"나는 유가족 중 한 명에게라도 현장을 보여 주자고 주장했으나, 현장이 너무 비참하니 안 보여 주는 게 낫겠다는 결론이 되어 사체는 이미 국립과학수사연구소에 옮겨 안치했다네."

최종선이 절규했다.

"죽이고, 은폐하고, 당신들 멋대로 마음대로 무엇이든지 처리합니까? 어찌되었든 나는 사건 현장에 가보겠습니다."

그러나 이병정은 최종선에게 "이야기가 끝나면 (현장을) 보여 주겠다"면서 강력히 제지했다. 최종선이 다그쳐 물었다.

"이야기라는 게 무엇입니까? 도대체 나에게 무슨 할 말이 또 있다는 겁니까?"

이병정이 우물쭈물 대답했다.

"조사 중 자살한 사람의 변사체는 검사 입회하에 사체 부검을 하도록 되어 있는데, 가족의 입회 없이도 할 수는 있으나 우리 입장에서는 자네가 우리 부원이니 입회해 줬으면 하네."

"조사를 하면서는 같은 직원의 가족이라는 점을 전연 생각하지 않고, 도리어 죽여 놓기까지 하고서 이제는 네가 부원이니 입회하라는 말인가요? 살인과 진상 은폐의 공범이 되어 달란 말인가요? 나는 죽어도 입회할 수 없습니다. 당신들 마음대로 죽였으니 당신들 마음대로 처리하세요!"

"입회는 해 줘야 되겠어! 그렇지 않으면 사회에서는 저희들끼리 죽여 놓고 저희들끼리 우물우물해 버렸다고 하지 않겠는가?"

"사실이 그렇지 않은가요? 그건 내가 알 바 아니오. 나는 결코 입회할 수 없으며, 형님의 죽음을 이대로 덮어 버릴 수도 없습니다!"

이병정은 괴로운 표정을 지으면서도 매몰차게 최종선에게 최후통첩을 했다.

"입회해야만 해! 그것을 자네는 모르는가!"

최종선은 죽음을 무릅쓰고 그들과 싸울 각오를 했지만, 진실을 밝히기 위해서는 냉정해야 했을 당시의 상황을 이렇게 술회했다.

아! 내가 왜 그것을 모를 것인가? 입회를 하지 않고 그들과 계속 싸운다? 그럼으로써 우리 가족에게 오는 것, 그들은 자신들의 살인 행위를 은폐키 위해 형에게 어마어마한 죄를 뒤집어 씌워 적반하장 격으로 매스컴에 대서특필함으로써 이로 인한 여론의 싹을, 저항의 싹을 꺾어 버리고, 형의 조작된 범죄를 합리화시키기 위해 형의 친지, 동료 교수, 제자 들에게 형을 죽음에 이르게 한 그 핍박을 또다시 가해 허위 증거를 날조하고도 남을 자들임을 왜 내가 모르겠는가?

이미 돌이킬 수 없는 상황까지, 올 데까지 온, 피에 젖어 눈이 뒤집힌 그들이 무슨 만행인들 더 못 저지를 것인가? 형의 뒤를 따라 피를 뿌릴 것인가? 여기에서 우리가 죽는다면 그들을 한 번 더 당혹시키고 광기를 부채질하는 이외에 현실적으로 그 죽음에 무슨 의미가 있을 것인가? 단지 그들을 한 번 더 당혹시키고, 광란케 하기 위해 목숨을 던져도 괜찮은 것인가? 그들은 아마 "국가 반역자 최종길 교수의 동생이 자신의 관련 혐의가 드러나게 되자 양심의 가책을 받고, 아니면 반역 조직을 보호하기 위해 투신자살했다"고 한 번 더 날조하면 그뿐인 것을, 그래서 남은 가족들에게 굴욕에 굴욕을, 한에 한을 더하게 할 뿐인 것을. 무엇을 위해 생명을 던져야 할 것인가? 과연 누가 역사 속에 반역자로 낙인찍혀 사라져 간 우리 형제를 위해 먼 후일에라도 진실과 명예를 되찾아 줄 것인가? 후일을 위해 아무것도 남기지 않은 채 죽어 가도 후일에 진상은 규명될 수 있을 것인가?

더럽도록 냉혹한 현실. 힘은, 권력은 그 본래의 주인인 국민에게 있지 않은 것이다. 죽음 이외에 내가 선택할 수 있는 것은, 내 뜻대로 할 수 있는 것은 내 생명 이외에 아무것도 없었다. 죽음이 최선의 길이 아니라면, 나는 아무리 발버둥치고 애써 탈피하려 해도 그들의 굴레를, 그들이 짜 놓은 각본 속을 한 치도 벗어날 수 없는 것이 어쩔 수 없는 더러운 현실인 것이다. 그러나 나는 그들과 어쨌든 싸울 수 있을 때까지, 끝까지 싸우지 않을 수 없는 것이었다.

결국 최종선은 이병정에게 자신의 입장을 최종 정리해 밝혔다.

"좋습니다. 부검에 입회를 할 수도 있습니다. 그러나 우리 측 변호인단과 의사들을 선임해서 같이 입회하겠습니다."

그러나 이병정은 단호히 거부했다. 최 교수의 죽음이 여기저기에 사실과 다르게 왜곡돼 알려질 우려가 있다는 것이 그 이유였다. 최종선은 그렇다면 입회할 수 없다고 계속 거부했다. 최종선은 형의 혐의 내용이 무엇이며, 그 혐의 내용을 증빙할 증거자료와 그간의 조사 서류 일체를 직접 봐야겠다고 강경히 요구했다. 그러나 이병정은 조사가 아직 진행 중이므로 수사가 종결된 후에나 보여 주겠다고 최종선을 달랬다.

장송록

최종선이 끝까지 이병정의 제안을 거부하고 말을 듣지 않자, 이병정은 5국 수사단장 장송록에게 같이 가서 의논해 보자며 수사단장실로 최종선을 데리고 갔다. 최종선이 5국 수사단장실에 들어가자 장송록이 황망히 일어서며 손을 내밀었다. 살인자의 손, 인간의 생명을 끊는 망나니의 손이 연상되었으나 최종선은 눈을 똑바로 뜨고 그의 손을 잡았다. 장송록은 구구한 변명부터 늘어놓았다.

"처음 이틀 동안은 범행을 완전히 부인했기 때문에 지하실에서 조사를 했으나, 어제부터 심경 변화를 일으켜 순순히 자백하므로 분위기가 아늑한 7층 호텔 방으로 옮겨 조사하던 중 용변을 보겠다기에 변소에 데려갔더니 감시원이 한눈을 파는 사이 변기를 밟고 창문턱에 올라서 있더라는 겁니다. 그래서 수사관이 '교수님! 가족도 있고 하신 분이 그러시면 되겠느냐'고 회유하고, 다른 수사관이 뒤로 돌아가 다리를 잡는 순간 투신하셨다는 겁니다. 밤중에 빨리 들어오라는 전화가 왔기에 나는 지하실에서 물을 먹이다가 일어난 사고로 생각하고 달려왔더니 투신자살하셨다는 겁니다."

장송록은 당황한 나머지 묻지도 않은, 자기도 모르게 지하실에서 물을 먹이는 고문을 했다는 사실을 스스로 폭로한 것이다. 최종선은 5국 수사단장실에서 가족의 부검 입회 문제를 놓고 계속 옥신각신했다. 그러나 정보부 측은 그들 특유의, 전가의 보도인 협박의 칼을 빼들고 최종선을 몰아붙였다.

"만약 끝까지 우리에게 협조를 하지 않는다면 당신은 물론 다른 가족과 최 교수의 친지, 동료 교수, 제자 들에게까지 관련 여부 조사를 확대하겠으며, 따라서 그들의 안전을 더 이상 보장할 수 없습니다.”

최종선은 “조사를 하든지, 또 죽이든지 마음대로 하라”고 악을 썼지만, 이미 죽는 것이 최선의 방법일 수 없다는 생각을 마음속에 정했으므로 언제가 될지 모르는 그때까지 살아 연명하기 위해서는, 세월 싸움밖에 할 수 없는 무력한 자의 처지로서는, 이제 무릎을 꿇을 수밖에 없는 한계점에 가까워 왔음을 느끼지 않을 수 없었다. 최종선은 그들에게 “부장을 직접 만나게 해 달라. 그러면 몇 가지 내 조건을 제시하고 그 수락 여부에 따라 입회할 수도 있다”고 타협책을 내놓았다.

그들은 “사태가 중대하므로, 부장은 고위층에 보고하기 위해 청와대 앞 궁정동 안가에서 들어오라는 연락이 오기를 대기하면서 당신과 우리의 타협 결과를 기다리고 있으니 만날 수 없다”라고 했다. 그러면서 자기들에게 말을 해도 부장에게 즉시 보고되니 자기들에게 말하라고 했다. 최종선은 그들에게 세 가지 사항을 요구하고, 이를 이후락 중앙정보부장이 직접 서명한 서면으로 확인 보장해 달라고 요청했다. 그렇지 않으면 부검에 입회할 수 없다고도 했다.

첫째, 당신들의 살인 행위를 은폐하고 이로 인한 저항을 억누를 목적으로 형의 죽음에 반역자로의 누명을 조작해 발표함으로써 형의 명예를 더럽히지 말 것. 당신들이 명예만 지켜 주면 우리는 형이 정보부에서 돌아가셨다는 사실을 숨기고 교통사고로 돌아가셨노라고 침묵할 테니 날조된 누명을 씌워 발표함으로써 형을 두 번 죽게 하지 말고 당신들도 침묵을 지킬 것.

둘째, 일체의 사상 관계 기록에 날조된 내용을 기재하는 등 사상적 제한을 가하지 말 것. 고인이 남긴 두 자녀가 아버지의 뒤를 이어 퀼른 대학이나 하버드로 유학하고 싶다면 자유롭게 갈 수 있도록, 그들이 설혹 검사가 되어 아버지의 죽음을 규명하고자 한다면 그렇게 될 수 있도록, 그들이 원하는 것이 무엇이든 자유롭게 추구하면서 살아갈 수 있도록 일체의 사상적인 제한을 가하지 않도록 보장할 것.

셋째, 당신들의 살인 행위를 은폐할 목적으로, 형님에게 날조해 뒤집어씌우기로 한 범죄를 합리화하기 위해 죄 없는 형의 친지, 동료 교수, 제자 들에게 형에게 가한 고문을 가해 허위 증거를 조작하지 말 것.

현 장

장송록과 이병정은 최종선의 요구사항을 논의하기 위해서인지 옆방으로 자리를 옮겨 갔다. 홀로 남은 최종선은 그 틈을 타서 출입문을 열고 문밖 복도에 감시원이 있는지 확인했으나 아무도 없었다. 아마 양측이 이야기가 잘되는 것으로 알고 방심한 나머지 자리를 비운 것 같았다. 최종선은 의심받지 않을 정도의 빠른 걸음으로 2층에 있는 그 방을 빠져나와 재빨리 최종길이 투신했다는 화장실 밑 장소로 갔다. 그곳까지는 직선거리로 20미터, 계단을 내려가 건물을 우회해서 고작 40미터 정도로 불과 2~3분이면 도달할 수 있는 거리였다.

그러나 최종선은 그곳에서 아무 흔적도 발견할 수 없었다. 최종길이 투신해 땅에 떨어졌다면 유혈이 낭자했을 것이고, 그 현장을 물로 닦아냈더라도 초가을 새벽 낮은 기온과, 응달이기 때문에 아직 물기가 아스팔트 위를 적시고 있었을 것이다. 또 물로 청소했다면, 아스팔트 마당의 경사가 낮은 곳에 물이 조금이라도 고여 있어야 할 텐데도 그 어느 곳에서도 물로 씻긴 흔적이라곤, 물기라곤 발견할 수 없었다. 최종선은 최종길이 절대로 투신자살한 것이 아니라는 사실을 그 자리에서 확신했다. 최종선은 엄청난 충격과 형의 죽음을 헛되이 덮어 버릴 수는 없다는, 복받치는 감정으로 즉시 정문을 뛰쳐나와 택시를 잡아타고 종로구 청운동의 국립과학수사연구소로 향했다.

최종선이 국립과학수사연구소에 도착했을 때는 이미 중앙정보부 요원들이 나와 입구에서부터 감시 근무 중이었다. 최종선은 정문 앞에서 바로 정보부 요원들에게 출입을 제지당했다. 최종선은 자신을 붙잡으려는 그들을 뿌리치고 택시를 타고 시내로 들어갔다. 그러나 갈 데가 없었다. 태평로의 국회로 갈까? 그러나 지금 국회의원치고 용기 있는 자가 남아 있던가? 유신체제 아래 국회의원의 3분의 1은 박정희가 자기 꼭두각시로 임명한 상황이었고, 야당인 신민당은 박정희 정권의 집요한 탄압과 회유로 흐물흐물한 상태였다.

최종선은 동숭동의 서울대학교로 가 볼 생각도 했다. 그러나 학생들은 최종선이나 형 최종길이 보호해야 할, 아직은 젊은 세대이므로 자기들 문제로 학생들을 희생시킬 수는 없다는 생각이 들었다. 형이 누구 때문에, 누구를 위해 죽어 갔는가? 학생들의 죽음과 희생을 더하는 이외에 그들로부터 얻을 게 무엇인가? 동아일보사로 가볼까? 그러나 최종선은 당시 국내 언론이 어디로부터 어떻게 통제받고 있는지 잘 알고 있었다. 언론도 아무런 힘이 되어 줄 수 없으리라는 절망, 그 이상 아무것도 아니었다. 외국 언론에 호소해 볼까? 까맣게 먹칠되어 국내에 배포되는《뉴스위크》등 외국 간행물들. 이들에게도 기대할 것은 없다. 외국 대사관을 찾아갈까? 미국대사관? 서독대사관? 과연 그들이 국제관례를 깨고 남의 나라, 한 개인의 문제에 '내정간섭'이라는 오해를 받으면서까지 힘이 되어 줄 수 있을지 확신이 서지 않았다.

결국 최종선이 달려가 호소할 곳이라곤 대한민국에 단 한 곳도 없었다. 여론이 조성되어야 국민이 진실을 알고, 그 여론의 보호를 받으며 싸울 수 있지 않겠는가? 그야말로 그들 말대로, 섣불리 경솔히 굴다간 여론이 조성되기도 전에 최종선의 가족들만 오욕 속에 개죽음을 당할 뿐인 것이다. 그것이 바로 최종길, 최종선이 살던 그 시대의 현실이었다. 국립대학의 저명한 교수, 막강하다는 중앙정보부원의 현실이 이 정도인데 하물며 평범한 시민이라면 어찌했으랴. 최종선은 극단의 절망 속에서 갈 방향을 잃고 허둥댔다.

최종선은 사방의 적으로 둘러싸인 가운데 홀로 들판에 서 있는 기분이었다. 어디로 가야 할까? 누가 이 억울한, 이 참혹한 사태에 도움을 줄 수 있을까? 이 생각 저 생각 해 보았지만, 결국은 가족밖에는 없는 것 같았다. 최종선은 셋째형 최종수의 사무실로 찾아가 둘째형 최종길의 죽음을 이야기했다. 최종수는 격앙해 "돌아가신 형의 뒤를 따라 형제들 모두 깨끗이 생명을 던져 싸우자"고 흥분했다. 셋째형의 성격, 불같은 자기 형제들의 성격을 잘 아는 최종선은 최종수의 말이 그냥 나온 것이 아님을 잘 알았다. 최종수의 눈동자는 증오와 분노로 불타올랐고, 최종선의 설명은 한 마디도 듣지 않는 것 같았다. 이미 죽음이 최선의 방법일 수 없다는 생각을 굳힌 최종선에게 죽음만을 생각하는 최종수는 아무런 도움도 될 수 없었다.

투항

최종선은 셋째형이 분노와 흥분 끝에 어떤 행동을 벌일지 몰라 최종수의 회사 직원들에게 형을 잘 보살피고 보호하도록 당부하고는 중앙정보부로 돌아갔다. 최종선은 먼 훗날 자기가 비굴한 인간이었다는 비난을 가족들, 또는 국민들로부터 받게 되더라도 그 비난은 자기 혼자 감당해야 한다고 결심했다. 최종선은 이렇게 제 발로 걸어서, 제 풀에 기가 죽어 그들에게 투항하듯 돌아갔다. 감찰과장 이병정이 반기듯 물었다.

"어디를 다녀왔는가? 모두 자네를 찾느라고 야단이 났었네."

"형님의 모습을 한 번 보지 않고는 제 뜻대로 일을 처리할 수 없을 것 같아 국립과학수사연구소에 갔으나 뵙지도 못하고 돌아왔습니다."

"자네가 말한 세 가지 요구사항은 당신들이 침묵을 지키는 한, 부장께서 보장키로 확답을 하셨다. 그러나 서면상으로 보장할 수는 없다. 자네도 정보부가, 정보부원이면 부장이든 일반 직원이든 서면상으로 무엇을 보장하거나 보증할 수 없음을 잘 알고 있지 않은가? 부장은 형님의 죽음에 대해 금전적으로 충분히 보상할 것과 자네 신분을 감찰실 직원으로 환원시켜 근무토록 할 것을 또한 보장하셨네. 이제 그만 정보부를 믿고 부검에 입회해 주게."

"형님의 죽음을 무엇으로 보상할 수 있단 말입니까? 당신들이 말하는 막대한 보상금이 그 죽음을 보상할 수 있단 말인가요? 우리는 당신들 더러운 돈 받지 않아도 충분히 고인의 자녀와 아내를 굶기지 않을 것이니 그런 더러운 이야기는 그만둡시다. 내 형을 죽인 정보부를 위해 내가 무엇을 할 수 있으리라고 기대하는가요? 내 신분에 대한 보장도 필요 없습니다."

"어쨌든 부검이 급하니 어서 입회나 해 주게."

최종선은 형수(최종길의 부인 백경자)에게 모든 사실을 알리고 의논해야 마땅하다고 생각했으나, 그러한 굴욕은 자기 가족 중에서 자기만으로 끝내야겠다는 생각에서 혼자 입회할 것을 결심하고는, 부검 참여의 조건으로 그들에게 "형의 범죄를 입증하는 증거자료와 수사 서류를 내 눈으로 직접 확인할 수 있을 것"을 거듭 요구했다.

그들도 괴로운지 잠시 동안 어찌할 바를 모르다가, 한참 후 감찰실 부실장 배명갑이 "조사 서류와 증거물은 수사가 진행 중이므로 수사가 종료된 후 보여 주겠다"면서 다시 거절했다. 최종선이 "죽은 사람을 계속 조사한단 말인가요?" 하고 빈정거리자, 배명갑은 "자네 형이 동베를린에 다녀왔다는 죄상이 드러나자 양심의 가책을 못 이겨 투신자살을 한 것은 사실이다. 간첩은 대개 자기 아내까지도 모르게 간첩 행위를 하니 자네가 의심하는 것도 당연하다"며 둘러댔다. 그들이 "자네 형은 반역자가 아니었으나 골치 아픈 교수이기 때문에 반역자로 조작해 학원 탄압의 구실로 삼으려고 압박을 가하다가 죽인 것이니 용서해 달라"고 할 리가 만무하니 애당초 최종선의 요구는 무리였다. 최종선은 악에 받쳐 한 걸음 더 나아갔다.

"당신들은 형님께서 반역자의 죄상이 드러나자 양심의 가책을 받고 투신자살했다고 하나, 나는 형이 끝까지 결백과 명예를 지키고자 싸우다가 당신들의 고문으로 죽어 간, 피가 살아 있는 학자로 생각한다. 당신들은 형을 반역자라고 말하라. 우리는 형이 애국자였고 명예를 죽음으로 지키고자 한 선비의 넋을 지닌 자랑스러운 학자로 기억하겠다. 역사가 심판하리라!"

최종선의 절규에 그들 중 감히 대꾸하는 자는 아무도 없었다. 최종선은 다시 그들에게 "형님을 죽인 살인 수사관과 형님의 죽음과 관련 있는 책임자 전원을 법에 따라 살인죄로 엄중히 처벌할 것"을 요구했다. 그러자 배명갑이 서류 한 장을 쳐들면서 "최 교수를 조사하는데 참여한 모든 조사관들의 리스트를 이렇게 뽑아 왔다. 책임 있는 자는 엄중한 조사를 거쳐 강력히 처벌할 것"이라고 확약했다.

기 만

결국 최종선은 정보부의 요구에 따라 형의 부검 현장에 입회하기로 결심했다. 그러자 그들은 최종선의 신분이 정보부원이기 때문에 국민들로부터 의심을 받을 여지가 있으니 민간인인 셋째형 최종수를 같이 입회하도록 해 달라고 했다. 최종선도 부검 과정에서 정보부 측이 어떤 짓을 벌일지 모른다는 의심이 부쩍 들어 그들의 제안을 받아들였다. 최종선은 최종수에게 전화를 걸어 중구 소공동 소재 '수향다방'으로 나오게 했다. 최종선은 최종수에게 그간 벌어진 일들을 설명하고, "죽음은 최선의 방법일 수 없다. 지금은 진실을 밝히는 것이 중요하다"면서 부검 입회를 설득했다. 오랜 침묵 끝에 최종수가 마침내 입술을 깨물고 최종선의 말에 고개를 끄떡였다.

잠시 후 두 형제는 수향다방 건너편 '사라망카'라는 경양식집의 방에서 중앙정보부 5국 9과장 서철신과 감찰과장 이병정을 만났다. 그들을 만나기 전까지 상황 판단은 냉정하게 하고, 감정은 최대한 억제하기로 다짐했지만, 그들과 대면하는 순간 최종수는 피가 머리끝까지 솟구쳐 오름을 느꼈다.

"우리는 죽음을 각오했다. 당신들은 우리에게 무엇을 더 어떻게 해 달라는 것인가? 우리 형님의 생명 하나로는 부족하단 말인가?"

감찰과장 이병정이 최종수를 달래듯 말했다.

"사람이 이런 억울한 일을 당하거나 감당키 어려운 상황에 처했을 때 흔히 운명의 탓으로 돌리는 걸 보았다. 형님의 죽음은 가슴이 찢어지는 고통이겠으나 형님의 죽음은 과거로 돌리고 앞으로의 일을 이야기하는 것이 어떤가?"

"형님께서 왜, 어떻게 돌아가셨는가는 후일 밝혀질 날이 있을 것이며, 자손 대대로 계승해 밝히도록 할 생각이니 당신들의 원하는 바나 말해 보라."

"우선 부검에 입회해 줘야 우리 면목이 서겠다."

"우리 뜻대로 입회를 할 수도, 안 할 수도 있을 만큼 그렇게 우리가 자유로운 입장인가? 당신들은 우리 측 변호인과 의사의 입회도 거부하고 있지 않는가?"

"강요하는 것으로 생각되겠지만, 그래도 할 수 없는 입장이니 꼭 입회해 달라."

"당신들은 왜 우리의 입회가 꼭 필요한가? 우리는 이미 당신들의 각본대로 준비되고 진행될 부검 결과를 믿지도 않을 것이며, 검사가 입회하고 의사가 집도를 하는 법적 절차만이 갖추어졌다 해서, 형의 죽음을 자살이라고 믿으리라고 생각하는가?"

"지금 그렇지 않아도 서울대생들이 불온한 징후를 보이고 있는데, 만약 자기들의 교수를 정보부에서 죽였다면 큰 물의가 일어날 것이다. 그러니 가족들이 꼭 입회해 줘야 되겠다."

"우리는 고인의 명예를 위해서, 당신들의 날조에 의한 고인의 명예 손상을 막기 위해서 침묵을 지킨다. 그러나 우리가 아닌 다른 채널을 통해서 형의 죽음이 학생들에게 알려지고, 그래서 물의가 난다면 그것은 우리가 책임질 성격이 아니다. 따라서 우리 가족이 성실히 당신들과의 약속, 침묵을 지키는 한 당신들도 우리와의 약속을 지켜야 한다."

감찰과장 이병정이 말했다.

"4·19 당시 김주열을 수장한 사람들은 그것이 영원한 비밀로 유지될 줄 알았으나, 보름 후 시체가 떠올라 4·19의 봉화가 오른 게 아닌가? 세상에 비밀이 어디 있는가? 당신들 가족이 침묵의 약속을 지키더라도 비밀이 유지되지는 않을 것이다. 그러나 우리는 당신들이 우리와의 약속을 지키는 한 우리도 당신들과의 약속을 지킨다."

두 형제는 중앙정보부가 최종길에게 간첩 누명을 씌울 것을 너무 의식했다. 그래서 순진하게도 그들의 약속을 믿고 부검에 입회했으나, 며칠 후 이 약속은 중앙정보부의 철저한 기만으로 귀결되었다.

부 검

중앙정보부의 발표에 따르면, 최종길이 '투신자살'했다는 중정 현장을 검증한 사람은 서울지검 공안부 소속 이창우 검사다. 당시 현장검증을 했는지 여부도 불확실하지만, 통상적으로 변사 사건의 현장검증은 당일의 서울지검 당직검사가 맡는 것이 관례였다. 그런데 당직검사를 제쳐두고 집에서 자고 있던 이창우 검사가 꼭두새벽에 불려 나와 현장검증을 했다는 것이고, 이어 10월 19일 오후 국립과학수사연구소에서 있은 최종길의 사체 부검도 그가 지휘했다(1988년 10월 이창우는 검찰에서 "서울지검 공안부에 근무하던 당시 밤에 집으로 연락이 와 중앙정보부 건물의 추락 현장에서 최 교수의 사체를 확인하고 두 시간 뒤 컬러 사진을 찍고 부검에 착수했다"고 진술했다). 그런데 이창우는 이때 중앙정보부로부터 이미 '유럽 거점 간첩단 사건'의 관련자 김장현과 김촌명을 송치받아 있었다. 곧 이창우는 자기가 수사할 사건의 관련자가 사망한 현장을 자기가 검증하고, 그 사체 부검까지 지휘한 것이다.

이창우는 김장현과 김촌명의 송치 자료를 통해 '유럽 거점 간첩단 사건'의 혐의 내용을 이미 파악하고 있었고, 또 향후 재판에서 관련자들에 대한 공소 유지 책임을 져야 했기 때문에 부검을 통해 최종길의 죽음에 대한 진실이 밝혀지기를 기대하는 것은 애당초 무리였다. 실제로 '유럽 거점 간첩단 사건'의 구속·불구속 피의자들에 대한 검찰 수사는 중앙정보부의 시나리오를 그대로 복제하는 수준이었고, 기소·불기소 여부도 중앙정보부의 의견서 내용을 그대로 따라 결정했다.

이창우가 최종길도 관련된 '유럽 거점 간첩단 사건'의 수사검사임을 알지 못하는 상태에서 최종수와 최종선 형제는 최종길의 부검에 입회하기 위해 10월 19일 오후 1시경 청운동 소재 국립과학수사연구소(소장 오수창)로 갔다. 입회검사 이창우는 자신들이 저지른 사건도 아닌데 떳떳치 못한 일에 재수 없이 끼어들게 되었다는 낭패감에서인지 "새벽부터 나와 잠도 못 잤다"고 하품을 하면서, "손과 발이 부러져 있고 후두부가 깨져 있는 것으로 보아 투신자살일 것으로 보이나 상세한 것은 부검을 해봐야 알겠다. … 고문을 한 흔적은 아무 데도 없다"며 묻지도 않은 말을 혼자 지껄였다. 부검을 시작하기 훨씬 전이었다.

두 형제는 그 자리에서도 자기들이 추천하는 의사와 변호인의 입회를 주장했으나 정보부 측은 마이동풍이었다. 이창우는 입장이 곤란한지 자리를 피했고, 정보부 감찰과장 이병정을 상대로 의사와 변호인의 입회 요구를 되풀이했으나 철벽을 상대로 말하는 격이었다. 이병정과의 대화에 전혀 진전이 없자 최종선은 다시 부검실로 들어온 이창우에게 최후통첩을 했다.

"검사님! 나는 현직 정보부 감찰실 직원입니다. 정보부에서 어떤 방법으로 어떻게 조사하는지를 검사님보다 몇십 배 더 잘 알고 있는 제 자신 정보부원입니다. 검사님, 하시기 괴로운 말 애써 더 이상 하지 마시고 각본대로, 예행연습하신 대로 진행하십시오. 우리는 우리의 요구가 받아들여지지 않는 한 결코 입회할 수 없습니다."

이창우는 기어 들어가는 소리로 우물쭈물하면서 말도 끝내지 못했다.

"그래도 고인에 대한 마지막 이별인데…. 예의상으로라도…."

"당신들의 목적은 진상의 규명이 아니라 진상의 은폐와 조작 아닙니까? 당신들에게 필요한 것은 합법을 가장키 위한 적법한 절차이지 예의가 아니지 않습니까? 우리가 실질적으로 입회를 하든 않든, 어차피 당신들은 당신들 뜻대로 서류를 만들 것 아닙니까?"

두 형제의 강력한 항의에도 불구하고 부검은 그대로 진행되었다. 잠시 후 부검을 마쳤다면서 이창우와 국립과학수사연구소 법의학과장 김상현이 부검실에서 나와 최종길의 사인은 투신자살이 확실하다고 했다. 그러고는 두 형제에게 국립과학수사연구소의 부검 결과 보고서에 서명을 하라고 했다. 서명 여부를 놓고 한동안 승강이를 벌였으나 두 형제는 결국 정보부의 강요와 협박에 못 이겨 '최종길의 사망 원인은 투신자살'이라는 부검 결과 보고서에 서명을 하고 말았다.

한편 이병정은 부검이 진행되는 사이 대기하고 있던 국과수 소장실에서 정보부 고위층에게 전화를 걸어 유가족의 세 가지 요구 사항을 보장

한다는 약속을 다시 한 번 확인해 달라고 요청했다. 이병정은 전화를 끊고는 두 형제에게 "고위층에서 이를 쾌히 승낙하고, 즉시 5국장 안경상을 보내서 유족들에게 직접 요구사항을 보장한다는 약속을 전하도록 하겠다"고 했다.

그러고 나서 얼마 후에 잘 짜여진 각본처럼 정보부 5국장 안경상이 국과수 소장실로 들어왔다. 안경상은 "뺨을 맞아도 할 말이 없다"면서 최종선의 손을 붙잡고는 "고위층에서 직접 유가족을 찾아가 약속을 지키겠다는 말을 전하라기에 왔다. 사죄단을 편성, 나머지 가족들에게도 사죄하고 고인의 죽음에 대해서는 막대하게 충분히 보상하겠다"고 했다. 죄 없는 사람을 죽여 놓고 국민의 세금으로 막대한 보상을 하겠다니, 최종선은 구토가 나올 지경이었다.

탄원서

그들만의 부검이 끝난 후 최종선 형제는 이병정을 따라 중앙정보부 남산 청사에 들어가 감찰실장 손종호를 만났다. 손종호는 고위층에게 가서 유가족이 원하는 바에 대해 자기가 직접 확인받아 오겠다면서 두 형제를 위로한 후 자리를 떴다. 잠시 후 다시 자기 방으로 돌아온 손종호는, 정보부 고위층으로부터 최종길의 가족들이 요구한 세 가지 사항을 철저히 보장한다는 약속을 받았고, 막대한 보상과 최종선의 정보부 내 신분보장을 확약받았다면서, 단지 형식적으로 가족이 앞으로 일체 물의를 일으키지 않겠다는 내용의 각서를 한 장 작성해 정보부장 앞으로 제출해 달라고 했다.

그러고는 바로 5국 수사단장 장송록이 이른바 각서 초안을 들고 감찰실장 손종호의 사무실 문을 열고 들어왔다. 장송록은 최종선과 눈이 마주치자 방으로 들어오지 못하고 허둥지둥 뒤돌아 나가 이병정을 밖으로 불러냈다. 장송록이 가져온 각서는 사실상 탄원서였다. 최종선이 '탄원서'의 내용을 읽어 보니 기가 막혔다. 요약하자면 이랬다.

존경하는 중앙정보부장님!
우리는 나라를 배신한 천인공노할 간첩 최종길의 가족으로서 그가 간첩이었음을 잘 알고 있었습니다. 비록 조국을 배반하고 양심의 가책을 못 이겨 결국은 자기의 생명을 스스로 끊은 최종길이 한없이 밉고 원망스러우나 살아 있는 가족은 무슨 죄가 있겠습니까? 부디 살아남은 우리 가족을 불쌍히 여겨서 부장님께서 저희를 용서해 주시고, 우리를 보호해 주시며 최종길의 죄상을 신문 등에 보도하지 않고, 호적에 기재하는 등 사상적 제한을 가하지 않음으로써 자손들이 밝게 살아갈 수 있도록 허락해 주십시오.

최종선과 최종수는 이병정을 뚫어질듯이 쳐다봤다. 그는 두 형제의 시선을 피했다. 그들은 '탄원서'를 제시하며 최종선과 최종수, 그리고 최종길의 부인 백경자의 서명을 받아 달라고 했다. 두 형제가 완강히 버티면서 "당신들 할 대로 해 보라"고 악을 쓰자, 그들은 "그렇다면 약속을 지킬 수 없다"고 위협했다. 나중에 최종선은, "당시 형의 명예에 너무 집착한 나머지, 결국은 지켜지지도 않을 그들의 약속에 냉정을 잃고 끌려다니면서 계속 기만만 당했다"며 땅을 쳤다. 두 형제는 또 정보부의 압력과 위협에 굴복했다. 후일을 위해 최종수는 그들이 처음에 가져온 초안을 슬그머니 주머니에 감췄으나 결국은 그 초안도 그들에게 회수당하고 말았다.

그들은 "나머지 가족들을 두 형제가 설득할 것, 장례는 직계가족만 참석하는 가족장으로 치르고 가족 이외의 서울법대 동료 교수와 제자 등 아무에게도 연락하지 말 것"을 요구했다. 두 형제는, 한편으로는 그들도 사람이니 사람을 죽여 놓고 설마 그 정도 약속이야 지키겠지 하는 어리석은 생각에서, 다른 한편으로는 싸우려 해 봤자 이길 수 없는 거대한 적에게 지친 나머지 그렇게 하겠다고 대답했다. 두 형제는 형의 장지를 모란공원으로 정하고 나머지 가족들에게 비굴하게도 '항복'을 설득하기 시작했다. 최종선은 형 최종길의 지켜지지도 않을 명예를 위해 가족들을 설득하던 당시의 비참한 상황을 이렇게 기록했다.

10월 19일 저녁. 우선 큰형수. 우리 형제들을 길러 준 어머니나 다름없는 큰형수를 설득해야만 다른 가족의 설득이 가능했기 때문이며, 어머니께서는 시골에 가 계셨고, 큰형님(최종남)은 둘째형이 며칠째 못 돌아오시는 것에 쇼크를 받고 이미 병원에서 정양 중이셨기 때문이다. 형님께서 법학박사로 금의환향하고 모교인 서울법대의 교수로서 성장한 것에 보람을 느끼며 살아온 여인, 큰형수는 다 죽더라도 그놈들과 싸우자는 것이었다. 나는 형님의 명예를 이야기했다. 큰형수는 "이미 죽은 사람, 명예만이라도 지켜질 수 있다면 침묵을 지킬 수밖에 없다"면서 하염없이 눈물을 흘리는 것이었다. 다음 날 아침 둘째 형수를 만났다. 형수는 "최씨 집안에 시집왔으니 작은아버지들의 뜻대로 따르겠다"면서 눈물 한 방울 안 보이시는 것이었다. 우리는 이 자리에서 둘째 형수에게 '탄원서'의 내용을 보여드리지 않고 말미에 형수의 서명만 받았다. 우리는 형수에게까지 차마 못할 짓을 한 것이다.

최종길의 부인 백경자는 남편의 돌연한 죽음이라는 너무나도 큰 충격 속에서 중앙정보부의 회유와 감시, 협박에 순응했던 자신에 대해 평생 회한을 갖고 살았다. 백경자의 증언이다.

어느 날 갑자기 남편이 싸늘한 주검으로 돌아왔다. 그것도 억울한 누명까지 쓰고서. 하늘이 무너져 내리는 순간이었다. 미국 《워싱턴포스트》 기자가 집까지 찾아와 대문 앞에서 큰 소리로 "당신의 남편이 중정에 의해 타살된 것이 아니냐"고 물었을 때, 나는 중정 직원들이 바로 옆에 지켜 서서 감시하는 가운데 그저 돌아가 달라는 말 외에 아무 말도 하지 못했다. 이 일이 평생의 한으로 남아 있다. 나는 이 일이 있은 후 곧바로 동숭동 근처의 정신병원에 입원을 할 수밖에 없었다.

기이한 장례식

최종길의 아들 최광준은 사건 당시 초등학교 3학년이었다. 집안에 무슨 일이 벌어졌는지, 아버지가 무슨 사건에 연루되어 돌아가셨는지, 그리고 죽음이라는 것이 어떤 의미인지 쉽게 알 수 있는 나이는 아니었지만, 그는 '그날'의 상황을 비교적 정확하게 기억했다. 최광준의 증언이다.

평소와 다름없이 "아빠, 안녕히 다녀오세요" 하면서 헤어졌는데, 그 '아빠'는 다시 돌아오지 않았다. … (학교에서 돌아왔을 때) 어머니는 이미 집에

안 계셨고, 집에서 우리를 기다리고 있던 친척들이 우리 남매를 종수 삼촌댁으로 데려갔다. 종수 삼촌이 자가용을 보내 주었는데, 차를 타 본다는 재미에 아무런 영문도 모르면서 종수 삼촌댁에 도착했다. 큰고모(최종숙)는 이미 통곡을 하고 있었고, 모인 사람들은 하나같이 비통한 표정을 짓고 있었다. 무서웠다. 그런데 저쪽에서 어머니가 보였다. 우리는 당장에 그쪽으로 달려갔고, 어머니는 우리를 꽉 껴안으면서 비장한 목소리로 "이젠 우리끼리 사는 거야" 하셨다. 그러곤 흐느끼면서 더 이상 아무런 말씀도 없으셨다.

　최종길의 유해가 안치되어 있는 동안 정보부 직원 10여 명이 국립과학수사연구소 입구와 내·외곽을 경계했고, 가족들이 몰래 유해를 옮겨 확인하지 못하도록 일체 접근조차 못 하게 하면서 감시했다. 부검이 끝난 최종길의 시신은 최종수의 친구 김석구가 염을 해서 모셨다. 최종길의 빈소는 돈암동의 최 교수 자택이 아닌, 최종수의 오류동 집에 설치했다. 당시 중앙정보부는 친척 이외의 외부인들의 문상을 받지 말 것을 무언의 압력으로 요구해 왔다. 최종길 지인들의 슬퍼할 자유조차 빼앗은 것이다.

　10월 21일 아침. 최종선 형제는 국립과학수사연구소에서 최종길의 유해를 영구차에 옮겨 모시고 장지로 떠났다. 정보부 관계자들은 "영구차가 절대로 서울대 앞을 통과해서는 안 된다"고 경고했다. 영구차가 국립과학수사연구소 정문을 나오니 이미 칠궁七宮 쪽 모서리와 세검정 방향으로 정보부 요원들이 나와서 감시를 하고 있었다. 5국 수사계장 정낙중이 타고 있는 검은 코로나가 영구차 뒤에서, 또 다른 검은 코로나가 앞서 가며 미행했다. 혜화동 로터리를 지나면서 보니 서울대 쪽으로 기동경찰

1개 소대 정도가 길옆 경찰 트럭에서 내려 대기 중인 것이 보였다. 혹시 서울대학교로 영구차를 끌고 들어가 학생들을 선동하지 않을까 두려워서였다.

경기도 남양주시 마석 모란공원 장지에 도착하니, 최종선의 정보부 공채 9기 동기생이자 감찰실에서 함께 근무하는 박춘영이 기다리고 있었다. 그는 '감찰실 직원 일동'이라고 쓴 봉투에 10만 원의 조위금을 전해 왔다. '간첩'이 투신자살해서 죽었는데 정보부원들이 조의를 표한다? 최종선은 그 며칠 사이 정보부가 벌인 파렴치한 행태에 치가 떨렸지만, 그 조위금 속에는 말 못 할 동료들의 양심의 아픔이 깃들어 있음을 생각하고 받았다. 그 10만 원은 최종길의 죽음과 관련해 최종길의 가족들이 중앙정보부로부터 받은 모든 것이었다. 최종선의 동기생 박춘영이 최종

최종길 교수의 장례식(앞줄 왼쪽부터 딸 희정, 아들 광준, 동생 최종선, 부인 백경자. 1973. 10. 21. 마석 모란공원묘원). 조문객 하나 없이 가족들만의, 그리고 가족 누구 하나 제대로 울지도 못한 기이한 장례식이었다. ⓒ최종길 가족

선의 마음을 읽고 위로의 눈길을 보냈다.

"저쪽은 조문객이 많군."

최종길의 묘역 아래 다른 묘소의 하관식에는 조문객들이 많이 몰려 들썩이고 있었다. 제물포고등학교 강당에서 치른 최종길의 결혼식에는 신랑 신부가 인천의 자랑이라면서 하객 1000여 명이 몰려, 강당이 비좁아 운동장에까지 나와 서 있었는데, 그날 최종길을 떠나보내는 길에는 가족 몇몇만이 자리했을 뿐이다. 박춘영이 다시 위로의 말을 보냈다.

"너희 형님 장례식도 제대로만 할 수 있었다면 저 정도는 비교도 안 되겠지. 실망하지 마라. 1주기가 있지 않은가? 살아남아라."

"1주기? 1주기가 아니라 10주기, 20주기라도 기다린다!"

기이한 장례식이었다. 묘역에서 조금 떨어진 곳에서는 검은 양복에 색안경을 쓴 사람들이 담배를 피우며 지켜보고 있었고, 가족들은 누구 하나 눈물을 흘리지 않은 채 아무 말도 없이 한 삽, 한 삽 관 위에 흙을 던져 놓았다. 이 기이한 정적에 공원묘원의 인부들조차 "무슨 가족들이 곡도 않느냐?"라며 핀잔을 주었다(2001년 의문사진상규명위원회가 매장지인 마석 모란공원묘원 관리사무소와 화도면사무소에 확인한 결과 최종길의 사체는 사망진단서도 없이 매장되었다. 이는 지극히 이례적인 일이었다). 최종길의 누나 최종숙의 아들인 손효원의 증언이다.

최종길 외삼촌이 정말 그 관 속에 계신건지조차 우린 확인할 수 없었다. 마음 같아서는 그 관을 뜯고 외삼촌의 시신만이라도 보고 싶었다. 그 시신이라도 부둥켜안고 엉엉 울기라도 하고 싶었다. … 차가운 흙 속에 관이 내려지는데, 이제 이 세상에서 삼촌의 얼굴을 볼 수 있는 마지막 기회였는데, 우리 모두 중정 직원들의 살벌한 감시 속에서 석고처럼 하얗게 굳어

가고 있었다. 장례식에도 가족 외엔 아무도 참석할 수 없었다. 쓸쓸히, 가족들의 가슴속에 무거운 쇠심을 하나씩 박아 놓고 그렇게 우리는 최종길 외삼촌을 저세상으로 보내드렸다.

최종길의 육신이 영원한 안식을 위해 땅속 깊이 안치되고 인부들이 그 위로 한 삽, 두 삽 흙을 덮어 가는 동안, 최종길의 어린 딸 희정은 아빠가 돌아가셨다는 사실도 모른 채 마치 소풍이라도 온 듯 여기저기 널려 있는 봉분 사이를 뛰어다녔다. 최종선은 복받쳐 오르는 피눈물을 속으로, 속으로 쏟아 내면서, 한 팔로 희정을, 다른 한 팔로는 광준을 끌어안았다.

세브란스병원 정신병동

04

입 원

1973년 10월 21일, 최종길은 반 평 땅속에 묻혀 억울한 육신은 흙으로 돌아가게 되었다. 그러나 무덤의 흙이 채 마르기도 전에 중앙정보부는 죽음의 진실도 함께 묻는 것을 넘어 최종길의 육신을 다시 꺼내 간첩으로 모는 '부관참시'의 만행을 저질렀다. 10월 24일 오전 10시경, 이병정이 최종선 형제에게 만나자고 전화를 했다. 두 형제는 연락을 받고 바로 나가 그날 오전 10시 30분경 소공동의 경양식집 '사라망카'에서 이병정을 만났다. 의례적인 인사를 나누고 잠시 뜸을 들이다가 이병정이 말문을 열었다.

"이번 사건에 가족들께서 우리와의 모든 약속을 지켜 주셨고 침묵을 지켜 주셨기 때문에 우리도 일체 매스컴에 보도하지 않고 약속을 지켜 드리려 했으나 여건이 달라졌다. … 이미 일본 신문에 형님 사망 기사가 보도되었으므로 그 신문을 김포공항에 묶어 놓고 배포를 연기해 놓았다. 그러나 내용적으로는 일체의 사상적 제한을 가하지 않고 더 이상 동료 교수, 제자, 가족 들에게 누를 끼치지 않겠으니 양해하라. 한 가정도 아닌 국가에서 살인의 비난을 받고 침묵한다면 나라꼴이 어떻게 되겠는가? 운명으로 알고 참아 달라."

최종선은 이병정의 말이 무엇을 뜻하는지, 다음 날인 10월 25일에 확실히, 뼈저리게 실감했다. 10월 25일 자 신문들은 중앙정보부의 '유럽 거점 간첩단 사건' 발표문을 대문짝만 하게 실었고, 그 '간첩 일당'에는 최종길의 이름도 들어 있었다. 최종선은 분노와 배신감으로 정신을 잃을 지경이었다. 정보부의 약속을 순진하게 믿은 자신의 무능함에 수없이 가슴을 쳤지만, 이미 엎질러진 물이었다. 그들의 회유와 협박에 차례차례 굴복했을 때 이미 이 상황은 예정되어 있었을 것이다. 최종선은 그들과의 정면대결은 이제 무의미하다고 판단했다. 최종선은 먼 훗날 형의 죽음의 진실을 밝힐 수 있을 좋은 세상을 기다리며, '그 며칠'을 생생하게 기록하기로 결심한다. 최종선의 '기록'은 이렇게 시작한다.

1973년 10월 26일, 세브란스병원 정신병동. 나는 이 글을 쓰기 위한 최적의 장소로 이곳을 선택했다. 지금의 나에게 있어 무엇보다 시급한 것은 후일을 위해 형님의 죽음에 대한 오늘의 한을 생생히 남겨 두는 것이다. 나는 그들이 형님에게 반역자의 누명을 씌워 대대적으로 보도한 어제 저녁, 쇼크를 가장해 이곳으로 들어온 것이다. 그들의 감시 범위 속에 남아 그들을 안심시키면서 내가 뜻하는 글을 제한받지 않고 쓸 수 있는 곳은 이곳밖에 없을 것이기 때문이다.

나는 오늘 아침 레지던트 중에 있는 나의 친구들을 병실로 불러 그들로부터 펜과 노트를 받아 이 글을 쓰는 것이다. 나는 이 글을 완전히, 조속히 쓰고 난 후에야 이곳을 떠날 것이다. 이 글은 앞으로 우리 가족 또는 고인의 동료 교수, 제자 들에게 또 다른 위해가 가해질 경우 공개될 것으로서,

나의 최후의 글이 될지도 모른다. 따라서 이 글은 진실 이외의 아무 가식도 없는 나의 유언인 것이다.

내가 이 글을 쓰지 않으면 안 되는 것은, 지금 이 시점에서 최종길 교수의 죽음과 그 진상, 그 죽음의 의미에 대해서 고문과 살인에 관련된 자들을 제외하고는 나만큼이나마 알고 있는 사람이 아무도 없기 때문이며, 시급히 이 글을 남기고자 하는 것은 우리에게 있어 장래는, 아니 내일조차 불투명하기 때문이다. 이 글은 완전하지는 못할 것이나 앞으로 언젠가 진상을 규명할 기회가 주어진다면, 조그만 첫걸음이나마 되어 주기를 기원하는 마음에서 쓰는 것이다.

형의 참혹한 죽음에 따른 충격, 최종길의 부인을 비롯한 가족들에 대한 죄책감, 정보부의 끈질긴 회유와 협박, 그 회유와 협박을 무기력하게 수용한 굴욕감에서 벗어나지 못한 상태에서 최종선은 형이 간첩이라는 중앙정보부 발표문의 '핵폭탄'을 맞았다. 그러나 최종선은 뭇사람들의 이목을 완전히 피할 수 있는 정신병동에 위장 입원해 사건의 진실에 다가갈 수 있는 정보부 관련자들의 대화록과 현장 상황, 그 밖의 물적 증거와 상황 증거자료 들을 세밀히 정리해 남김으로써 후일 그 '핵폭탄'을 중앙정보부에 되돌려 줄 수 있었다. 최종선과, 그의 제물포고등학교와 연세대 동기동창이면서 당시 세브란스병원 의사로 최종선의 정신병동 입원을 주선해 준 지훈상의 증언이다.

1973년 10월 26일 즈음, 솔제니친의 《수용소군도》를 읽고 있던 나는 그 책의 내용에서 힌트를 얻어 중앙정보부의 감시 범위 안에 머물며서도 중정의 감시를 피해 비밀리에 기록을 남길 수 있는 최적의 장소로 철창에 의해 외부와 단절된, 본인의 모교(연세대학교) 부속병원인 세브란스병원 정신병동을 선택했고, 응급 입원한 병실로 절친 지훈상 등 레지던트 친구들을 불러 그들로부터 펜과 연세대학교 대학노트를 구해 받고 1인 병실을 배정 받은 가운데 그들의 보호와 조력 속에 남긴 처절한 최후의 글, 즉 유언서이자 양심선언, 그 글을 남기게 된 것이다.

- 최종선

내가 종선이를 만났을 때 종선이는 정신불안 증세를 보였다. 나는 종선이를 이대로 두었다가는 틀림없이 무슨 일을 낼 것 같기도 했고, 종선이도 스스로 원했기에 세브란스병원 정신병동에 입원시켰다. 일체의 외부인 면회도 금지시켰다. 이는 종선이가 자신의 직장(중정) 사람들로부터 보호받고자 원했기 때문이기도 했다. 당시 의사였던 나의 소견으로도 종선이가 받은 모든 충격으로부터 종선이를 보호하지 않으면 안 되었다. 나 역시 며칠 동안을 뜬눈으로 새우며 가슴앓이를 해야 할 정도였으니까. 솔제니친의《암병동》이란 책을 본 종선은 정신병동에서는 누구의 접근도 막을 수 있으며, 아무런 간섭도 받을 수 없다는 것을 알고선 나에게 대학노트 한 권과 펜 한 자루를 달라고 해서 차근차근 양심수기를 준비해 나갔다. 나는 종선의 부탁대로 일체의 외부인 접근을 통제하면서 종선을 보호해 주었다. 다행히 종선은 정신병동에서 빠르게 안정을 되찾았고, 최 교수님과 관련된 일련의 사건들에 대해 자신의 중앙정보부에서의 경험을 낱낱이 적어 나가기 시작했다. 그것이 바로 당시 중정에 근무했던 최종선의 양심수기가 되었고….

- 지훈상

1973. 10. 26. 세브란스 병원 김신배용 -

나는 이곳을 쓰기위하여 최후의 장으로 이곳을
선택했다.
지금이 나에게 있어 무엇보다 시급한것은 후인을
위해 행한 죽음에 대하여 오빗의 하는은 생생히
남겨 두는 것이다.
나는 그들이 행함은 반역자의 누명을 씌워
메트에 대대적으로 보도하고 어제 러멍
쇼크는 가장하여 이곳으로 돌아온것이다.
그들의 감시 범위 밖에 남아 그들은 연상 시키면서
내가 못하는 곳곳 제한 받지 않고 쓴수 있는것
은 이곳 밖에 없는것이기 때문이다.
나는 오늘 아침 레지던트 중에 있는 나의 친구
손은 빼신고 불러 그들으부터 펜과 노트를
받아 이곳을 쓰는 것이다.
나는 이곳을 완성하고, 조용히 쓰고 난 후에야
이곳을 떠날것이다.

이곳은 앞으로 우리 가족 또는 고인의 동료
교수, 제자 등에게 또 나를 위해 가 가해진 경우
공개 될것으로서 나의 최후의 것이 편지도
오는다.
따라서 이곳은 진실 이다 아무 가식도 없는
나의 유언 인것이다.

내가 이곳을 쓰지 않으면 안되는것은 지금
이 사정 에서 최 형과 교수 의 죽음과 그 진상,

FU-AH-③

480350

최종선의 양심수기 첫 페이지. 이 수기는 1974년 12월 비밀리에 함세웅 신부에게 전해진 후
천주교 수녀들이 이어 가며 보관해 오다가 1988년에 극적으로 세상의 빛을 보았다. 이 수기는
최종길의 죽음의 진상을 밝히는 데 결정적 역할을 했다. ⓒ민주화운동기념사업회

최종선의 정신 불안 증세에 대해서는 최종선의 제물포고등학교 동창으로 연세대 의과대학을 졸업하고 당시 세브란스병원에서 피부과 레지던트로 근무하던 고창조도 증언했다.

그 충격적인 사건이 있은 후 … 종선 군은 심한 노이로제에 시달렸으며, 심지어 자신이 백혈병에 걸린 것이 아닌가 하는 의구심을 가지고 실제로 병원에 와서 몇 번씩이나 반복해서 검사를 받기도 했다. 이런 증상은 깊은 충격을 받은 후 현실을 떠나고 싶다는 정신·육체적인 신호이기도 했다. 문제의 심각성은 최종길 교수님의 가족에게도 나타났다. … 그 얼마 후 병원에 찾아오신 사모님에게는 너무나 엄청난 충격의 증상이 나타나고 있었다. 마치 단두대에 서기 전의 프랑스 루이 16세의 왕비 마리 앙투아네트에게 나타났던 증상과 유사했다. 머리와 피부가 하얗게 세어 버리는 백반증의 증세가 나타난 것이다.

용공 조작

최종선은 우선 중앙정보부가 형 최종길을 '유럽 거점 간첩단'의 일원으로 발표한 것에 대해 단호하게 반박한다. 그는 그들이 형을 조사하게 된 진정한 동기와 목적이 학원 탄압에 있었음을 확신했다. 최종선은, 북한의 공작책이라는 이재원과 최종길의 인천중학 동창 관계는 수사의 동기와 목적이 아니라 구실에 불과하다고 보았다. 최종선이 형 문제로 5국 수사관 김석찬을 만나 수사 진행 상황을 물었을 때, 김석찬은 "실질적인 조사는 이미 완전히 종결되어서 검찰에 사건을 송치하면서 공식 발표를 하기 위한 언론발표문을 쓰고 있다"고 답했다. 그러므로 최종선은 형이 실질적 수사 대상이 아니었음을 확신했다.

또 최종길을 관련시킨 소위 '유럽 거점 간첩단 사건' 수사는 5국의 수사과가 맡았는데, 최종길에 대한 조사는 5국 공작과에서 했다. 곧 최종길을 유력한 간첩 용의자로 판단해 조사를 하고자 했다면, 사건의 발단부터 마무리까지를 담당한 5국 수사과에서 했어야 했다. 이는 수사 원칙으로 보아도, 상식적으로도 너무나 당연한 일이었다. 그러나 최종길만을 공작과에서 따로 조사한 것은 일선 수사관으로서는 진행하기 어려운, 공작 전문가들에 의해서만 처리해야 할 다른 동기와 목적이 있었음을 뜻하는 것이다. 최종선은 단연코 학원 탄압을 목적으로 학원 관련 간첩단을 조작키 위한 공작 목적에서 최종길의 신상만 공작과에서 손을 댄 것으로 확신했다. 최종선은 확신의 근거를 아래와 같이 들어 중앙정보부의 발표를 조목조목 반박했다.

첫째, 동창생이 해외의 인접 국가에 유학해 옴으로써 순수한 동창 관계에서 한두 번 만났다는 이유 하나만으로, 그 인간이 후에 빨갱이가 되었다 해서, 단순한 동창 관계라는 인연 때문에 반역자로 조작되어 살해되어야만 하는가? 왜 그 인간의 다른 동창생, 해외에서 그를 만난 다른 동창생을 포함한 당시 유학생 중에서 정부의 교수·학생에 대한 야만적인 폭행과 고문에 항의한 최종길 교수만이 홀로 반역자의 누명을 쓰고 피살당해야 하는가?

둘째, 미국에서 (최종길이) 만난 북괴 공작원의 이름은 무엇이며, 언제, 어디서, 어떤 연락 방법으로, 누구의 지령으로, 무슨 목적으로 만났으며, 만난 결과는 무엇이고, 이와 같은 범죄 내용 등을 입증할 증거는 무엇인가?

셋째, 72년 귀로에 서독 쾰른에서 이재원과 접선인지를 했다면 이재원은 그 당시에도 서독에 있었는가? 발표 내용대로라면 이재원이 서독에 있다는 것을 정보부에서 조사 결과 이미 알고 있었다는 게 되는데, 왜 감찰실 부실장 배명갑은 형님이 돌아가시고 나서도 나에게 "이재원이 어디 있는지 아는가"라고 물어 왔는가? 나를 겁주기 위해서 그런 것인가, 아니면 형님 죽음 후에 증거 없이 발표문을 소설 쓰듯이 창작했기 때문인가?

넷째, 평양에서 간첩 교육? 어떠한 경로로 평양에 갔는지, 누구에게 어떻게 포섭되어 언제, 어디서, 무슨 교통편으로, 무슨 여권, 어떤 여행 경로, 누구의 안내로 평양에 갔으며, 평양에서는 언제부터 언제까지 어디서 머물렀고, 무슨 교육, 무슨 지령을 받고 어떤 경로로 어떻게 귀국했는가, 기간이나마 명시해야 할 것 아닌가? 우리가, 해외의 은사, 외국인 동창들이 그 기간 중의 알리바이를 밝혀 결백을 증명하는 증거가 확보될까 두려워서 못 밝히는 것인가? 왜 감찰실 부실장 배명갑은 "동베를린에 다녀온 사실이 밝혀지자…"라면서 구구하게 "간첩은 자기 아내도 모르게 행동한다"느니 했는데, 발표문이 사실이라면 그때 이미 평양에 다녀온 사실을 알고 있었을 텐데 겁주기 위해 말하면서 어마어마한 평양은 빼고 고작 동베를린 이야기만 했는가? 그때는 동베를린에만 다녀왔다고 했지만, 죽은 사람이 입을 벌려 "평양을 다녀왔다"고 추가 진술이라도 했단 말인가? 형님께서 예수님처럼 그야말로 부활이라도 하셨다는 말인가?

다섯째, 가정이 빈곤한 사람을 골라 해외로 유학시키라는 지령을 받았다? 형의 주선으로 해외에 유학한 학생이 있다면 그 명단을 제시하라. 형의 주선으로 서독 쾰른 대학에 초청을 받아 다녀온 사람이 있다면 현 서울법대 학장 김증한 교수가 있을 텐데, 그렇다면 그가 간첩이란 말인가? 또 가정이 빈한한 사람은 해외에 유학시키기만 하면 영락없이 공산주의자, 간첩이 되는가? 어디로, 어떻게 유학시켜 누구를 만나게 한다든가 하는 정도의 공작 계획이 있었을 게 아닌가? 가난한 사람으로서 해외에 유학 갔다 오거나 가 있는 사람이 하나둘이 아닐 텐데 … 그들도 모두 공산주의자인지 여부를 검토해 봐야 하지 않겠는가? 가난한 사람은 해외에 유학하지 말지어다. 조작을 해도 좀 차원 높게 할 수 없는가?

여섯째, 학교에 조직을 구축하고? 무슨 조직인지 말해 보라. 앞으로 최 교수 죽음에 항의하는 교수·학생들을 반역 조직으로 조작하겠다는 으름장이 아니고 무엇인가?

일곱째, 증거물로서 이재원과 약정한 암호 서신 두 통이 발견되었다? 이재원과 약정한 암호는 구체적으로 어떤 조직, 어떤 암호체계로 되어 있고, 암호 문구는 무엇이며, 암호를 해독한 내용은 무엇인가? 어떤 암호 조직, 암호 체계(실제 있지도 않고, 아니 그 정도까지는 조작조차도 못 해 놨겠지만)인지는 모르나, 그 당시 그로부터 서신을 받은 그의 가족, 친지 들의 서신도 당연히 그 암호 조직, 암호 체계로 검토해 봐야 할 것 아닌가? 그 검토 결과는 어떠한가? 그들이 받은 편지와 형님이 받은 편지는 어떻게 다른가? 어떻게 다르기에 동일인으로부터 같은 시기에 받은 평범한 안부 편지가 누구의 것은 간첩의 증거가 되는 암호 서신으로 둔갑하고, 누구의 것은 간첩의 증거가 안 되는가? 그 서신이 유력한 증거물인 암호 연락문이었다면 (최종길이) 정보부에서 자신에게 관심을 갖고 있음을 동생인 나로부터 사전에 들어 알고 있었음에도 왜 없애 버리거나 감추기라도 할 것이지 그대로 남겨 두었는가? 왜 미리 알면서도 도주하지 않고 도리어 동생인 내 손을 잡고 죽을 곳으로 제 발로 걸어 들어 왔을까? 죽음을 각오하고 들어갔을까? 죽을 곳이 없어서 그토록 모진 고문과 누명 속에 죽고 싶어서 그곳을 선택했을까? 당초에 죽을 각오를 털끝만큼이나마 했었다면 유서 한 장, 유언 한 마디 없이 그렇게 죽으러 들어갈 수 있었단 말인가? 나라에 협조하겠다는 마음으로 들어간 사람을 고문과 살인으로 간첩의 누명을 씌워 조작, 살해하는가?

여덟째, 또 다른 증거라는 노 모의 주소가 적힌 수첩을 왜 인멸해 버리지 않았는가? 법학 박사가 법을 몰라 그랬는가? 법을 너무 잘 알기에 그런 것인가? 노 모의 주소가 적혀 있는 수첩이 사실 있는지조차도 의심스럽지만, 실제로 그런 수첩이 있고 그의 주소가 기재되어 있었다 해도 노 모 역시 당시 유학생으로서 알고 지내던 사람이라면, 수백 명의 당시 유학생의 주소가 적혀 있을 그 수첩에 그자의 케케묵은 유학 당시 주소가 같이 적혀 있다고 간첩의 증거가 된단 말인가? 그것이 형을 간첩이라고 증명할 증거가 된다면 그때 당시 노 모를 만난 자 모두, 그의 주소나 전화번호를 알고 있던 그 당시 유학생 모두를 간첩이라고 입증하는 증거가 되어야할 것 아닌가? 해외에서 유학하며 그를 알고 지내던, 그를 만났던 당시 유학생 수백 명은 간첩이 아니고 오로지 형만이 간첩이란 말인가? 왜 교수회의 석상에서 정부의 부당한 처사에 항의한 교수에게는 간첩의 증거가 되고, 말없이 복종하는 다른 당시 유학생들에게는 간첩의 증거가 안 되는지? 그것이 그들과 비밀 연락을 하기 위해 적어 놓은 것이라면 29세에 법학 박사가 된 수재가, 북괴 평양에 가서 밀봉교육까지 받았다면서, 정보부가 자신을 주시하고 있다는 사실을 사전에 알고 있었으면서도 왜 그것들을 없애 버리거나, 아니면 주소와 암호 조직 및 체계를 옮겨 써 감추지도 못하고 놔 두었는지? 형은 그토록 어설픈 간첩이었단 말인가?

아홉째, 공작금 2000달러? 800마르크? 형은 서독에서는 훔볼트 재단에서 장학금을 받았고 집에서 매달 송금해 주는 돈으로 풍족하게 공부했으며, 미국은 하버드 대학 옌칭연구소의 초청으로 간 것이다. 북괴 공작금을 받아 썼다? 홈볼트 재단과 하버드 옌칭이 북괴 단체이며, 그 단체에 소속되어 있는 세계적인 석학들이 공산주의자들이란 말인가?

열째, 형이 가져다 준 공작금을 받아서 목적하는 공작에 썼다는 증인이 나타나자 투신자살? 그 자는 누구이며, 공작 목적은 무엇이었고, 왜 그 자는 처벌은커녕 누구인지 공개조차 못 하는가?

열한째, 국내 조직을 대라고 하자 이에 불응, 투신자살? 국내 조직? 서울 법대 9회 졸업 동창회(구법회) 회장이셨으니 그 조직을 말함인가? 대검 검사 간첩, 대법 판사 간첩, 교수 간첩, 재벌 간첩, 국회의원 간첩, 전직 정보부 감찰실장 간첩, 거물 간첩 들이 줄줄이 엮어져 나올 텐데, 이왕 뒤집어씌우려면 왜 저승에 가서 맑스·레닌에게서도 교양받고 왔다고는 안 뒤집어씌우는가?

열두째, 북괴 찬양 운운했는데, 형이 북괴를 찬양하는 말 한 마디 하는 것을 들은 증인이 있어야 할 것 아닌가? 증인은 누구이고 증언 내용은 어떠한 것인가? 언제 어디서 누구에게 무어라고 찬양했다는 것인가?

(열셋째, 최종길이 죽은 후 대화 중에) 그들이 언급한 형의 범죄 내용과 발표문 내용이 왜 판이하게 다른가? 앞에서 말한 '동베를린과 평양,' '이재원의 소재 문제' 이외에도, "양심의 가책을 못 이긴 나머지 투신자살했다"고 하더니 발표문에는 "국내 조직을 대라고 하자 이에 불응, 투신자살했다"고 했다. 이것은 나와 처음 대화를 하는 과정에서는 조작조차 완결되지 못한 상태였으며, 즉 근거 없이 기준 없이 그때그때 생각나는 대로 갈팡질팡했던 것을 뜻하는 것으로서, 따라서 발표문 내용을 입증할 증거자료 내지 고문으로나마 형님의 자필 진술서조차 조작하지 못했음을 뜻하는 것이 아니고 무엇인가? 나아가서 그들은 뒤늦게 발표 내용을 삼류 소설 쓰듯이 창작했음을 뜻하는 것이 아니고 무엇이란 말인가? 아니라면 왜 모든 조사

서류와 증거자료를 우리 앞에 떳떳이 공개하지 못하는가?

화장실

중앙정보부는, 최종길이 용변을 보고 싶다고 해 화장실로 데리고 갔으나 감시 직원이 잠시 한눈을 파는 사이에 소변기를 밟고 창문으로 올라가 투신자살했다고 발표했다. 그러나 정보부에서 수사 대상자를 그렇게 소홀히 감시해 피의자 스스로 창문턱에 올라가서 뛰어내릴 수 있을 만큼 허술하다고는, 정보부에 연행된 경험이 있었던 그 어느 누구도, 아니 중앙정보부 요원들조차도 믿는 사람이 없을 것이다. 그리고 실제로 투신자살했다면, 왜 그 현장을 가족들에게 공개하지 않았는가? 또 실제로 투신자살했다면, 왜 변호인과 의료진이 부검에 입회할 수 있게 해 달라는 가족들의 요구를 완강히 거절했는가?

최종선은 현직 정보부원으로서 형이 투신자살했다는 바로 그 화장실의 구조와 위치를 너무나도 잘 알고 있으며, 그 화장실을 수시로 이용한 경험이 있으므로 형의 죽음이 결코 투신자살일 수 없다고 확신했다.

중앙정보부 건물들은 보안상 외부에서의 내부 염탐 및 불순분자의 침투를 막기 위해 낮에도 모든 출입구와 창문을 잠근다. 사무실에서도 직원들은 잠시라도 자리를 비우게 되면 자기 책상의 서랍을 잠그도록 강력한 규정으로 지시하고 있다. 따라서 정보부에서 발표한 최종길의 투신 시간인 10월 19일 새벽 1시 30분은 모든 직원이 퇴근하고 난 후이므로 화장실 창문은 안에서 완벽하게 잠긴 상태였을 것이다. 더구나 새벽이었으므로 날씨가 쌀쌀해서라도 화장실 창문은 닫혀 있었을 것이고, 캄캄한 밤에 화장실 안에는 형광등이 켜져 있어 실내가 들여다보일 것을 감안해서라도 그날의 당직 근무자는 규정상 모든 창문과 출입구를 봉쇄하고 점검을 완벽히 했을 것이다.

최종길이 투신했다는 화장실의 유리창문은 알루미늄 창틀에 가로 1미터, 세로 1미터 50센티미터가량의 두꺼운 유리 한 장이 끼워진 것으로, 창문 한 짝의 중량이 40킬로그램 이상 되었다. 그러므로 그 창문을 열려면 한 손으로는 힘들고, 두 손을 모두 써야 했을 것이다. 그리고 창틀은 화장실 바닥으로부터 1미터 50센티미터 위에 설치되었고, 창문 밑 벽체에 소변기가 붙어 있었다.

현장검증을 했다는 검사는 소변기 위에 발자국이 있는 것으로 보아 최종길이 소변기를 밟고 창문틀에 올라섰다는 것이 입증됐다고 주장했다. 그러나 현장검증 때 소변기 위에 발자국이 있었는지 가족들은 확인하지도 못했고, 설사 소변기 위에 발자국이 있었다고 해서 그것이 투신 자살의 결정적 증거일 수는 없다는 것이 최종선의 판단이었다. 죽은 시체를 끌고 와 발자국을 남겨 놓았을 수도 있고, 시체에서 구두만을 벗겨와 발자국을 내놓았는지 귀신이 아니면 알 수 없는 일이었다.

어쨌든 1미터 50센티미터 정도 높이의 창문틀에 올라서려면 한 발로 소변기의 앞부리를 밟은 다음, 다른 발로 소변기 꼭대기를 디딘 다음에야 가능하다. 그러나 벽과 수직으로 붙은 소변기 위는 무엇이라도 손으로 잡지 않고는 올라갈 수가 없다. 벽과 수직으로 붙어 있는 소변기 위에 올라서서 균형을 잡고 다음 동작으로 옮겨 창문틀까지 올라서기 위해서는 손이 닿는 범위 내의 무엇인가를 잡아 의지해야만 한다. 창문의 턱의 폭은 20센티미터(안쪽 10센티미터, 바깥쪽 10센티미터) 정도에 불과하다. 그러므로 창문을 열지 않고는 창문틀 위로 올라갈 수가 없다. 다시 말해 창문

화장실 평면도

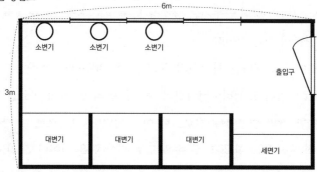

화장실 정면도(소변기 방향)

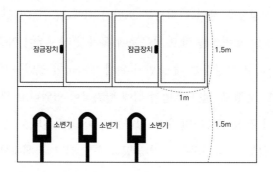

화장실 측면도(소변기 방향)

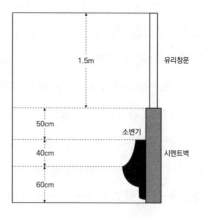

턱에 올라서서 창문을 열 수는 없는 것이다.

최종길이 소변기를 밟고 창문틀에 올라가려면 창문턱을 잡고 균형을 잡아야 한다. 창문턱 안쪽은 매끈매끈한 타일이 아래쪽으로 45도 경사로 비스듬히 붙어 있어 손으로 잡을 만한 것이 전혀 없다. 그러므로 창문턱을 잡으려면 창틀 바깥쪽을 손으로 감아 잡을 수밖에 없고, 따라서 창문을 먼저 열어야만 창문턱 바깥쪽을 잡을 수 있다. 곧 창문을 연 다음 손을 창문턱 바깥쪽에 걸쳐서 의지해 매달리고, 그 손힘으로 소변기 앞부리에 올라서고, 다시 소변기 앞부리에서 소변기 꼭대기로 두 발을 옮겨 밟고, 마지막으로 소변기 꼭대기에서 창문턱으로 올라가야 하는 것이다. 화장실에서의 투신자살이 사실이라면, 최종길이 창문턱에 올라서서 밖으로 투신하기까지에는 몇 가지 동작이 필요했을까?

1. 소변을 보던 소변기 앞에서 창문을 열기 위해 잠금장치 쪽으로 걸어간다.

2. 창문의 잠금장치를 손으로 푼다.

3. 창문을 연다.

4. 창문틀 밖으로 손을 내밀어 창문턱 밖을 손으로 잡아 힘을 준다.

5. 왼발이나 오른발 중 한 발을 소변기 앞부리에 올려놓는다.

6. 바닥에 남아 있던 다른 발을 들어 소변기 앞부리에 두 발을 모아 완전히 올라선다.

7. 다시 왼발이나 오른발 중 한 발을 들어 소변기 꼭대기에 올려놓는다.

8. 나머지 한 발을 들어 소변기 꼭대기에 올려 두 발을 모은다.

9. 다시 왼발이나 오른발 중 한 발을 들어 창문턱에 올려놓는다.

10. 다음 나머지 한 발을 들어 창문턱에 모은다.

11. 창문턱을 잡은 손을 떼면서 엎드린 자세에서 일어나며 위 창문턱 내

지 창문을 잡고 완전히 일어선다.

12. 창문 밖으로 뛰어내린다.

이 열두 동작을 한 번의 실수도 없이 해내야 투신자살에 '성공'하는 것이다. 최종길의 투신자살이 '성공'하려면, 그는 자기 집도 아닌 낯선 중앙정보부 화장실 창문의 잠금장치를 단숨에 풀어야 했고, 무거운 창문을 단 한 번의 동작으로 뚱뚱한 자기 몸을 빼낼 만큼 충분히 열어야 했고, 또 곡선의 타일 소변기 위에서 단 한 번도 미끄러지지 않아야 했고, 죽음 앞에서 조금도 망설임이 없는 초월적 인간이어야 했다. 최종길이 이 열두 동작을 수백 번 연습한 사람처럼 익숙하게 했다 해도, 한 동작에 최소한 1초 정도가 소요된다고 가정하면 12초라는 시간이 필요하다.

열두 동작 중에서 변기 앞부리와 꼭대기에 두 발을 모으지 않고, 왼발 오른발을 교대로 해 소변기 앞부리와 소변기 꼭대기를 디뎠다고 할 경우에는 6번과 8번 동작 없이 열 동작으로 줄 수도 있다. 그리고 그렇게 올라가려면 창문턱을 감아쥔 두 손에 힘을 주고 몸의 반동을 이용해야 한다. 그러나 최종길은 162센티미터의 작은 키에 뚱뚱한 몸집이었고, 그래서 다리도 짧다. 운동보다는 주로 연구실에 파묻혀 있었으니 팔 힘이 그리 강할 리도 없다. 또 정보부에서 조사를 받을 때는 도주와 자해를 방지하기 위해 바지 혁대를 모두 풀기 때문에 당시 최종길은 어느 손인가로 아래로 처져 내려가는 바지를 붙들고 있었을 것이다. 이런 상황에서 최종길이 두 발을 교대로 해 단숨에 창문턱으로 올라설 수는 없었을 것이다.

열두 동작, 그리고 최소한 12초의 시간! 중앙정보부 5국 수사단장 장송록의 "용변을 보시다가 별안간 창틀에 올라서시기에 한 수사관이 회유하고 다른 수사관이 뒤로 살금살금 돌아가 형의 다리를 잡는 순간 그대로 뛰어내렸다"는 말을 신뢰하기에는 너무나 모순된 조건들이다. 화장실의 크기는 길이 6미터, 폭 3미터 정도였다. 그러므로 최종길을 감시하는 수사관은 소변기 앞에 선 최종길로부터 최대 6미터 이내에 있었을 것이다. 최종길이 맨 안쪽의 소변기 앞에 있고, 담당 수사관이 반대쪽 화장실 문 앞에 서 있을 경우의 거리가 최대 6미터임을 감안하면, 둘 사이의 거리는 멀어야 3~4미터에 불과했을 것이다.

중앙정보부에서 수사관이 피조사자를 화장실까지 따라오지 않는 경우는 1000만분의 1의 확률도 안 된다. 수사 규정상, 수사 상식상 있을 수 없는 일이며, 정보부에서 조사를 받아 본 사람이면 누구나 잘 알 것이다. 감시 대상 인물이 적어도 12초 이상의 시간이 소요되는 열두 가지 이상의 수상한 동작을 하는데 불과 3~4미터 거리에서 감시하던 수사관 2명이 제지할 수 없었단 말인가? 평소 달리기 운동을 않더라도 대개의 20세 이상 남자는 100미터를 20초 전후로 주파한다. 그렇다면 정보부 수사관들이 3~4미터 떨어진 거리에서 최종길의 수상한 동작을 제지하는 데는 불과 1초도 안 걸렸을 것이다. 최종선은 단호하게 결론을 내린다.

억만분의 1의 가능성도 없지만, 형이 투신자살한 것이 사실이라 할 경우를 가정하더라도 이것은 부작위에 의한 살인이 아니고 무엇이란 말인가? 또한 억만 분의 1의 가능성도 없지만 부검 결과 투신이 사실이라 해도 사인은 추락사일 수 없다. 부검 결과 추락의 사실이 밝혀졌다고 해도 사인은 결코 추락사일 수가 없다는 말이다. 사인은 고문에 의한 타살이며, 이미 생명이 끊긴 상태이거나 숨은 붙어 있으나 회생 가망이 없자 투신자살로 가장키 위해 화장실 밖으로 내던진 것이 아니고 무엇이겠는가?

후일(1975년 6월), 《동아일보》 기자로 자유 언론 운동을 벌이다 중앙정보부에 구속되었던 이부영(전 국회의원)과 긴급조치 9호 위반으로 중앙정보부에 연행되었던 이신범(전 국회의원)도 중앙정보부에서 수사를 받던 중에 우연히 이 화장실을 볼 수 있었다고 한다. 이부영과 이신범의 증언이다.

수사관들이 의도적으로 주입시키려고 했겠지만, 수사를 받다 화장실에 간 필자에게 (감시를 위해) 동행한 수사관은 묻지도 않은 사실을 들려주었다. "이 창틀 사이로 최종길 교수가 뛰어내려 자살했다"는 것이다. 그 건물은 당시 최 교수를 비롯해 민청학련 사건 등을 담당한 중앙정보부 조사실이 들어 있던 곳이었다. 그런데 그 창틀은 깡마른 사람도 몸을 들이밀 수 없을 정도로 좁고 작은, 밖으로 조금 밀어내는 붙박이식 창문이었다. 필자는 아무 말도 하지 않았다. 이미 밖에서 최종길 교수는 고문으로 죽었다고 기사를 쓰고 주장해 온 필자에게 그 죽음의 현장은 더욱 확신을 갖도록 만들었다.

- 이부영

1975년 6월 나는 유신헌법을 반대해 긴급조치 9호를 위반했다는 죄목으로 남산 비탈 수사국에 끌려갔다. 2층 조사실 옆의 화장실에 갔는데 수사관이 따라와 문을 연 채 지켰다. "최종길이가 여기서 뛰어내려 죽어서 그때부터 화장실을 열게 되어 있다." 참으로 웃기는 말이었다. 창의 크기가 나 같은 체격도 못 나갈 정도인데 단신에 좀 뚱뚱한 편이었던 최 교수가 어떻게 그 좁은 창으로 뛰어내렸단 말인가.

– 이신범

최종길이 고소공포증을 갖고 있다는 사실을 들어 그가 중정 건물 7층에서 투신자살했다는 중앙정보부의 발표에 강한 의구심을 제기하는 증언도 있다. 1970년 최종길이 하버드 대학교 옌칭연구소 초청으로 미국에 체류할 때 함께한 이래 절친한 관계였던 김채윤(당시 서울대 사회학과 교수, 전 서울대 대학원장)과 서울법대의 동료 교수였던 박병호의 증언이다.

중앙정보부에서 최종길 교수가 자살했다고 발표했을 때 나는 의아해 하지 않을 수 없었다. 또한 최 교수가 고층빌딩에서 투신했다는 것은 더욱 믿을 수가 없는 일이었다. 내가 알고 있는 최 교수는 고소공포증이 있어서 높은 데에 가면 밑으로 내려다보려고도 하지 않았다. 박병호 교수 말에 의하면, 최 교수가 처음에는 산에 가는 것도 별로 좋아하지 않다가 후에 자신과 함께 어울리면서 차츰 산행도 즐기게 되었다고 한다. 또한 학교에서도 2층 이상 되는 곳에서 박 교수가 미는 시늉을 하면 깜짝 놀라며 질색을 했다는 것이다. 그런데 이런 최 교수가 투신자살이라니….

– 김채윤

1966년경이라 기억되는데 (서울법대 산악반 학생들과의 적설기 한라산) 등반 훈련을 위해 도봉산 주봉 아래에서 3일간 단련하기로 해 김치선 교수, 최 교수와 함께 참여했다. 추운 겨울에 텐트에서 지내는 일이 쉽지 않았는데 우리 셋은 학생들과 무사히 훈련을 끝내고, 김치선 교수와 나만이 (한라산) 적설기 등반에 참여했고, 최 교수는 여러 가지 이유를 대면서 불참

했다. 불참 이유 중의 하나가 최 교수는 고소공포증이 있어서 높은 산이나 깎아지른 언덕에는 못 올라간다는 것이었다. 알고 보니 그것은 사실이었고, 그 후로 나는 자주 높은 곳에서 최 교수를 아래로 밀치는 장난을 했다. 심지어 2, 3층의 창가에서도 밖으로 어깨를 밀치면 기겁을 했다. 이러한 최 교수가 높은 데서 뛰어내린다는 것은 절대로 상상할 수 없는 것이다.

- 박병호

복귀

최종선의 정보부 공채 9기 동기생 박춘영이 병원으로 찾아와 쇠창살을 사이에 두고 최종선에게 "이제 그만하고 나와서 출근하라"고 몇 번이나 호소했다. 호랑이를 잡으려면 호랑이 굴속으로 들어가라던가? 최종선은, 그들 속으로, 호랑이 굴 한가운데로 돌아가겠다고 결심했다. 최종선은 그들이 자기를 '반역자 최종길'의 동생으로 취급해 동향을 예의주시하더라도 복귀하겠다고 결심했다. 언제든 중앙정보부의 비밀을 탐지할지 모른다든가, 뭐라든가 저희들 머리 돌아가는 대로 '반역자'로 조작할지 모르지만, 최종선은 호랑이 굴 한가운데로 돌아가기로 결심했다.

최종선은 1973년 11월 12일 세브란스병원 정신병동에서 '퇴원'한다. 그리고 '퇴원'과 함께 마무리 지은 '그 며칠'에 대한 최종선의 피눈물의 기록은 이렇게 끝을 맺는다.

나는 내일 퇴원해서 그들 속으로 돌아갈 것이다. 언젠가 세월이 흘러 역사는 우리를 돌이켜볼 것이며, 고 최종길 교수의 가족은 지금 어느 곳에 어떻게 있는가를 주시하는 날이 올 것이다. 그때 우리는 꿋꿋이 건재할 것이며 고 최 교수의 가족답게 의연히 살아남아 만 사람의 마음을 흐뭇하게 할 날이 있을 것임을 확신한다.

지금 나는 이 비굴한 연명이 나에게 주어진 한계 속에서 어쩔 수 없었던 마지막의 것이라고 애써 마음을 달래지만 세월이 흘러 고인의 유자녀 광준, 희정이 자라나 "작은아버지는 왜 그토록 비굴했는가? 왜 피를 뿌려 뒤를 따르지 못했는가? 아버지의 핏줄에 흐르던 그 피는 작은아버지의 핏줄에는 흐르지 않았단 말인가"라고 한다면….

형님의 핏줄에 흐르던 그 피는 내 속에도 흐르고 있을 것인가? 정보부원인 나에게는 싸워서 패배할 싸움은 하등의 의미가 없는 것. 한 번의 패배, 한 번의 실패는 곧바로 죽음이기 때문. 한 번의 싸움밖에 할 수 없다면, 이겨야만 하는 그 한 번의 싸움을 위해 살아남으리라.

광준! 희정! 내가, 우리 가문의 우리 세대가 그들의 조작에 의해 또 사라져 간다 해도 눈물을 흘려서는, 피를 흘려서는 안 된다. 언젠가 아빠의 소망이며 사랑이었던 수천의 법대생들이, 서울대생들이, 학생들이, 너희 두 남매의 아버지며 형이며 오빠가 되어 너희 두 남매의 안위와 성장을 눈여겨 지켜 주고, 너희 두 남매의 머리를 쓰다듬어 줄 날이 필연코 오고야 말리라. 최 교수의 자식답게 눈을 똑바로 뜨고 당당히 세상을 보며 살아가거라.

1973. 11. 11. 최종선

유럽 거점 간첩단 사건

———

05

간첩의 탄생

사전적으로 '간첩'이란 "①비밀리에 적대국의 내정·동정 등을 탐지해 자국에 보고하는 자, 또는 ②자국의 비밀을 수집해 적대국에 제공하는 자"를 말한다. 곧 대한민국의 입장에서 보면, ①은 남한 주민 중에서 간첩 교육을 시켜 북한에 직파한 사람이거나 북한 현지 주민 중에서 남한 정부에 포섭되어 간첩 활동을 하는 사람을 일컫는 것이고, ②는 북한 주민 중에서 간첩 교육을 시켜 남한에 직파한 사람이거나 남한 현지 주민 중에서 북한 정부에 포섭되어 간첩 활동을 하는 사람을 말하는 것이다. 그러나 자국이 양성해 타국에 침투시킨 간첩에 대해서는 철저하게 비밀을 유지하는 세계 여느 나라와 마찬가지로 대한민국에서도 북한에 직파한 간첩에 대해서는 별로 알려진 것이 없고, 남한에서 항시 논란이 되었던 것은 북한이 보낸 '남파 간첩' 또는 북한과 연계되어 남한에서 조직되었다는 '자생 간첩'이었다.

1960, 1970년대의 직파 간첩은 6·25전쟁 시기를 전후해 월북한 남한 출신자들이었다. 이들은 북한의 관련기관에서 일정한 교육을 받고는

남한으로 내려와 친지나 연고자 들을 포섭해 간첩 활동을 기도하는 것으로 정형화되어 있었다. 그리고 이들이 남한으로 내려와 바로 검거되면 그냥 '간첩'이 되는 것이고, 근거지를 확보해 상당 기간 활동하게 되면 '고첩(고정간첩)'이 된다. 그리고 '고첩'이 시간을 들여 다수의 친지나 연고자 들을 포섭, 연대해 활동하게 되면 '간첩단'으로 확대된다. 그러나 1950년대 이승만 정권 시기부터 1960년대 박정희 정권 초반까지는 '간첩단'보다 '순수한' 남파 간첩이 다수였다. 그 시기 파출소나 군부대 등에서 배포하던 '간첩 식별법'에서도 그 식별 대상이 '남파 간첩'임을 쉽게 확인할 수 있다.

1. 아침 일찍 산에서 신사복을 입고 내려오거나 손과 다리에 산을 헤매어 긁힌 자국이 있는 사람

2. 세수, 이발을 못 하고, 신발이 이상하고 산 이름, 파출소, 검문소 등과 길을 묻는 사람

3. 구겨진 옷을 입고 손가방이나 보따리를 들었거나 물건 값을 잘 모르는 사람

4. 얼른 보아 초조한 태도를 하고 은연중 사람의 눈을 피하려 하는 수상한 행동을 하고 신기한 듯 주위를 살피며 당황하는 사람

5. 6·25 때 행방불명되었거나 또는 오랫동안 자취를 감추었다가 갑자기 나타난 사람

6. 이웃에 이사 온 사람 가운데 밖에 나가지 않고 숨어 있거나, 남의 눈을 피하거나 필요 이상으로 친절을 베푸는 사람

7. 평소 가난하거나 직업이 없었는데 갑자기 부유한 생활을 하고 돈을 낭비하는 사람

8. 자기 직업에 대한 상식이 없고 주소지에 대해 사정을 잘 모르는 사람

9. 은근히 이북이 좋다고 말하거나 터무니없는 소문을 퍼트려 민심을 어지럽게 하는 사람

10. 밤중에 이북방송을 듣거나 밤 12시 전후해 무전 치는 소리가 들리는 집

또 같은 시기 역대 반공 독재정권은 국가안보를 위해 남파 간첩을 적발해야 한다는 미명하에 사회 공동체 내부와 이웃 사이, 그리고 국민 개개인이 서로를 감시하고 밀고하도록 조장·위협했다. 국민의 반공의식 강화 및 간첩으로 의심되는 개개인과 사회조직에 대한 감시와 신고의 일상화를 위해 전국 방방곡곡에 도배질한 다음과 같은 4·4조의 반공방첩 표어나 포스터는 곧 감시와 밀고 사회의 '구현'이었다.

우리부락 간첩있나 다시한번 살펴보자
삼천만이 살펴보면 오는간첩 설땅없다
간첩잡는 아빠되고 신고하는 엄마되자
신고하여 애국하고 자수하여 광명찾자
간첩잡아 애국하고 유신으로 번영하자
신고하는 애국심 밝아지는 내나라
주민은 신고하고 간첩은 자수하자

1953년 휴전 직후부터 1990년대 말까지 남한의 방첩당국이 적발한 '간첩'은 4500여 명에 이른다고 한다. 1953년 6·25 종전 이후 박정희 정권이 들어선 1960년대 초반까지 적발된 간첩이 한두 명의 이삭줍기식 '남파 간첩' 위주였다면, 박정희가 본격적으로 장기 집권을 꾀하면서

독재체제를 구축한 1970년대, 그리고 전두환·노태우 군사정권 시기에는 대규모 '간첩단' 적발로 1타 수십 매의 실적을 올렸다.

그러나 1968년 김신조 부대의 청와대 습격 기도 사건과 울진·삼척 무장공비 침투 사건을 정점으로 해 1970년대에 접어들면서 북한의 간첩 남파는 현저하게 줄어들었다. 남한 출신자라는 남파 간첩의 인적 공급원이 고갈되었고, 남한 사회가 안정돼 남파 간첩들이 쉽게 검거되던 점도 고려되었을 것이지만, 무엇보다 정보기술과학의 발달로 간첩에 대한 투자가 '고비용 저효율'이라고 북한 당국이 판단했을 가능성이 컸을 것이다. 그렇다면 북한에서 '내려 보낸' 간첩은 줄어들었는데, 남한에서 '적발된' 간첩은 왜 그렇게 많았을까? '조작 간첩', 그것은 한 마디로 간첩이 독재정권의 필요에 따라 시시때때로 '만들어졌기' 때문이다.

1970년 전후 북한이 적극적으로 대남 공세를 펴자 남한은 중앙정보부, 보안사령부, 대공경찰 등 방첩기관을 크게 확장시켰다. 그런데 갑자기 남파 간첩이 확 줄어 버린 것이다. 그들은 새로운 간첩 공급원을 개발할 수밖에 없었다. 박정희 집권 초기에는 혁신계 인사들이 용공 혐의로 줄줄이 엮었고, 1960년대 중반 한·일 굴욕 외교 반대 시위로 정권이 위기에 몰리자 유럽 유학생들이 그 제물이 되었다. 이 공급원도 고갈되자 새롭게 착안된 것이 납북 어부였다. 이들은 잠시라도 북한에 체류했던 데다가 자기방어조차 서툴러 실적 올리기에 '적격'이었기 때문이다. 재일교포 유학생들도 남파 간첩의 빈 공간을 메웠다. 일본과의 수교로 재일교포 학생들이 조국으로 유학을 오기 시작하자 남한 사정을 잘 모르고 우리말도 서툰 그들이 희생양이 되었다. 최근에는 탈북 이주민들 중에서 주로 '간첩'이 출현하고 있다. '수요'가 있으니 계속 '공급원'을 찾고 있는 것이다.

시대별 간첩 유형의 변천

유형	적발 시기	주 적발기관	주 관련자
군인 간첩	1948~1950	육군정보국, 방첩대	국군 내 남로당 입당 장병
남파 간첩	1953~1960년대 중반	경찰, 중앙정보부	남한 출신 월북자 및 그들의 남한 거주 친지
혁신(진보)계 간첩(단)	1960년대 초반 ~1970년대 초반	중앙정보부	통일운동가 및 혁신계 인사
유럽 유학생 간첩(단)	1960년대 중반 ~1970년대 초반	중앙정보부	유럽 거주 문화예술인·유학생, 연수 공무원, 정부 산하기관 직원
재일교포 유학생 간첩	1960년대 말 ~1970년대 말	중앙정보부, 보안사령부	한일 수교 후 유학 온 재일교포 대학생
납북 어부 간첩(단)	1960년대 중반 ~1980년대 초반	중앙정보부, 치안본부 대공분실	송환된 납북 어부 및 그 친지
사회운동가 간첩(단)	1970년대 말 ~1980년대 중반	국가안전기획부, 치안본부 대공분실	민주화운동 및 학생운동 관련자
탈북 이주민 간첩	2000년대 말~현재	국가정보원	북한 탈출 이주민

동베를린 간첩단 사건

중앙정보부는 1963년 박정희 정권이 출범한 이후 1960년대에만 네 차례나 대규모 간첩단 사건을 발표했다. 1964년 도예종 등 41명이 관련된 (1차) 인혁당(인민혁명당) 사건, 1967년 윤이상 등 194명이 관련된 동베를린 간첩단 사건, 1968년 김종태 등 158명이 관련된 통혁당(통일혁명당) 사건, 1969년 김규남 등 16명이 관련된 유럽·일본을 통한 간첩단 사건(이 사건은 '간첩 공급자'인 유럽 유학생들이 동이 났는지 간첩단이 16명'밖에' 되지 않아 사건

이름조차 붙이지 못했다) 등이었다.

1967년 7월 8일, 중앙정보부장 김형욱은 '동백림(동베를린)을 거점으로 한 북괴 대남 적화 공작단'에 대한 수사 결과를 발표했다. 이날 김형욱은 "문화예술계의 윤이상, 이응로, 학계의 황성모, 임석진 등 194명이 대남 적화 공작을 벌이다 적발되었다"고 발표했는데, 중앙정보부는 이 사건에 대해 이례적으로 7월 17일까지 7차로 나누어 그 전모를 발표했다. 1차에서는 사건의 전체 개요가 발표되었고, 2차에서는 황성모 교수를 중심으로 한 서울대학교 문리대의 민족주의비교연구회 관련 부분, 3차에서는 작곡가 윤이상 등의 관련 부분, 4차에서는 서독 유학생 정규명 등의 관련 부분, 5차에서는 한국농업문제연구소 주석균 등의 관련 부분, 6차에서는 재불 화가 이응로 등의 관련 부분, 7차에서는 오스트리아 잘츠부르크 유학생 공광덕 등의 관련 부분을 발표했다.

중앙정보부의 발표에 따르면, 관련자 194명 가운데 107명이 구속되었으며, 이 중 7명은 1958년 9월부터 동베를린 소재 북한대사관을 왕래하면서 이적 활동을 한 데 이어, 북한을 방문했거나 노동당에 입당하고 국내에 잠입해 간첩 활동을 해왔다는 것이었다. 그러나 관련자 중 일부가 북한을 방문한 것은 사실이나 중앙정보부의 발표와 달리 그들 중에서 실제로 한국에 돌아와 간첩 행위를 수행한 경우는 거의 없었다. 이를 뒷받침하는 전 북한의 고위간부 K 씨의 증언도 있다(유영구,《남북을 오고간 사람들》).

(북측은) 북에 왔다갔다한 사람들에게 (노동당) 입당원서를 쓰게 하면서도 그들에게 요구한 것은 해외에 그대로 남아 있든지 남한으로 돌아가든지 간에 평화통일세력으로서의 역할을 기대하는 정도였다. 북에서는 이들에

게 그 이상을 요구하지 않았으며, 그 이상을 할 수 있을 것으로 생각지도 않았다. 이들이 대개 지식인이고 학자·교수인 만큼 말이나 글로써 평화 통일의 필요성을 역설하는 전파자적 역할을 기대했을 뿐이다. 따라서 북한의 노동당 대남 부서에서는 거의 같은 시기에 맞물려 있던 통혁당의 경우처럼 이들에게 애초부터 조직자적 역할을 부여할 생각을 갖지 않았었다. 때문에 이들이 북한에 다녀와서 어떤 조직도 만든 일이 없었고, 아마 중앙정보부의 수사 기록에도 조직 문제를 파헤친 부분이 없었던 것으로 안다. … 이 같은 점이 동베를린 사건의 특징이다.

중앙정보부는 대규모 간첩단이라고 해 무려 203명의 관련자들을 조사했지만, 실제 검찰에 송치된 사람 중 검찰이 간첩죄나 간첩미수죄를 적용한 사람은 23명에 불과했다. 그리고 23명 중에서 실제 최종심에서 간첩죄가 인정된 사람은 한 명도 없었다. 이 사건에 대한 재판은 1969년 3월에 완료되었는데, 그 결과는 잠입 탈출 등의 혐의로 사형을 선고받은 2명을 포함한 실형 15명, 집행유예 15명, 선고유예 1명, 형 면제 3명이었다(황성모 등의 민족주의비교연구회 사건은 북한과는 아무런 관계가 없는 남한에서의 자생적 조직 사건이었으므로 동베를린 사건과는 별도로 심리했다).

이러한 재판 결과는 중앙정보부의 동베를린 사건 수사가 불법적인 강제 연행과 고문에 의해 이루어졌음을 단적으로 보여 주었다. 특히 서독, 프랑스 등 유럽에 유학 중인 유학생과 교민 들에 대한 강제 연행은 유럽 여러 나라와 외교적 마찰을 크게 불러 일으켰다. 특히 자국의 영토 내에서 17명이나 한국으로 납치당한 서독 정부는 영토주권의 침해라고 강력히 항의하며 강제 연행자들의 원상회복을 요구했다. 결국 박정희 정부는 단교 직전까지 간 서독·프랑스 정부의 압력에 굴복해 1969년 2월 24일 윤이상, 3월 7일 이응로를 형집행정지로 풀어 주었고, 1970년 광복절을 기해서는 사건 관계자 모두에 대한 잔여 형기 집행을 면제, 실형을 살고 있던 사람들을 석방해 유럽으로 돌려보냈다(사형수인 정규명·정하룡은 1970년 12월 23일에 특사로 풀려났다).

이로써 박정희 '정권'은 서독·프랑스 정부와의 외교 분쟁을 정리했지만, 대한민국이라는 '나라'는 큰 상처를 입었다. 이 사건으로 한국은 국제사회에서 국가 신인도가 크게 추락했고, 윤이상·이응로 등을 위한 국제사회의 탄원 운동 과정에서 한국은 인권 후진국으로 낙인찍혔다(유럽으로 돌아간 후 세계적인 현대음악 작곡가 윤이상과 화가 이응로는 한국 국적을 버리고 각각 독일과 프랑스로 귀화했다). 다른 한편으로 박정희가 이 사건 관련자들을 풀어 준 이유 중에는 영구 집권의 길을 연 3선 개헌이 1969년 10월에 이루어졌다는 점도 있다.

중앙정보부가 이렇게 동베를린 사건을 크게 키운 것은, 1967년 6월 8일 총선에서 일어난 선거 부정에 대한 전국적 규탄 시위를 조기 진화시키기 위한 공작 차원이었다. 당시 공화당 정권은 이 선거에서 박정희의 대통령 3선 출마가 가능하도록 개헌할 수 있는 재적 3분의 2 의석을 확보하기 위해 불법과 부정을 대대적으로 자행했다. 그러나 이는 등원 거부를 통한 야당의 극한 투쟁과 학생들의 전국적 시위를 불러왔고, 이에 박정희 정권은 이 시위가 4·19처럼 확산될 수도 있다고 우려했다. 동베를린 사건과는 아무런 관계가 없는 서울대학교 문리대 학생 서클인 민족주의비교연구회에서 활동하던 학생들까지 이 사건에 포함시킨 것이 그 사실을 반증한다. 당시 부정선거 규탄 시위는 서울대 문리대 학생들이 적극적으로 주도했다. 이 부분에 대해서는 당시의 중앙정보부장 김형욱도 회고록에서 자기 잘못을 인정했다.

동백림 사건에서 내가 저지른 큰 실수가 있다면 그것은 서울대 민족주의 비교연구회 관련자들을 동백림 간첩 사건의 하나로 취급한 일이었다. 그것은 지도교수 황성모가 역시 독일 유학생이었고 그의 집에서 불온서적이 발견되기도 했기 때문에 그랬던 것이나 전체적으로 보아 민비연은 동백림 사건과 관계가 없었다. 1967년 7월 25일 나는 민비연을 반국가 단체로 규정하고 검찰에 넘겼으나, 동백림 사건과 같이 취급하면 무리가 생겨서 별도로 심리하기로 결정했다. … 1967년 12월 16일, 민족주의비교연구회는 재판정에서 학술단체로 인정되고 관련자 대부분은 무죄가 되었다. … 민비연이란 이름만 들어도 정나미가 떨어질 정도로 애를 먹었다.

'동베를린 간첩단 사건'이 벌어진 지 40년, '국정원과거사진실규명을통한발전위원회'는 2006년 1월 26일, 동베를린 사건 당시 정부가 사건 관련자들 중 일부의 단순 대북 접촉과 동조 행위에 대해 국가보안법과 형법상의 간첩죄를 무리하게 적용해 사건의 외연과 범죄 사실을 확대·과장했다고 인정했다. 또한 '발전위원회'는 조사 결과 사건의 수사 과정에서 불법 연행과 가혹 행위 등이 있었으므로 정부는 관련자들에게 사과하라고 권고했다.

유럽 거점 간첩단 사건

중앙정보부는 1973년 10월 25일 '유럽 거점 간첩단 사건'을 발표했다. 이 사건은 신문사 기자 17명, 통신사 기자 6명, 방송사 기자 14명, 외신 기자 5명,《대한뉴스》기자 2명 등이 참석한 가운데 중앙정보부 차장 김치열이 직접 발표했다(최종선에 의하면, 중앙정보부는 이날 기자들에게 20만 원이 든 봉투를 돌렸다고 한다). 다음은 중앙정보부의 발표문을 간추려 실은《경향신문》1973년 10월 25일 자〈중앙정보부 발표, 유럽 거점 간첩단 적발〉기사 전문이다.

중앙정보부는 25일 상오 동·서구라파 지역을 중심으로 한 '구라파 거점 간첩단 사건'을 적발했으며, 이 사건과 관련, 구속 수사를 받던 서울법대 최종길 교수(崔鍾吉, 42, 서울 성북구 동선동 3가 72)는 중앙정보부에서 조사를 받던 도중인 73년 10월 19일 범행을 자백한 후 용변을 빙자, 투신자살했다고 발표했다. 김치열(金致烈) 중앙정보부 차장은 이 사건 관련자는 모두 정부 주요 기관, 학원, 주요 기업기관에 근무하는 54명으로, 이 간첩단이 조직된 것은 서울공대를 졸업한 후 화란에 유학중이던 이재원(李在元, 41, 미체포)이 북한의 동·서구라파 대남 공작 총책인 이원찬(李元燦)에게 포섭되어 북한에 입북, 대남 공작 교육을 받고, 화란, 서서(瑞西), 서독 공작책으로 임명되면서 비롯되었다고 말했다. 그 후 이(재원)는 동·서 구라파 지역에 오는 유학생, 교환교수 등을 포섭, 금품과 선심으로 회유해 각각 고유의 사명을 부여한 후 국내에 침투시켜 혁명 세력을 확대, 결정적 시기에 연합 전선 형성 소지를 구축했다는 것이다.

관련자 54명을 직업별로 보면, 공무원 24명, 교수 7명, 회사원 및 은행원 10명, 학생 7명, 기타 6명으로 이중 김장현(金長鉉, 38, 경제·과학심의회의 분석관), 김촌명(金村明, 40, 농수산부 토목기사) 등 2명이 간첩 및 간첩 방조 등 혐의로 검찰에 구속 송치되었고, 나머지 52명 중 미체포 간첩 3명(이재원, 화란 거점 공작 총책 / 이재문, 33, 이재원의 동생, 부책 / 김성수, 38, 연락책)

을 제외한 49명은 검찰에 불기소 의견으로 송치되었거나(17명) 경고 조치 하는(31명) 등 불문에 붙였다고 밝혔다.

김 차장은 이 사건이 서울대학의 데모 사건과는 관련이 없다고 밝히고 관련자 중 2명을 구속 송치하고 나머지 인원을 관대히 처분한 것은, 이들 관련자가 구라파라는 특수 지역의 환경에서 생활의 어려움을 겪으면서 부지중에 포섭되었고, 국가에 봉사할 수 있는 유능한 인재들이며, 자수한 사람도 있기 때문이라고 밝혔다. 또 이들 이외에도 이와 같은 사정에 있는 사람은 앞으로 1개월 이내(11월 25일까지)에 자진 출두하면 전원 구제, 불문에 붙이겠다고 말했다.

□ 범죄 사실

▲ 이재원(미체포, 화란 거점 공작 총책, 인천시 중구 답동 11) = 57년 서울공대 대학원 수료 후 인천 제물포고교 교원 생활하다 화란에 조선학 연구차 유학. 다음 해인 58년 10월 동백림 주재 유럽 총책인 이원찬에게 포섭돼 북한에 가 공작 교육을 받고 귀환 후 60년부터 화란 공작책으로 활동. 60~67년 김장현, 이재문(李在文), 김성수(金成洙), 최종길 등을 포섭, 북한에 보냄. 이 기간 중 사회과학 연구차 화란에 유학 중인 건국대학 교수 고재웅(高在雄) 등 유학생, 공무원 등 47명에게 북한 사회의 우월성 선전, 노동신문 등 간행물을 통해 남한 적화통일 전선에의 참여를 종용하는 등 공작금 75만 달러를 뿌려 동조자 포섭. 동백림 사건 후 잠시 동구로 도피했다가 70년 5월부터 다시 화란에 근거를 두고 구라파 지역의 간첩망 조직 등 재활동을 펴고 있음.

▲ 이재문(미체포, 부책, 인천시 답동) = 63년 서울공대 졸업. 형인 이재원의 지령에 따라 국내 간첩 김장현과 접선, 그의 주선으로 65년 2월에 화란에

감. 65년 7월 동백림 경유 평양에 가 간첩 교육과 지령을 받고 화란으로 돌아가 한국 유학생을 대상으로 간첩 활동. 동백림 사건 후 북한으로 탈출. 70년 7월 서독에 침투, 형인 이재원 밑에서 부책으로 활동.

▲ 김성수(미체포, 서독 프랑크푸르트 바렌프라프가 71, 프랑크푸르트 대 철학과) = 69년 8월 동베를린 경유 평양으로 가 간첩 교육과 지령을 받고 서독으로 귀환, 이재원의 연락책으로 지난 3월 일시 귀국, 우리나라 산업과학 현황 수집 보고를 지령.

▲ 김장현(구속, 경제·과학심의회의 분석관, 서울 서대문구 불광동 28의 4) = 화란 체재 시 이재원에게 포섭되어, 63년 9월 30일~11월 27일 사이 동베를린에서 간첩 교육. 72년 6월과 지난 3월 일시 귀국,《경제조사월보》,《경제백서》등을 간호원 출국 편에 전달.

▲ 최종길(서울대 법대 교수, 구속 수사 중 사망, 인천시 전동 28) = 이재원과 인천중학 동기동창생. 58~62년 서독 쾰른 대학 유학 중 중학 동창인 불란서 북한 공작책 노봉유(盧鳳裕)에게 포섭됨. 60년 6월 동독 경유로 평양에 가 간첩 교육을 받고 공작금 미불 2000달러를 받고 서독에 돌아와 본국 유학생들의 동태 파악. 공작금 800달러를 이(재원)로부터 다시 받아 유학생을 대상으로 평화통일 선전 활동을 했으며, 서울대에 침투, 학원 토대를 구축할 것, 가정 형편 곤란한 우수 학생의 유럽 유학 추진 등 지령을 받고 62년 7월에 귀국, 서울법대 강사로 부임했다. 71년 2월 미국에 가 북한 공작원과 접선. 72년 7월 서독 쾰른에서 1개월간 머물며 이(재원)와 접선, 그간의 사업상황을 보고했다. 72년 8월 귀국. 73년 10월 17일 검거되어 조사 중 용변을 본다고 나가 투신자살했음.

▲ 김촌명(구속, 농수산부 토목기사, 서울 서대문구 불광동 380-17) = 서울시립농대 출신으로 농수산부 농지관리국 기사로 재직 중 지난 66년 10월 화

란 정부 초청으로 델프트 공대에 유학 시 이(재원)에게 포섭되어 이(재원)가 간첩임을 알면서도 이(재원)의 소지품 일체를 정리해 귀국, 그의 처에게 시계 및 현금 등 공작 여건을 전달해 간첩 활동 편의를 제공했다.

중앙정보부는 발표에서 '유럽 거점 간첩단 사건'의 관련자는 총 54명이라고 했다. 그러나 중정이 검찰에 송치한 혐의자는 구속 3명(수사 중 사망한 최종길 포함), 불구속 17명, 미체포 4명 등 24명에 불과했다. 나머지 30여 명은 이 사건과 직접적 관련이 전혀 없거나 친지인 단순 참고인에 불과한 사람들이었다. 결국 중앙정보부는 네덜란드 델프트 공과대학에 연수 유학을 온 공무원, 정부 산하기관 종사원 등 20여 명에 참고인 자격의 30여 명을 더해 54명의 '간첩단'으로 부풀린 것이다. '유럽 거점 간첩단 사건'은, 관련자 대부분이 서울대학교 공과대학을 졸업했고 네덜란드 델프트 공과대학에서 연수 생활을 한 공직자들이었으므로 '유럽 연수 공무원 간첩단 사건' 또는 '서울공대 동문 간첩단 사건'이 더 어울리는 이름이었다.

중앙정보부가 발표한 '간첩단'의 조직과 활동 내용도 너무나 허술했다. 우선 간첩단의 총책이라는 이재원, 부책이라는 이재원의 동생 이재문, 연락책이라는 김성수 등 3인을 체포하지 못한 채, 유럽에서 유학한 교수 한 명(최종길)과 유럽에서 세미나 참석과 연수를 마치고 귀임한 공직자 2명(김장현, 김촌명) 등 3인을 묶어 간첩이라며 구속했지만, 혐의라는 것도 너무나 허무맹랑했다. 김장현은, 이재원이 간첩임을 알고도 신고하지 않은 불고지죄와, 해외여행이 극히 드물던 그 시절 이재문이 네덜란드로 유학을 떠날 때 네덜란드 체류 경험자로서 출입국 수속에 도움을 주었다는 '편의 제공 혐의'였고, 농수산부 토목기사인 김촌명도 불고지

유럽 거점 간첩단 사건 관련자

구분	이름	사건 당시 직업	유럽 유학(연수) 관련	기소 및 재판결과
구속 (송치)	김장현 金長鉉	경제·과학심의회의 분석관(서기관)	네덜란드 헤이그, 이탈리아 로마에서 개최된 FAO 세미나 참석	4년 징역형 확정, 2012년 재심 무죄
	김촌명 金村明	농수산부 특정지역개발과 토목기사	네덜란드 델프트 공과대학 유학	1심, 2심, 대법원 무죄
수사 중 사망	최종길 崔鍾吉	서울법대 교수	독일 쾰른 대학 대학원 유학(법학)	수사 중 사망, 공소권 없음
불구속 (송치)	이희일 李禧逸	주프랑스 한국대사관 경제담당공사(후일 농수산부장관 역임)	네덜란드 사회과학연구원(ISS) 유학	공소시효 만료로 불기소(17명)
	명관심 明寬甚	농업진흥공사 영산강사업소 공무과장	네덜란드 델프트 공과대학 유학	
	김계호 金桂鎬	한국수자원개발공사 낙동강유역조사사무소 조사과장	네덜란드 델프트 공과대학 유학	
	고재웅 高在雄	건국대학교 공과대학 조교수	네덜란드 델프트 공과대학 유학	
	전몽각 全夢角	성균관대학교 부교수	네덜란드 델프트 공과대학 유학	
	최재화 崔在和	건설부 국립건설연구소 측지부 항측과장	네덜란드 델프트 공과대학 유학	
	한찬우 韓璨愚	건설부 포항공업지구공사사무소 시설과장	네덜란드 델프트 공과대학 유학	
	최영박 崔榮博	고려대학교 이공대학 토목공학과 교수	네덜란드 델프트 공과대학 유학	
	이환범 李桓範	교통부 해운국 항만진흥과 토목기사	네덜란드 델프트 공과대학 유학	
	서정옥 徐廷鈺	수산청 어정과 어정계장	네덜란드 사회과학연구원 유학	
	한철종 韓徹鐘	건설부 건설공무원교육원 교관	네덜란드 델프트 공과대학 유학	

	이수훈 李秀薰	건설부 중부국토건설국 토목기좌	네덜란드 델프트 공과대학 유학	
	김정길 金貞吉	서울시 수도국 시설과 공무2계장	네덜란드 델프트 공과대학 유학	
	유호문 柳浩文	건설부 산업입지국 공업항과장	네덜란드 델프트 공과대학 유학	
	김적교 金迪敎	한국개발연구원 연구원	네덜란드 사회과학연구원 유학	
	이형수 李瀅洙	전 한국수자원개발공사 과장	네덜란드 델프트 공과대학 유학	
	임민우 任民友	중앙대학교 교수	네덜란드 사회과학연구원 유학(경제학)	
미체포 (송치)	노봉유 魯鳳裕	전 제물포고 교사	프랑스 파리 대학 이학부 유학(물리학)	미체포로 기소 중지 (4명)
	이재원 李在元	전 제물포고 교사	네덜란드 델프트 공과대학 유학(조선학)	
	이재문 李在文	전 광운전자초급대학 강사	네덜란드 에인트호번 공과대학 유학(전자공학)	
	김성수 金成洙	연세대학교 학부 및 대학원 철학과 졸업	독일 프랑크푸르트 대학 유학(철학)	
불문 처리	권종태 김윤재 김원익 김점록 강영기 손원일 임희철 김촌실 강병규 김용래(행자부 장관 역임) 김보현(농수산부 장관 역임) 강 신조 이덕영 이상언 김종전 박종수 차군도 박정근 이준기 강 문수 이관호 이동배 윤광로 이홍석 이윤재 박정태 노형원			검찰에 송치되지 않았지만, 54명 '간첩단'에 포함 (27명)

죄와 네덜란드 연수를 마치고 귀국할 때 이재원의 손목시계 및 이재원을 포함한 몇 사람이 돈을 모아 산 자동차를 되팔아 남긴 돈 중 이재원의 투자 몫인 약간의 금품을 그의 아내에게 전달해 주었다는 혐의였다.

'유럽 거점 간첩단 사건'이 이렇게 규모만 키워진 채 허술하게 급조된 것은 이 사건 수사 중에 발생한 두 가지 돌발사태 때문이었을 것으로 짐

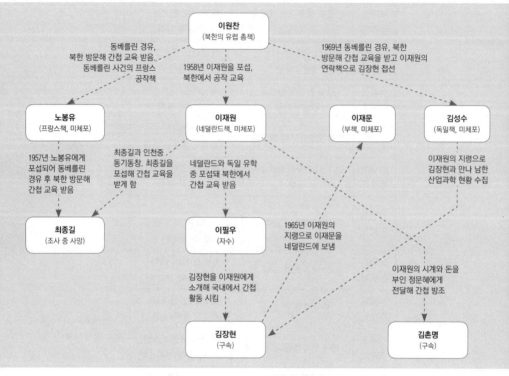

유럽 거점 간첩단 사건 관계도

이 관계도는 중앙정보부의 발표를 정리한 것이다. 중정은 실체 불명의 북한의 유럽 공작 총책
이원찬을 정점에 놓고, 이재원 등 이 사건의 피의자들이 이원찬에게 포섭되어 동베를린을
경유해 평양에서 간첩 교육을 받은 후 간첩 활동을 해 왔다고 주장했다.

작된다. 김장현과 김촌명이 중앙정보부 5국 9과에 연행되어 본격적으로
조사를 받기 시작한 것은 1973년 9월 20일경이었다. 이들은 거의 매일
구타와 고문을 당하며 조사를 받고는 9월 29일에 구속영장이 발부되었
다. 구속영장이 발부되었다는 것은 그즈음에 이들의 범죄 사실의 얼개가
모두 짜여졌다는 의미다. 중정 5국 9과의 담당 수사관 김석찬도 최종선
에게, 이 사건은 대충 마무리가 되어 언론 발표문을 작성하는 단계라고

말한 바 있다. 공무원인 김장현과 김촌명, 그리고 다른 공무원 한두 명을 더한 간첩단 발표로 '유신 1주년'을 맞아 국민들을 겁박하고 공직사회를 다잡아 놓겠다는 것이 중앙정보부가 구상한 최초의 '그림'이었을 가능성이 높다.

이렇게 9월 말에 김장현 등의 사건을 마무리 짓고 10월 초 발표를 예정하고 있었는데, 중앙정보부는 물론 반유신 운동 세력조차도 전혀 예측하지 못한 두 가지 사태가 일어났다. 첫 번째는, 1973년 10월 2일 최초의 유신 반대 시위가 서울대학교 문리대에서 벌어지고, 10월 4일에는 서울법대, 10월 5일에는 서울상대에서 잇달아 시위가 일어난 것이다. 서울대 시위 이후 반유신 투쟁은 전국의 대학으로 확산되었다. 중앙정보부는 확장 일로의 유신 반대 시위를 진압하기 위해 전가의 보도인 공안 정국 조성이 필요했을 것이다. 그래서 5국 9과가 담당한 '김장현 등의 간첩 사건'을 마무리 지으면서, 5국 10과를 시켜 새롭게 '최종길 관련 간첩 사건'을 하나 더 만들려 한 것 같다.

두 번째는 최종길의 죽음이다. 처음부터 중앙정보부가 최종길을 '간첩단'에 끼워 넣을 생각은 하지 않은 것 같다. 중앙정보부는 최종길에게 참고인으로 출두하라고 요청했다. 그런데 10월 19일 참고인 조사 중에 최종길이 죽은 것이다. 중앙정보부로서 더욱 당황스러웠던 것은, 최종길이 피의자였건 참고인이었건 기본적으로 갖추어 놓아야 할 문서나 서류를 작성할 겨를도 없이 사망해 버린 것이다. 이를 은폐하기 위해서는 '죽어서 말이 없는' 최종길이 간첩이 되어야 했다. 그것도 빨리 발표해야 했다. 중앙정보부는 "최종길이 간첩임을 자백하고 양심의 가책을 느껴 투신자살했다"는 시나리오를 짠 후 이 가이드라인에 맞추기 위해 10월 20일 모든 서류들을 조작하고는, 10월 25일 김장현 등 서너 명으로 정리되어 가던 '소규모 간첩 사건'을 최종길까지 끼워 넣은 '대규모 간첩단 사건'으로 확대했을 것이다. 전혀 별개이던 김장현 사건과 최종길 사건이 하나의 '간첩단 사건'으로 묶여 가는 실상과 과정을 살펴보자.

최종길

중앙정보부가 구속 수사한 간첩이라고 발표한 최종길은 '구속'된 적이 없다. 최종길은 1973년 10월 16일 오후 2시경 동생 최종선과 함께 정보부에 '자진 출두'했을 뿐이다. 그러나 중앙정보부는 이 발표문에 최종길을 10월 17일에 '검거'한 것으로 기술했다. 그리고 최종길이 죽은 후인 10월 20일경 중앙정보부가 작성한 '국가보안법 위반 피의 사건 인지동행 보고서'에는 1973년 10월 17일 10시에 최종길이 '임의동행'으로 중앙정보부에 인치되었다고 했고, 그와 동시에 작성한 '긴급구속장'에는 최종길을 1973년 10월 17일 10시에 구속해 정보부에 인치했다고 기재했다.

'자진 출두'이거나 '임의동행'이거나 최종길이 정보부에 들어간 것은 10월 16일 오후 2시경임이 명백하다. 그런데 중앙정보부는 왜 최종길이 중정 5국에 구금되었던 10월 16일 오후 2시부터 10월 17일 오전 10시까지의 20시간을 빼 버리고, 10월 17일 오전 10시에 최종길이 중정에 '검거'되었거나 '구속'되었다고 했을까? 그것은 최종길이 죽은 후에 조작한, 검사 이름으로 발부한 '긴급구속장'으로는 피의자를 48시간 이상 구인하거나 구금할 수 없었기 때문이다. 곧 최종길의 구금 기간을 10월 16일 오후 2시부터 '투신자살'했다는 10월 19일 오전 1시 30분까지로 기산하면 총 59시간 30분이 되어, 중앙정보부는 최종길을 11시간 30분 동안 불법 구금한 게 되는 것이다.

'임의동행'은 수사관 등이 범죄의 용의자나 참고인 등을 본인의 동의를 받아 검찰·경찰서 등에 데리고 가는 처분을 말하는데, 임의동행을 요구받은 사람은 이를 거절할 수 있으며, 임의동행에 응했더라도 6시간 이상 인치할 수는 없다. '긴급구속장'은 현행범은 아니지만 장기 3년 이상의 징역이나 금고에 해당하는 죄를 범했다고 의심할 만한 상당한 이유가 있고, 증거인멸이나 도주의 염려가 있는 경우에 수사기관이 혐의자를 판사의 구속영장 없이 구인할 수 있도록 검사가 발부하는 영장으로, 최장 48시간 이상 구금하거나 인치할 수 없다. 그렇기 때문에 중앙정보부는 이미 최종길을 '불법' 구금한 상태에서 그의 목숨을 빼앗아 놓고도 긴급구속장상의 '합법'을 가장하기 위해 최종길의 검거(출두) 시간을 조작한 것이다.

또한 최종길의 경우, 중앙정보부가 발표한 그의 '간첩 활동' 내용은 거의 소설에 가까웠다. 발표문은, 어떤 물증도 제시하지 않고 최종길이 유학 중에 북괴 공작원 이재원에게 포섭되어 간첩 활동을 하게 되었다고 막연하게 기술하다 보니, 최종길이 1970년 3월부터 1972년 2월까지 하버드 대학 옌칭연구소에 유학하던 2년여 동안의 기간에도 미국에서 북괴 공작원과 접선했다고 발표했다. 상식적으로, 1970년 즈음에 북한 공작원이 미국에서 활동하고 있었다고 누가 믿겠는가. 다음은 중앙정보부 5국에서 수사·발표한 최종길에 대한 혐의 내용이다.

> 최종길 교수(이하 최종길이라 한다)는 1958년 1월경 불란서 파리에 유학 중인 노봉유의 연락을 받고 위 노봉유의 기숙사에서 7일간 기거하면서 외세에 의해 분단된 국토와 민족이 평화적으로 통일하려면 유학생들이 혁

명 대열에 선봉적 역할을 해야 한다며 혁명 대열에 참여하라는 권고에 동조했다.

1958년 10월 하순경 노봉유와 함께 동백림 주소 불상의 아파트 2층에서 약 10일간 북한 공작책 이원찬 등으로부터 세뇌 교육을 받고 유학생을 동백림으로 데리고 오라는 지령을 받고, 공작금 300불을 수수했다.

이후 1960년 5월경 동백림을 출발해 모스크바·북경을 경유 평양에 도착해 약 17일간 체류하면서 노동당에 입당함과 동시에 주체사상 등의 교육을 받고, 학원에 침투해 학생들에게 반정부 데모를 하도록 선동하고, 양심적인 제자를 포섭해 제3국을 통해 월북시키라는 지령을 받고 공작금 2000불을 수수했다.

또한, 최종길은 1972년 6월 하순 서독 쾰른에서 약 1개월 동안 처 백경자와 체류하면서 노봉유로부터 학생들에게 남북적십자회담을 통해 북한적십자 측의 제안 사항을 전폭적으로 지지할 수 있도록 여론을 환기시키고, 용공 세력의 확장을 위한 분위기를 조성하도록 선동하라는 지령을 받고 공작금으로 700불을 수령하고, 같은 해 8월 28일 일본을 거쳐 귀국했다.

그리고 1973년 10월 19일 새벽 1시 30분경에 간첩임을 자백한 후 남산 분청사 7층 화장실에서 조직을 보호할 목적으로 투신자살했다.

중앙정보부는 1973년 10월 25일 '유럽 거점 간첩단 사건'을 발표하기 3일 전인 10월 22일 사건을 서울지방검찰청에 송치했다. 검찰은 최종길에 대해서는 11월 23일, '피의자 사망으로 공소권 없음'으로 종결 처리했다. 그러나 관련자 54명이라는 대규모 '간첩단'에 걸맞지 않게 '태산명동서일필泰山鳴動鼠一匹' 격으로 그 결말은 너무나 허망했다. '주범'은 누구도 검거되거나 기소되지 않았고, 종범으로 구속 기소되었던 2명 중에 김춘명은 1심에서 무죄로 풀려났고, 김장현만이 이례적으로 '간첩'으로 서는 단기인 4년의 실형을 사는데 그쳤다(김장현도 실형을 살고 출옥한 후 재심을 신청, 사건이 일어난 지 39년 만인 2012년 대법원에서 무죄가 확정되었으니, '유럽 거점 간첩단 사건'은 아무도 죄가 없는, 완전 조작된 사건임이 백일하에 드러났다).

충 격

중앙정보부의 '유럽 거점 간첩단 사건' 발표와 최종길의 사망 소식은 국내에서뿐만 아니라 해외에서도 경악을 금치 못할 일이었다. 독일의 쾰른 대학에서 최종길을 지도했던 케겔 교수는 당시 법무장관인 신직수에게 철저한 사인 조사를 촉구하는 서신을 보냈고, 최종길이 한때 연구 활동을 했던 미국 하버드 대학의 라이샤워(Erwin O. Reischauer), 박스터(Baxter) 등의 교수들도 최 교수의 유가족에게 조의전문을 보내는 동시에 한국 정부에 강력히 항의했으나 한국 정부로부터 아무런 답변도 받지 못했다. 그리고 최 교수와 친분이 깊었던 하버드 법대의 코헨 교수는 1년 후인 1974년 10월《워싱턴포스트》에 최 교수의 죽음에 대해 강하게 의혹을 제기하며 박정희 정권을 신랄하게 비판하는 글을 게재했다. 코헨 교수의 증언이다.

제가 기억하기로, 최 교수의 시신은 KCIA 빌딩 옆 거리에서 발견됐는데 이미 7층에서 뛰어내렸거나 던져진 것이었습니다. 최 교수가 뛰어내렸다고 하는 창은 잠금장치가 되어 있었는데, 도대체 최 교수가 어떻게 창문을 통해 뛰어내렸다는 말인지 이해할 수가 없습니다. 최 교수가 자살했다고는 아무도 믿지 않습니다. 최 교수가 가혹 행위나 고문을 받아 심장마비를 일으켰거나, 구금 중에 이미 사망한 최 교수를 KCIA가 발견했거나, 아니면 KCIA가 최 교수에게 그의 사망 후 뭔가 또 다른 추가적인 행위를 했을 것이라는 추측들이 있었는데, 어느 것이 맞는지 알 수 없습니다. 하지만 확실한 것은 그의 시신이 바로 거기에서 발견되었다는 중요한 사실입니다.

최종길의 죽음은 그의 국내외 지인들에게도 큰 충격을 주었다. 서울 법대의 교수가 중앙정보부에서 조사받다가 '투신자살'했다는 발표도 충격이었지만, 그가 '간첩'이었다는 중앙정보부의 발표는 더더욱 충격적이었다. 그러나 최 교수의 가족은 말할 것도 없고, 최 교수의 인천중학교 동기동창이나 제물포고등학교 제자들, 독일 유학 기간에 어울렸던 국내외 인사들, 서울대학교의 동료 교수와 제자 등 최 교수와 상당 기간 교유하거나 공부를 했던 지인들은 '최 교수가 간첩'이라는 중앙정보부의 발표를 누구 하나 믿지 않았다.

그의 사망 소식은 나에게 커다란 충격이었고, 한국 정부에서 발표한 그의 사인을 나는 도저히 이해할 수 없었습니다. 그는 그 어떤 범법 행위에도 가담할 수 없을 만큼 정직한 사람이었습니다. 그런 그에게 범법 행위를 했다면서 비난하는 것은 전혀 부당한 일입니다. 그가 공산주의자란 비판을 받았다지만, 그것은 있을 수 없는 일입니다. 내가 아는 한, 그는 그 어떤 자리에서도 공산주의적 사고를 옹호하는 말을 한 적이 없었고, 이데올로기성의 정치적인 발언을 한 적이 없었습니다. 그는 오로지 학문 연구에만 전력투구했을 뿐입니다.

— 케겔(최종길의 쾰른 대학 유학 시절 지도교수)

다른 나라에서도 훔볼트 재단 출신의 지식인이 자신의 정부로부터 사형 선고를 받은 경우가 있었는데 훔볼트 재단이 노력해 그를 살려 낸 적은 있었지만, 최 교수의 사망 소식은 너무나 갑작스러워 우리는 어떻게 손을 써볼 수조차 없었습니다. … 한국 신문을 통해 그의 사망 소식을 접했을 때는 이미 때가 너무 늦었던 것입니다. 독일 《슈피겔》지가 보도했듯이, 그의 자살에 대해 너무나 의혹이 많고, 훔볼트 재단 한국 장학생들도 그가 결코 자살을 하지 않았을 것이라고 말하고 있습니다.

– 파이퍼(훔볼트 재단 이사)

한국의 독재정권은 학생 시위를 그 무엇보다도 두려워했습니다. 저는 최 교수가 사망한 지 6개월 뒤인 1974년 4월에 박정희 대통령이 긴급조치 4호를 선포했던 사실을 기억합니다. 그중에는 정당한 이유 없이 수업에 불참하는 학생은 사형에 처할 수 있다는 내용이 나와 있었는데, 이는 그 당시 정권이 학생들을 얼마나 두려워했었는지를 극명하게 보여 주는 것입니다. 결국 최 교수가 학생들의 시위에 대한 책임을 지게 되었다고 볼 수 있을 것입니다. … 중요한 사실은 그들이 국제인권선언에 의해 보장된 인간의 기본적 권리를 무참하게 짓밟으면서, 최 교수에게 끔찍한 가혹 행위를 했다는 점입니다.

– 코헨(하버드 대학 법대 교수)

우리는 우리 친구의 죽음을 시사지를 통해서 알 수밖에 없었다. 정말 믿을 수 없었다. 그토록 사랑스러운 한 가족의 가장이 스파이라니! 이는 우리가 아는 종길과는 동떨어진 것이었다. 그는 진정한 학자였고, 삶에 대한 예술가였고, 익살꾼이었지만 군인 또는 투사는 아니었다. 그는 국민과 학문의 자유를 지켜 줄 수 있는 한국 정부를 존중하려 애썼다.

– 그로스크로이츠(Peter Großkreutz,

최종길의 쾰른 대학 유학 시절 기숙사 동료)

종길이 한국으로 돌아갈 때 헤어지면서 우리는 한국에서든 독일에서든 곧 다시 만나자고 약속했었다. 그런데 그가 한국으로 돌아간 얼마 후 독일 신문에서 종길의 잔혹한 죽음을 접하게 됐을 때, 우리의 충격은 이루 말로 형언할 수 없었다. 우리는 슬픔에 빠져 어찌 할 바를 몰랐다. 먼 이곳 독일 땅에서, 우리는 나와 동갑이었던 우리의 친구에게 도대체 무슨 일이 일어났었던 것인지 그 누구에게도 물어볼 곳이 없었다.

– 테르피츠(Wolfgang Terpitz,

최종길의 쾰른 대학 유학 시절 기숙사 동료)

최 교수는 훌륭한 법학자였고, 좋은 사람이었고, 좋은 친구였습니다. 간첩 혐의를 씌울 수 없는 순수한 사람이었습니다. 내 생에 있어 가장 큰 충격은 어느 날 저녁 내가 농구 시합을 마쳤을 때 찾아왔습니다. 어느 친구가 나에게 《뉴욕타임스》 지에 한국에서 한 교수가 중앙정보부에서 조사받던 중 사망했다는 기사가 실렸다는 것이었습니다. … 나는 집에 돌아와 그 기사를 찾아보았고, 사망자가 최 교수였다는 것을 확인하는 순간 더 이상 할 말을 잃었습니다.

– 베이커(Edward J. Baker, 하버드 대학 옌칭연구소 부소장)

(최 교수가 투신자살했다는) 중앙정보부의 발표는 나를 굉장히 흥분시켰다. 놀란 가슴을 누르고 서울법대에 전화를 하니 소위 당국자로 불리는 직원

이 전화를 받아 일반 면회는 허락할 수 없다고 하는 것이었다. … 다른 사람에게 들으니 동료 교수들은 이미 하나둘씩 중앙정보부로 불려 가고 있다고 했다. … 당시 독일에 다녀와서 중앙정보부에 불려 갔다 온 사람의 말로는 취조실에는 감시 카메라가 있어 그 자리에서 있었던 일이 모두 기록된다고 하던데, 그저 자살했다, 그는 간첩이었다는 말만 반복하니 어이가 없었다. … 그의 성품을 진작부터 보아온 나는 그의 간첩 혐의와 자살 소식 두 가지 모두 믿기지 않을 뿐이었다.

- 김기수(최종길의 서울법대 동기동창, 전 한양대 교수)

1973년 해외 근무지에서 서울에서 며칠 늦게 온 일간지를 받아든 나는 크게 놀라지 않을 수 없었다. "아니 종길이가! 설마 그럴 수가? 동명이인이겠지." 기사 내용을 다시 읽고 또 읽을수록 존경하고 아끼던 종길이가 틀림없었다. 세상에 어찌해 그렇게 억울한 일이 있다는 말인가. 나는 너무도 분해서 눈물 한 방울 나오지 않았다. … 자기 목숨을 스스로 끊을 만큼 어리석은 그가 아님을 나는 당연히 잘 안다. 무시무시한 공포의 대상이던 기관에 끌려가 혹독한 문초를 받은 사람이 창밖으로 뛰어내려 자살할 수 있을만큼 그곳의 관리가 그렇게 허술하단 말인가. 국민을 우롱해도 너무했다.

- 김석주(최종길의 인천중학교 동기동창)

한마디로 나는 최종길 교수가 간첩이었다는 것을 부정한다. … 최 교수와는 가까운 사이라 자주 만나 속 깊은 이야기를 많이 나누었다. 하지만 간첩과 관련된 말은 한 마디도 들어본 적이 없다. 나는 대구 헌병대장 등 군수사기관에서 장교로 18년간 근무했다. 그래서 웬만하면 직업적 감각으로 수상한 사람을 쉽게 감지할 수 있는데, 최 교수에게선 전혀 어떤 의심할 만한 동정을 발견할 수 없었다. 최 교수가 진짜 간첩이었다면 나도 포섭하려고 했을 것 아닌가. 아니면 나를 의도적으로 멀리했을 수도 있다. 그러나 둘 다 아니다. 우린 그저 좋은 죽마고우였을 뿐이다.

　　　　　　　　　　　　　　　　－ 김성렬(최종길의 인천중학교 동기동창)

최종길 교수 사망 소식을 신문에서 읽고 나는 이게 대체 무슨 소린가 싶어 너무 놀랐다. '간첩,' '투신자살' 등등 하는데 내가 알고 있는 최 교수는 절대 그런 사람이 아니어서 도저히 믿을 수가 없었다. 중학교 선배 몇 명과 함께 대폿집에 갔다. … 술자리에서 내가 울면서 내 친구 최종길이는 절대 투신자살할 사람이 아니다, 절대 간첩일 리 없다고 말하는데, 옆자리에 있던 사람들이 나를 이상스럽게 바라보았다. 그 며칠 후 경찰이 우리 집에 왔다. 그러곤 우리 가족의 인적 사항을 상세히 적어 가는 것이었다.

　　　　　　　　　　　　　　　　－ 명웅희(최종길의 인천중학교 동기동창)

1973년 10월, 명동 옛날 예술극장에서 서울음대의 오페라 공연이 있었다. 그 준비차 명동에 갔는데, 정보부에서 왔다는 사람이 면회를 청해서 극장 앞 '샤니 빵집'에선가 조사받던 생각이 난다. 최 교수와 나, 그리고 몇이 더 함께 화란 여행을 갔었는데, 그때가 1960년경이었으니 벌써 13년 전의 일로 기억에도 별로 남아 있지 않은 희미한 일이었다. 최 교수의 제물포고등학교 동창생인 이 모씨를 찾아가 하룻밤을 새우며 서로 훗날 무엇이 되겠으며 어떻게 살겠다고 젊음을 불태우던 희미한 기억만 났을 뿐 달리 할 말이 없었다. 두 번 조사를 받았으나 최 교수가 그 일에 관련되었는지도 몰랐으므로 연락 한 번 해 볼 생각도 못 하고 지냈다. 그런데 간첩이고 자살했다니…. 있을 수 없는 일이다.

- 김혜경(최종길과 같은 시기 쾰른 대학 유학, 전 서울음대 교수)

선생님을 간첩이라고 당국이 발표했을 때, 나는 도저히 생각조차 할 수 없는 어불성설이라는 것을 직감했다. 공산주의자란 사유재산을 부인하는 데서 시작을 하는 것인데 선생님은 자유 자본주의의 기초적인 학문인 민법을 연구하는 분이시다. 그중에서도 선생님께서 가장 심혈을 기울이신 사상과 이론의 핵심은 사유재산제도를 창달하고 그 기초를 탐구하는 물권법이었다. … 이런 모순을, 이런 역행을 공산주의자가 했단 말인가. 공산주의와 대척하는 자본주의의 성공에 심혈을 기울여 연구하시는 분이 공산주의를 위해 행동으로 나가셨단 말인가. … '공산주의를 신봉하는 간첩'이라는 이름을 선생님께 붙인 것에 대해 나는 도저히 이해가 되지 않는다.

- 황우여(최종길의 서울법대 제자, 전 한나라당 대표)

1973년 최종길 교수 사건이 터졌을 때는 이미 유신정권의 속성을 알고 있었기 때문에 당연히 정권에 의한 조작의 일환이라고 생각하고 있었다. 멀쩡한 사람이 중앙정보부에 불려간 지 3일 만에 시체가 되어서 나온다는 것은 상식적으로 있을 수가 없는 사건이었다. 게다가 '간첩이란 고백과 함께 자살'했다는 당국의 발표가 났을 때는 조작이란 것을 확신했다. … 중정의 발표문은 대한민국 민법계의 인재를 자신들의 실수로 고문치사 해놓고 수세에 몰린 당국의 빈약한 임기응변에 불과한 것이었다.

- 강신옥(변호사)

(최종길) 선생님은 유신체제가 낳은 한 희생자였다. 1972년 10월의 유신 이후 처음으로 1973년 10월에 서울대를 중심으로 반유신 학생 시위가 일어나자 중앙정보부는 마치 1967년 여름에 그렇게 했듯 학생들의 기세를 꺾겠다는 속셈에서, 선생님이 유럽 유학 때 이미 북한에 포섭됐던 간첩으로, 서울대에 교수직을 얻은 뒤 학생들의 시위를 배후에서 조종했다는 쪽으로 사건을 조작하고자 했던 것으로 추측된다. 뒷날 듣건대 선생님에게 허위 자백을 강요하기 위해 전기고문을 하다가 고문 시설을 잘못 작동시킨 탓에 선생님의 심장이 파열되었다고 하니, 대명천지에 이럴 수가 있나 싶어 말문이 막힐 뿐이었다.

　　　　　　　　　　- 김학준(최종길의 제물포고등학교 제자, 전《동아일보》사장)

김촌명

김촌명은 '유럽 거점 간첩단 사건'으로 구속되어 재판까지 받은 2명 중 한 사람이다. 김촌명은 1933년 11월 26일 서울 서대문구 평동에서 아버지 김의영과 어머니 이황하 사이 2남 2녀 중 차남으로 태어났다. 그의 아버지는 일제하에서 황해도 신천군수를 지냈을 정도로 어린 시절 김촌명은 비교적 유복하게 자랐다. 김촌명은 서울 교동초등학교를 졸업한 후 용산중고등학교에 진학해 1952년 3월에 졸업했다. 당시는 6·25전쟁 중이었기 때문에 김촌명은 부산으로 피난 간 학교에서 중고등학교 도합 4년을 다니고는 졸업했는데, 항시 공부를 제대로 하지 못해 후배들보다 자신의 실력이 떨어지는 것을 아쉬워했다.

전쟁은 김촌명의 집안을 풍비박산으로 만들었다. 가장인 아버지와 작은아버지가 북한군에 의해 납북되어 집안은 급속하게 기울었다. 김촌명은 종전 후인 1954년에 육군보병학교에서 갑종간부후보생 교육을 받고 육군 소위로 임관해 1957년에 전역했다. 그러고는 서울농업대학(서울시립대학교의 전신)에 입학해 1961년에 졸업했다. 김촌명이 장교로 군복무를 한 것도, 학비가 저렴한 서울농업대학을 택한 것도 그의 가정 사정이 크게 작용했다. 김촌명은 대학을 졸업하고 바로 장면 정권의 국토건설요원 모집에 응시, 합격해 농림부 토지관리국 토지개량과 촉탁으로 공무원 생활을 시작했다.

김촌명이 네덜란드의 델프트 공과대학으로 유학을 떠난 것은 1966년 9월이었다. 그 프로젝트는 유네스코가 경비를 지원하고 네덜란드 외교부가 과정을 관리하는 시스템이었다. 김촌명은 농림부 장관의 추천을 받아 어학시험에 통과한 후 수공학水工學을 공부하기 위해 1년짜리 유학을 떠난 것이다. 함께 유학을 떠난 사람들은 한철종, 정진옥, 김정길, 전봉각 등 건설부 공무원 4명이었다. 이들은 유학을 준비하면서 이미 네덜란드에 다녀온 자기 부처 공무원들로부터 "델프트 공대에 서울공대를 졸업한 이재원이라는 사람이 유학하고 있는데, 그가 처음 네덜란드에 온 사람들에게 도움을 많이 주고 있으니 연락해 보라"는 정보를 들었다.

헤이그의 델프트 공과대학에 온 김촌명 등 공무원 5명은 곧바로 이재원과 연락이 닿았고 유학 기간 내내 자주 어울리게 되었다. 특히 김촌명은, 부모님에 대한 공경심, 홀로 두고 온 아내에 대한 미안함을 토로하는 등 가족을 사랑하는 이재원의 마음에 공감해 더욱 친밀하게 지냈다. 김촌명은 전쟁 중에 학교를 제대로 다니지 못해 일류 대학에 들어가지 못한 열등감을 이재원에게 토로하는 등 이재원을 멘토로 생각한 듯했다. 김촌명 등은 이재원의 기숙사를 방문해 이재원과 식사를 같이 하기도

했고, 운하 가에서 자주 맥주를 함께 마시기도 했다.

또한 김촌명 등은 틈이 나면 네덜란드와 인접 나라들을 구경하러 다녔다. 그러다가 같이 온 유학생들끼리 공동으로 출자해 중고차를 매입해 이용하다가 귀국 때 팔아 나누자는 데 의견을 모았다. 그런데 일행 중 김정길이 투자를 주저해 김정길 대신 이재원이 참여했다. 일행은 자동차 투자를 위해 750길더가량을 모아 차 값이 싸다는 에인트호번으로 가 프랑스제 중고차를 구입했다. 그러고는 관광 등에 틈틈이 이용하다가 1967년 7월 귀국을 앞두고 되팔아 그 대금을 투자 비율대로 나누어 가졌다. 연락이 닿지 않은 이재원의 몫을 김촌명이 보관했다.

1967년 6월 24일경 이재원과 이재문 형제가 네덜란드에서 행방불명되었다. 그즈음 '동베를린 간첩단 사건'이 발표되어 김촌명 등은 이재원 형제가 그 사건과 관련이 있지 않나 짐작할 뿐이었다. 당시 중앙정보부는 유럽에서 활동하던 화가 이응로, 작곡가 윤이상 등을 한국으로 납치해 '동베를린 간첩단 사건' 관련자로 발표, 국제적으로 물의를 빚고 있었다. 그런데 7월 중순경 이재원으로부터 김촌명에게, 그리고 전몽각 등 나머지 일행에게 스위스 소인이 찍힌 편지가 한 통씩 왔다. 이재원의 건재함이 확인된 이 편지를 받고 김촌명 등은 일단 마음을 놓았다. 김촌명은 중정에서 그 내용을 아래와 같이 기억한다고 진술했다.

전몽각씨 이외 여러분 안녕하십니까.

저는 동생과 함께 스위스에 와 있습니다. 떠날 때 못 만나 보고 급히 떠나와서 미안합니다. 한국 군사정권이 저를 잡으려고 해 피난 왔습니다. 민간 정부가 들어서면 또 만날 날이 있을 것입니다. 저희 형제는 스위스와 서독 국경 지대에 와 있습니다. 배를 굶으면서도 빵 한 조각을 놓고 형제가 서로 더 먹으라고 권하면서 서로 얼싸안고 울었습니다. 형제같이 이 세상에서 소중한 것은 없습니다. 부디 몸조심해 소정의 과정을 이수해 몸 성히 돌아들 가십시오.

김(촌명) 형에게.

김 형, 그동안 별고 없으십니까. 저와 동생은 스위스 국경 지대에 와 있습니다. 떠날 때 아무 말도 없이 떠나 미안합니다. 경찰에 쫓기는 몸이라 그랬습니다. 이제 와서 집 생각하니 마누라 만날 날이 까마득해졌습니다. 마누라한테 어린애라도 하나 있으면 덜 적적할 텐데 불쌍한 생각이 듭니다. 김 형도 빨리 장가들어 어린애를 낳으세요. 어린애는 일찍 둘수록 든든합니다. 그럼 몸 성히 소정의 과정을 마치고 돌아가세요.

김촌명 등이 이재원의 기숙사를 찾아간 것은 1967년 7월 초였다. 이재원은 소지품 정리도 하지 못하고 급히 떠난 듯했다. 그래서 잡동사니들을 뭉쳐 기숙사 보관함에 넣어 놓고 탁자 위에 놓여 있던 이재원의 손목시계만 김촌명이 가지고 나왔다. 1967년 9월 한철종 등은 졸업장을 받고 귀국했으나 김촌명은 학점 미달로 두 달을 더 공부한 후 11월에 귀국했다. 농림부에 복귀한 김촌명은 그해 12월 23일경 인천에 있는 이재원의 부인 정문혜를 찾아가 이재원의 시계와 중고차 투자 몫 2만 원을 전달했다.

이상이 김촌명 등과 이재원의 접촉 내용이다. 그런데 중앙정보부는, 이재원이 김촌명 등과의 접촉에서 '북한에서는 중공업이 발달해서 트랙터를 인도에 수출까지 하고 있다', '남한은 미국에만 의존하지 말고 하루빨리 통일해 선진국 못지않게 잘 살아야 할 것이 아닌가', '이승만 정권은 독재 때문에 망한 것이다'라고 말하는 등 북한 공산 집단에 대한 우월성을 교양한 반국가 단체의 구성 간부임을 알면서도 이들이 이에 동조해 당국에 고지하지 않았으며, 여기에 더해 김촌명은 이재원이 '간첩'임을 알면서 이재원의 시계와 돈 2만 원을 그의 처에게 전해 주는 '편의 제공'을 했다며 구속한 것이다.

이러한 거짓 자백을 받아 내기 위해 김촌명도 심한 고문을 받았을 것으로 추측되는 정황이 있다. '유럽 거점 간첩단 사건'으로 김촌명과 함께 구속된 김장현은 SBS 방송과의 인터뷰에서, 중앙정보부 지하 조사실에서 조사받을 때 최종길인 것 같은 사람을 보았다며 다음과 같이 증언했다.

> 제가 (조사관에게) 화장실에 가고 싶다고 했더니 저를 화장실로 데리고 가는데, 저쪽에서 어떤 분이 와요. 그 모습이 피의자라는 걸 금방 알 수 있습니다. 초췌하기 짝이 없고 정신은 반쯤 나간 것 같은 모습으로 절뚝절뚝하면서 나왔습니다. 중간쯤에서 저를 이렇게 보시더니 저한테 인사를 하는 것 같아요. 그 정신없어 보이는 중에도. … 서로 아무런 관계가 없는데, 어쨌든 저도 인사를 했는데, (조사관이) "이 새끼, 임마, 고개 돌려, 어딜 보고…."

김장현은 '그 사람'이 화장실에서 나올 때에도 초췌하고, 정신이 없는 것 같았고, 다리를 절뚝절뚝 절고 있었다고 증언했다. 그러나 그 사람이 최종길인지는 확실치 않다. 최종길은 1973년 10월 16일 오후 2시에 정보부에 들어왔으므로 기본적인 인적 사항에 대해 진술을 한 후 본격적으로 사건에 대한 조사가 시작된 것은 그날 저녁부터였을 것이다. 그런데 김장현은 9월 19일에 중정에 연행되어 9월 29일에 구속영장이 발부되었고, 10월 17일에 수사가 완료되어 그 이튿날 검찰에 송치되었다. 그러므로 김장현은 구속영장 발부 후인 9월 말이나 10월 초부터는 서울구치소에 수감되어 있으면서 10월 18일 검찰에 송치될 때까지 간간이 중앙정보부로 끌려 나와 보완 수사를 받았을 가능성이 높기 때문에 정보부 지하실에서 김장현이 최종길과 마주칠 가능성은 희박하다.

김장현이 중앙정보부 지하실에서 목격한 사람은 이 사건의 또 다른 구속자인 김촌명일 가능성이 높다. 김촌명은 김장현과 같은 시기에 정보부에 연행되어 김장현과 같은 날 구속영장이 발부되었고, 같은 날 검찰에 송치되었다. 곧 김촌명은 김장현과 같은 기간에 같은 코스를 밟은 것이다. 김장현과 마찬가지로 김촌명도 이재원과의 관계 내용이 엄청나게 부풀려지고 조작되었으니, 김촌명에게도 온갖 고문이 가해졌으리라는 것은 불을 보듯 확실할 것이다. 그러나 최종길이 중정 지하 조사실에서 심한 고문을 받았음을 유추하게 하는 다른 정황도 있다. 당시 서울대학교 독문과 3학년생으로, 1973년 10월 2일의 서울대 유신 철폐 시위를 주도해 구속되었던 황인성(전 청와대 시민사회 수석)의 증언이다.

10월 2일의 문리대 시위로 현장에서 180여 명이 경찰에 연행되었지만, 우리 주모자들은 모두 피할 수 있었다. 선언문을 낭독하고 구호를 선창하며 시위를 이끌었던 문리대 학생회장 도종수와 강영원도 용케 연행되지 않았다. 나는 평소 알고 지내던 미국 장로교 선교사 린다 존스(Linda Jones) 씨 집으로 피신했다가, 10월 15, 16일경 그 집에서 중앙정보부 요원에게 잡혔다. 외부와 연락을 취하기 위해 KSCF(한국기독학생회총연맹) 후배인 이화여대 2학년생 박혜숙과 가끔 만났는데, 중정이 이를 알아채고 박혜숙을 지하 조사실에 연행·협박하고, 그녀의 아버지와 당시 이대부속병원인턴으로 있었던 언니를 회유·압박해 나의 은신처를 알아낸 것이다. 중정은 서울대 시위에 대한 사실관계 조사보다는 '배후'를 캐는 데 집중했다. 나는 그해 4월의 '남산 부활절 예배 사건'에도 관련되어 있었기 때문에 수사관들은 기독교 쪽을 집중적으로 파고들었다. 나와 나병식 선배는 이 때문에 엄청나게 고문을 당했다

내가 중정 지하 조사실에 끌려온 지 2, 3일 후, 밤이 이슥할 때 어느 방에서 탁! 탁! 탁! 하는 소리와 고함 소리, 그리고 비명 소리가 계속 들려왔다. 나는 서울대 친구들이 잡혀 와 고문을 당하는구나 하고 가슴을 졸였다. 그런데 그 이튿날인가, 내 담당 수사관들끼리 "어떻게 하다 그랬대?" 하며 수군거리는 것이었다. 나는 12월 초까지 구속되어 있었기 때문에 석방되고 나서야 내가 중정 지하 조사실에 있었던 같은 시기에 서울법대 최종길 교수가 중앙정보부에서 죽었다는 사실을 알게 되었다. 당시 중정 지하 조사실에는 나와 나병식 선배가 있었는데, 나는 나 선배의 KSCF 직계 후배였기 때문에 그의 목소리라면 바로 알 수가 있다. 그날 밤 그 비명 소리의 주인공은 최 교수이고, 수사관들의 "어떻게 하다 그랬대?" 등등의 수군거림은 최 교수의 죽음을 두고 한 소리임이 확실하다고 믿는다.

이 사건을 송치받은 검찰(주임검사 이창우)은 중앙정보부의 의견대로 두 사람을 기소해 재판에 회부했다. 공소장상 김촌명의 혐의는 국가보안법 위반, 반공법 위반, 간첩죄였다. 그러나 1심 재판 결과 김촌명은 무죄 판결을 받았다. 1974년 3월 22일 재판부(재판장 윤영철)는, ①이재원이 북한의 공작원이었음을 몰랐다는 피고인의 진술은, 피고인과 이재원이 만나던 자리에 여러 차례 함께 있었던 전몽각, 한철종 등의 진술도 피고인과 같은 취지였으므로 피고인의 진술을 인정할 수 있고, ②67년 7월 이

재원이 행방불명되었을 때 피고인이 '이재원이 동베를린 간첩단 사건에 관련되어 도주한 것이 아닌가' 하는 추측만으로 피고인이 이재원이 북괴의 간첩임을 알았다고 인정할 수 없고, ③이재원이 행방불명된 뒤 기숙사의 책 등을 피고인이 포장해 보관했다는 진술은, '교민회장 윤광노가 한 것으로 안다'는 한철종 등의 진술이 있고, ④피고인이 이재원의 손목시계와 중고차 투자 대금 2만 원을 그의 처에게 전달한 것도 이재원이 간첩임을 몰랐으므로 '편의 제공'으로 단정할 수 없다는 점 등을 들어 "피고인 김촌명에 대한 본건 공소사실은 결국 범죄의 증명이 없는 데에 해당하므로 형사소송법 제325조에 의해 동 피고인에 대해 무죄를 선고한다"고 판결했다.

그러나 검찰은 이에 불복, 서울고등법원에 항소했다. 1974년 7월 22일, 항소심 재판부(재판장 전상석)는 "원심판시에는 아무런 잘못이 없음이 기록상 명백하므로 원심이 증거 판단을 오인했다거나 반공법상의 편의 제공 죄에 관한 법리를 오해했다는 논거는 전부 그 이유가 없다"며 검찰의 항소를 기각했다. 검찰이 다시 대법원에 상고했으나, 1974년 11월 26일 대법원 제3부(재판장 이일규)는 검찰의 상고를 '이유 없다'고 기각해 김촌명은 무죄가 확정되었다. 이로써 중앙정보부가 김촌명에게 들씌운 모든 혐의에 대해 무고함이 확인되었지만, 김촌명은 이미 모든 것을 잃은 뒤였다.

김장현

'유럽 거점 간첩단' 54명 중에서 구속된 2명, 그리고 그 2명 중에서 끝까지 실형을 산 김장현. 그가 제2조사분석실 분석관으로 근무하고 있었던 경제·과학심의회의는, 1962년에 개정된 새 헌법 제118조에 의해 설치된, 경제개발과 과학 진흥을 위한 국가정책 수립과 관련된 대통령의 특수 자문기관이었다. 헌법 제118조는 "국민경제의 발전과 이를 위한 과학 진흥에 관련되는 중요한 정책 수립에 관하여 국무회의의 심의에 앞서 대통령의 자문에 응하기 위해 경제·과학심의회의를 둔다"라고 규정, 이에 의거해 '경제·과학심의회의법'이 제정되어 경제·과학심의회의가 설치되었다. 심의회는 경제·과학에 관한 학식과 경험이 풍부한 자 중에서 대통령이 임명 또는 위촉하는 약간의 위원으로 구성하고, 대통령이 그 의장이 되어 회의를 소집하고 주재하도록 규정되어 있었다.

그러므로 경제·과학심의회의는 대통령 박정희가 의장이 되어 직접 회의를 소집·주재했고, 위원 중 상임위원은 장관급이었을 만큼 기구의 위상이 높았기 때문에 다수의 저명한 과학자와 경제 전문가 들이 위원으로 참여했으며, 또 여기에서 입안된 정책이 정부의 정책으로 결정되는 경우가 많아 초기 박정희 정권하에서 경제·과학 분야에 영향력이 큰 조직이었다. 곧 박정희의 힘이 실린 기구였기 때문에 경제·과학심의회의가 발족할 당시 각 경제 부처의 엘리트 공무원들이 심의회의 사무국 요원으로 충원되었는데, 김장현도 경제기획원 출신의 엘리트 공무원 가운데 한 사람이었다.

김장현은 1935년 2월 22일 광주에서 아버지 김정택과 어머니 신막동 사이 2남 3녀 중 장남으로 태어났다. 함평 학다리중학교와 목포고등학교를 졸업한 후, 1954년 서울대학교 경제학과에 입학했다. 1958년 서울대 경제학과를 졸업하고 잠시 민간 기업에 근무하다가 1962년 경제기획원 1차산업국 재경서기보로 공무원 생활을 시작했다. 경제기획원 근무

FAO 세미나에서 외국 참가자들과 어울리는 김장현. 김장현은 경제기획원 재직 중 1963년 4월부터 10월까지 헤이그와 로마에서 열린 국제연합식량농업기구의 '농업개발 계획에 관한 국제 세미나'에 참석했다. ⓒ김장현

중에 1963년 4월부터 10월까지 네덜란드 헤이그의 사회과학연구원(ISS, International Institute of Social Studies)과 국제연합식량농업기구(FAO, Food and Agriculture Organization)가 공동주최한 '농업개발 계획에 관한 국제 세미나'(이 세미나는 네덜란드에서 3개월, 그 다음 FAO 본부가 있는 로마에서 3개월 도합 6개월에 걸쳐서 열렸다)에 참석하기 위해 네덜란드로 갔다.

이 세미나에는 농림부 소속의 이동배도 함께 가게 되었다. 두 사람은 1963년 4월 17일 한국을 떠나 이튿날 네덜란드에 도착, 사회과학연구원 부근의 작은 호텔에 여장을 풀었다. 김장현은 4월 20일경, 이미 사회과학연구원에 유학 중인 이필우를 만나 그의 매부가 보낸 양복 한 벌을 전해 주었다. 그 양복은 전에 네덜란드를 방문했을 때 이필우로부터 도움을 받았던 경제기획원 조사과장 손원일이 김장현에게 전해 달라고 부탁한 것이었다. 이필우나 김장현 모두 기분 좋은 만남이었다.

4월 하순경 이필우는 김장현과 이동배를 이재원에게 소개했다. 5월 초순에는 셋이 함께 이재원의 기숙사를 방문했다. 김장현과 이동배는 7월 로마에서의 후반기 세미나에 참석하기 위해 이탈리아로 떠날 때까지 평균 1주일에 한 번은 이필우, 이재원과 만나 맥주를 마시거나 이재원이 해 주는 밥을 먹으며 어울렸다. 1963년 10월, 김장현은 로마에서의 일정이 모두 끝나자 유럽 몇 나라를 구경하고는 이재원과 함께 네덜란드 사회과학원에서 독일 쾰른 대학교로 옮겨 와 유학 중인 이필우를 방문해 하룻밤을 같이 보내고 이튿날 프랑크푸르트 공항을 통해 귀국했다.

귀국 후 김장현은 경제기획원으로 복귀해 계속 근무하다가, 1969년 2월 경제·과학심의회의 사무국의 건설교통 담당 재경사무관으로 자리를 옮겼다. 그러고는 1973년 2월 국무총리실 산하 중화학공업추진위원회 파견 근무를 거쳐 동년 8월부터 경제·과학심의회의로 복귀, 제2조사분석실 분석관(서기관)으로 근무했다. 당시 경제·과학심의회의는 광화문의 정부종합청사 17층에 있었다. 김장현이 중앙정보부에 연행된 것은 1973년 9월 19일쯤이었다(이하 김장현이 등장하는 내용의 지문과 대화, 증언은 모두 김장현의 SBS 인터뷰 녹취록을 정리했거나 그대로 옮겼다).

9월 19일경 상사인 경제·과학심의회의 사무국장이 김장현을 호출했다. 사무국장은 다짜고짜 옆 소파에 앉은 건장한 두 남자를 가리키며 그 사람들에게 잘 협조하라고 했다. 두 남자는 위압적으로 김장현에게 같이 가야겠다고 명령하듯 말했다. 김장현은 사무국장 방을 나와 자기 사무실 앞에서 그들에게 동료들과 잠시 얘기를 하고 나오겠다고 부탁했다. 그러나 바로 욕설부터 나왔다. "얘기는 무슨 얘기야! 이 자식아, 임마! 막 바로 가야지! 딴짓하면 혼날 줄 알아!" 간신히 자기 사무실에는 들어갈 수 있었지만 김장현은 아무 얘기도 하지 못했다. 두 남자는 김장현을 양쪽에서 붙잡고 차에 태워 남산 중앙정보부로 연행해 갔다.

중앙정보부로 연행되기 전에 영장을 제시한다든가, 변호인의 조력을 받을 권리라든가, 묵비권을 행사할 수 있다든가 하는 고지는 전혀 없었다(중앙정보부는 김장현을 9월 20일 오후 5시 30분 정부종합청사 앞 노상에서 임의동행한 것으로 기록하고 있는바, 이는 영장 없이 강제 연행한 것을 숨기기 위해서였을 것이다). 오히려 중앙정보부원들은 "여기서는 똑바로 굴어야지, 아니면 너 죽어! 이놈아!" 하고 협박을 했다. 김장현은 정보부의 한 건물로 지하 계단을 통해서 들어가 입구에서 서명을 했다. 그리고 안으로 더 들어가니 욕조 비슷한 것이 왼쪽에 있었고, 그 다음의 취조실로 들어가 시키는 대로 앉았다. 잠시 후에 수사 팀이 오더니 대뜸 옷을 벗으라고 명령했다.

"벗어! 이 새끼! 너 왜 여기 온지 아나? 알지!"

"아니, 제가 어떻게 알겠습니까?"

"이 자식이! 이거 여기가 어딘 줄 알아? 이놈아!"

수사관들은 보통 서너 명, 적으면 두세 명이 교대로 들락날락하며 김장현을 취조했는데, 옷을 모두 벗겨 놓고 서지도 앉지도 못하는 자세로 진술하게 하고, 김장현이 그 자세를 유지할 수가 없어 쓰러지면 발로 마구 차고 몽둥이로 개 패듯 때렸다. 그들은 김장현에게서 필요한 진술을 듣지 못하자 수차 물고문을 가하기도 했다. 김장현의 증언이다.

(물고문실은 조사실) 그 옆에 바로 붙어 있는데, 욕조가 있고, 뭐 얼핏 보면 목욕탕 비슷하게 생겼는데, 거기가 바로 물고문하는 데구나 하고 내가 알았습니다. 물고문은 '이 자식 안되겠는데' 하면서 저를 돼지 묶듯이 묶어

가지고 한가운데를 막대기로 끼워서 딱 걸쳐 놓고 시작됩니다. 꼼짝할 수가 없죠. 그 상태에서 처음에는 물을 붓더니 나중에는 고약한 독소가 들어 있는 것을, 고춧가루라든지, 막 부어 댑니다. 그냥, 하도 죽겠으니까, 손을 드는 거죠. 초등학교 1학년짜리가 와서 물을 부어도 그냥 코로 입으로 들어갈 수 있게 되는 그런 상태입니다. 죽는 줄 알았습니다. 한참 그렇게 하다 저 위에 상사가 되는 사람인지, 어이 그만해라, 저지도 하고. 또 무슨 소리가 들리고 그랬었습니다.

물고문에는 어떠한 저항도 할 수 없었고, 의사표시도 할 수 없었다. 그들도 그냥 무조건 묻는 대로 대답하라고만 윽박질렀다. 김장현은 물고문에 죽을 것 같아 "당신네들이 물어보는 대로 얘기를 하겠다"고 항복을 했다. 그러면 그들은 김장현을 풀어 놓고 무조건 쓰라고 한 후, 김장현이 쓴 것을 읽어 보고는 쫙쫙 찢어 버리고, "이 새끼! 안되겠는데" 하고는 다시 물고문을 했다. 김장현은 이렇게 일고여덟 번 물고문을 당했다. 김장현의 증언이다.

(물고문을 당하면서) 그 안에서는 밤인지 낮인지를 몰랐고 시간이 얼마나 지났는지도 알 수 없었습니다. 수사관이 바뀌는 것을 보고, 그 사람들 교대하면서 새 넥타이를 차고 들어오는 것을 보고, 아 또 하루가 지났구나, 했던 거죠.…

수사관들은 김장현을 협박하기도 하고 극도의 공포감을 주기도 했다. "너 이 자식, 38선으로 끌고 가서 월북하려 했다고 하고 없애 버리면 너 같은 놈, 끝나는 거야, 임마!"

"너 재판 어디서 하는지 알지? 재판소? 웃기지 마. 너 같은 놈 하나 죽이고 살리기는 문제가 아니야!"

"너 이놈! 저(욕조) 속에 황산을 넣어 놓으면 2, 3분 안에 뼈만 남고 다 물로 되어 버려! 그래서 하수도에다 처넣어 버리면 형태도 없어. 여기가 임마! 어딘 줄 알아!"

김장현은 정신이 희미해져 그들의 말이 사실처럼 들렸다. 그에게는 '과연 내가 여기서 살아 나갈 수는 있는 것인가' 하는 공포만 남았다. 그들은 고문기구들을 보여 주기도 했다. 김장현의 증언이다.

(고문기구가 있는) 그런 방을 보여 주면서, 그거 준비하라고 그랬습니다. '아, 이제 그렇게 되겠구나' 하고 생각을 하지요. 그렇게 기진맥진시켜 놓고 "너 이 자식! 펜으로 벌어먹고 산 놈이구나. 경제분석관이구나! 장가갔어, 안 갔어? 너 이 새끼, 정자를 다 죽여 버려야겠어. 너 이 새끼 안 되겠는데, 어이, 다음 단계 준비해!" 그 소리를 들으면 완전히 가죠.

… 저를 때리지만 않으면, 중정 요원 모두가 드나들며 추궁해도 얼마든지 견딜 수 있었습니다. 그렇게 나갔는데 그 다음에 돌아오는 것은 고문밖에 없었습니다. 나중에는 완전히 피폐해지고 저도 만사가 귀찮아졌습니다. 어떻게든지, 빨리 죽든지 살든지 결론이 났으면 싶었습니다. 눈깔이 나온다는 속담이 있습니다만, 저는 그때 경험했습니다. 환청 현상인 거죠. 그 다음에 웃음소리가 나와요. 우리 큰애 우는 소리가 나오고. 아, 이것이 환청이 아닌가. 내가 잘못 듣는 건 아닌가. 분명히 우는 소리가 나와요. 그러니 이 사람들이 이것도 고문의 한 방법으로 그러는 것은 아닌가. 별별 생각을 다 하면서 지냈습니다.

김장현이 중앙정보부에 연행된 처음에는 반공법 위반 혐의로 조사를 받았다. 그런데 중정 수사관들이 김장현이 이재원과 김성수에게 보낸 《경제조사》지 등을 집중적으로 추궁하면서, 국가기밀을 누설한 혐의로 국가보안법 위반과 간첩죄로 된 것이다. 김장현이 이재원 등에게 보낸, 경제기획원이 발행하는 《경제조사》지는 한국 경제를 대외에 홍보하는 문건이었다. 그런데 중정 수사관은 다짜고짜 "너, 이 자식아! 그 책이 이재원이한테 가면 이재원이가 김일성이 책상에 갔다 놨을 거 아니냐!" 하는 식으로 몰아갔다.

기소와 재판

중앙정보부는 1973년 10월 18일 김장현 등을 검찰에 송치했다. 김장현은 희망을 걸고 검찰 조사 과정에서 범죄 사실을 조금이라도 부인하려 했다. 그러나 주임검사(이창우)는 "그러면 수사기관에서 작성한 조서는 엉터리라는 말이냐? 잘못하면 나까지 오해를 받겠다. 오해받으면 큰일 나니 알아서 하라"고 했고, 수사기관에 전화로 김장현에 대해 이야기했다. 실제로 중앙정보부 수사관이 검사실에 와서 "이 새끼야, 정상참작을 받으려면 부인하지 말아야지!" 하며 김장현을 힐책하기도 했다. 김장현은 다시 중앙정보부 지하 조사실로 넘겨져 고문을 당할까 봐 검사 조사 과정에서 사실대로 진술할 수 없었고, 검찰은 이 진술을 토대로 김장현을 국가보안법 위반, 반공법 위반, 간첩죄로 기소했다

검찰의 공소장은, 김장현이 네덜란드 헤이그에서 개최된 FAO 세미나에 참석 중 공소 외 이필우로부터 북한 공작책 이재원을 소개받은 후

①이재원과 함께 동베를린 북한대사관을 방문해 북한의 유럽 공작책 이원찬과 접선하고, ②동 북한대사관에서 북한 홍보영화 등을 관람하는 등 북한의 발전상을 교양받은 후 다시 네덜란드로 돌아와, 이재원으로부터 돌아가면 유럽 지역에 유학할 사람을 소개하라는 등의 지령을 받아 귀국하고, ③이재원으로부터 자기 동생 이재문의 유학을 협조해 달라는 서신을 받고 이에 협조하고, ④일시 귀국한 공소 외 북한 공작원 김성수와 만나는 등 반국가 단체의 구성원과 회합하고, ⑤동 김성수에게 동학 관계 자료를 수집해 송부해 주는 등 동 단체의 구성원과 통신 회합하고, ⑥경제기획원 발행《경제백서》등을 김성수에게 전달할 목적으로 수집했다는 것 등의 내용을 담고 있었다.

김장현에 대한 재판은 다섯 번이나 열렸다. 김장현은 공판 과정에서 "이재원이 북한의 대남 공작원인 점을 몰랐고, 그로부터 지령을 받은 사실도 없으며, 네덜란드에 수학차 출국하는 동료 김적교에게 이재원을 소개했을 뿐 동료 서정옥이나 친구 김성수에게 이재원을 소개한 사실이 없고, 김성수로부터 이재원에 관한 얘기를 들은 사실이 없으며, 그가 북한의 대남 공작원인 사실도 몰랐"고 진술했다. 또한 김장현은 "중앙정보부 수사관들의 고문에 못 이겨 허위로 자백했고, 검찰에서도 중앙정보부 담당 수사관 이권섭이 왔다 갔다 하는 바람에 일부 허위로 자백했다"고 진술했다.

그러나 1심 재판부(재판장 윤영철)는, 1974년 3월 22일 김장현의 법정 진술을 모두 배척하고 검찰의 공소 내용만을 인정해 김장현에게 징역 7년에 자격정지 7년을 선고했다. 검찰과 김장현 모두 1심 재판에 불복해 서울고등법원에 항소했다. 검찰은 김장현에 대한 원심의 형량이 너무 가볍다는 점을 항소 이유로 들었다. 김장현은 항소이유서에서 1심에서의

김장현·김촌명 사법 처리 일지

일자	사법처리 내용
1973.9.19	김장현, 경제·과학심의회의 근무 중 중정 5국 9과 요원들에 의해 연행
1973.9.25	이필우, 중앙정보부에서 김장현에 대한 진술서·진술 조서 작성
1973.9.29	김장현·김촌명에 대해 구속영장 발부
1973.9.30	중앙정보부, 김장현 가족에게 구속영장 송부
1973.10.18	김장현·김촌명, 서울지방검찰청 송치(주임검사 이창우)
1973.10.22	중앙정보부, '유럽 거점 간첩단 사건' 기타 관련자 서울지방검찰청 송치
1973.10.25	중앙정보부, '유럽 거점 간첩단 사건' 발표
1973.11.23	서울지방검찰청, 김장현·김촌명 기소
1974.3.22	서울지방법원, 김장현 징역 7년 자격정지 7년, 김촌명 무죄 선고(1심)
1974.7.22	서울고등법원, 검찰·김장현 쌍방 항소기각(2심)
1974.11.26	대법원(상고심), 김촌명에 대한 검찰의 상고기각(무죄 확정), 김장현에 대하여는 원심을 파기해 서울고등법원으로 환송
1975.3.27	서울고등법원, 징역 4년 자격정지 4년 선고(파기환송심)
1975.7.22	대법원 상고기각, 김장현 징역 4년 자격정지 4년 확정
1977.10.7	김장현, 4년을 복역하고 만기 출소
2008.5.20	진실·화해를위한과거사정리위원회, 김장현의 진정에 대해 조사 개시 결정
2009.11.17	진실·화해를위한과거사정리위원회, 김장현의 진정에 대해 재심 권고
2011.3.28	서울고등법원, 김장현에 대해 재심 개시 결정
2011.5.19	서울고등법원, 김장현에 대해 무죄 선고(재심)
2011.12.22	대법원, 검찰의 상고기각, 김장현 무죄 확정(재심)

진술에 더해 "동베를린에 다녀온 것은 단순히 호기심에서 간 관광 여행이었는데, 수사기관의 가혹 행위로 인한 허위 진술을 갖고 공소된 범죄 사실을 유죄로 인정한 원심은 사실을 오인했음"을 주장했다. 그러나 2심 재판부(재판장 전상석)는 검찰 및 김장현의 항소 모두를 기각, 원심 판결을

유지했다.

검찰은 형량의 경중을 가지고는 대법원에서 다툴 수 없으므로 상고를 포기했지만, 김장현은 2심 판결이 있은 후 즉각 상고했다. 김장현의 상고에 대해 대법원 제3부(재판장 이일규)는 1974년 11월 26일, 김장현이 경제기획원 발행 《경제백서》, 월간지 《신동아》 등 국가기밀을 북한 공작책 김성수에게 전달했다는 국가보안법 위반 범죄 사실에 대해, 원판결이 "국가기밀에 관한 법리를 오해한 위법이 있고, 이는 판결에 영향을 미쳤다 할 것이므로 … 나머지 상고이유를 판단할 것 없이 원판결을 파기해 서울고등법원에 환송"한다고 결정했다. 김장현에 대한 재판이 원점으로 돌아간 것이다.

김장현에 대한 파기환송심은 서울고등법원 제3부(재판장 신정철)가 담당했다. 재판부는 3개월여의 심리 끝에 1975년 3월 27일 김장현의 "공소사실 중 1963년 11월 상순 일자 미상경 반국가 단체의 지령을 받기 위해 북한 공산집단이 지배하는 동베를린 소재 동 집단의 대사관으로 탈출했다는 점은 무죄"라고 판결하며 형량을 징역 4년, 자격정지 4년으로 낮추어 주었다. 검찰과 김장현 모두 이에 불복해 대법원에 상고했으나, 1975년 7월 22일 대법원 제1부(재판장 안병수)는 양측의 상고를 모두 기각했다. 이로써 김장현은 4년의 실형이 확정되어 1977년 10월 7일 만기 출소하기까지 꼬박 징역을 살았다.

간첩단 54명! 그러나 '간첩'은 한 명도 없었다!

1973년 '유럽 거점 간첩단 사건' 54명 중에서 유일하게 실형을 선고받은 김장현은 1977년이 되어서야 감옥에서 나왔다. 김장현이 징역을 사는 동안 김장현의 가정은 완전히 패가가 되어 버렸다. 아이들은 간첩의 자식이라고 손가락질을 받았고, 부인의 직장 생활로 근근이 호구를 이어갔다. 김장현은 풀려난 뒤에도 1982년까지 5년간 사회안전법의 적용을 받아 보호관찰 대상이 되어 취직을 할 수 없었고, 사회생활도 제대로 할 수 없었다. 김장현의 부인 김연주의 증언이다.

> 갑자기 가장이 구속되자 집안 살림은 모두 내 몫이 되었습니다. 생활비는 그럭저럭 제가 직장 생활에서 받는 월급으로 꾸려갔지만, 다섯 번에 걸친 재판의 변호사 비용 등은 감당이 되지 않아 가정경제는 그야말로 파탄지경이 되었지요. 남편이 감옥에서 나왔어도 전혀 보탬이 되지 않았습니다. 우선 취직을 할 수가 없었습니다. 몇몇 분이 어렵게 소개를 해주어 가 보면 중앙정보부의 허락을 받아 오라는 것이었습니다. 사회안전법의 보호관찰 대상이라 지방으로 여행을 가더라도 중정의 허락을 받아야 했으니 누가 그런 사람을 쓰겠어요. 결국 아무 일도 못하며 영어·일어 번역으로 푼돈을 벌어 보려 했지만, 그것도 신통치 않아 포기했어요. 그러고나서 얼마 있다가 뇌경색이 오고 알츠하이머가 오고….

2005년 12월 1일 '진실·화해를 위한 과거사정리위원회'가 공식 발족했다. 2005년 5월 3일 국회에서 통과된 '진실·화해를위한과거사정리기본법'(과거사법)에 의해 출범한 이 위원회는 항일 독립운동, 일제강점기 이후 국력을 신장시킨 해외동포사, 광복 이후 반민주적 또는 반인권적 인권유린과 폭력, 학살, 의문사 사건 등을 조사해 은폐된 진실을 밝힘으로써 과거와의 화해를 통해 국민통합에 기여하기 위해 만들어진 독립기관이었다. '진화위'는 최대 6년간의 조사를 통해 진실을 규명한 후 피해와 명예 회복 조치 및 가해자와 피해자 간의 화해를 권유하는 것을 그 임무로 했다.

'진실·화해를 위한 과거사정리위원회'가 발족했지만, 이미 가정도, 자신의 몸과 마음도 피폐해질 대로 피폐해진 김장현은 이 위원회에 자신의 무고함을 밝혀 달라고 진정할 의지나 기력조차 남아 있지 않았다. 결국 주위의 뜻있는 인사들이 주선해 '고문·가혹 행

김장현. '유럽 거점 간첩단 사건' 관련자로는 유일하게 실형을 살고 나와 재심 재판 끝에 무죄를 선고받았지만, 그는 이미 중증 알츠하이머병 환자가 되어 무죄의 의미조차 알지 못했다. ⓒ김장현

위에 의한 유럽 거점 간첩 조작 사건'의 피해자 김장현의 결백을 밝혀 달라고 위원회에 진정을 했고, 위원회는 2008년 5월 20일 "신청인에 대한 불법 구금 및 고문을 통해 허위 자백을 강요해 사실관계를 조작했을 개연성이 상당"하므로 이 사건을 조사하기로 결정했다.

그리하여 위원회는 1년 6개월여의 조사 끝에 2009년 11월 17일 "김장현은 1973. 9. 19경 중앙정보부 수사관들에 의해 연행되어 1973. 9. 29 구속영장이 발부될 때까지 약 10일 동안 구속영장 없이 중앙정보부 남산 분실에 불법 구금되었고, 외부와의 연락이 차단된 상태에서 야간에 잠을 재우지 않은 채 마구 때리고 손과 발을 봉에 매어 단 다음 책상 사이에 걸쳐 놓는 등의 가혹 행위를 당한 사실을 인정할 수 있다"고 결정하면서, 국가는 중앙정보부가 수사 과정에서의 불법 구금 및 가혹 행위

를 가해 사건을 왜곡·조작해 신청인과 그 가족 등의 인권을 침해한 점에 대해 사과하고, 위법한 확정 판결에 대해 피해자와 그 가족의 피해와 명예를 회복시키기 위해 재심 및 상응한 조치를 취하라고 권고했다.

이에 따라 김장현은 재심을 청구했고, 2011년 3월 28일 서울고등법원 제3형사부(재판장 최규홍)는, 이 사건은 "과거사위원회의 진실 규명 결정 등에 의해 공소의 기초된 수사에 관여한 사법경찰관이 그 직무에 관한 죄를 저질렀음이 증명된 경우에 해당하므로" 재심사유가 있다며 재심 개시 결정을 했다. 그러고는 수차례의 재판 끝에 2011년 5월 19일 서울고등법원 제3형사부는 "이 사건 공소사실은 범죄의 증명이 없는 때에 해당하므로 형사소송법 제325조 후단에 의해 피고인에게 무죄를 선고한다"고 판결했다.

김장현은 서울고등법원에서 무죄를 선고받았지만, 검찰이 상고해 이 사건은 대법원의 판단을 기다릴 수밖에 없었다. 검찰은 상고이유서에서 "원심은 … 구체적인 심리 없이 기록 검토를 통해 이념적 성향이 강한 위원회의 결정만 일방적으로 받아들여 불법 구금과 가혹 행위로 인해 수사기관 진술이 증거능력이 없다고 인정한 것은 채증 법칙을 위반"했다고 주장했으나, 2011년 12월 22일 대법원 제1부(재판장 이인복)는 "중앙정보부 수사관이 장기간 불법 구금한 채 고문과 폭행을 해 김 씨가 허위 자백을 했고, 강박 상태가 검찰 수사 과정에도 이어졌기 때문에 검사 작성 조서와 자술서에 증거능력이 없다고 보아 무죄를 선고한 원심은 정당하다"며 검찰의 상고를 기각했다. 이로써 '유럽 거점 간첩단 사건'에서 유일하게 실형을 선고받았던 김장현의 무죄가 확정되어, 중앙정보부가 발표한 관련자 54명 중 간첩은 단 한 명도 없게 된 것이다.

김장현은 사건이 일어난 지 38년 만에 간첩 누명을 벗었다. 그 사이 김장현은 30대의 패기만만한 엘리트 경제 관료에서 구부정한 70대 후반의 노인으로 변해 버렸다. 사건이 있기 전엔 등산과 태권도로 다져진 강건한 몸이었으나, 고문의 후유증 때문인지 2005년에 뇌경색이 와 제대로 걸을 수가 없었고, 2011년 재심 재판을 받을 때는 알츠하이머병까지 진행되어 판사의 질문에 제대로 답변조차 할 수 없었다. 대법원에서 최종으로 무죄가 확정되던 그날, 김장현은 자기에게 내려진 '무죄 선고'가 무엇을 의미하는지조차 모르는 중증 알츠하이머병 환자로 변해 있었다. 중앙정보부의 간첩 조작은 한 엘리트 공무원과 그 가정을 이렇게 산산이 박살내 버린 것이다.

유럽의 대남 공작원

06

인천중학교

'유럽 거점 간첩단 사건'의 골자는 1960년대 이래 유럽을 거점으로 활동하던 '북한 공작원' 노봉유, 이재원, 김성수 등이 유럽에 공부하러 온 유학생과 공무원, 교수 등을 포섭해 동베를린·평양 등지에서 교육시킨 후 그들에게 지령을 내려 간첩 행위를 하게 했다는 것이다. 이들의 공통점은, 이들 모두 1967년 '동베를린 간첩단 사건'에 이름이 올려져 있었으나, 중앙정보부의 납치를 피해 유럽에 그대로 남아 있었던 사람들이라는 것이다. 그리고 중앙정보부가 이들의 파일을 보관하고 있다가 1973년 '유럽 거점 간첩단 사건' 공작에 활용한 것이니, '유럽 거점 간첩단 사건'은 '동베를린 간첩단 사건'의 파생상품이다.

1967년 '동베를린 간첩단 사건'의 한 갈래인 서울대학교 '민족주의비교연구회(민비연) 사건'으로 구속되었던 김학준(제물포고등학교 졸업, 전《동아일보》사장)의 증언이다.

(필자가 구속되었던 민비연 사건) 수사 과정에서 필자는 한 수사관으로부터

"그런데 어째서 이 사건에 인천중학교 출신이 여럿 연루되어 있느냐?"는 말을 들었다. 도대체 무슨 말인가 알 수가 없어서 사실 그대로 전혀 모르는 얘기라고 답변했다. 그러자 노봉유라는 사람 이름을 들어보았느냐고 묻는 것이었다. 들으니 처음이었다. … 노봉유라는 사람에 대해 모른다고 답변한 때로부터 며칠 뒤인가, 그 수사관이 또 묻기를, 그러면 이재원과 최종길을 아느냐는 것이었다. 두 분은 필자의 인천중학교 11년 선배로서 – 그러니까 두 분은 동기동창생이 된다 – 우리에게 서울대 공대 출신의 이재원 선생님은 수학을, 서울대 법대 출신의 최종길 선생님은 영어와 일반사회를 가르치다가 유럽으로 유학했기에 그런 취지로 대답했다. … 그랬더니 그 수사관은 야릇한 웃음을 띠며 "이거 인천중학교 계보를 하나 만들어 다시 발표해야겠군" 하며 사라지는 것이었다.

노봉유

노봉유는 최종길과 이재원의 인천중학교 2년 선배였다. 일제하에서 활자 주조의 최고 기술자였던 노봉유의 아버지는 머리가 좋은 자식들에게 큰 기대를 걸어, 큰아들 노봉환은 인천상업학교(인천고등학교의 전신)에 입학시켰고, 둘째아들 노봉유는 인천중학교로 보냈다. 노봉환은 길영희 교장과 함께 인천중학교 교사로 근무했었는데, 노봉환으로부터 동생의 성적이 워낙 뛰어나 서울의 경기중학교로 진학시키려 한다는 말을 듣고 길영희 교장이 노봉환을 설득, 인천중학교로 돌렸다고 한다(후일 노봉환은, 길영희 교장이 인촌 김성수를 만나 "이 사람이 중학교 선생으로 있기에는 너무 아까우니 고려대학교 교수로 데려가 달라"고 부탁해, 유진오 총장 시절 고려대학교 이공대 교수로 갔다고 한다. 노봉환은 고려대에서 대학원장까지 지내고 정년퇴임했다).

노봉유는 인천중학교 재학 중 월반해 동기들보다 한 해 일찍 서울대학교에 들어갔다. 그는 서울대학교 문리대 수학과를 졸업하고는 잠시 인천중학교에서 수학을 가르치다가 1957년 5월경 프랑스 파리 대학교 이과로 유학해 국가박사학위를 받았다. 노봉유는 박사학위를 취득한 후에도 귀국하지 않고 프랑스에 남아 있었다. 노봉유가 워낙 천재적이었던 데다가 1967년 한국 정부가 동베를린 사건으로 그를 체포하려 하자 노봉유의 지도교수가 영향력을 발휘해 프랑스 국적을 취득하게 했다고 한다. 당시 프랑스 유학생으로 동베를린 간첩단 사건에 연루되어 실형을 살았던 조영수도, "노봉유는 물리학 방면에서 너무나도 뛰어나 프랑스 정부가 그를 보호했으며, 그래서 귀화시켰다"고 증언한 바 있다.

중앙정보부는 1967년 '동베를린 간첩단 사건'을 발표하면서 노봉유를 북한의 프랑스 공작책이라고 지목했다(중앙정보부의 이 발표문과 이를 대서특필한 언론, 이 사건으로 기소되어 재판을 받은 다른 피의자들의 진술 조서, 공소장이나 판결문에는 노봉유의 성 '魯'가 '盧'로 표기되어 있다. 또한 1973년 '유럽 거점 간첩단 사건'의 모든 기록에도 '盧'로 되어 있어 지금까지 그는 '盧鳳裕'로 알려져 왔다. 국한문을 혼용하던 그 시절에 검찰과 법원이 '魯鳳裕'를 '盧鳳裕'로 사법 처리했으니, 형식논리로 보자면 그 사법 처리는 무효다. 盧鳳裕는 전혀 다른 사람이니 말이다. 어쨌든 당시 중앙정보부가 얼마나 졸속으로 이 '사건들을 만들었는지' 반증하는 대목이다).

중앙정보부는 1967년 10월 26일 노봉유를 반공법 위반, 국가보안법 위반, 간첩죄 등의 피의 사건(동베를린 간첩단 사건)으로 입건, '기소 중지 의견'을 붙여 검찰에 송치했다. 중앙정보부는 노봉유를 북한의 프랑스 공작책으로 발표했지만, 국내로 끌려오지는 않았기 때문에 '미체포로 인한 기소 중지'로 처리한 것이다. 더불어 중앙정보부는, 간첩임이 드러나자 노봉유가 1967년 6월 북한으로 탈출했다고 발표했다. 그러나 이는 전혀 사실이 아니다. 노봉유는 프랑스 국적을 취득한 후 동남아 출신 여성 유학생과 결혼, 당시 프랑스의 식민지였던 알제리로 건너가 수도 알제에 있는 국립 알제 대학교의 교수로 있다가 병사했다고 한다(조영수의 증언에 따르면, 노봉유 사후 그의 부인은 딸 하나를 데리고 미국으로 건너가 라스베이거스 근처에 살고 있다고 한다).

중앙정보부는 1973년 10월 25일의 유럽 거점 대규모 간첩단 사건 '발표문'에서 노봉유를 간첩 피의자로 특정하지 않았다. 당시 프랑스 정부가 노봉유를 적극 보호하고 있는 데다가, 이미 귀화해 프랑스 국적을 보유한 그를 간첩단의 일원으로 특정해 발표하기에는 중앙정보부도 상당히 부담이 되었을 것이다. 일단 간첩죄 피의자로 발표하면 형식적으로라도 수배령을 내려야 하기 때문에, 1967년 '동베를린 간첩단 사건' 당시 유럽 체류 한국인들을 납치해 옴으로써 서독·프랑스 등 유럽 각국 정부의 단교 위협에 '백기'를 들었던 박정희 정권이 또다시 큰 외교적 부담을 질 수는 없었을 것이다.

그러나 중앙정보부가 '유럽 거점 간첩단 사건' 피의자들을 검찰에 송치하면서 첨부한 1973년 10월 26일 자 '의견서'에서는 노봉유를 '제18 피의자'로 특정하면서, 그를 "반국가 단체의 구성 간부로서 그 목적 수행을 위해 (아래와 같이) 지령 사항을 실행한 간첩"이라고 적시했다.

(노봉유는 다시 유럽에 잠입해) 1972. 6. 하순 일자 미상 14:00경 서부독일 쾰른 옥호 미상 호텔에서 기송치 최종길과 회합하고 그동안의 상호 안부와 생활환경 등을 말하는 등으로 약 2시간에 걸쳐 그 최종길에게 "남한이 그 어느 때에 가서는 평화적이며 노동당의 노선에 따라 해방이 될 것이므

로 그때까지 모든 고난을 극복하면서 투쟁하자. 지금 진행 중인 남북적십 자회담은 북한의 주도하에 진행 중에 있고, 사회주의 세력이 급증하는 세 계세력 분포상으로 볼 때 자본주의 진영은 불원한 장래에 멸망하게 될 것 이며, 그때에는 우리나라도 사회주의 지상낙원으로 건설될 것인즉 이 사 실을 젊은 학생들에게 고취시켜 적십자회담을 통한 북한적십자 측의 제 안 사항을 전폭적으로 지지할 수 있도록 여론을 환기시키는 등 용공 세력 의 확장을 위한 분위기를 조성하도록 선동하고 결정적 시기에 봉기할 수 있는 공작을 적극 수행하면서 때를 기다리도록 하라"는 등 내용의 지령을 하고 여비조로 미 본토불 700불을 제공함으로써….

그러나 노봉유가 중앙정보부에 체포되어 조사를 받은 적이 전혀 없으 니 이 내용이 노봉유에게서 나왔을 리는 없고, 최종길은 중앙정보부에서 자필 진술서나 진술 조서 한 장 남기지 않고 10월 19일 새벽에 죽었으 니, 이 내용은 결국 중정의 '창작'일 가능성이 높다. 더구나 최종길은 주 위의 모든 사람들이 알아주는 수재다. 이 내용이 최종길의 '자백'에서 나 왔다면, 수재인 그가 불과 1년 전의 그 중요한 일조차 기억하지 못해 '일 자 미상 14:00경에' '옥호 미상 호텔에서' 운운할 수 있을까.

김성수

중앙정보부는 1973년 10월 25일 '유럽 거점 간첩단 사건'을 발표하면서 "김성수는 1966년 국내 간첩 김장현에 포섭되어 유학을 가장해 네덜란 드 거점 간첩 총책 이재원과 접선한 뒤 1969년 8월 동베를린 경유 평양

1967년 독일 하이델베르크에서의 김성수. 당시 김성수는 연세대학교 철학과 대학원을 마치고 독일로 유학, 프랑크푸르트 대학에서 동학을 주제로 박사학위 논문을 준비하고 있었다.
ⓒ김성수

으로 가 간첩 교육과 지령을 받고 서독으로 귀환, 1970년 국내에 잠입해 김장현과 접선, 이재원의 지령을 전달하고…"라며 노봉유, 이재원, 이재문과 함께 김성수를 북한의 간첩으로 몰아갔다. 그러나 김성수와 이재원은 전혀 알지 못하는 사이였고, 김장현과는 1960년대 초부터 불광동에서 등산을 같이 다니면서 친하게 지낸 동향 친구일 뿐이었다.

김성수는 1936년 3월 8일 전라남도 화순군 화순읍에서 아버지 김득봉과 어머니 엄양길 사이 1남 3녀 중 장남으로 태어났다. 김성수는 화순중학교, 광주고등학교를 거쳐 연세대학교 철학과와 대학원 철학과를 졸업한 후 1966년 11월 9일 서독 튀빙겐 대학으로 유학을 떠났다. 김성수는 유학을 떠날 때 여비 마련이 어려워 근 1개월에 걸쳐 배를 타고 갔다고 한다. 김성수는 튀빙겐 대학에서 공부하다가 프랑크푸르트 대학으로 옮겨 동학東學 관련 논문으로 철학 박사학위를 받았다. 김성수는 천도교의 경전《동경대전東經大全》을 독일어로 번역해 출간하기도 했다.

김성수는 1970년 7월 서울대 간호학과 출신의 파독 간호사 정방지와 결혼했다. 김성수는 결혼 후 양가에 인사를 드리기 위해 1970년 7월 22

일에 귀국, 2개월여 머물다가 그해 9월 28일에 다시 독일로 떠났다. 이때 김성수는 김장현과 만나 자신의 박사학위 논문 작성에 필요한 자료를 찾아 달라고 부탁했는데, 이것이 간첩 이재원의 지령 전달로 둔갑한 것이다. 김장현도 "김성수가 70년 결혼하러 잠시 귀국했을 때 만나 본 것은 사실이나 나머지는 허구다. 그에게 내가 읽고 있던 월간지《신동아》와《경제조사》등을 보내 주었다는 사실 때문에 엄청난 고문을 당했고, '국내 공작 상황'을 짜 맞추는 수사 막바지에 그는 '이재원에게 포섭돼 파견된 해외 간첩'으로 둔갑한 것"이라고 일축했다. 김장현의 SBS 방송 증언이다.

> 그때는 한국에 관한 뉴스도 너무 없고 그렇지 않냐, 그 당시 김성수라고 하는 제 친구가 하나 있습니다. 그 친구가 동학 관계로 박사학위를 받는다고 동학 관계 자료가 있으면 저한테 구해 달라고 그래요. 그런데 저한테 자료가 있어야죠? 어디 쉽게 구할 수도 없고, 그래서 미안해서《신동아》최근 거 한두 권 하고 또《경제조사》지를 보내 주었습니다.

김성수가 '유럽 거점 간첩단'의 일원이라는 중앙정보부의 발표가 있은 이후, 독일에서는 개신교 인사들을 중심으로 유신독재체제에 대한 비판이나 저항이 정치 운동인가, 아니면 신앙 운동인가를 둘러싸고 치열한 논쟁이 있었다. 그리고 이 문제에 대해 적극적인 입장에 선 사람들 사이에서도 그리스도인들이 인권과 정의, 민주화, 이웃사랑을 실천한다고 할 때 어떤 방법과 입장을 가지고 해야 하는가에 대해 논란이 있었다. 그리하여 1973년 11월 22~25일, 독일 거주 그리스도인들이 그 문제를 논의하기 위해 바일슈타인에 모였다. 사흘간의 회의 끝에 그리스도인들은 유신체제 저항운동에 적극 호응하고 지원해야 한다는 결론을 내렸다. 그리하여 이삼열(전 숭실대 교수)이 초안한 '재독 한국 그리스도인의 바일슈타인 선언'으로 그 입장을 천명했다. 그런데 이 '선언'을 합의하고 발표하는 과정에서 김성수에 대한 언급도 있었다. 이삼열은 자신의 회고록에서 그 상황을 이렇게 기술했다.

> 바일슈타인 모임에서는 또 하나의 문제가 논의되었는데 김성수 간첩 사건이었다. 73년 10월 25일 중앙정보부는 '유럽을 거점으로 한 교수, 유학생, 공무원 등 54명의 대규모 간첩단'을 적발했다고 발표하면서 최종길 서울법대 교수와 함께 독일 유학생 김성수를 간첩단 명단에 넣어 발표했다. 또다시 동백림 사건처럼 납치와 테러가 자행될 수 있겠다는 공포심에 독일 유학생들은 떨게 되었다. 김성수는 … 라인·마인 한인교회에도 나왔기 때문에 이화선 담임목사는 교인들의 안전을 위해 보호 조치를 취하고 정보부에 항의 성명을 내자고 제안했다.
>
> 김성수는 72년 11월 유학생 세미나에도 참석했고, 반정부 비판 발언 때문에 주목을 받고 있었는데, 결국 간첩으로 조작되고 있다는 것이 알려지게 되었고, 프랑크푸르트에서 온 여러 교우들이 간첩과 무관하다는 결백을 증언해 주었다. 김성수는 대사관 정보원인 한영택으로부터 만나자는 연락을 받고 응하지 않았더니 집 주변을 돌며 감시하고 있다고, 납치의 위험이 있어 독일 경찰에 고발했다. 바일슈타인 모임에서는 재독 한국인의 인권과 신변 안전을 위해 기독자들이 나서야 한다는 주장이 찬동을 받아 대사관에 항의하는 성명서를 발표하기로 했다. 이 성명서는 프랑크푸르트에서 온 참가자들이 초안한 것을 한 번 읽고 통과시켰다.
>
> "독일 주재 대사관 직원으로 가장한 한국 정보원 및 그 협력자의 비인도

적이며 무책임한 언행은 김성수 씨 개인과 그 가족 및 친지들에게 막중한 피해를 주었으며, 심지어는 재독 교포들 상호 간에 불신과 회의, 동족 간의 비난과 배신을 낳게 했다. 우리는 독일에 사는 교포들에게 공포와 심적 고통을 주고, 한국 국가의 위신을 땅에 떨어뜨리는 비생산적인 정보 정치를 통탄하고 분개하는 바이다"라는 요지였다.

이삼열 등은 1974년 3월 1일, 국내의 민주화운동을 지원하고 국제 여론을 환기시키기 위해 독일 거주 기독교인들과 학자들을 규합해 민건협(민주화운동건설협의회)을 조직했다. 민건협 발족을 논의하던 초기, 프랑크푸르트에서의 논의가 주로 김성수의 집에서 열렸다는 사실은 당시 기독교계 인사들 및 재독 학자들이 김성수를 북한 공작원으로 여기지 않았다는 증거다. 민건협은 3월 1일 발족과 동시에 본의 뮌스터 광장에 100여 명이 모인 가운데 삼일절 55주년 기념식을 열고 박정희 독재를 규탄하는 가두시위를 벌였다. 이때의 선언문에 '잔혹한 만행을 자행하는 정보기관을 해체하고 김대중 납치범과 최종길 교수의 고문치사범을 엄중 처단하라'라는 요구사항이 들어 있었다. 이 선언문은 국내외를 통틀어 최초로 '최종길 고문치사' 문제를 제기한 것이다.

중앙정보부는 김성수를 '조선노동당 유럽 위원장 김철수'로 단정했다. 1990년대 중반 김성수는 《동아일보》 독일 특파원 김창희와의 인터뷰에서 "나는 이재원이라는 인물을 만난 적도 없고 그에 대해 알지도 못한다. … 그러나 정보기관이 그렇게 색칠을 해 버리자 그 이후 유사한 사건이 터질 때마다 나는 '정보기관이 그리는 조직도표를 완성시켜 주는 고리'로 등장했고, 급기야는 '윤이상 선생을 부책副責으로 두는 (조선노동당) 유럽 위원장(김철수)'으로 승격되기에 이르렀다"고 조소했다(1989년에 작성된

김장현(왼쪽)과 김성수. 1900년대 말 김장현은 유럽 여행 중 독일 프랑크푸르트에서 김성수와 만났다. ⓒ김장현

외교부 문서는 "김정일의 언동을 근거로 김철수의 신원을 추적한 결과 그가 김성수라는 사실을 확인했다"고 적고 있다. 그러나 황장엽은 저서에서 북한의 공작명 '김철수'는 송두 율이라고 적시했으며, 2004년 송두율 재판의 판결문도 송두율을 '김철수'라고 했다).

　'유럽 거점 간첩단 사건'에 관련되어 아직까지 체포되지 않은 사람은 노봉유, 이재원, 이재문, 김성수다. 그중 노봉유는 사망했고, 이재원과 이 재문은 행방불명된 상태이고 김성수만 아직까지 독일에서 활동하며 살 고 있다. 그런데 김성수는 2000년대 초부터 최근까지 한국을 자유롭게 드나들고 있다. 김성수는 한국에 오면 김장현과 연락을 주고받으며 만 나기도 했다고 한다. 그러나 김성수는 '유럽 거점 간첩단 사건'과 관련해 당국으로부터 아무런 사법 처리도 당하지 않았다. 중앙정보부가 그렇게 난리를 피우고도 이렇게 결말이 흐지부지된 것은 애초부터 그 사건의 실체가 허무맹랑했을 것이라는 반증이다.

이재원

이재원은 인천시(당시는 경기도) 옹진군 덕적면(덕적도) 진리에서 아버지 이규환과 어머니 김미옥 사이 3남 3녀 중 장남으로 태어났다. 그의 아버지는 어선을 갖고 있으면서 면서기로도 근무해 집안은 그리 궁핍하지 않았다고 한다. 이재원은 1944년 인천의 창영보통학교를 졸업하고 1945년 6년제 인천중학교에 진학했다. 이재원은 1951년 인천중학교를 졸업하고 바로 서울대학교 공과대학 조선학과에 진학했다. 이재원은 최종길과 마찬가지로 6·25전쟁 때 학도병으로 참전했다.

1955년 대학 졸업 후 이재원은 서울공대 대학원에 입학했으나, 1년을 다니고는 그만두고 모교 길영희 교장의 권유로 제물포고등학교 교사로 취직, 수학을 가르치면서 외국 유학의 기회가 오기만을 기다렸다. 이재원의 동창생들과 제자들의 증언에 따르면, 그는 길영희 교장의 교육관을 무척 숭모했고, 학생들에게는 국산품 애용을 강조했다고 한다. 담배는 피우지 않았으나 술을 잘해 대인관계가 좋았고, 토론을 하면 정확한 통계 수치를 꺼내 들어 어떻게든 상대를 설복시키려고 노력하는 스타일이었다고 한다.

이재원은 제물포고등학교에서 학생들을 가르치면서 한편으로는 외국의 유명 조선회사와 대학 들에 유학을 갈 수 있도록 편지를 지속적으로 보내, 1957년 초 마침내 네덜란드의 한 조선회사로부터 초청장을 받을 수 있었고, 1957년 10월 9일에 네덜란드로 떠났다. 이재원은 그 조선회사에서 1년여 동안 근무하다가 조선학을 더 공부하기 위해 헤이그 근교의 델프트 공과대학에 입학했다. 델프트 공과대학은 조선공학 분야에서 세계적으로 유명했다. 당시 이 대학은 6년제로, 소정의 학점을 취득하면 졸업과 동시에 박사학위도 딸 수 있으나, 수업이 어려워 그 과정을 마치기가 쉽지 않았다.

이재원은 제물포고등학교 교사 시절인 1957년 6월 15일에 정문혜와 결혼했다. 정문혜는 당시 인천의 동일방직에 근무했는데, 동일방직의 서무과장이던 최종남(최종길 교수의 형)이 둘을 중매해 혼인을 맺게 한 것이다. 최종선의 증언이다.

> 정확히 말하면, 이재원 씨에게 정문혜 씨를 중매한 것은 큰형이 아니라 큰형수님(최종남의 부인 이황묵)이었다. 큰형수님의 여동생이 정문혜 씨와 친구여서 큰형과 큰형수님이 평소 눈여겨 보아 두었던 종길 형님의 친구 이재원 씨를 중매한 것이다. 그때는 내가 어려서 그것이 맞선 보는 자리인 줄 몰랐는데, 어느 날인가 우리 집에 종길 형님, 큰형수님, 이재원 씨, 정문혜 씨가 모여 중국 음식을 시켜 먹으며 이야기를 나누고 있었던 것을 기억한다.

두 사람의 결혼식은 제물포고등학교 길영희 교장의 주례로 학교 강당에서 거행되었다. 그러나 이재원과 정문혜의 신혼 생활은 이재원의 네덜란드 유학으로 3개월여 만에 끝나고, 이후 10여 년간 두 사람은 편지로만 끊길 듯 말 듯 부부의 정을 이어 갔다.

이재원은 델프트 공과대학에 재학하는 동안 네덜란드로 공부하러 온 유학생들이나 연수로 단기 체류하고 있던 공무원들의 안내자이자 멘토로 그들의 중심에 있었다. 이재원은 당시 네덜란드 사람들로부터 한국의 민간대사라 불릴 정도로 호평을 받았고, 네덜란드를 방문한 한국 사람들에게는 '화란 주재 한국영사'라는 별명으로 불릴 정도였다. 공무원들이나 유학생들은 토요일이면 삼삼오오 이재원의 기숙사에 모여 밥을 짓고 한국음식을 만들어 먹으며 향수를 달랬다. 나중에는 기숙사 안에 한국음식 냄새가 너무 나고, 여러 사람이 모여 너무 떠들썩해, 외국인 학생들의 눈치 때문에 기숙사 방문을 자제할 정도였다.

곧 이재원은 1960년대 초반 이후 네덜란드로 유학이나 연수를 떠나야 했던 교수나 공무원들 사이에서 '서울공대 출신으로 50년대에 네덜란드로 유학 간 사람이 있는데, 그는 화란어를 잘하고 네덜란드 사정에 밝아 필요하면 도움을 받을 수 있는 사람'으로 일종의 족보처럼 전해 내려오던 인물이었다. 1973년의 '유럽 거점 간첩단 사건'에서 이재원과의 관계 때문에 구속되었던 김촌명의 진술과, 김장현의 SBS 방송 인터뷰도 이러한 사실을 확인시켜 준다.

한국에서부터 화란에 대한 이야기를 들을 때 친절한 한국 사람이 있다고 들었으며, 농진공의 명관심과 건설부의 화란 갈 일행들한테도 들었으며, 또 실제 대하고 보니 친절하고 인간미가 있다고 느꼈으며 그래서 (이재원과) 친숙하게 사귈 수 있었던 것 같으며 이재원이 제게 별 부탁이나 요구도 없이 친절히 대해 주었습니다. 그래서 서로 자기 가정 이야기도 많이 했으며, 현숙한 아내 이야기와 자기 부모에게 효도 못 하는 이야기, 주로 제가 가장 중요하게 느끼고 있는 가정 중심의 이야기를 했으며 … 나이 어린 김정길에게도 꼭 '예, 예' 하고 올바른 예절을 지키고 있기 때문에 이재원은 참 예절 바른 사람이라고 믿었습니다. 우리 동양의 선비 같은 사람이라고 느껴졌으며, 저도 선비같이 언어 행동을 점잖게 굴었지요.

- 김춘명

네덜란드 헤이그 교외에 델프트라는 곳이 있어요. (이재원은) 거기서 자취를 하고 있었죠. 방은 좀 넓었지만 임대료는 싼 집 같았어요. 토요일이면 네덜란드에 있는 한국 사람들이 그 집에 다 모입니다. 그러면 그 친구가 맥주를 병으로 받아 옵니다. 시골에서 막걸리 받아 오는 식이죠. 왜 그렇게 받아 와야 하느냐 그랬더니, 그러면 싸게 친다고 해요. 이러니까 부담이 없어서 토요일 저녁만 되면 한국 사람들이 다 모이는 곳이었습니다. 그러다 보니까 당시 한국의 국내 정세라든지, 뭐 이런 거에 대해서 서로 그냥 안줏거리 삼아서 이런저런 얘기를 하고 그랬었죠. … 그 사람에 대한 평판이 아주 좋았습니다. 이런 얘기도 전에 같으면 제가 함부로 얘기도 못합니다만, (유럽 거점 간첩단 사건에 연루된) 그 40 몇 명, 당한 사람들이 모두 그렇게 얘길 했으니까요. 저런 사람 열 명만 있으면 통일이 된다느니, 뭐 어쩐다느니, 아주 극찬을 했습니다. 이런 양반들이 사고(사건)가 나니까 모두 딴 얘기를 하는지 어쩐지는 모르겠습니다만.

- 김장현

중앙정보부는 이재원이 유학생들과의 모임에서 북한을 선전하는 홍보물과 《노동신문》 등을 보여 주며 북한 사회의 우월성을 선전했다고 발표했고, '유럽 거점 간첩단 사건' 관련자 몇 사람도 이재원의 기숙사에서 북한 선전물들을 보았다고 진술했다. 이재원이 북한 선전물들을 받았을 가능성은 있다. 그러나 그것은 이재원에게만 특별히 보내온 것이 아니었다. 북한은 1950년대 말부터 유럽에 선전 거점을 만들어 놓고 유럽에 체류하는 한국인들의 주소를 파악, 무차별적으로 선전물을 보냈다고 한다. 이재원의 기숙사에서 북한 선전물 등을 보았던 '유럽 거점 간첩단 사건'의 불기소자 이희일, 명관심 등도 "처음에는 좀 놀랐으나 유럽의 한국 유학생들에게는 다 오는 것이어서 대수롭지 않게 생각했다"는 취지로 진술했다. 북한의 전 고위간부였던 K 씨의 증언이다(유영구,《남북을 오고간 사람들》에서 재인용).

> (북한은) 50년대 말에 대외 선전을 강화하기 위해 동구라파, 즉 체코의 프라하라든가 동베를린에 대외 선전 거점을 만들었다. 당시는 사람을 조직하기 위한 공작 거점이라기보다는 선전 거점이었다. 그것도 직접 사람을 만나 선전을 하는 형태가 아니라 출판물, 편지 등의 우편물을 발송하는 출판물 거점이었다. … 우선 선전 대상을 파악하는 데 중심을 두었다. 화보 책자나 선전 책자를 보내 주려면 대상을 물색해 주소를 파악하는 게 급선무였다. 동베를린 주재 북한대사관 사람들이 이런저런 경로를 통해 한국 유학생들이 어느 대학에 누가 와 있는지를 조사하는 사업을 맡았다. 이 사업은 한 번에 끝날 수 있는 게 아니기 때문에 일부에서 선전물을 보내기 시작한 뒤에도 계속 진행시켜 나갔다.

이 증언에 따르면, 북한의 대남 사업부는 1950년대 말부터 시작해 1960년대 초에는 본격적으로 일본과 유럽에 나가 있던 한국인에 대한 선전 사업에 착수했다고 한다. 이 사실은 동베를린 사건의 발단이 된 임석진도 확인해 주었다. 1957년 봄 어느 날, 자신이 체류하고 있던 프랑크푸르트 대학교의 기숙사로 평양 모습을 담은 북한 선전물이 우편으로 배달되었다는 것이다(전진우, 〈동백림 사건과 6·8부정선거〉,《신동아》1989년 4월

김장현(오른쪽)과 이재원(가운데). 1963년 김장현이 귀국하기 직전에 찍은 사진인 것 같다. 맨 왼쪽 사람은 이재원과 동행했던 일본인. ⓒ김장현

호 참조).

　이재원은 1957년 10월에 네덜란드에 왔다. 그리고 1년여 동안은 네덜란드의 조선회사에 근무하다가 1959년경부터 델프트 공과대학에서 공부를 시작했다. 네덜란드 대학들은 학비가 무료여서 학자금 부담은 없었지만, 집에서 송금을 기대할 수 없었던 이재원으로서는 스스로 생활비를 벌어 충당해야 했다. 이재원은 일본인 관광객들을 안내하거나, 출장 온 일본 상사, 일본 정부 공무원 들을 통역해 주며 생활비를 벌었다. 또 일본인들이 의뢰하는, 일본어 문건이나 기술서적을 네덜란드어로, 네덜란드어 문건이나 기술서적을 일본어로 번역해 생활비를 벌기도 했다. 이로 인해 이재원은 자주 숙소를 비웠는데, 중앙정보부는 이를 북한 공작원과의 접촉 때문으로 간주했다.

이재문

이재문은 이재원 형제 6남매 중 셋째로 인천의 제물포고등학교(1회)를 거쳐 서울대학교 공과대학 전자공학과를 졸업했다. 이재문은 대학 졸업 후 잠시 광운전자공과대학(광운대학교의 전신)의 강사로 있다가 1965년 2월 22일 네덜란드로 떠났다. 이재문은 처음에는 에인트호번의 필립스사 연구소에 취직되어 네덜란드로 건너갔는데, 다시 공부를 더 하기 위해 필립스사가 재정 후원하는 에인트호번 공과대학에 들어간 것이다. 이재문이 네덜란드로 갈 때 신원보증을 한 사람은 경제기획원의 투자기획과장 이희일(박정희 유신체제하에서 농수산부 장관 역임)과 경제조사과장 손원일로, 두 사람은 과거 네덜란드에 연수 갔을 때 이재원에게 많은 도움을 받았었다.

그러나 중앙정보부는 두 사람의 신원보증 사실은 빼 버리고, 김장현이 이재원의 지령으로 이재문의 네덜란드 유학을 알선하고 여권 수속을 주선한 것으로 발표했다. 그러고는 이재문이 네덜란드에 유학 온 후 북한의 유럽 공작책인 형 이재원 밑에서 부책으로 활동하다가 실종되었다고 발표했다. 그러나 당시 네덜란드에 유학했던 인사들의 이재문에 대한 인상은 '간첩'과는 너무나 멀었다. 김촌명은 1967년 4월 네덜란드에서 운전면허를 딴 후 전몽각 등 델프트 공과대학 유학생들과 중고차를 구입하려고 에인트호번에 간 길에 이재문을 만난 적이 있는데, 그는 평범한 유학생일 뿐이었다고 한다. 전몽각의 진술이다.

1967. 1.경 이재원이 (이재문을) 소개했습니다. 아직 총각이라고 하며 도화
渡和한 지는 2년이 되었다고 했습니다. 그 후 같은 하숙에 있던 정진옥 하

고 남부 화란을 여행하다 그 이재문한테 들렀습니다. 대학 기숙사에서 이재문과 저녁을 같이하고 1박한 것으로 기억됩니다. 이재문한테서 별로 정치적인 얘기를 들은 것 같지는 않고 학교 공부에 쩔쩔매고 있는 느낌이었습니다.

1967년 7월 이재원과 함께 이재문도 행방불명되자, 이재원의 모친은 "큰아들은 헤어진 지 오래되어 그 애 생각을 잘 모르겠다. 그러나 작은아들 생각은 잘 아는데 큰아들 때문에 작은아들도 잃은 게 아닌가 하는 생각이 든다" 하며 눈물로 세월을 보냈다고 한다. 중앙정보부는 두 형제가 북한으로 탈출했다고 발표했으나, 인중·제고총동문회에서 발간한《동창회원명부》에는 이재문의 주소가 '캐나다'로 되어 있어 그의 '북한 탈출' 역시 사실이 아닐 가능성이 높다.

이재원 형제의 실종

이재원은 '동베를린 간첩단 사건'이 있던 1967년 6, 7월경에 실종되었다. 네덜란드 델프트 공과대학에서 수공학을 공부한 후 귀국해 '유럽 거점 간첩단 사건'으로 구속된 김춘명은 이재원의 실종에 대해 아래와 같이 진술했다.

(1967년) 6월인가 이재원이 발의해 화란에 있는 전 교포가 단체 놀이 가자고 해 모두 놀러 가기로 했으며, 7월에 날짜를 받아 버스 대절로 델프트에 모두 모여 가기로 했으며, 간호원 아가씨, 윤광노 내외 등 아이들, 무역진

홍공사 출장 직원, ITC 학생 등 약 20명이 모였으나 차 시간이 되어도 이재원 형제가 나타나지 않아 하는 수 없이 그냥 출발했으며, 벨기에의 수도 브뤼셀에 닿자 한국영사관 직원 내외가 차를 가지고 나와 놀이터까지 안내해 주었고 함께 놀았습니다. … 약 1주일 후인가 ITC의 김종전이 이재원의 방에 갔더니 이재원이 돌아온 흔적이 있으며, (이재원은) 가방과 시계를 책상에 풀어 놓은 채 없었으며, 화란 경찰이 자기를 미행하는 것 같아 잠시 자리를 비운다는 쪽지가 있더라 하기에….

네덜란드에 거주하는 교민들이 브뤼셀로 야유회를 가기로 한 날은 1967년 6월 24일인 것 같다. 당시 국립건설연구소 항측과장 최재화는 네덜란드의 지도 제작 과정을 시찰하기 위해 온 국립건설연구소장 최해인을 수행했다. 6월 17일 밤, 두 사람은 이재원과 만나 맥주를 마시고 담소했다. 이재원은 "2, 3일 후면 델프트 공과대학 졸업시험이 있고, 이 시험만 통과하면 학위를 받아 아내도 데려올 수 있고, 대한조선협회의 네덜란드 주재원으로 취직할 수 있다"고 말하며, 오는 토요일에 있을 교포 야유회에 두 사람도 꼭 오라고 초청했다고 한다.

'동베를린 간첩단 사건' 관련자 윤이상이 서독 주재 한국대사관으로 납치된 것은 6월 17일이었다. 그는 박정희의 친서를 전달하겠다는 한 남자의 연락을 받고 집을 나갔다가 한국대사관으로 납치된 것이다. 중앙정보부가 토요일인 이 날을 작전 개시일로 잡아 유럽 여러 나라에 산재한 사건 관련자들을 납치했기 때문에 그 다음 주인 6월 19일부터는 교포 사회에 난리가 났을 것이다. 이재원 형제도 소식을 듣고 몸을 피했을 것이고, 그 시기는 6월 23일이었을 것이다. 이재원 형제는 1967년 7월 8일 중앙정보부가 발표한 '동베를린 간첩단 사건' 관련자로 유럽에서 연행된 명단에는 들어 있지 않았다.

중앙정보부는 두 형제가 북한으로 탈출했다고 주장했으나, 이재원은 '유럽 거점 간첩단 사건'이 일어나기 두 달 전인 1973년 8월에도 독일에 체류하고 있었던 것으로 확인된다. 2004년 3월 30일에 내려진 재독 철학자 송두율에 대한 국가보안법 위반 사건 1심 판결문은 "(피고인 송두율은) 1973. 8. 독일 뮌스터에 있는 뮌스터 대학 앞 커피숍에서 유럽 지역 북한 공작원으로 활동하는 이재원으로부터 입북 권유를 받고 이를 승낙한 후, 1973. 9. 이재원의 안내를 받아 모스크바 주재 북한대사관에 도착해 성명 미상 지도원과 함께 항공편으로 평양 순안비행장에 도착, 평양 근교 명칭 미상 초대소에서 2주간 체류하면서…"라고 되어 있다.

이재원이 '북한의 유럽 공작 총책'이라는 중앙정보부의 주장 역시 조작되었거나 크게 부풀려졌을 가능성이 높다. 중앙정보부는 1973년 10월 25일 '유럽 거점 간첩단 사건' 발표에서, 이재원이 1958년 10월 북한의 동베를린 주재 유럽 공작 총책인 이원찬에게 포섭돼 북한에 들어가 공작 교육을 받고 귀환한 후 1960년부터 네덜란드 공작책으로 활동하며, 1960~1967년 사이 김장현·김성수·최종길 등을 포섭, 북한에 보내 간첩 교육을 시켰다고 주장했으나, 2011년 재심 재판에서 김장현 등에게 그런 사실이 전혀 없었음이 밝혀져 김장현은 무죄판결을 받았다.

그리고 그 사건에 연루되어 중정에서 조사를 받은 후 불기소 처리된 공직자 40여 명의 혐의가 '이재원이 간첩임을 알면서도 신고하지 않았다'는 불고지죄인데, 그들 중 어느 한 사람도 이재원을 간첩으로 신고하지 않았다는 사실은 그들 중 누구도 이재원에게서 '간첩의 징후'를 발견하지 못해서였을 것임이 확실하다(유영구, 《남북을 오고간 사람들》에서 전 북한 고위간부 K 씨는 "당시에 유럽에는 북쪽과 관계를 갖고 있던 이씨 형제가 있었는데 … 이들과 연관되어 북쪽과 교분을 가진 사람도 50여 명은 됐던 것으로 알고 있다"고 증언했는데, 이 '50여 명'이 '유럽 거점 간첩단 사건'에 연루되었다는 54명을 지칭하는 것이라면 전혀 사실이 아니다. 중앙정보부 조사에서도 그런 사실은 전혀 드러나지 않았다).

김장현은 네덜란드에서 귀국해 경제·과학심의회의 서기관으로 근무할 때인 1973년 9월 19일 갑자기 중앙정보부로 연행되어 물고문 등 혹독한 고문을 당하며 이재원과의 관계를 추궁당했다. 정보부는 김장현이 이재원에게 포섭당해 간첩 행위를 한 것으로 몰아갔다. 정보부 수사관들은 김장현의 진술 내용이 조금이라도 마음에 안 들면 찢어 버리고 폭행과 물고문을 가했다. 그들은 김장현에게 "여기를 왜 왔는지 아느냐"고 물어 모른다고 하면, '간첩'이 잡혔는데 그의 수첩에 '김장현'이라는 이름이 적혀 있었고, 그래서 그 사실을 모두 확인하고 김장현을 연행했다고 주장했다. 김장현이 그 '간첩'의 이름을 알려 달라고 하자 중앙정보부 수사관은 이재원이라는 이름을 들이댔다. 김장현은 이재원과의 관계를 사실 그대로 진술했지만, 정보부 수사관들은 자신들이 요구하는 답을 받아낼 때까지 폭력과 고문을 무수히 가했다. 김장현은 결국 극도로 위축된 상태에서 두 손을 들 수밖에 없었다. 결국 이재원은 북한의 네덜란드 담당 공작원으로, 김장현은 그의 지시를 받은 간첩이 되고 말았다. 김장현의 증언이다.

상식적으로 생각해 보십시오. 제가 이재원을 포섭한다 그러면 말이 될지 모르지만 어떻게 해서 이재원이가, 공학도가 명색이 경제학도를 포섭한다는 게 말이나 되느냐. 안 맞는 얘기지요. 그랬더니, '이 건방진 놈이!' 하며 많이 맞았습니다. … 그러니까 그쪽에서는 뭐라고 그러냐면, 저하고 이재원이 하고 관계를 얘기하라 그래요. 그래서 제가 관계를 다 얘기한 다음에《경제조사》지를 한 권 보내 줬다 그랬습니다.

정문혜

이재원의 부인 정문혜는 1934년 경남 거창에서 아버지 정종판과 어머니 신유수 사이 1남 3녀 가운데 장녀로 태어났다. 거창에서 초등학교를 마치고 서울로 올라와 영신여자중학교에 진학했으나, 1950년 6·25전쟁으로 2학년을 끝으로 중퇴했다. 정문혜는 종전 후인 1954년 4월 인천의 동일방직에 입사해 근무하다가 1957년 6월 이재원과의 결혼으로 퇴직했다. 그러고는 이재원이 네덜란드로 유학 간 후인 1958년 7월에 다시 동일방직에 들어가 1962년 7월까지 근무했다. 동일방직 퇴직 후에는 조화 만드는 기술을 배워 조화 디자인 및 판매를 하며 지냈다.

이재원의 유학으로 짧은 신혼 생활 끝에 남편과 헤어지게 된 정문혜는, 한 달에 서너 번 편지로 서로의 안부를 나누는 것으로 1967년 남편이 '행방불명'될 때까지 부부의 끈을 이어 갔다. 이재원은 편지마다 자기의 네덜란드 생활, 장남으로서 부모형제에 대한 의무와 도리를 제대로 하지 못함에 대한 애석함을 작은 글씨로 깨알같이 절절히 적어 보냈다. 이재원은 또한 홀로 있는 아내에게, 조선학 공부를 끝내고 귀국해 다른 나라 못지않게 한국의 조선 분야를 발전시키고 싶은 자기의 꿈을 실현하기까지 착실하게 기다려 달라고 기원하는 내용을 담은 편지를 보내기도 했다.

이재원은 자기 부모보다도 아들이 없었던 백부를 극진하게 생각했다고 한다. 이재원은 남에게 신세 지는 것을 싫어했지만, 가까운 친구들과 네덜란드에서 함께했던 몇몇 인사들에게 자신을 대신해 백부의 회갑 (1966년 8월)에 축전이라도 보내 달라고 편지로 간곡히 부탁했다고 한다. 정문혜의 기억에 따르면, 그들 중에서 명관심이 2000원, 김보현이 3000원, 김용래가 3000원, 최종길이 2000원의 축의금을 보내 와 백부에게 전달했다고 한다.

정문혜의 진술에 따르면, 이재원은 상당히 어렵게 유학 생활을 한 듯하다. 정문혜는 이재원이 실종되기까지 10여 년간 그로부터 한 푼의 생활비 지원도 받지 못했다. 두 사람의 결혼기념일이나 정문혜의 생일에도 이재원은 장문의 편지만 보낼 뿐 선물 하나 없었다. 어느 때인가 친구 편으로 7000, 8000원 정도를 보내 와 정문혜가 명동에서 시계를 하나 산 적이 있었고, 그 밖에 인편으로 보낸 장갑 하나, 조화 만들 때 사용하라고 보낸 가위 한 개, 스웨터 하나가 전부였다. 중앙정보부는 이재원이 네덜란드로 가고 그 1년여 후인 1958년부터 북한의 네덜란드 공작책으로 활동했다고 발표했는데, 그게 사실이라면 북한 공작책으로서는 너무나도 궁핍한 생활을 한 셈이다.

정문혜는 편지 왕래 외에도 네덜란드에 유학했던 정부 공무원들로부터도 남편의 생활 사정과 안부를 들을 수 있었다. 농업진흥공사 명관심, 건설부 최재화, 서울시 내무국장 김용래, 농림부 김촌명, 경제기획원 국장 이희일 등이 그들이었는데, 이들은 네덜란드에 있을 때 이재원에게 신세를 많이 졌다며 부부 동반으로 인천 정문혜의 집에 찾아와 같이 식사를 하기도 했고, 정문혜가 이들을 만나러 서울에 여러 번 가기도 했다. 이렇게 10여 년을 보냈는데, 1967년 6월 10일경 받은 편지를 마지막으로 이재원과의 연락이 두절되었다. 그리고는 그해 12월 23일경 김촌명이 이재원의 것이라며 손목시계 하나와 돈 2만 원을 들고 인천 정문혜의 조화 가게에 찾아왔다. 김촌명의 진술이다.

> … 제가 250길더를 투자하고 (같이 유학 생활을 했던) 한철종이 150길더,
> 전몽각이 100길더 … 이재원이 250길더를 투자해 (자동차를 샀는데, 유학
> 기간이 끝나) 돌아갈 시기가 가까워 차를 팔아야 했기 때문에 한철종과 상
> 의해… 500길더엔가 팔았으며… 그 후 그 돈은 각기 투자한 비율에 따라
> 분배했으며, 이재원 몫은 제가 맡았다가 한국에 나가 가족에게 전하기로
> 했습니다. 그 후 이재원에게서 편지가 와 모두 놀랐습니다. 전몽각 및 일
> 행과 저에게 왔습니다.

1967년 6월 이재원이 실종된 이후 4년여 동안 정문혜는 네덜란드에
서 이재원과 교유했던 공무원들, 그 외 이재원과 친교가 있던 사람들을
찾아다니며 백방으로 그의 행방을 수소문했으나 억측이나 짐작만 들을
수 있을 뿐 정확한 정보는 전혀 접할 수 없었다. 정문혜는 절망과 낙담으
로 점차 자포자기에 빠져 들었고, 따라서 매일 진통제로 버틸 정도로 건
강도 나빠졌다. 그러자 친정 부모와 오빠, 길영희 교장, 심지어 시아버지
의 친구들까지도 조심스레 재혼을 권유했다.

제자 이재원을 무척 아꼈던 제물포고등학교 길영희 교장은 그녀를 불
러 "지금껏 소식이 없는 것으로 보아 이북에라도 붙들려 가지 않은 이상
이토록 돌아오지 않을 리가 있겠느냐? 사실이 그리되었으면 그는 영영
돌아오지 못할 사람이 될지 모른다. 그러나 이재원이 돌아오면 다시 돌
아갈 수 있게 하겠다"라고까지 하며 인천중학교 제자인 우 모 씨(이재원의
2년 선배이자 노봉유와 동기동창)와 재혼하라고 설득했다. 정문혜의 부모 또한
"죽기 전에 네가 의지할 사람에게 맡겨 놓으면 마음이 놓여 눈을 감겠

다"라며 정문혜에게 재혼을 눈물로 호소했다.

이재원과 정문혜는 1957년 6월 15일에 결혼을 했고, 이재원은 그해 10월 9일에 유럽으로 떠났다. 결국 두 사람이 함께 지낸 기간은 4개월도 못 되었으므로 길영희 교장이나 그녀의 부모가 그렇게 권유한 것도 이해가 된다. 정문혜는 고심 끝에 길영희 교장으로부터 소개받은 우 모 씨에게, 재혼하더라도 나중에 이재원이 돌아오면 다시 이재원에게 돌아가겠다는 '조건'을 눈물로 호소했고, 그가 이를 받아들여 1970년 11월 결혼식을 올렸다고 한다. 인천중학교의 길영희 교장, 인천중학 동기동창인 이재원과 최종길, 최종길의 형 최종남의 중매로 이재원과 결혼한 정문혜, 길영희 교장의 중매로 정문혜와 재혼한 우 모 씨. 이들은 그 어둠의 시대 한복판에서 이렇게 애절한 사연들로 서로가 얽히고설켜 있었다.

제보자

07

동베를린 간첩단 사건

1973년 '유럽 거점 간첩단 사건'은 1967년 '동베를린 간첩단 사건'의 판박이 파생상품이었다. 첫째 두 사건 관련자들의 활동 무대가 모두 독일·프랑스·네덜란드 등 유럽이었다는 점, 둘째 1967년 사건 때 체포되지 않았거나 혐의가 가벼워 구속되지 않은 사람들을 '재활용'했다는 점, 셋째 1967년의 194명, 1973년의 54명이라는 엄청난 규모에 비해 실형을 산 사람이 소수이고 그들도 바로 풀려났거나(1967년), 재판을 받은 자가 전원(2명) 무죄(1973년)였다는 점, 넷째 두 사건 모두 '제보자'에 의해 사건이 드러나고 확대되었다는 점, 다섯째 두 사건 모두 박정희의 장기 집권, 유신독재에 항의하는 학생들의 시위가 격화되던 시대적 배경(1967년 6·8부정선거 항의 시위, 1973년 10월 유신 반대 시위)이 있었다는 점 등에서 그러했다. 1967년 서울대학교 '민비연 사건'으로 구속되었던 김학준은 이렇게 증언했다.

1967년 5월에는 제6대 대통령선거가 치러졌고 6월에는 제7대 국회의원

총선거가 치러졌는데, 특히 국회의원 총선에 정부와 여당에 의한 부정이 많았다. 이미 박정희 대통령의 3선을 위한 개헌을 추진하려는 세력이 개헌 선을 확보하기 위해 갖가지 부정을 저지르면서까지 여당 후보를 당선시키고자 했기 때문이다. 따라서 전국적으로 부정선거를 규탄하는 집단 시위가 일어났고, 그 기세는 특히 대학가에서 거셌다. 이러한 분위기 속에서, 모든 정치 공작의 총본산이던 중앙정보부는 대학생들의 기세를 꺾으려면 학생 데모의 배후에 북한이 있다는 것을 보여 주는 것이 가장 효과적이라고 계산했고, 그래서 '민비연'을 반국가 단체로 조작해 동백림 사건의 한 갈래로 포함시켰던 것이다.

1967년 7월 8일, 중앙정보부는 소위 '동베를린 간첩단 사건'을 발표했다. 당시 중앙정보부는, 대한민국에서 서독과 프랑스 등으로 건너간 194명에 이르는 유학생과 교민 등이 동베를린의 북한대사관과 평양을 드나들고 간첩 교육을 받으며 대남 적화 활동을 했다고 주장했다. 중앙정보부가 간첩으로 지목한 인물 중에는 유럽에서 활동하고 있던 작곡가 윤이상과 화가 이응로도 포함되어 있었는데, 이 두 사람을 포함해 간첩으로 지목된 교민과 유학생 들은 서독에서 중앙정보부 요원들에 의해 납치되어 강제로 한국으로 송환되었다. 이 때문에 한국은 당시 서독, 프랑스, 네덜란드 정부와 외교 마찰을 빚기도 했다. 원로 외교관 공로명은 1973년 '김대중 납치 사건'과 함께 이 사건을 다른 나라의 주권을 무시하고 사람을 납치해 문제를 일으킨 한국 외교사상 양대 실책이라고 규정했다.

제보자는 한 개인이나 조직·단체에 관한 내부 정보를 수사기관이나 정보기관 등 다른 조직에 제공하는 인물의 총칭으로, 정보제공자라고 부르기도 한다. 제보자를 밀고자나 배신자라고 부르는 경우는 정보를 누설당한 쪽 입장에서 비판적인 느낌을 담은 것이다. 내부고발자는 선의적인 제보자를 주로 가리킨다. 한국의 역대 공안 사건에는 대부분 제보자가 개재되어 있다. 제보자는 대개 수사·정보기관이 심어 놓은 프락치거나 조직 내부의 배신자다. 또는 사건 관련자 중 혐의가 경미한 자를 골라 회유하거나 협박해 만들어지기도 한다. 아무도 모르게 수사·정보기관에 연행되어, 지하 조사실에 고립된 채 당하는 구타와 고문, 협박을 버텨 내기가 쉽지 않다는 점에서 '만들어진 배신자'인 제보자도 피해자일 수 있다.

'동베를린 간첩단 사건'도 한 제보자에 의해서 일어났다. 1956년 서울대학교 정치학과를 졸업하고 하이델베르크 대학에서 사회학을 공부하고 1961년 프랑크푸르트 대학에서 철학 박사학위를 받은 임석진이 그 제보자였다. 임석진은 유학 중 사회주의 관련 서적들을 탐독하고 동베를린을 방문하는 등 1960년대 유럽의 자유로운 분위기를 만끽하던 한국 유학생들과 자주 어울렸다. 그러나 유학을 마치고 귀국하려 하자 박정희 정권의 반공 일변도 정책과 사회 분위기에 크게 불안을 느끼지 않을 수 없었다. 고심 끝에 임석진은 중앙정보부에 자수하고, 중정의 주선으로 1967년 5월 27일 박정희를 만나 유럽 유학생들의 상황을 자세히 털어놓았다.

그러나 이 사건 관련자들의 혐의가 일부 사실이었다고 하더라도, 천상병 시인의 경우처럼 관련자 대부분의 혐의 내용은 상당 부분 부풀려지고 조작된 것으로 드러났다. 1967년 12월 3일의 선고 공판에서 관련자 중 34명에게 유죄판결이 내려졌으나, 대법원 최종심에서 간첩 혐의로 유죄판결을 받은 사람은 하나도 없었다. 윤이상은 무기징역을 선고받았지만, 유럽에서 활동하는 음악인들과 독일 정부가 강력 항의하자 한국

정부는 윤이상을 2년도 안 되어 석방하고 독일로 돌려보냈다.

이 사건이 일어난 지 40년이 되던 해인 2006년 1월 26일, '국가정보원과거사건진실규명을통한발전위원회'는 "당시 정부가 단순 대북 접촉과 동조 행위를 국가보안법과 형법상의 간첩죄를 무리하게 적용해 사건의 외연과 범죄 사실을 확대·과장했다"고 밝히며, 사건 조사 과정에서의 불법 연행과 가혹 행위 등에 대해 관련자들에게 사과할 것을 정부에 권고했다.

유럽 거점 간첩단 사건

1973년 10월의 '유럽 거점 간첩단 사건'에도 한 제보자가 있었다. 1973년 10월 중앙정보부 5국 소속으로 최종길의 조사를 담당했던 차철권은 《신동아》(2002년 3월호) 인터뷰에서 "최종길 교수 건을 인지하게 된 계기는 무엇입니까?"라는 기자의 질문에 아래와 같이 대답했다.

> 1971년 1월인가 2월쯤(나중의 A 씨의 진술에 의하면 4월이다) 서독으로 유학 가 경제학을 공부한 A 씨가 귀국 직전, 서독 주재 우리 대사관에 찾아와 자기가 북괴에 포섭됐다며 자수해 왔는데, A 씨에 대한 심사를 제가 맡게 되었습니다. 자수한 간첩은, 관련법에 따라 면책 처분을 받게 돼 있으므로 혐의점이 있어도 기소하지 않습니다. 따라서 혐의점을 밝히기보다는 그가 진짜로 자수한 것이냐 위장 자수한 것이냐를 밝히는 데 주력했습니다. 그가 진짜로 자수했다면 우리에게 협조할 것이므로, 그의 협조 정도를 검증하는 데 주력한 것입니다.

이러한 원칙으로 심사하며 저는 그에게 "서독 유학 기간 당신이 만난 사람들 중에서 북한에 갔다 왔다고 생각되는 사람의 이름을 적어 보라"고 했습니다. 그는 스무 명 정도의 이름을 적었는데, 그중의 한 명이 최종길 교수였습니다. A 씨와 최 교수는 ○시의 ㅈ고 동창이었습니다. A 씨는 "최 교수는 나보다 먼저 서독으로 유학 가 법학을 공부했다. 최 교수는 한국으로 돌아가기 전 나에게 전화를 걸어 울먹이는 소리로 '곧 귀국하게 되는데 나는 서독으로 유학 온 것을 후회한다. 너도 조심하라'는 요지의 말을 했다"고 밝혔습니다. A 씨는 여기서 '최 교수도 십중팔구 나와 같은 처지구나'라고 생각했다고 했습니다. 저는 A 씨로 하여금 자필로 진술서를 작성케 한 후 이를 존안存案 파일로 보관했습니다.

차철권은 최종길에 대한 A 씨의 진술을 소개하고 있지만, A 씨에 대한 최종길의 언급이나 진술은 전혀 없기 때문에 A씨가 누구인지, 그리고 A 씨와 최종길 사이에 무슨 일이 있었는지, A 씨의 말대로 두 사람이 잘 아는 관계인지에 대해서는 객관적으로 확인할 수가 없었다. 그런데 '유럽 거점 간첩단 사건'으로 구속되어 유일하게 실형을 선고받았던 김장현의 공소장과 진술 조서에서, A 씨는 네덜란드 헤이그의 사회과학연구원을 거쳐 쾰른 대학교에 유학한 이필우임이 확인되었다. 이필우도 최종길의 존재와 이름은 알고 있었던 것 같다. 최종길의 아들 최광준의 증언이다.

한국에 독일 쾰른 대학교에서 공부한 사람들이 모이는 일종의 쾰른대동창회 같은 것이 있는데, 10여 년 전에 제가 그 모임에서 이필우 씨를 몇 번 만난 적이 있습니다. 이필우 씨도 제 아버지가 최종길 교수인 것은 알고 있었지요. 그러나 이필우 씨는 '유럽 거점 간첩단 사건'은 물론 저의 아버지에 대해서 저에게 한 번도 이야기한 적이 없습니다. 물론 당시 저는 아버지 사건에 이필우 씨가 관련되어 있었다는 것을 알고 있었지만, 그분에게 그 사건에 대해서는 전혀 묻지 않았습니다.

이필우는 경기도 화성군에서 태어나, 1953년 수원농림고등학교를 졸업하고 중앙대학교 경제학과에 입학, 1957년에 졸업했다. 1960년에 중앙대 대학원을 마친 이필우는 1961년 10월 네덜란드 헤이그 소재 사회과학연구원의 장학생으로 선발되어 유학을 갔다. 그는 1963년 5월경까지 약 2년 5개월 동안 네덜란드에 체류했는데, 그 시기에 네덜란드 델프트 공과대학에서 공부하던 이재원이 사회과학연구원으로 그를 찾아와 만났다고 한다. 그는 한국 사람으로서 위로차 왔다며, 자기 숙소로 놀러 오라고 하는 등 무척 호의적이어서 이필우는 그에게 의지하고 자주 만나면서 친밀하게 지냈다. 이필우는 이재원으로부터 쾰른 대학교에 자기의 절친한 친구인 최종길이 유학 와 있었다는 이야기를 들었다. 이필우는 이재원으로부터 이런저런 이야기 끝에 "최종길은 아주 훌륭하고 공부도 잘하는 등 아주 우수한데, 자본주의 정신이 투철해 공산주의 혁명에는 적합지 않은 인물"이라는 투의 말도 두어 번 들었다고 한다.

이필우는 1963년 5월 31일 사회과학연구원 부설 대학원에서 사회학 석사학위를 받고 네덜란드를 떠나 동년 6월 3일에 쾰른으로 와서 쾰른 대학교 대학원에 입학, 1971년 2월에 경제학 박사학위를 취득했다. 최종길의 쾰른 대학교 유학 기간은 1958년 4월부터 1962년 7월까지고, 이필우의 쾰른 대학교 유학 기간은 1963년 6월부터 1971년 2월까지이니, 최종길과 이필우는 쾰른 대학교에서 한 번도 마주칠 수 없었다. 그러므로

"(이필우가) 최 교수는 나보다 먼저 서독으로 유학 가 법학을 공부했다. 최 교수는 한국으로 돌아가기 전 나에게 전화를 걸어 울먹이는 소리로 '곧 귀국하게 되는데 나는 서독으로 유학 온 것을 후회한다. 너도 조심하라' 는 요지의 말을 했다"라고 한 차철권의 주장은 전혀 사실이 아니다.

이필우는 2001년 2월 15일, 의문사진상규명위원회 조사에서 그것은 최종길에게서 걸려 온 전화가 아니라 그 이야기를 이재원이 했다고 번복했다. 그는 조사에서 "저는 최종길을 한 번도 만난 적이 없습니다. 다만 (최 교수의) 이름만 이재원으로부터 들어서 알고 있을 뿐입니다"라고 진술했다. 두 사람이 ㅇ시(인천시) ㅈ고(제물포고) 동창이라는 차철권의 주장도 사실이 아니다. 이필우(1934년생)는 수원의 수원농림고등학교를 나왔고, 최종길(1931년생)은 6년제 인천중학교를 졸업했다. 또 최종길은 1973년 사망 시까지 서울대학교에서 법학을 가르쳤고, 이필우는 단국대학교와 건국대학교에서 경제학을 가르치다가 1999년 8월에 퇴임했다.

이필우는 의문사진상규명위원회 조사에서, "최종길이 서독 여성과 스캔들이 있었고, 그리고 그 스캔들 무마 조로 이재원이 최종길에게 주었다는 800마르크는 공작금일 것으로 추정되고, 그러나 자기는 그 돈을 주고받는 것을 보지는 못했다"는 등의 최종길 관련 정보는 모두 이재원으로부터 들어서 알게 된 것이라고 진술했다. 이필우는 최종길을 독일에서는 물론 한국에 돌아와서도 전혀 만난 적이 없을 뿐 아니라 둘 사이는 일면식도 없었고, 그에게 최종길에 대한 이야기를 해 주었다는 이재원은 '유럽 거점 간첩단 사건'이 일어난 1973년 10월 훨씬 이전인 1967년에 유럽에서 행방을 감추었으니, 결국 이필우는 이재원에게서 들은 10여년 전의 '카더라 이야기'를 중앙정보부에 제보한 것이다.

또 이필우는 최종길이 북한의 공작에 넘어가 활동한 사람이라는 태도로 진술하면서, 다른 한편으로 "최종길이 이재원에게 포섭된 것으로 보느냐?"는 질문에는 "이재원과 최종길은 아주 친밀한 관계인데, 이재원이 최종길을 포섭하기 위해 노력을 했다가 불가능해 포기를 한 것이 아닌가 싶습니다. … 주로 빈곤층 유학생을 상대로 포섭을 하는데, 평소 이재원이 최종길은 출신이 빈곤층이지만 자본주의 사상에 물들었기 때문에 공산혁명에 동조할 이유가 없다고 했습니다. 왜냐하면 동인은 박사학위를 땄고, 곧 있으면 교수가 되는데 무엇이 답답해서 공산혁명에 앞장서겠냐고 한 일도 있습니다. 그래서 동인이 포섭이 안 된 것으로 생각하는 것입니다"라고 진술했다.

양복 한 벌의 악연

이필우는 네덜란드 등에서 이재원과 수차 만났지만 1967년 '동베를린 간첩단 사건' 때는 체포되지 않았다. 이후 '동베를린 간첩단 사건'이 용두사미처럼 흐지부지되고, 심지어 사형을 선고받은 사람조차 2년도 안 되어 풀려나 유럽으로 돌아왔으나, 이재원과 자주 어울린 이필우로서는 불안감을 지울 수가 없었다. 이필우는 1971년 2월에 박사학위를 받을 예정이었고, 그렇게 되면 한국으로 돌아가야 했기 때문이다. 1973년 중앙정보부에서의 그의 진술에 따르면, "본인은 1961. 10.경 … 북한 화란 공작책 이재원에게 포섭된 이래 그의 안내로 동독 북한대사관을 방문해 유럽 총책 이원찬 등으로부터 교양을 받고 1963. 8. 6.부터 동년 8월 말까지 평양에 가서 교양과 지령을 받고 활동"했다고 하니, 그게 모두 사실이라면 그의 불안감은 당연했다.

김장현·이필우 접촉 일지

일 자	관련 내용
1961. 10 초순	이필우, 네덜란드 사회과학연구원 유학(이)
1961. 12	손원일(경제기획원 과장, 사무관), 네덜란드 사회과학연구원 6개월 과정 유학(이)
1962. 7 초순	손원일 귀국(네덜란드 체류 동안 이필우와 친하게 지냄 - 이)
1963. 4 초순	김장현(경제기획원 사무관), 농림부 이동배와 함께 FAO 주최 세미나 참여차 네덜란드 방문(손원일의 부탁으로 이필우에게 보내는 양복 한 벌을 가져옴 - 김)
1963. 4. 20경	김장현, 사회과학연구원 옆 파크 호텔에서 이필우 만나 양복 전해 줌(김)
1963. 4 중순	이필우, 김장현과 이동배를 데리고 이재원 자취방 방문(김). 5월 초순(김)
1963. 6. 3	이필우, 사회과학연구원에서 학위 끝내고 서독 쾰른으로 이주(이)
1963. 7 하순까지	이필우·김장현·이동배, 이재원 숙소에서 4~5차례 회동(김)
1963. 7 중순	김장현, FAO 세미나를 위해 네덜란드에서 로마로 떠남(이)
1963. 8	로마의 김장현에게 이필우가 안부 편지를 보내옴(김)
1963. 10 중순	이재원·김장현이 쾰른의 이필우를 방문해 1박(이). 10월 19일(김)
1963. 10 하순	김장현, 프랑크푸르트 공항을 통해 귀국(이). 10월 20일(김)
1967. 6경	이재원·이재문 유럽에서 행방불명
1968. 2 초순	이재원, 이필우에게 전화(이)
1969. 6. 28	이필우, 주서독 한국대사관을 찾아가 자수(이)
1971. 4. 9	이필우 귀국. 중정에서 조사받은 후 공소보류 처분(이)
1971. 5 하순	이필우, 경제·과학심의회의로 김장현 방문. 이재원 실종 이야기 나눔(이)
1971. 6 하순	이필우, 경제·과학심의회의로 김장현 방문(이)
1971. 10 중순	이필우, 경제·과학심의회의로 김장현 방문. 자료 요청(이)
1971. 11 초순	김장현, 이필우에게 해외경제연구소 근무 장연호 소개(이)
1971. 11 하순	김장현, 이필우·장연호 저녁 초대(이)
1973. 2 중순	이필우, 김장현·장연호와 저녁 회동. 식사 대접(이)
1973. 9. 19경	김장현, 중앙정보부에 구속(김)
1973. 9. 25	이필우, 중앙정보부에서 김장현에 대한 진술서·진술 조서 작성(이)

* (이)는 이필우의 진술이나 주장, (김)은 김장현의 진술이나 주장에 따름.

이필우는 "양심의 가책을 느껴 1969. 9. 28. 주서독 한국대사관 김영주 대사를 찾아가 모든 과오를 뉘우치고 진심으로 자수"했다. 그는 이때 대사관에서 중앙정보부 주서독 파견관 이치왕에게 조사를 받았다. 그러고는 1971년 4월 9일 귀국해 이문동의 중앙정보부에서 다시 조사를 받고 동년 5월 7일 공소보류 의견으로 서울지방검찰청에 송치된 후 동년 5월 중순경 공소보류 처분을 받았다. '공소보류'는 국가보안법에 규정된 죄를 범한 자에 대해 형법 제51조의 상황을 참작해 공소제기를 보류하는 검사의 처분이다. 공소보류는 검사가 공소 제기를 미루는 합법적인 조처지만, '보류'라는 조건을 역이용해 대상자를 합법적으로 감시할 수 있고, 향후 대상자의 행적에 따라 신축성 있게 수사 처분을 할 수 있도록 묶어 놓기 위한 수사기관의 의도도 숨어 있다.

이필우는 1973년 '유럽 거점 간첩단 사건' 당시 중앙정보부에 출두해 자필 진술서와 진술 조서를 작성했다. 그는 1973년 9월 25일 참고인 자격으로 출두해, 김장현을 알게 된 동기, 김장현과의 접촉 회합, 김장현을 이재원에게 소개한 동기 및 경위, 김장현과 이재원의 접촉 상황, 이재원의 정체, 김장현의 사상 성분 등을 피력한 자필 진술서를 작성했다. 그리고 이어 '김장현에 대한 국가보안법 위반 등에 관해' 사법경찰관에게 '임의로 진술한' 진술 조서를 작성했다. 이 진술서와 진술 조서에 따르면, 이필우는 네덜란드에 유학 와 바로 북한의 공작책 이재원에게 포섭되었고, 본인이 김장현을 이재원에게 소개, 수시로 김장현과 접촉하면서 김장현이 공산주의 사상을 포지한 것을 확인했다는 것이다.

이필우는 중앙정보부에서 1973년 9월 28일 최종길에 대해서도 진술한 것으로 2001년 2월 15일 의문사진상규명위원회의 진술 조서에서 드러났다. 이 진술 조서는 차철권이 1970년 4월 하순 이필우가 독일에서

김장현(왼쪽)과 이필우. 1963년 FAO 세미나가 종료되어 김장현이 귀국하기 직전에 촬영했다.
ⓒ김장현

귀국한 직후, 중앙정보부에 자수해 조사받은 내용을 존안철로 정리해 보관한 것을 다시 꺼내 다그쳐서 작성한 것이다. 그리고 이때 이필우가 최종길에 대해 진술한, (이재원에게서 들었다는) 내용을 최종길의 주무수사관 차철권이 정리한 것이 최종길 사후 중앙정보부가 발표한 최종길의 혐의 사실이었다.

이필우가 김장현을 처음 만난 것은 1963년 4월 초순경이었다. 1961년 12월 중순경 경제기획원 사무관 손원일은 6개월 과정으로 이필우가 유학하고 있던 헤이그의 사회과학연구원으로 연수를 갔다. 다음 해 7월 손원일은 귀국했고, 1963년 4월 김장현이 FAO 세미나 참석차 헤이그로 가게 되었다. 이때 이필우의 둘째 매형 박춘근(당시 구리개양복점 종업원)이 이필우에게 보내는 양복 한 벌을 김장현에게 가지고 가라고 손원일이 부탁한 것이다. 해외여행이 어려웠던 그 시절, 국내의 지인이 해외의 지인들에게 옷가지나 고추장 등을 전달하는 심부름을 부탁하는 일은 너무나 당연했고, 출국자는 낯설고 물선 이국땅에서 도움이 될 사람을 소개받는 것만으로도 든든해 했다. 김장현은 이필우와의 만남을 아래와 같이 증언했다.

> 당시 경제기획원에서 조사과장직에 있는 손원일이라는 분이 있었어요. 그 양반이 제가 네덜란드에 간다니까 그곳(네덜란드)에 있는 이필우 씨한테 양복을 한 벌 갖다 주라는 거예요. 자기가 (네덜란드에 있을 때) 이필우 씨한테 신세를 많이 졌다고 그러면서. 지금 단국대 교수로 있는 이필우 씨라고. (나중에 보니) 이필우 씨는 이재원 씨하고 친한 사이인데. 좀 귀찮기도 했지만 그거 물어볼 수도 없고 해 그냥 갖다 (이필우에게 전해) 주었죠.

결국 양복 한 벌을 전해 준 인연으로 김장현은 네덜란드에서 이필우와 자주 어울려 지내게 되었다. 또 김장현은 이필우의 제의로 한국 사람들이 자주 모이던 이재원의 기숙사에도 방문해 네덜란드 체류 6개월여 동안 자주 그들과 어울렸다. 그러나 이때의 만남은 10여 년 후 돌이킬 수 없는 결과를 낳았다. 이필우는 유학을 마치고 독일에서 귀국한 후 1971년 4월 자수해 중앙정보부에서 조사받을 때 유학 기간 중에 네덜란드에서 어울렸던 사람들의 이름과 대화 내용을 샅샅이 진술했고, 이는 1973년 10월의 '유럽 거점 간첩단 사건'의 실마리가 되었다. 중앙정보부 스스로도 이 사건에 대해 '1971. 4. 자수 간첩 이필우 첩보 제공에 의해 수사 공작에 착수'했다고 밝혔다.

이필우는 1973년 9월 25일 중앙정보부에서 작성한 김장현에 대한 진술서에서 "김장현은 북한의 공산주의체제가 남한의 체제보다 우수해 실업도 해소되고 경제발전의 속도도 더 빠르다는 것을 시인했으며, 특히 본인(이필우)이 통일 과업의 중요성에 대해 무엇인지 감동되고 있었으며, 이재원과 본인이 만났을 때 그간 본인을 잘 따르는 것같이 느껴졌다"라고 주장했다. 또 이필우는 김장현의 사상 성분에 대해서도 "… 본인이 그의 성분과 사상을 검토해 본 결과 용공적이고 공산주의 사상이 있는 자로서 이재원에게 포섭 대상으로서 추천한 바 있으며, 김장현은 1963년 10월경 이재원에게 포섭되어 동베를린의 북한 대남 공작원과 접선, 동년 11월경 귀국해 현재까지 경제·과학심의회의 서기관으로 재직하던, 과거 동베를린에 접선되었던 자임"이라고 진술했다. 이러한 이필우의 진술은 '유럽 거점 간첩단 사건'에서 모두 김장현의 간첩 혐의를 입증하는 증거자료가 되었고, 결국 김장현은 이를 인정하라는 중앙정보부 5국 수사관의 모진 고문 끝에 기소되어 재판을 받고 4년의 실형을 살게 된 것이다.

차
철
권

08

특무대 출신 정보부원

차철권은 중앙정보부 5국 수사공작과 소속으로, 1973년 10월 16일 오후 2시경 중앙정보부에 출두한 최종길이 10월 19일 새벽 의문의 죽음을 당하기까지 조사를 전담한 주무수사관이었다. 그리고 5국 같은 과 소속 김상원과 변영철이 보조수사관으로 최종길의 조사에 차철권과 함께 참여했다(김상원은 중앙정보부 정규과정 7기생이었다. 7기생은 1970년 12월에 수사공작과에 배치되었다. 최종길 사건을 겪은 후 김상원은 통신국으로 옮겨 가 근무하다가 1988년 서울지검의 조사를 받은 후 사표를 내고 미국으로 이민을 떠났다. 변영철은 차철권처럼 대공수사 경험이 있어 중앙정보부에 특채된 사람으로, 최종길 사건이 있은 후 한참 더 근무하다가 사표를 내고 미국으로 이민을 떠났다). 다음은 차철권이《신동아》(2002년 3월호) 인터뷰에서 밝힌 자신의 이력이다.

차철권은 1927년 경상남도 함안군 칠서면의 한 농가에서 태어나 네 살 되던 해인 1931년 가족과 함께 일본의 교토로 이주했다. 일본 교토에서 중학교까지 마친 그는 1945년 해방이 되자 가족과 함께 귀국, 함안군

대산면에서 살았다. 차철권은 청소년기를 보낸 일본 생활에는 익숙했으나 한국 생활엔 잘 적응하지 못했다. 그리하여 20살이던 1947년 국군의 전신인 국방경비대 제15연대(경상남도 마산시 주둔)에 자원입대했다. 차철권이 소속된 제15연대는 1948년 여순반란사건이 일어나자 반란군 토벌 작전에 투입되었다. 1950년 2월, 차철권은 제15연대에서 육군정보국 순천지구 CIC(Counter-Intelligence Corps, CIC는 그 후 특무대-방첩대-보안대로 이름을 바꿔오다가 지금은 국군기무사령부가 되었다) 요원으로 차출되었다. 차철권은 CIC에 근무하면서 6·25전쟁 중에 포로 신문에 공을 세워 충무무공훈장을 받았고, 이때 대공수사 경험을 쌓아 종전 후 준위로 진급했다.

차철권은 29세가 되던 1956년, 갑종 118기 교육을 받고 소위로 임관되어 육군특무대에 근무하다가 1966년 1월 계급정년에 걸려 방첩대 중위로 예편했다. 특무대 시절 간첩 검거 등의 공으로 화랑무공 훈장 및 대통령 표창을 받았던 차철권은 예편 바로 다음 날 3급을 군속으로 발령받아 다시 육군 방첩부대 대공 분야 부서에 근무하게 되었다. 그러나 그는 몇 개월 뒤 방첩대에 사표를 내고는 베트남으로 가 1970년까지 4년여 동안 미국계 회사 '반넬'의 경비원으로 근무했다. 1970년 베트남에서 귀국한 차철권은 중앙정보부에 촉탁으로 들어갔다가 그해 12월 정식으로 5국 수사공작과의 4급갑(주사) 요원으로 특채되었다. 차철권은 '최종길 사건' 이후인 1974년 소위 '울릉도 간첩단' 적발로 사무관에서 서기관으로 특진했고, 1978년 12월 부이사관으로 승진해 중앙정보부 대전지부 대공수사과장으로 재직하다가, 1980년 7월 전두환이 중앙정보부 직원들을 대거 숙청할 때 해직되었다.

《신동아》 2002년 2월호는 의문사진상규명위원회 상임위원 김형태 변호사의 기고문 〈최종길 사건 중간 보고서 : 중정은 고문으로 간첩 만들고 타살 후 증거를 조작했다〉를 실었다. 김형태의 기고문이 게재된 잡지가 발매되자 차철권은 《신동아》 측에 격렬하게 항의했다. 그는 "진상규명위는 최 교수가 타살됐다고 했는데, 이는 나를 살인자로 모는 것이다. 최 교수는 타살된 것이 아니라 투신자살했다"라고 강력히 주장하면서 "사람을 모함해도 이렇게 모함할 수는 없다. 최 교수와 유가족에게만 인권이 있는 것이 아니라, 나에게도 인권이 있다"라며 상당히 격앙되어 항의했다.

이에 《신동아》 측이 차철권에게 김형태의 기고에 대한 반박 내지 해명 인터뷰를 권유했고, 그가 이를 받아들여 《신동아》 2002년 3월호에 〈천지신명에 맹세코 나는 최 교수를 죽이지 않았다〉는 제하의 인터뷰를 한 것이다. 이 인터뷰는 한편으로 '최종길 사건'에 대한 차철권의 일방적 '주장'을 소개하고 있지만, 다른 한편으로는 당시 최종길의 조사팀과 5국 수뇌부 간의 갈등 등 세세한 내부 움직임도 진술하고 있어 후일 사건의 실상을 재구하는 데 중요한 열쇠가 될 수 있었다(이 장은 차철권의 이 인터뷰를 풀어 정리하는 방식으로 기술했다. 《신동아》는 이 인터뷰에 등장하는 인물들의 이름을 모두 이니셜로 처리했으나, 이미 공간된 문헌들에서 그 이름이 공개된 사람의 경우 모두 실명으로 바꾸었다).

차철권은 안기부를 퇴직한 후에는 최종길 사건을 잊고 지냈는데, 1988년 서울지검에 고발돼 조사를 받을 때 그 사건을 약간 기억해 내게 되었다고 한다. 그리고 그 10년 후인 1998년 SBS 취재진과 최종길의 아들 최광준이 자기 집을 찾아오고, SBS가 최종길 사건을 대대적으로 방영하자 울분이 터져 그 사건에 대한 기억을 떠올려 나름대로 기술해 기자회견을 열 생각으로 발표문을 준비했고, 최종길을 '심사'하게 된 경위와 최종길의 자백 내용 등을 문답 형식으로 만들어 놓았다고 한다. 그러나 정보부 재직 중에 많은 간첩 사건을 다뤘기 때문에, 최종길이 북에서 교양을 받은 장소와 교양받은 내용, 지령받은 내용 등은 다른 간첩의 것과 뒤섞여 잘 기억하지 못한다고 주장했다. 그리고 증거능력이 없는 녹지錄紙와 최종길의 집에서 압수했다는 수첩마저 사라졌다고 한다.

제 보

최종길이 차철권과 철천지악연徹天之惡緣을 맺게 된 데는 A라는 제보자가 있었다(A는 2001년 의문사진상규명위원회의 조사에서 이필우라고 밝혀졌다). 차철권은, 서독으로 유학 가 경제학을 공부한 A가 1971년 1, 2월경 귀국하기 직전, 서독 주재 한국대사관에 찾아와 "자기가 북괴에 포섭됐다"며 자수해 왔는데, A에 대한 심사를 그가 맡게 되었다고 한다. 그런데 자수한 간첩은, 관련법에 따라 면책 처분을 받게 돼 있으므로 혐의점이 있어도 기소하지 않고, 혐의점을 밝히기보다는 그가 진짜로 자수한 것인지, 위장 자수한 것인지를 밝혀 진짜로 자수했다면 협조할 것이므로, A의 협조 정도를 검증하는 데 주력했다고 한다.

그리하여 차철권이 A에게 "서독 유학 기간에 당신이 만난 사람들 중에서 북한에 갔다 왔다고 생각되는 사람의 이름을 적어 보라"고 하자 그는 스무 명 정도의 이름을 적었는데, 그중 한 명이 최종길이었다는 것이다. A와 최 교수는 인천시의 제물포고등학교 동창이었다고 하는데, A는 "최 교수는 나보다 먼저 서독으로 유학 가 법학을 공부했다. 최 교수는 한국으로 돌아가기 전 나에게 전화를 걸어 울먹이는 소리로 '곧 귀국하게 되는데 나는 서독으로 유학 온 것을 후회한다. 너도 조심하라'는 요지의 말을 했다"라고 진술했다 한다(차철권의 이 진술은 사실관계에 전혀 부합되지 않는다. A와 최종길은 고등학교 동창이 아니며, 둘 사이는 일면식도 없다).

차철권은 A에게 자필 진술서를 작성케 한 후, 당시 담당하고 있던 사건이 너무 많았기 때문에 상부에는 이런 첩보가 있다는 정도의 보고만 하고 이를 존안철로 따로 보관했다고 한다. 존안철은 이러이러한 첩보가 있다고 보고한 후 심문관 개인이 보관하는 것이라고 한다. 5국의 수사공작과는 공작을 하면서 심사하는 곳이라, 심문관이 존안철에 남겨놓은 첩보 중에서 증거를 수집한 후 심사해 봐야겠다고 생각되는 것이 있으면 먼저 '심사 계획서'를 만들어 상급자에게 올리고, 국장이 이를 결재한 후 심사 팀이 구성되고 필요 예산이 나온다고 한다.

차철권이 최종길에 대한 존안철을 만들고 2년 6개월이 지난 1973년 가을, 수사1과에서 유럽간첩단 용의자들에 대한 수사를 했는데, 위에서 최 교수에 관한 존안 자료를 수사1과로 보내라는 지시가 내려와 거기로 넘겨주었다고 한다. 그런데 10월 초쯤 상부에서 최 교수 건을 차철권이 속한 수사공작과에서 심사하라는 지시가 내려오고, 그와 동시에 최종길의 존안 자료가 다시 차철권에게 되돌아왔다는 것이다.

그러나 차철권은 최종길을 다루는 데 부담을 크게 느꼈다고 한다. A의 진술만 있을 뿐 확실한 증거가 없는 데다가, 다른 대학도 아닌 서울법대의 교수를, 그것도 학생과장까지 맡고 있는 사람을 조사하라니 부담을 느끼지 않을 수 없었다는 것이다. 최종길에게 배운 제자 중에는 판검사가 즐비할 텐데, 잘못 조사하면 담당 심사관만 당할 수도 있다는 생각이 들었다는 것이다. 더구나 최종길의 친동생인 최종선이 공채 9기로 중앙정보부에 입부해 감찰실에 근무하고 있어, 이도 크게 신경이 쓰였다고 한다. 차철권의 주장이다.

확실한 증거도 없이 최 교수를 심사하는 과정에서 폭언이나 욕설을 퍼붓고, 구타를 가했다가 그 사실이 최 교수의 동생이 근무하는 감찰실에 알려지면 그날로 징계위에 회부돼 처벌받게 됩니다. 설사 구타나 폭언을 사용하지 않았더라도 최 교수에게서 아무 혐의점을 찾지 못하고 방면한다면, 그 역시 감찰실의 책임 추궁을 당할 수밖에 없다는 이야기입니다. 최 교수가 숱한 판검사 제자를 거느린 서울법대 교수라는 것도 버거웠고요. 확실한 증거를 잡을 때까지는 최 교수 건은 피하고 싶었다는 것이 솔직한 심정이었습니다.

구수회의

차철권은, 현직 서울법대 교수이고 그 동생이 감찰실에 있는 사람을 심사하라는 지시가 내려왔으므로 팀 전체가 술렁거렸다고 말했다. 위에서 사건을 내려보냈으나 심사할 자료는 없었고, 상대도 버거워 구수회의를 열고 최 교수의 연행 절차를 논의했다고 한다. 그때까지는 존안철에 있는 첩보일 뿐 구체적인 증거가 없으므로. 영장 없이 법 전문가를 데려오는 것이 쉽지 않다고 보았다. 구수회의 결과 최 교수의 동생인 최종선의 도움을 받자고 결론이 났다. 수사공작과의 공채 7기생 세 명이 공채 9기인 최종선에게 최종길이 자진 출두 형식으로 중정에 나오도록 협조를 구하자고 의견을 모았다. 구수회의에서 합의한 대로 수사공작과의 공채 7기생들은 최종선에게 형의 자진 출두를 부탁했으나 "형님이 서울법대의

학생과장직을 맡고 있어 아직 정리하지 못한 일이 많다고 한다. 그것을 정리해 놓고 닷새나 일주일 후에 나오겠다고 하더라"는 대답을 들었다.

그로부터 닷새인지 일주일 만인지, 1973년 10월 16일 최종길은 충무로에 있는 아스토리아 호텔 커피숍에서 동생 최종선과 수사공작과 직원 변영철을 만나 중정에 들어가기로 약속했다. 그런데 최종길은 약속 시간보다 두 시간이 늦은 오후 4시쯤에야 호텔 커피숍에 나타났다고 한다. 그리고 최종길이 남산 분청사 정문 앞에서 최종선과 헤어지고 변영철과 함께 분청사 지하 조사실로 들어온 것이 10월 16일 오후 4시 40분쯤이라고 한다. 차철권은 "최 교수가 남산 분청사로 나온 것은 자진 출두입니다"라고 분명하게 주장했다.

차철권은 최종길의 조사를 담당하는 주무심문관이 되었고, 변영철이 보조심문관 역할을 했다. 보조심문관은 심문에는 관여하지 않고 말 그대로 주무심문관을 보좌하는 역할을 했다. 차철권은 정보부의 일반적인 '심문 기법'으로 최종길을 다그쳤다고 한다.

먼저 백지를 앞에 내놓고 '진술서'라고 쓴 후 원적·본적·주소·직업·성명·생년월일 등의 인적 사항과 전과 관계, 재산 관계, 학력과 경력, 가족 관계 등을 쓰게 합니다. 그리고 서독 유학 동기, 유학 기간 중에 접촉한 사람과 동독을 여행한 사실이 있는지 등을 하나하나 제목을 줘 가며 쓰게 합니다. 이렇게 같은 진술서를 밤새워 반복해서 쓰게 하면, 조금씩 내용이 달라지는 부분이 나오게 됩니다. 그러면 달라진 부분을 별도로 기록해 두었다가 한 시점을 택해, "왜 이 부분에 대한 진술은 이렇게 달라지는가. 이 차이가 무엇이냐" 하고 파고드는 것입니다.

차철권은 오로지 최종길의 서독 체류 기간 중에 어떤 혐의점이 있는지를 찾는 데 주력했다고 주장했다. 이를테면, 최종길이 아르바이트를 하지 않았다고 하는데, 학비는 장학금으로 때운다 하더라도 생활비는 필요할 것이다. 최종길은 인천시에 거주하는 형님이 매달 생활비를 송금해 주었다고 썼다. 다음 날(17일) 아침 최종길의 진술 내용을 확인해 보기 위해 인천시로 직원을 보내 "최 교수의 형을 만나 확인해 보았다. 형은 박봉을 받는 월급쟁이고 딸린 식구가 많아 동생에게 정기적으로 생활비를 보낼 형편이 아니었다고 한다. 처음 두 번인가 우체국을 통해 동생에게 돈을 부쳐 주었다고 해, 우체국에 가서 송금 확인서를 떼어 왔다"는 보고를 받았다 한다. 차철권은 이러한 정황들을 확인하기 위해 최종길의 가택을 수색하기로 했다. 물론 영장 없는 가택수색이다. 차철권의 주장이다.

> 법 전문가인 최 교수의 가택마저도 영장 없이 수색하려니 영 마음이 편치 않았습니다. 나중에 영장 없이 최 교수 집을 수색한 것이 문제가 되면 큰일이 날 수밖에 없기에 최 교수에게 "집에 누가 있느냐"고 물어봤습니다. 최 교수는 "부인은 소아과 의사인데 현재는 아이들을 데리고 친정에 가 있어, 식모만 집에 있다"고 했습니다. 그래서 "식모에게 중정 직원들이 찾아가면 집을 살펴볼 수 있도록 협조해 주라"는 쪽지를 써 달라고 했습니다. 최 교수는 순순히 써 주었습니다.

10월 17일 밤 정보부 요원들은 영장 없이 최종길이 써 준 쪽지를 갖고 가택수색을 했다. 그들은 최종길의 집 다락 한 구석에서 오래된 수첩을 하나 찾아냈는데, 그 수첩을 자세히 살펴보니 일본 주소가 기재돼 있

순일이 에게,　　　"고개상회"　　드또별 100M　파란치ㄱ 郵送부 건네庚

이 편지 가지고 가시는 분들은 우리 학교의 직원들로서, 아거씨 옛날 유학 갔을 때의 편지들을 가지다 달라고 부탁드렸으니, 잘 안내하여 찾아드리도록 하여라. 대요전 ㅊ종이 상자가 아니면 큰 종이봉투 속에 들어 있을 것인데, 오ㄴㄴ안에서 책장 아래 서랍 (서래) 에 있을 것이다. 애들을 잘 보도록 하여라.

　　　　　　　　최종길 씀
　　　　　　　　(최)

TEL 93-3300

최종길의 친필 쪽지. 중정 수사관들은 이 쪽지 편지를 근거로 영장 없이 최종길의 자택을 수색, 편지 뭉치와 수첩 등을 압수해 갔다.

었고, 최종길의 제물포고 선배이자 북한 공작 조직의 유럽책인 노봉유와 동베를린 간첩단 사건 때 한국에서 독일로 도주한 재독 간첩 이재원의 이름이 기재돼 있었다고 한다. 그리하여 일본 주소는 노봉유와 연락하는 중간 연락처의 주소일 것으로 추정하고 캐물었지만 최종길은 대답을 못했다고 한다.

다음 날(18일) 새벽 4시쯤 차철권이 확보한 송금 확인서를 최종길에게 보여 주며 "서독 유학 중에 생활비는 어떻게 마련했느냐"고 추궁하자, 최종길은 풀 죽은 모습을 보이며 이재원에게서 800마르크를 빌린 적이 있다고 인정했다. 그리고 차철권은 그날(18일) 오후 4시 30분쯤, 최종길이 지인이 바람이나 쐬자고 해 지하철을 타고 가다가 밤중에 어느 역에서 내렸더니 동베를린이었다면서 동베를린에 갔던 것을 시인했다고 말했다. 그리고 그날 밤 야식을 먹고 난 후, 동베를린에 같이 간 사람은 노봉유라고 밝혔다고 한다.

고문은 없었다!

차철권은 이렇게 최종길을 48시간 이상 중앙정보부에 잡아 놓고, 최종길이 북한 공작책인 이재원으로부터 800마르크를 빌렸고, 또 다른 북한 공작책 노봉유와 함께 당시로서는 적성 국가인 동독 동베를린에 갔다는, 최종길에게는 절대적으로 불리한 진술을 받아 냈지만, 최종길에게 고문이나 폭력을 절대 휘두르지 않았다고 말했다. 차철권의 주장이다.

천지신명에 맹세코 저는 최 교수를 고문한 적이 없습니다. 제 나이가 일흔여섯이요(한국 나이로). 세상을 살 만큼 산 내가 뭐가 무서워 거짓말을 하겠소? 나도 저승에 가면 최 교수를 만날 텐데, 왜 거짓말을 하겠소. 서울대 교수다, 동생이 감찰실에 있다, 윗분들이 크게 관심을 가진 사안이라는 중압감에 눌려서 최 교수를 때리거나 폭언을 퍼부을 생각조차 하지 못했소. 최 교수를 재우지 않은 것을 고문이라고 한다면 고문이겠지. 그러나 당시 그것은 일반적인 심사 방법이었소. 최 교수를 재우지 않은 것 외에는 때리거나 폭언한 적이 없어요.

차철권은 최종길이 혐의 사실 자백을 한 10월 18일부터 상급자들이 큰 관심을 기울였던 게 일을 망친 출발점이라고 주장했다. 첫째는 수사공작과의 안흥용 과장이었다. 그는 심사 상황이 궁금해 지하 조사실로 내려왔다가 최종길이 동베를린에 갔다 왔다는 것을 실토했다는 사실을 확인하게 되었다고 한다. 차철권은 안흥용에게 "과장님, 지금부터 풀리기 시작합니다. 최 교수가 동베를린에 갔다 왔다고 실토했으니 최 교수는 간첩이 틀림없습니다. 이제 서울대학교 내에서 활동하던 간첩을 검거하는 것은 시간문제입니다"라고 말했다. 그리고 "이제 퇴근 시간이 다 되었으니 (장송록) 단장께 보고하지 마시고 그냥 퇴근하십시오. 내일(19일) 출근하시면 단장께 보고할 자료를 작성해 놓겠으니 그때 보고하십시오"라고 신신당부했다고 한다. 그것은 단장한테 보고하면 단장의 성격으로 봐서는, 당장 지하실로 내려와 과연 최 교수가 동베를린에 갔다 왔다고 자백했는지 확인하고 이것저것 물으며 직접 회유하려고 할 것이기 때문이었다고 한다.

차철권은 안흥용이 자기 방으로 올라간 후 다시 책상을 사이에 두고 최종길과 마주 앉았다고 한다. 최종길은 차철권의 책상 위에 놓인 담배를 보더니 한 개비 달라고 했다고 한다. 그러고는 담배를 한 모금 깊이 빨더니, 뭔가 골똘히 생각하기 시작했다고 한다. 그렇게 한 30여 분 지났는데 갑자기 조사실 문이 열리며 수사단장 장송록과 10과장 안흥용이

들어왔다고 한다. 차철권은 여기서부터 일이 크게 꼬이기 시작했다고 말했다. 차철권의 주장이다.

> 단장은 대뜸 최 교수에게 "고생이 많습니다. 조사받는 동안 수사관이 폭언이나 구타·고문을 하지 않았습니까?"라고 물었습니다. 최 교수는 "그런 것은 없었는데 잠을 못 자서 죽겠습니다"라고 대답했습니다. 그러자 단장은 제게 "왜 최 교수님을 재우지 않았는가"라고 질책했습니다. 저는 "단장님, 이 바쁜 시간에 밤에 재우고 하다가는 언제 조사합니까? 최 교수님만 못 잔 게 아니고, 저희도 똑같이 자지 못했습니다"라고 대꾸한 것으로 기억합니다. 단장이 심문관 사정을 몰라서 질책했겠습니까. 다 알면서 한 것이지. 그렇게 해 놓고 단장이 "동베를린에 갔다 왔습니까?" 하고 묻자, 최 교수는 "그래요" 하고 대답했습니다. 자기 귀로 최 교수의 자백을 확인한 단장은 제게, "최 교수님은 서울법대의 교수님 아닌가. 이런 분을 어떻게 지하실에서 조사하느냐? 당장 7층으로 모셔라"라고 지시했습니다. 이 지시 때문에 최 교수는 오후 7시쯤 7층 VIP 조사실로 올라가게 되었습니다.

7층 VIP 조사실은 제3국 또는 국내에서 활동하다가 자수한 거물 간첩이나, 역용(역공작) 가치가 있는 간첩, 합심(합동심문)이 필요한 인물을 심사하는 곳으로, 대공처 합동심문계에서 관리하는 방이라고 한다. 그러므로 수사단에서 그곳을 사용하려면 대공처에 협조를 요청하고, 거기에서 승인해 줘야 사용할 수 있기 때문에 대공처 합심계 직원들이 퇴근하기 전에 협조전을 만들어 보내야 한다고 했다[1998년 SBS 제3취재본부 취재팀은 이 건물이 4층이 없는 7층, 실제로는 6층 건물임을 확인했다. 최종선은 당시 이 건물 7층(실제로는 6층)에는 정보부장실, 차장실, 특별보좌관실, 비서실, 안전과(경호 전담) 등 정보부 수뇌부가 있었으며, 조사실 같은 것은 아예 있지도 않았다고 주장했다. 정보부 최고위 간부들의 방이 있는 층에 혐의자를 고문하기도 하는 조사실이 있다는 게 말이 안 된다는 것이다. 최종선은, 6층에는 6국(판단기획국)이 있었고, 5층에는 제7국(심리전국)이, 그리고 2층과 3층 2개 층에는 제5국(대공수사국)이 있었으며, 1층에는 식당, 이발소 등 후생시설이 있었고, 그 지하에 문제의 조사실들이 있었다고 주장했다. 따라서 "최 교수가 7층화장실에서 투신자살했다"는 중앙정보부의 발표는 처음부터 허위 날조에 불과하다는 것이다].

차철권은 그 방을 쓰기 위해 협조전을 만들어 합심계의 승인을 받고, 지하 조사실에서 최종길에게 저녁식사를 들게 한 후 저녁 7시쯤 VIP 조사실로 올라갔다고 한다. 차철권은 그 자초지종을 이렇게 설명했다.

애초의 심사 계획서에는 저와 변영철이 18일 퇴근 때까지 최 교수를 심사하고, 이후에는 다른 팀이 심사하게 돼 있었습니다. 그런데 윗분들은 "최 교수가 동베를린에 갔다 왔다는 것을 진술하기 시작했으니 밤새워 조사해 북한에 갔다 왔다는 것까지도 자백을 받고 내일(19일) 아침에 다른 주심문관과 교대하라"고 지시했습니다. 그러나 보조심문관은 심사 계획서대로 교체해, 변영철 직원에서 김상원 직원으로 바뀌었습니다. 18일 저녁 7시부터 저는 김상원을 데리고 다시 밤새워 최 교수를 조사하게 되었습니다.

녹 지

차철권은 저녁 7시쯤 보조심문관 김상원의 연락을 받고 VIP 조사실로 올라가 최종길과 마주 앉았다고 한다. 차철권이 질문을 시작하자 이때 최종길은 자기가 동베를린에 두 번 갔다 왔다고 말했다고 한다. 그로부터 약 2시간 동안 차철권은 주로 최종길이 노봉유에게 포섭된 동기와 동베를린을 여행하게 된 경위 등을 묻고, 그에 대한 최종길의 답변을 녹지錄紙해 나갔다고 한다. '녹지'는 중앙정보부 내에서 사용하는 용어로, 피조사자가 하는 말을 심문관이 죽 받아 적는 것을 말한다. 심문관은 피조사자가 자술서를 쓸 때 녹지한 것을 줘 참고하게 하고, 피조사자가 자술서를 쓰고 난 다음에는 그 녹지를 파기한다. 따라서 녹지는 심문관이 피조사자의 말을 듣고 쓰는 것이라 법적 증거능력은 전혀 없다.

차철권에 따르면, 최종길은 저녁 7시부터 9시까지 시종일관 담배를 피우면서 괴로운 표정을 지었다고 한다. 차철권이 위로하면서 계속해서 "북괴에 몇 번 다녀왔는가?" 캐묻자, 그는 "모스크바를 경유해 한 번 갔다 왔다"라고 대답했다고 한다. 차철권이 다시 "평양 비행장에 도착했을 때는 누가 마중 나왔고, 밀봉교육은 어디서 며칠간 받았느냐? 당신을 담당한 지도원은 누구고, 교양 내용은 무엇이냐? 서독으로 돌아올 때 받은 지령은 무엇이고, 공작금은 얼마였느냐? 서독에 돌아온 후로는 어떤 활동을 했고, 한국에 귀국한 후로는 어떤 활동을 했느냐?" 등을 2시간 여 동안 집중 추궁하고 있는데 저녁 9시쯤 안홍용 과장이 조사실로 들어왔다고 한다. 차철권의 주장이다.

퇴근했을 것으로 생각했던 과장이 9시쯤에 조사실로 들어오는 바람에 녹지 작업을 하던 심사가 중단되었습니다. 과장은 최 교수가 마음의 안정을 찾을 수 있도록 하기 위해서인지 이러저러한 주제로 약 2시간 동안 회유하면서 최 교수와 잡담 비슷한 이야기를 주고받았습니다. 상급자는 심문관이 심사를 빨리 진행하도록 피조사자와 짧게 대화하고 나가 줘야 하는

데, 너무 오래 이야기한 것입니다. 과장과 최 교수의 이야기가 길어져 야식 시간도 지나가 버렸습니다. … 과장과 최 교수 간의 이야기가 길어져, 밤 11시쯤 김상원이 야식을 사 오게 되었습니다. 저와 과장, 김상원, 최 교수는 책상 위에 신문지를 펼쳐 놓고 야식을 같이 먹었습니다. 야식을 먹는 동안에도 과장은 계속 최 교수를 붙잡고 이야기를 하다가 19일 새벽 1시 10분쯤 자리에서 일어났습니다. 무려 4시간이 넘게 심사에는 전혀 도움 되지 않는 주제로 최 교수와 대화한 것이지요. … 자리에서 일어선 과장은 "몸이 좀 피곤하니 조사실 건너편 방에서 쉬고 있겠다. 그러니 최 교수한 테는 북에 갔다 온 사실에 대해 요점만 간단하게 자술서를 쓰게 하고, 최 교수도 피곤할 테니 잠을 재우게 하라"고 지시했습니다. 그리고 최 교수에 게는 "잘 협조해 주십시오"라고 당부하고 VIP 조사실을 나갔습니다.

차철권은 안흥용이 나간 후 다시 최종길과 마주 앉아 "북한에 갔다 온 것이 과연 한 번뿐이냐?"라고 캐묻자, 최종길이 체념한 표정으로 "두 번 갔다 왔다"라고 해 이것도 녹지해 두었다고 한다. 이 대답을 끝내고 최종길이 "속이 좋지 않다. 화장실에 갔다 오겠다"라고 하자, 차철권이 "최 교수님, 아까 화장실 갔다 오지 않았어요? 빨리 자술서 쓰고 잡시다" 했지만 최종길이 거듭 "야식 먹은 것 때문에 속이 좋지 않다. 토할 것 같으니 화장실에 갔다 와서 쓰겠다"라고 해 화장실에 보냈다는 것이다.

투신자살

안흥용이 VIP 조사실을 나간 것은 새벽 1시 10분이고 최종길이 화장실에서 투신자살했다는 시간은 1시 40분경이다. 30분 사이 VIP 조사실에서 무슨 일이 벌어졌는지는 아무도 알 수 없었다(차철권은 의문사진상규명위원회에서 최종길이 10월 18일 밤 12시쯤에 투신자살한 것 같다고 진술했는데, 의문사진상규명위원회가 확보한 자료에는 10월 19일 새벽 1시 40분쯤으로 돼 있다. 차철권은 사망 시간이 1시간 40분이나 차이가 나는 이유에 대해 "과장이 최 교수와 이야기하는 바람에 야식을 사 오는 시간이 1시간 늦어졌고, 두 사람의 대화 때문에 야식 먹는 시간도 평소보다 훨씬 길어졌습니다. 그러나 저는 과장이 그렇게 오랜 시간을 잡아먹은 것은 생각하지 않고 평소 야식 먹던 대로 생각해 시간을 역산해 보고, 최 교수는 밤 12시쯤 투신했다고 진술했습니다"라고 해명했다).

차철권은 VIP 조사실에 CCTV는 물론이고 녹음 시설도 없었다고 주장했다. 제3국이나 국내에서 활동하다가 자수한 거물 간첩이나, 역용(역공작) 가치가 있는 간첩, 합심(합동심문)이 필요한 인물을 심사하는 곳이 VIP 조사실이고, 그래서 중앙정보부의 대공처 합동심문계의 승인이 있어야 쓸 수 있는 중요한 곳인데 CCTV는 물론이고 녹음 시설조차 없었다는 차철권의 진술은 상식적으로 믿기가 어렵다. 어쨌든 그래서 그 30분에 대한 설명은 유일하게 차철권만이 가능했다.

최 교수의 고집 때문에 할 수 없이 김상원에게 "최 교수를 모시고 화장실에 다녀오라"고 했습니다. 최 교수가 먼저 복도로 나가고 이어 김상원이 따라 나갈 때 이상한 예감이 들어 김상원을 불러 세웠습니다. 그리고 "지금 최 교수는 심적 변화를 일으키고 있으니, 신변 관리에 각별히 신경을 써라"고 당부했습니다. 7층 화장실은 복도를 꺾어 들어갑니다. 화장실 문을 열고 들어가면 창이 있는 벽에 몇 개의 소변기가 있고 반대쪽에는 문을 열고 들어가 일을 보는 좌변기가 있습니다. … 김상원에 따르면, 최 교수는 먼저 대변을 보는 좌변기 쪽으로 들어가 '우웩, 우웩' 하고 구토를 했답니다. 이를 본 김상원은 자기도 따라서 토할 것 같은 느낌이 들 정도로 비위가 상해 화장실 밖으로 나왔답니다. 김상원이 밖에 나와 있는 사이에 최 교수가 투신하기 위해 소변기를 밟고 화장실 창틀 위로 올라가 몸을 우뚝 세운 것입니다.

차철권은 최종길이 화장실에 간 사이 그가 돌아오면 자술서를 쓰게 할 요량으로 백지에다 자술서에 들어갈 제목을 적어 놓고 있었다고 한다. 그런데 갑자기 이상한 느낌이 들었단다. 그래서 화장실 쪽으로 가 보니 화장실 쪽으로 꺾어지기 직전의 복도에 있는 방문이 반쯤 열려 있었다고 한다. 누가 일하고 있나 살펴보니 '형님'으로 부르던 수사1과 2계의 김종한 계장이 서류를 검토하고 있어 반갑고, 또 최종길에 대한 심사 결과를 자랑하고 싶은 마음에, "형님, 일이 많나 보지요?" 하며 안으로 들어가 최종길 심문을 놓고 이런저런 이야기를 나누고 있는데 갑자기 화장실 쪽에서 '아, 앗!' 하는, 그리 크지는 않지만 당황해서 지르는 고함 소리가 연이어 두 번 터져 나왔다고 한다.

차철권은 이상한 예감이 들어 재빨리 방을 나와 화장실로 가는 복도로 꺾어 드니 화장실 문에서 4미터쯤 떨어진 복도에서 김상원이 겁먹은 표정으로 화장실을 가리키고 있었다고 한다. 그 복도에는 경비원 한 명이 책상을 놓고 앉아 있었는데, 그도 얼떨떨한 표정으로 자리에서 일어나 김상원을 바라보았다고 한다. 김상원은 화장실 문을 가리키며 "저기… 저기…" 하며 말을 잇지 못했고, 차철권이 빠른 걸음으로 화장실 출입문으로 가 보니, 최종길이 상체를 창밖으로 내놓은 채로 화장실 창틀을 밟고 서 있었다고 한다. 양손은 뒤로 돌려 창틀 기둥과 창을 잡고 있었고, 손 쓸 사이도 없이 바로 투신해 버릴 수 있는 상태라, 다가가지도 못하고 화장실 출입문에서 "최 교수님, 이게 무슨 경솔한 행동이요? 가족을 생각하시오. 우리 대화로 해결합시다" 하는데, 최종길이 소리를 지르며 투신했다는 것이다.

차철권은 자기가 최종길의 투신을 똑똑히 보았고, 김상원도 목격했을 것이라고 주장했다. 그리고 김상원의 고함으로 야근하던 직원 서너 명이 경비원이 있던 복도까지 뛰어왔던 것으로 기억하지만, 그들은 최종길이 투신하는 장면까지는 목격하지 못했을 것으로 보았다. 결국 최종길의 투신을 가장 확실하게 목격한 사람은 차철권 혼자이거나 김상원을 포함하더라도 두 사람인데, 이 둘은 최종길의 주무심문관과 보조심문관이니 당연히 최종길의 투신에 대해 의혹을 가질 수밖에 없다. 그렇기 때문에 차철권의 주장을 많은 사람들이 쉽게 신뢰하지 않는다. 차철권은 결백을 밝히는 주장에서, 7층 VIP 조사실은 고문하는 장소가 아니고 "고문은 지하에서, 조사실이 아닌 다른 방에서" 한다고 실토했다.

7층 VIP 조사실은 사람을 때리거나 고문하는 장소가 아닙니다. 고문은 지하에서, 조사실이 아닌 다른 방에서 합니다. 7층 VIP 조사실은 우리에게 협조한다고 판단된 사람만 올려 보내는 특별한 곳이라 고문을 하지 않습니다. … 고문치사한 최 교수를 끌고 가 화장실 창으로 내던졌다는 것인데, 그게 혼자나 두 사람 힘으로 되겠습니까? 두 사람이 시신을 끌고 갈수는 있어도, 1미터 높이쯤에 있는 화장실 창문까지 끌어올려 밖으로 던지는 것은 불가능합니다.

차철권은 사태가 벌어진 직후 김상원에게 "비상계단을 통해 빨리 내려가 생사 여부를 확인하고 현장을 보존하라. 나는 과장에게 보고하고 뒤따라 가겠다" 하고는 안흥용이 쉬고 있는 방으로 가 사고 보고를 했다고 한다. 그리고 비상계단을 따라 정신없이 내려가 그곳에 있던 김상원에게 어떻게 되었는가 물으니, 김상원이 당황한 표정으로 고개를 절레절레 흔들었다는 것이다. 차철권이 최종길의 가슴에 귀를 대고 숨소리가 나는지 들어 보았지만, 이미 호흡은 멎어 있었고, 시신은 반듯이 누워 있었는데, 바닥에 부딪칠 때 그랬는지 뒷머리에서는 피가 낭자하게 흘러 바닥을 적셨다고 한다. 차철권은, 최종길의 시신이 7층 화장실 창문 바로 밑이 아니고 왼쪽으로 4~5미터 떨어진 곳에 놓여 있었는데, 7층 화장실 바로 밑 지상에는 지하실로 내려가는 계단이 있고, 그 계단 주변에 철봉 난간이 설치돼 있어 최종길의 몸이 이 난간에 부딪쳐 4~5미터쯤 튕겨 나갔다고 생각했다고 한다.

뒤처리

잠시 후 내려온 안흥용에게 최 교수가 투신자살해 절명했다고 보고하자 2층 당직실로 올라가 당직관에게도 보고하라고 해, 차철권은 그렇게 하고 당직실에 대기했다고 한다. 그러고는 정보부에 비상이 걸려 장송록 수사단장과 안경상 5국장은 물론이고 수사공작과 직원 모두 비상소집되었고, 새벽 3시 30분쯤 장송록이 도착했다. 차철권은 당직실로 들어온 장송록에게 사실대로 이야기했는데, 이야기를 들은 장송록이 처음에는 야단을 치고 질책을 하다 나중에는 위로도 해 주었다고 한다. 장송록이 차철권을 단장실로 데려가 '사고 발생 경위 보고서'를 작성하라고 지시했고 차철권은 오전 6시쯤 이를 제출했다. 또 장송록이 "어찌되었든 최 교수 수사 건을 종결짓기 위해서는 사건을 검찰에 송치해야 한다. 그러니 수사1과의 정낙중 계장한테 가 조사받으라"고 지시했다고 한다.

그런데 이 부분에서 차철권은 도대체 이해가 되지 않는 주장을 했다. 자기가 최종길을 조사하면서 나중에 조서를 쓸 때 혐의를 추궁하는데 긴요한 내용을 적어 내려 간 녹지와 최종길의 집에서 가져온 수첩이 사라졌다는 것이다. 이 주장대로라면 무슨 이유에서인지 최종길이 간첩이었음을 간접적으로라도 추정하거나 확인할 수 있는 증거가 백주 대낮에 정보부 내에서 인멸된 것이다. 그렇다면 이후 중앙정보부가 발표한 최종길에 대한 간첩 혐의는 차철권이 최종길을 심사하면서 들은 그의 '기억' 뿐이다.

> 정(낙중) 계장한테서는 오전 7시부터 조사받았는데 이때 최 교수를 조사하며 작성한 녹지와 최 교수 집에서 압수한 수첩 등을 넘겨주었습니다. 그런데 (나중에) 그 녹지와 수첩이 사라져 버렸습니다. … 제가 최 교수를 심사한 것을 보여 줄 수 있는 유일한 물증인데, 그것이 없어졌다니까요. 그것이라도 있어야 제가 최 교수를 심사했다는 것이 증명되지 않습니까? 법적인 증거능력은 없지만 최 교수가 어떻게 진술했다는 것을 보여 줄 수 있는 (유일한) 증거들인데 말입니다.

그런데 A4 3장짜리 녹지와 수첩은 최종길이 사망하고 난 이후인 1973년 10월 22일 중앙정보부가 사건을 검찰로 송치할 때 증거물로 제출된 것으로 밝혀졌다. 차철권은 녹지와 수첩이 검찰에 제출된 것을 몰라서 사라져 버렸다고 했을까? 아마도 자기가 직접 메모한 녹지에조차 최종길의 간첩 혐의를 추정할 내용이 없었기 때문일 가능성이 높다. 차철권은 정낙중의 조사를 받은 다음 정보부 감찰실 조사를 받았다고 한다. 당시 감찰실은 남산 분청사 밖에 있었다. 감찰실은 처음에는 차철권이 최종길을 고문치사시켰다고 보고, 특히 감찰실의 이병정이 다그쳤다고 한다. 그러나 고문했을 것이라는 감찰실의 '오해'는 그날 오전 감찰실 직원들이 VIP 조사실의 봉인을 풀어 본 후에 풀렸고, 감찰 조사는 오후 5시에 끝났다고 한다.

차철권은 2002년 1월 25일 SBS의 〈뉴스 추적〉 프로그램에서 공개한 최종길의 뒷 나신裸身의 엉덩이와 넓적다리 등의 피멍에 대해 "의문사진상규명위는 일자—字 피멍을 가리키며 최 교수를 때린 것이 아니냐고 캐물었습니다. 저는 '이 피멍은 7층에서 투신한 최 교수가 지하 계단 주변 철책에 부딪쳐 튕겨 나갈 때 생긴 것 같다'고 대답했습니다." 차철권은 전기고문은 물론이고 고문을 한 적도 없으며, 방송 속 최종길의 발바닥이 예리한 것에 찔려 살 속 조직이 밖으로 나온 사진도 최종길의 시신을 찍은 것이 아니라고 주장했다.

차철권은 수사단장실에서 사고 발생 경위 보고서를 작성하고 수사1과와 감찰실의 조사를 받느라, 최종길의 시신이 어떻게 처리됐는지 정확히 모른다고 했다. 19일 새벽 현장으로 달려온 안경상 대공수사국장(당시 현직 검사)이 새벽 4시 40분쯤 서울지검 공안부의 당직 검사를 불러내 검시를 하게 하고, 시신을 국립과학수사연구소로 옮겨 간 것으로 알았다고 한다(그러나 이때 최종길의 사체를 검시했다는 이창우 검사는 당일 공안부의 당직검사가 아니었다. 이창우는 1988년 10월 "서울지검 공안부에 근무하던 당시 밤에 집으로 연락이 와 중앙정보부 건물의 추락 현장에서 최 교수의 사체를 확인하고 두 시간 뒤 컬러 사진을 찍고 부검에 착수했다"고 검찰에서 진술했다). 차철권은 사고 현장을 가족들이

와서 의문이 풀릴 때까지 살펴볼 수 있게 보존해야 하는데 너무 빨리 치워 버려 그런 의혹들이 일어났다고 주장했다.

차철권은 중앙정보부의 자체 징계위원회에서 징계를 받았다. 징계위원회 위원장은 김치열 차장이었는데, 김치열은 차철권에게 "김상원에게 주의를 주었느냐?"라고 물었고, 차철권은 "그때는 사흘째 밤을 새며 최 교수를 조사할 때라 정신이 없었다. 또 김상원은 정규과정 출신이라 제가 그런 말을 하지 않아도 알아서 할 것이라고 믿고 주의를 주지 않았다. 최 교수 사건은 주심문관인 저에게 일차적인 책임이 있으니 어떤 처벌이라도 달게 받겠다"라고 대답했다고 한다. 징계위원회의 논의 결과 차철권에게는 견책 처분, 김상원에게는 1개월 감봉 처분이 떨어졌다. 징계라고 할 것도 없는 가벼운 처분이었다.

울릉도 간첩단 사건

대한민국의 공무원은, ①법에 의한 명령에의 위반, ②직무상의 태만이나 의무 위반, ③직장 내외를 불문하고 체면 또는 위신의 손상 행위를 하면 그 처벌로서 소정의 절차를 거쳐 행위자의 공무원 신분을 변경하거나 상실케 하는 징계를 내린다. 징계는 경징계와 중징계로 나눌 수 있는데, 중징계는 정직·강등·해임·파면 등을 말하며, 경징계는 '전과에 대해 훈계하고 회개하게 하는 것으로 6개월간 승진·승급 제한'을 하는 견책과 '1개월 이상 3개월 이하의 기간 동안 보수의 3분의 1을 감하는 처분으로 1년간 승진·승급 제한'을 하는 감봉을 말한다.

국립대학 교수 최종길을 조사하다가 죽음에 이르게까지 한 주무수사관 차철권과 보조수사관 김상원에 대한 중앙정보부의 징계 처분이 내려진 것은 사건이 일어난 지 40여 일이 지난 1973년 11월 28일이었다. 그날 정보부 감찰실 게시판에는 '부회보 제42호'가 붙었는데, '5국 3을 차철권 직무 위반 및 직무 태만 견책, 5국 4갑 김상원 직무 위반 및 직무 태만 감봉 1월'이 징계 처분 내용이었다. 백 보를 양보해 최종길에 대한 고문치사가 확인되지 않았다고 하더라도, 아니 만 보를 양보해 그들의 주장대로 고문이 아니라 관리 소홀로 최종길이 투신자살했다고 하더라도, 그들도 인정한 불법 연행과 불법 구금으로 국립대학의 저명한 교수를, 국제학계에서 촉망받던 학자를 죽음에 이르게 한 죄과가 "잘못은 했지만 별거 아니니 앞으로 조심하라" 정도의 '견책'이라니 상식적으로 이해가 되지 않는다. 가장 낮은 징계인 견책이 내려진 것도 이해할 수 없지만, 차철권은 '6개월간 승진·승급 제한'의 견책을 받고서도 오히려 4개월 만에 사무관에서 서기관으로 특진했다. 차철권의 주장이다.

> (최종길 사건 이후에도) 계속해서 수사공작과에서 근무한 저는 최 교수 사건의 불명예 회복을 위해 불철주야 노력한 끝에, 최 교수 사건 4개월 후인 1974년 2월부터 4월 사이 울릉도와 서울·대구를 무대로 암약하는 간첩 10여 명을 일망타진하는 주무공작관직을 수행했습니다(이른바 울릉도 간첩단 사건). 그 공로를 인정받아 사무관에서 서기관으로 특진하며, 어느 정도 불명예를 회복하게 되었습니다.

그러면 '그 공로를 인정받아' 차철권을 사무관에서 서기관으로 특진시킨 '울릉도 간첩단 사건'이란 무엇일까? 1974년 3월 15일 자《경향신문》기사 〈울릉도 거점 간첩단 47명 검거〉 내용이다.

중앙정보부는 15일 상오 현 정부 전복을 획책, 결정적 시기에 봉기토록 하라는 북괴의 지령을 받고 울릉도를 거점으로 서울, 부산, 대구 등 도시와 전북 일대의 농어촌을 무대로 10여 년간 암약해 온 간첩단 일당 47명(1명 사망)을 체포하고 이들 간첩단의 공작금 6000여 만 원과 난수표 등 암호 문건 8조, 무전기 4대, 수신용 트랜지스터라디오 11대 등을 증거품으로 압수했다고 발표했다. 신직수 중앙정보부장은 이날 기자회견을 통해 "이 사건은 북괴가 남한 적화혁명을 목적으로 그들의 공작원을 직접 남파시키거나 일본을 통해 우회 침투시켜 청년, 학생, 지식인, 종교인, 노동자, 농민 및 군 간부를 포섭해 지하망 조직, 통일전선 형성, 경제 토대 구축 등 방법으로 소위 혁명 역량을 구축했다가 남한 내에 정치, 경제, 사회 불안과 혼란을 조성, 소위 인민민주주의 대남 혁명 전략에 입각해 현 정부 전복을 획책해 온 대표적인 간첩단 사건"이라고 밝혔다.

… 중앙정보부에 따르면, 수사 결과 울릉도 출신 간첩 전영관田永寬, 김용득金容得, 전영봉田永鳳 일당은 62년 12월부터 64년 2월까지 울릉도를 전진기지로 구축, 북괴를 왕래했고, 3400여 만 원의 공작금으로 인쇄소, 기원, 전화 매매상 등을 구입 운영하는 한편, 혈연관계를 중심으로 30여 명 규모의 지하망을 구축하고 지식인과 고급 공무원 등 10여 명으로 서울 '아생회我生會'를 구축하는 한편 현역 및 예비역 장교 20여 명으로 '65동지회'를 조직, 지식층과 군부 침투 토대 구축을 기도했다. 또 64년 4월부터 71년 10월까지 10여 회에 걸쳐 일본으로부터 내왕하면서 국내 고정간첩망 부식과 통일전선 형성을 획책해 온 재일 간첩 이좌영李佐永에게 포섭된 전북대 교수 간첩 이성희李聖熙, 공화당 부안지구 부위원장 최규식崔奎植, 동 진안지구 조직부장 유창렬柳暢烈, 신민당 진안지구 조직부장 이한식李漢植 및 고창 농업지도원 김영권金永權 등 일당은 65년 10월부터 74

년 2월까지 유학 또는 농업기술 연수 명목으로 일본에 체류하면서 북괴를 왕래하거나 재일 북괴 공작 조직으로부터 간첩 교육을 받고 국내에 잠입, 전북 일대를 중심으로 … 간첩 활동을 자행해 왔다.

중앙정보부는 '울릉도 간첩단 사건'을 발표하면서 '간첩 사건으로는 최대'라고 했는데, 주범으로 발표된 울릉도 및 경상북도 일원에 거주했던 전영관, 이용득 등과 전라북도 일원에서 활동했다는 이성희, 최규식은 간첩 활동을 하기 위해 만나기는커녕 얼굴도, 이름도 전혀 모르는 생면부지 사이였다. 중앙정보부가 전혀 관계가 없는, 관련자들 간에 전혀 일면식도 없는 두 사건을 하나로 묶어 '사상 최대 간첩단 사건'으로 만든 것은, 예상되는 1974년 신학기 대학가의 유신 반대 시위에 대해 색깔 공세를 취하려는 공작 차원이었다.

이 사건의 관련자 대부분은 혹독한 판결을 받았다. 이 사건의 총책이라는 전영관 등 3명은 사형선고를 받은 후 사형이 집행되었고, 나머지 피고들도 대부분 무기징역 등 실형을 선고받고 복역했다. 특히 관련자 대부분이 가족·친지 관계였던 울릉도의 전田 씨 집안은 그야말로 멸문지화를 당했다. 그러나 '울릉도 간첩단 사건' 관련자들은 출옥한 후 재심을 신청했고, 법원에 의해 재심이 받아들여져 재판부는 이들이 "불법 구금된 상태에서 구타와 물고문 등 가혹 행위 끝에 자백했다"며 무죄를 선고했다. 그리고 2015년 11월 9일 대법원 제1재판부는 원심에서 판단한 "불법 구금된 상태에서 구타와 물고문 등 가혹 행위 끝에 자백했다"는 무죄 선고 이유를 그대로 유지, 유죄를 선고받은 32명 중 28명이 무죄를 확정받았다. 사건이 일어난 지 41년 만이었다.

'울릉도 간첩단 적발 공로'로 중앙정보부에 파견된 검사 1명과 수사관

4명은 1974년에 훈장을 받았다. 대다수의 훈·포장 공적이 '국가안보 유공' 등으로 두루뭉술한 데 비해 특정 사건을 이유로 훈·포장을 받은 이례적인 경우다. 차철권도 《신동아》 인터뷰에서, "불철주야 노력한 끝에 1974년 2월부터 4월 사이 울릉도와 서울·대구를 무대로 암약해 온 간첩 10여 명을 일망타진하는 주무공작관직을 수행, 그 공로를 인정받아 사무관에서 서기관으로 특진했다"고 스스로 털어놓았다. 그런데 그 '공로'라는 것도 대법원의 재심 최종 판결에서 '불법구금된 상태에서 구타와 물고문 등 가혹 행위를 해 받은 자백이므로 무죄'라고 뒤집혀져 버렸으니, "천지신명에 맹세코 저는 최종길 교수를 고문한 적이 없었습니다"라는 그의 해명을 과연 누가 믿을 수 있겠는가.

거짓말

09

차철권의 《신동아》 인터뷰가 발표되자 '최종길교수고문치사진상규명 및 명예회복추진위원회' 실행위원장을 맡은 국민대 교수 이광택이 이 사건의 진정인 자격으로 의문사진상규명위원회의 조사 자료를 열람한 뒤 이를 토대로 차철권의 주장을 조목조목 반박했다. 이 장은 이광택의 반박문을 요약 정리한 것이다(〈차철권 전 중정 수사관은 47가지 거짓말을 하고 있다〉, 《신동아》 2002년 6월호 게재. 《신동아》는 관련 인물의 이름을 모두 이니셜로 처리했으나, 공간된 문서들에서 이미 이름이 공개된 사람들은 모두 실명으로 바꾸었다).

혐의 사실과 조사 동기

우선 차 씨는 최 교수를 조사하게 된 동기와 혐의 사실에 대해 이런저런 얘기를 늘어놓고 있으나 그 가운데 객관적으로 인정할 수 있는 대목은 하나도 없다. 차 씨의 주장을 하나씩 살펴보자.

(1) "이 모 씨로부터 대공 용의점을 최초 제보받았다."

▲ 과연 중정은 이 모 씨로부터 최 교수에 대해 어떤 대공 용의점을 제보받았는가? 이 모 씨의 '제보'라고 차철권 씨가 주장하는 문서는 A4 용지 약 반 장 분량에 "최 교수가 개인적인 사정으로 고교 동창인 이재원에게서 800마르크(약 47만 원)를 빌렸다는 얘기를 들었다"는 내용과 "최 교수가 자본주의 사상에 충실해 공산혁명을 하기에는 부적한 자"라는 얘기를 들었다는 내용이 전부다.

이는 제보라기보다 이른바 '카더라 통신'에 불과한 것으로 진위가 확인되지 않은 소문에 불과한 내용이다. 이 중 어떤 내용을 과연 대공 용의점이라고 할 수 있을까? 오히려 이 문서는 최 교수에게 대공 용의점이 없음을 시사한 문서라고 하는 편이 사실에 가깝지 않을까? 사실 이 문서는 그 내용의 진위는 물론 작성된 시점 자체도 불분명하다. 다시 말해 최 교수 사후에 작성되었을 가능성도 배제할 수 없는 것이다.

더구나 이 문서를 작성한 이 모 씨는 1973년 최 교수 사망 사건이 일어나기 훨씬 이전부터 중앙정보부에서 관리하던 사람이다. 필자는 위원회에 이 모 씨에 대한 신분 확인 요청을 했으나 위원회는 사생활 침해의 우려가 있다며 자세한 신상을 공개하지 않았지만, 이 모 씨의 공작명이 'H'로 시작된다는 점만은 확인해 주었다. 필자는 또 위원회에서 이 모 씨를 조사한 결과 그로부터 "최 교수는 간첩이 아닙니다"라는 진술을 받았다는 사실도 확인할 수 있었다.

(2) "이 모 씨는 최 교수와 인천 제물포고 동창생이다."

▲ 차 씨 스스로 위와 같은 내용이 용의점을 인정할 수 있는 제보라고 주장하기에 민망했던지, 이 모 씨와 최 교수가 마치 서로 잘 아는 사이였던 것으로 독자를 오도하며 제보의 사실성을 믿도록 부추기고 싶은 모

양이었지만, 이 모 씨는 최 교수와 인천 제물포고 동창생이 아닐 뿐 아니라 생면부지의 타인이다(이 모 씨는 수원농고 출신의 이필우다. 최종길과의 관계를 자연스럽게 인식시키기 위해 차철권이 두 사람을 제물포고 동창 관계로 말한 것 같다).

(3) "최 교수가 이 모 씨에게 전화를 걸어 '나는 서독으로 유학 온 것을 후회한다. 너도 조심하라'고 말했다."

▲ 이 모 씨는 최 교수와 일면식도 없는 사이인데 어떻게 최 교수가 '너도 조심하라'는 내용의 전화를 이 모 씨에게 했겠는가? 이 모 씨 스스로 위원회의 조사를 받으면서 최 교수와 개인적으로 접촉한 적이 전혀 없다고 진술했다.(이필우는 최종길이 독일에서 유학을 마치고 귀국한 후에 독일 유학을 떠났고, 귀국한 후에도 최종길과 한국에서 전혀 만난 적이 없다)

(4) "유럽 거점 간첩단 사건(정확한 명칭은 '유럽 거점 대규모 간첩단 사건')을 수사하던 5국 수사1과의 조사 과정에서 최 교수의 이름이 나왔기 때문에 1과에 존안 자료를 넘겨주라는 지시가 내려온 것으로 알고 있다."

▲ 위원회의 조사에 의하면 유럽 간첩단 사건을 수사한 수사관은 물론 이 사건으로 조사받았던 어느 누구도 최종길 교수에 대해 단 한 마디의 질문을 하거나 받은 사람이 없다.

(5) "수사1과에서는 최 교수가 부담스러워 조사하지 않고 존안 자료를 갖고 있다가 다시 10과로 넘겼다."

▲ 수사1과에서 최 교수를 조사하지 않았다는 차 씨의 말도 거짓말이다. 위원회에 의하면 수사1과의 김석찬 수사관은 같은 과 서철신 과장의 지시로 최 교수를 내사했다는 사실을 털어놓았다. 김석찬 수사관은 내사

결과 최 교수에게 대공 혐의가 없다는 공식적인 결론을 얻었다는 사실도 진술했다. 차 씨는 이 점을 숨기기 위해 거짓말을 한 것으로 보인다. 애초부터 최 교수에게 대공 혐의점이 전혀 없었다는 사실이 차 씨로서는 큰 타격이 아닐 수 없다. 이는 최 교수의 자살 동기를 비롯해 그간의 증언이 송두리째 거짓말이라는 걸 나타내는 출발점이기 때문이다.

(6) "최 교수에 대한 조사는 순수 대공 용의점 때문에 시작되었다."

▲ 대공 용의점이 있었다면 분명 수사를 담당한 주체는 차 씨가 속한 공작과가 아니라, 사건을 검찰에 송치할 수 있는 권한을 가진 수사과였어야 한다. 중정이 무엇을 하는 조직인가? 대공 용의점을 가진 자라면 암약하는 간첩망의 일망타진을 위해 사전에 내사를 철저히 하고 용의자의 동선과 자금줄, 그리고 보고 방식은 물론 보고 라인을 캐서 옴짝달싹하지 못할 만큼의 증거를 확보한 다음 수사에 들어가야 한다는 것은 상식이다. 그러나 중정은 이 사건에 그런 노력을 기울이지 않았다.

이렇게 말하는 근거는, 우선 최 교수에 대한 수사 착수를 차 씨에게 지시한 장송록 단장이 위원회의 조사를 받으면서 "내사 결과 최종길에 대한 혐의가 전혀 없었다"고 진술했다. 담당 과장이었던 안홍용 씨는 "공작과로 이 사건이 배당된 이후 어떠한 내사 활동도 한 적이 없다"고 진술했다. 더욱 결정적인 사실은 주무수사관이었던 차 씨 본인의 진술이다. "최 교수는 조사를 위해 데려온 것이 아니다. 최 교수는 공작 여건 개발과 공작 심사를 위해 데려온 것이다." 이렇게 진술해 놓고도 이제 와서 엉뚱한 거짓말을 늘어놓는 이유는 무엇인가?

(7) "저(차철권)는 오로지 최 교수의 서독 체류 기간 중에 어떤 혐의점

이 있는지를 찾는 데 주력했습니다. 최 교수는 아르바이트를 하지 않았다고 밝혔습니다. 학비는 장학금으로 때운다 하더라도 생활비는 필요한 것 아닙니까. 최 교수 건을 먼저 내사했던 수사1과의 동료가 '우리도 그 부분을 알아봤는데 최 교수의 형은 두 번밖에 돈을 부쳐 주지 않았다'고 했습니다. '딸린 식구가 있어 형은 동생의 생활비까지 챙길 여유가 없었다'고 했습니다."

▲ 최 교수가 다니던 학교, 즉 독일의 쾰른 대학교에서 무슨 학비가 드는가? 독일의 대학교는 학비(등록금)가 무료다. 더구나 최 교수는 당시 훔볼트 재단으로부터 매달 약 60여 만 원에 달하는 장학금을 받았다. 당시 독일 학우들이 부러워할 정도로 많은 액수였다. 더구나 최 교수는 폭스바겐 주식에 투자해 용돈을 벌기도 했고, 매학기 집에서 부쳐 주는 돈으로 비교적 풍족한 생활을 했다는 사실이 당시 유학생들의 증언을 통해 입증됐다. 최 교수의 가족들은 차 씨의 진술을 보고 "사건 당시에도 최 교수에게 매학기 빠짐없이 송금한 사실을 기껏 확인해 놓고는 왜 이제 와서 거짓말을 늘어놓는지 모르겠다"고 말했다. "최 교수에게 두 번밖에 송금한 적이 없다"는 차 씨의 진술을 뒷받침하는 수사1과의 수사관은 아무도 없었다.

(8) "그날(10월 17일) 밤 우리 직원들은 쪽지를 갖고 최 교수 집에 가 식모에게 보여 주고, 식모의 협조를 얻어 가택수색을 했습니다. 가택수색을 한 동료들이 최 교수 집 다락 한 구석에서 오래된 수첩을 하나 찾아냈다며 건네주었는데 그 수첩을 자세히 살펴보니 일본 주소가 기재돼 있었고, 최 교수의 제물포고 선배이자 북괴 공작 조직의 유럽 거점책인 노봉유盧鳳裕(당시 프랑스 거주)와 동베를린 사건 때 한국에서 독일로 도주

한 재독 간첩 이재원李在元의 이름이 기재돼 있었습니다."

▲ 1973년 10월에 최 교수의 집을 '가택수색'한 사람은 없었다. 그 근거는 첫째, 필자가 위원회에서 본 진술 조서 등에는 수사 라인에 있었던 사람들이 '수색'이 아니라 최 교수의 협조를 얻어 수첩을 받아왔다고 진술하고 있다. 둘째, 최 교수의 아들인 최광준 경희대 교수(당시 10세)의 목격담이다. "중정에서 나왔다는 두 명의 수사관은 응접실에 얌전히 앉아 있었고, 당시 우리 집에서 일하던 아주머니(차 씨는 '식모'로 표현) 김순일 씨가 수첩을 건네주었던 것으로, 나는 그 두 사람의 얼굴을 분명하게 기억하고 있다." 차 씨는 계속 '노봉유와 이재원이 간첩이다'라고 주장하는데, 필자가 위원회에서 본 자료에 그들이 간첩이라는 증거는 없었다(노봉유의 성은 '盧'가 아니라 '魯'다. 그리고 동베를린 사건 때 한국에서 독일로 간 사람은 김성수다).

(9) "최 교수가 이재원에게 800마르크를 빌린 적이 있다고 인정했다."

▲ 차 씨는 1973년 중정 감찰실 조사와 1988년 검찰 조사 과정에서, 그리고 위원회의 조사를 받으면서 위와 같이 진술한 적이 전혀 없었다. 이재원에게서 돈을 빌린 사실이 있다는 내용이 최 교수의 자술서에 나오는가? 아니면 그 어디에 나오는가? 차 씨는 "내가 들은 것이니까 틀림없어"라고 주장할 뿐이다.

(10) "최 교수는 10월 18일 오후 4시 30분쯤 동백림 왕래를 자백했다. 이때 동행한 사람은 노봉유였다."

▲ 우선 동베를린 왕래를 자백했다는 시점이 다르며 동행한 사람도 노봉유가 아니라 황지현이다. 동베를린 자백 시점은 18일 새벽 2시 30

분 전후가 맞다. 다른 수사관들도 모두 그렇게 진술하고 있고, 차 씨 자신도 이제껏 수차례나 일관되게 진술해 왔다. 그러다가 위원회의 조사를 받은 뒤 갑자기 자백 시점을 18일 오후 4시 30분으로 번복했다. 왜 그럴까?

차 씨가 최 교수의 동베를린 왕래의 자백 시점을 18일 오후 4시 30분으로 옮긴 것은, 그때가 차 씨와 보조수사관 김상원 씨만이 최 교수와 같이 있었던 시점이기 때문일 것이다. 다시 말해 차 씨와 김 씨를 제외한 제3자는 아무도 증언할 수 없는 시간대이기 때문일 것이다. 차 씨는 자신의 주장이 자료와 동료들의 증언으로 계속 무너지자 자신과 김상원 씨만의 '성城'으로 퇴각한 것으로 추정된다. 김상원 씨는 검찰 수사 직후인 1988년 미국으로 건너가 현재 시애틀에 거주하고 있으며, 위원회의 조사 요청에 일체 응하지 않고 있다.

그리고 최 교수가 동베를린 왕래를 자백했다지만, 실상 자백 운운할 만한 내용도 아니다. 동서독이 자유롭게 왕래하던 1958년 유학 시절에 전철을 타고 당시 유학생이던 황지현과 함께 국경에 위치한 동베를린 역까지 갔다가 겁이 나서 원래 의도했던 시내 구경도 못하고 그 자리에서 곧바로 되돌아왔다는 내용이 전부다.

차 씨는 위원회의 조사관들에게 "동독에 간 사람들은 모두 간첩입니다. 그건 패키지예요. 동독에 갔다 하면 반드시 평양에 가는 거구. 그건 지금도 마찬가지요. 당연히 최 교수도 북한에 간 거요. 당신들이 대공을 뭘 알아!"라며 흥분한 상태로 소리치기를 몇 차례나 반복했다고 한다.

참고로《동아일보》2001년 10월 21일 자 기사는, 최종길 교수의 독일 유학 시절에 이미 중앙정보부가 황지현을 통해 최 교수를 상대로 공작을 시도했던 정황을 아래와 같이 밝히고 있다.

▲ 최 교수의 자술서 = 중정 출두 첫날 최 교수가 작성한 70여 쪽 분량의 자술서에 따르면 최 교수는 독일 유학 중이던 62년 중정의 비밀 공작원 황 모 씨(유학생)의 권유와 호기심 때문에 동베를린행 지하철에 함께 탔으나 동베를린의 프리드리히슈트라세 역에서 곧바로 돌아왔다. 최 교수는 서베를린 대학에서 열린 특별 강좌에 함께 참석했던 황 씨의 권유로 동베를린의 첫 지하철역까지 갔으나 겁이 나 역에서 바로 서베를린으로 돌아왔다고 진술했다. 당시 수사관들은 △황 씨가 중정 공작원이었으며, △황 씨와 최 교수가 동베를린에 갔다는 등의 사실을 62년에 이미 알았으며, 최 교수의 자술 이후 이 문제를 더 이상 추궁하지 않았다. 당시 최 교수에 대한 황 씨의 동베를린행 권유는 유럽 유학생들의 동베를린 왕래를 포착한 중정의 역공작의 일환이었던 것으로 추정된다. 황 씨는 이와 관련해 기자와의 통화에서 "나는 중정과 아무 관계가 없으며 58년경 관광차 동베를린을 한 차례 방문했지만 그때 최 교수와 함께 갔는지는 기억이 없다"고 말했다.

▲ 중정 관계자 증언 = 당시 중정 관계자는 "최 교수를 구체적으로 어떻게 '활용'할지는 정해져 있지 않았으나 그를 상대로 한 공작이 73년 당시 진행 중이었다"고 증언했다. 이와 관련해 최 교수의 동생으로 당시 중정 감찰실 직원이던 종선 씨도 의문사진상규명위원회에서 "형님 사건이 대강 수습된 뒤 동료로부터 '최 교수 출두를 앞두고 중정 안에 최 교수 상대의 공작 여건이 성숙했다는 말이 돌았다'고 들었다"고 증언했다. 최 교수에 대한 조사 과정도 간첩 수사를 맡아온 중정 5국(대공수사국)의 9과(수사과) 등이 아니라 공작과인 10과가 맡은 것으로 밝혀져 공작 시도를 뒷받침하고 있다.

조사 과정과 조사 방식

차 씨는 매우 친절하고 조심스러운 분위기 속에서 최 교수에 대한 조사를 진행했고 따라서 단 한 차례도 최 교수를 때리거나 폭언을 퍼부은 적이 없다고 주장한다. 그 근거는 "최 교수가 서울대 법대 교수여서 사회적 지위가 높은 데다가 최 교수의 친동생이 중정의 감찰실에 근무하고 있었기에 함부로 대할 수 없었다"는 것이다. 그러나 다음과 같은 사실들을 보면 "천지신명에 맹세코 뺨 한 대 때린 적도 없고 폭언을 퍼부은 적도 없다"는 차 씨의 주장은 완전히 거짓임이 입증된다.

(1) 당시 수사라인에 있던 수사관들 중 차 씨를 제외한 모든 이들의 진술이다. 최 교수에 대해 수사 착수를 지시했던 장송록 단장, 안홍용 과장, 고병훈 계장, 수사관이던 양공숙·김상원·양명률, 조일제 차장보, 손종호 감찰실장, 안경상 5국장, 감찰실 요원으로 사건 당시 차 씨와 보조수사관 김상원을 조사했던 김○○, 김△△, 이들 모두가 최 교수에 대한 차 씨의 고문 사실을 인정했다. 특히 최 교수 수사에 참여했던 수사관들의 목격 진술을 보면 '몽둥이로 구타한 사실', '각목을 끼우고 발길질하고 주먹으로 구타한 사실' 등 시점과 장소·방법이 분명하게 명시된 구체적 고문 사실이 적시되어 있다. 변영철 보조수사관도 고문에 가담했지만, 주로 고문한 사람은 차 씨라고 진술하고 있다.

(2) 차 씨 본인의 자백이다. 차 씨 스스로 1973년 감찰실에서 조사받으면서 "최 교수의 뺨을 때리고 수차례 구타했다"고 자백하고 있다. 이 조서에는 차 씨의 친필 사인과 무인, 그리고 간인이 있다.

(3) 차 씨와 함께 최 교수의 투신자살을 목격했다고 주장하는 김상원의 진술이다. 김씨는 1973년 중정에서 작성한 감찰실 진술 조서에서 "차철권이 최 교수를 수차례 때리는 것을 보았다"고 진술했다.

(4) 부검 감정서에서 나타나는 사진 증거다. 국내외 법의학자들은 부검 사진에 나타난 최 교수 엉덩이 부분의 피멍과 슬와부膝窩部의 상처 등이 생전에 상당한 구타로 인해 생긴 고문의 흔적이라는 데에 전적으로 동의한다.

(5) 차 씨는 또한 SBS의 〈뉴스 추적〉 방영 시 나온 부검 사진 중 발바닥을 찍은 사진이 최 교수의 것이 아니라 다른 사람의 사진이라고 주장한다. 정말 황당한 주장이다. SBS가 방영한 사진은 위원회의 사건 기록에 편철된 것으로 차 씨도 위원회에서 조사받을 때 이 사진을 본 바 있다고 한다. 이 사진은 국립과학수사연구소에서 보관 중인 부검원장의 사진 필름을 일일이 대조해 촬영한 사진이다.

(6) "철책에 부딪칠 때의 충격이 아니면 (엉덩이 부근에) 그렇게 굵은 피멍이 一자로 생길 수 없습니다. 계단 주변에 철책을 설치해 놓았는데, 7층 화장실 바로 밑에 있는 철책의 한 부분이 뭔가에 강하게 부딪힌 듯 아래쪽으로 구부러져 있었습니다. 여기서 저는 화장실에서 투신한 최 교수가 철책에 부딪쳐 4~5미터쯤 튕겨 나갔다고 생각했습니다."

▲ 차 씨는 철책의 한 부분이 뭔가에 강하게 부딪힌 듯 아래쪽으로 구부러져 있었다고 주장했다. 그러나 당시 현장을 촬영한 사진에 나타나는 철책은 전혀 구부러져 있지 않다. 따라서 차 씨는 철책이 구부러져 있다

고 주장하는 근거를 제시해야 한다. 물론 그런 경우가 있다면 최 교수의 사체가 있었던 장소조차 조작되었다는 문제가 발생할 것이다. 그러나 만에 하나 사체가 있었던 장소가 바뀌었다고 하더라도 철책에 부딪힌 곳(그런 것이 있다고 가정해도)은 엉덩이 부분이 아니다. 25미터의 높이에서 떨어질 때 발생하는 위치 에너지는 약 150톤이다. 만약 엉덩이 부분이 철책에 부딪혔다면, 그 안의 뼈에는 응당 상당한 정도의 분쇄골절이 나타나야 한다. 그러나 부검 감정서에는 그러한 손상이 전혀 없다. 그렇다면 결론은 무엇인가? 철책에 엉덩이가 부딪힌 적이 없다. 그 부분의 상처는 목격자들의 진술처럼 몽둥이 구타에 의해 생긴 상처다. 조일제 차장보, 손종호 감찰실장, 장송록 단장, 안홍용 과장은 물론 차 씨를 제외한 모든 수사관들이 이 사진을 보고 이렇게 말했다고 한다.

부하(혹은 동료)들을 믿었는데 이럴 줄 몰랐다. 인간 이하의 짓을 저지른 것이다. 엉덩이의 상처는 몽둥이로 심하게 매질해서 생긴 상처가 분명하다. 이런 정도의 상처를 입고 어떻게 스스로 걸어 다닐 수가 있었겠는가. 아마 불가능했을 것이다.

– 장송록의 증언

차 씨는 이 부분에 대해 위원회의 조사를 받으면서 처음에는 부검 사진이 최 교수의 것이 아니라고 주장하다가 나중에는 "최 교수의 사진은 맞는 것 같은데 철책에 부딪혀 난 상처다. 만약 맞아서 난 상처라면 정상적으로 걸어 다닐 수도 없을 것이다. 고문한 적이 없는데 어째서 이런 상처가 났는지 모르겠다. 법의학자들이 아무리 고문의 흔적이라고 주장해도 그게 무슨 증거냐. 나는 인정할 수 없다"고 말했다고 한다. 그는 또 자신이 1973년 감찰실에서 작성한 진술 조서에 최 교수를 고문했다는 내용이 나오자 이 문서는 중정 혹은 위원회에서 조작한 문서라고 주장하다가 나중에는 "그런 내용이 있는 줄 모르고 조서를 읽어 보지 않은 상태에서 아무렇게나 날인했다. 나를 조사한 수사관이 조서의 문답 내용을 조작한 것"이라고 주장하기도 했다고 한다.

7층 조사실로 이동한 시점과 그 이유

차 씨는 "최 교수가 조사받은 장소가 7층 VIP 조사실이고 그곳은 대공처 합심계에서 관리하는 곳이며, 수사단에서 그곳을 사용하려면 대공처에 사용 협조를 의뢰하고, 그곳에서 승인해 줘야 가능하다. 수용 대상은 자수한 거물 간첩이나 역용(역공작) 가치가 있는 간첩, 합심(합동 심문)이 필요한 인물 등이다. 이 조사실을 사용하기 위해서 협조전을 만들어 합심계의 승인을 받고, 지하 조사실에서 최 교수에게 저녁식사를 들게 한 후 저녁 7시쯤 VIP 조사실로 올라갔다"고 주장한다.

(1) 최 교수는 간첩임을 자백한 사실이 없으므로 VIP실의 수용 대상이 될 수 없다. 합심실이란 말 그대로 대공 관계의 여러 기관들이 자수한 (혹은 자백한) 간첩을 대상으로 필요한 정보를 빼내기 위해 각각 수사관들을 파견해 합동으로 심문하는 곳이다. 자백도 하지 않은 사람을 수용할 수 있는 곳이 절대 아니다.

(2) 합심계의 조장으로 당시 7층에 있었던 강○○ 씨는 차 씨의 주장

을 단호하게 부정한다. 강 씨는 "최 교수 건으로 협조전을 받은 적이 없는데도 사건 당시 마치 협조전을 받은 것처럼 진술하고, 또 최종길을 VIP실에 수용한 것처럼 진술한 것은 잘못되었습니다. 저는 최 교수를 단 한 번도 본 적이 없습니다"라고 진술하고 있다.

(3) 당시 합심조 경비원들은 최 교수가 VIP실에 수용되지 않았다고 진술했다. VIP실에 피의자를 수용할 때는 일반 수사관이 아니라 합심계 직원들이 지하 조사실에 직접 내려가서 신병을 인수하며, 이 경우 명령 계통이 대공처이기 때문에 예외가 있을 수 없고, 최 교수의 신병을 인수한 적이 없다고 분명하게 진술하고 있다.

(4) 차 씨 자신이 위원회의 조사를 받으면서 "최 교수를 수용한 장소는 VIP실이 아니라 7층 일반 조사실이었다"고 진술한 바 있다. 더구나 차 씨는 최 교수를 지하 조사실에서 7층으로 옮긴 시점도 오락가락하고 있다. 1973년 조사와 1988년 검찰 조사에서는 오전 10시라고 했다가 이제 와서는 오후 7시라고 주장한다. 이런 진술을 신뢰할 수도 없으려니와 여러 수사관과 경비원들의 진술을 종합할 때, VIP실에 최 교수를 수용했다는 것, 그리고 협조전을 작성했다는 진술은 거짓이다.

(5) 차 씨는 "(10월 18일 저녁) 최 교수의 자백(동베를린 왕복 사실을 말함)을 확인한 장송록 단장은 제게 '최 교수님은 서울대 법대 교수님 아닌가. 이런 분을 어떻게 지하실에서 조사하느냐? 당장 7층으로 모셔라'고 지시했기 때문에 7층 VIP 조사실로 올라가게 되었다"고 주장한다. 장송록 단장은 1973년 감찰실에서 작성한 진술서와 1988년 검찰에서 작성한 진

술 조서에서 "최종길 교수가 간첩임을 자백했기 때문에 회유할 목적으로 7층으로 장소를 옮겼다"고 진술했다. 장 단장은 이번에 위원회의 조사를 받으면서 자신이 7층으로 옮기라고 지시한 것은 맞지만, 부하 직원들이 최 교수가 간첩임을 자백한 것처럼 자신을 속였기 때문에 그렇게 지시한 것이며, 지금 생각해 보니 타살을 자살로 위장하려고 그렇게 자신을 속인 것이라는 생각에 분한 마음을 금할 수 없다고 했다. 장 단장은 또한 "최 교수는 전혀 간첩이 아님에도 사후에 '간첩'으로 발표되었다. 최 교수는 분명 간첩임을 자백한 일이 없는 데다가 증거도 없다"고 말하면서 자신은 최종길을 직접 만난 적이 없다고 진술했다. 차 씨 스스로도 "장 단장은 최 교수를 본 사실이 없다"고 진술했다. 그렇게 진술하고도 차 씨는 《신동아》 인터뷰에서 장 단장이 최 교수를 만났다고 말했다.

간첩 자백

(1) 최 교수의 7층에서의 조사 정황에 관한 차 씨의 진술 역시 거짓이다. 차 씨는 "최 교수는 동베를린에 두 번 갔다 왔다고 했다. 북괴에 몇 번 다녀왔냐고 캐묻자, 그는 모스크바를 경유해 한 번 갔다 왔다고 대답했다"는 것이다. 그렇게 진술할 수 있는 근거가 무엇인지에 대해 그는 침묵한다. 침묵하는 이유는 분명하다. 그것은 한마디로 사실이 아니기 때문이다. 심지어 차 씨와 마지막까지 함께 있던 김상원조차 간첩 자백 사실을 부정한다. 그는 "최 교수가 이렇다 할 만하게 자백한 내용이 없어 자살할 것이라고 보지 않았다"고 진술하고 있다. 이는 7층에서도 최 교수가 북한에 갔거나 간첩 사실을 자백한 적이 없다는 확실한 증거다. 차 씨 스

스로 1973년 감찰실 조사에서 '북한에 갔다'거나 '간첩임을 자백했다'고 진술한 바가 전혀 없다.

차 씨는 위원회에서 이 부분을 추궁받자 처음엔 "하도 정신이 없어서 빼먹고 진술했다"고 하다가, 위원회 조사관들이 "사소한 시간대나 행동도 자세히 진술한 사람이 정신이 없어서 가장 중요한 입북 문제를 빠뜨렸다는 것이 말이 되느냐"고 추궁하자 "진술서가 진본이 아니라 조작된 것이어서 그런 내용이 들어 있지 않다"고 주장했다고 한다.

(2) 차 씨는 1988년 검찰 조사 때도 "최 교수가 입북해서 노동당에 입당했으며, A-3 수신을 했고, 공작금으로 2000달러를 받았고, ○○구역에서 17일간 밀봉교육을 받았다고 자백했다. 그래서 이를 근거로 최 교수를 추궁하며 '대한민국의 최고 학부인 서울대 법대 교수가 김일성에게 충성을 맹세하고 가족의 이름까지 갖다 바쳤으니 이를 어떻게 합니까'라고 하자 최 교수가 눈물을 흘리며 후회했다"고 진술한 바 있다. 위원회에서 이 부분의 진위를 캐묻자 차 씨는 "제가 사실과 다르게 진술한 것은 잘못되었습니다. 이렇게 진술한 것은 고인의 명예를 손상한 것이므로 최종길의 유가족에게도 미안하게 생각합니다"라고 진술했다고 한다. 그리고 나서 며칠도 안 되어 자신이 잘못했다고 인정한 내용을 《신동아》 인터뷰를 통해 뒤집었던 것이다.

(3) 최 교수가 '입북 자백'을 한 사실이 없다는 근거는 또 있다. 차 씨와 7층 조사실에 같이 있었던 보조수사관 김상원은 22~01시경까지 주무수사관 차 씨가 신문하는 것을 보조했고, 그 동안 차 씨가 노봉유와 연락을 취한 듯한 '주소'가 적힌 최 교수의 수첩을 제시하며 '누구의 글

씨이며 누가 가르쳐 주었느냐?', '파리에 갔을 때 전화를 어떻게 걸었느냐?' 등의 질문을 했다고 진술하고 있다. 그는 또 "차 직원(차철권을 말함)은 최종길에 대해 진술의 모순점, 거짓 진술에 대한 방증 등을 열거하며 하나하나 추궁하기 시작했고, 자신은 옆에서 바른 대로 솔직하게 이야기하라고 거들며 조사가 진행됐다"고 진술한다. 김상원의 진술만으로도 최 교수가 입북 사실을 자백했다는 차 씨의 주장은 거짓임이 쉽사리 드러난다. 차 씨 자신도 7층 조사실에서 최 교수에 대해 노봉유와의 접선 등과 국내 조직이 있는지에 대해 계속 추궁했다고 진술한 바 있다. 최 교수가 북한에 다녀왔다는 내용을 진술했다는 주장은 허구일 뿐이다.

자살과 타살

차 씨는 최 교수의 투신 정황을 설명하며 "이상한 예감이 들어 재빨리 방에서 나와 화장실로 가는 복도로 꺾어 드니 화장실 문에서 4미터쯤 떨어진 복도에서 김상원이 겁먹은 표정으로 화장실을 가리키고 있었습니다. 그때 그 복도에는 경비원 한 명이 책상을 놓고 앉아 있었는데, 그도 얼떨떨한 표정으로 자리에서 일어나 김상원을 바라보고 있었습니다. 제가 무슨 일이냐 하니, 김상원은 화장실 문을 가리키며 '저기… 저기…' 하며 말을 잇지 못했습니다. 빠른 걸음으로 화장실 출입문으로 가 보니, 최 교수가 상체는 이미 창밖으로 내놓은 채로 화장실 창틀을 우뚝 밟고 서 있는 것 아닙니까. 최 교수는 양손을 뒤로 돌려 창틀 기둥과 창을 잡고 있었습니다. 여차 하면 손쓸 사이도 없이 투신해 버릴 수 있는 상태라, 다가가지도 못하고 화장실 출입문에서 '최 교수님, 이게 무슨 경솔한 행동이요. 가족을 생각하시오. 우리 대화로 해결합시다' 하는데, 최 교수는 '아, 아' 소리를 지르며 몸을 떨어뜨렸습니다"고 했다.

(1) '아, 아'는 거짓말이다. 차 씨는 이제까지 최 교수가 사고 직전에 보조수사관 김상원 씨와 함께 7층 화장실로 가는 것을 목격한 7층 경비원이 있다고 주장해 왔다. 차 씨는《신동아》인터뷰에서 "1988년 검찰에서 이 경비원을 찾았는데 수원에서 과일 행상인가를 하고 있었다고 했다"며 "위원회는 이 경비원을 찾아서 물어보면 된다"고 자신감을 비치기도 했다. 필자가 위원회에서 관련 사실을 확인한 결과 차 씨는《신동아》인터뷰 훨씬 전부터 위원회가 7층 경비원을 찾아 조사한 사실을 이미 알고 있었다고 한다. 위원회 조사관들은 차 씨에게 임금동이라는 이 경비원의 진술을 보여 주며 차 씨의 진술과 엇갈리는 부분을 추궁했는데, 이를 익히 아는 차 씨가 "위원회는 경비원을 찾아서 조사하라"는 엉뚱한 주장을 한 이유가 선뜻 이해되지 않는다는 반응이었다.

어쨌든 7층 경비원 임금동은 1973년 감찰실과 1988년 검찰 조사에서 최 교수의 사망 사고 직전, 최 교수가 김상원 수사관과 함께 조사실 밖으로 나가는 것을 목격했다고 진술한 바 있었다. 그러나 위원회에서 그는 충격적인 내용을 털어놓았다. 그는 "'화장실 쪽에서 악! 하는 (고함) 소리를 들었다'는 내용, '사망 직전에 최종길 교수가 조사실 밖으로 나가는 것을 보았다'는 내용, 그리고 '그 시간이 새벽 1시 30분이었다'는 내용 등이 바로 차 씨가 나에게 허위로 진술하도록 시킨 내용입니다. 그렇게 시킨 이유는 타살을 자살로 만들려는 의도 때문이 아니었나 생각합니다. 제가 잘못했습니다. 죄송합니다'라고 진술했다.

(2) 화장실 앞에 책상을 놓고 경비원이 근무를 서고 있었다는 것도 거짓말이다. 7층 경비원들뿐만 아니라 대부분의 수사관들은 물론 차 씨 자신도 경비원이 근무하던 장소를 7층 안쪽(서쪽)의 복도라고 분명히 진술하고 있다.

투신 정황

(1) 최 교수와의 신체적 접촉에 관한 김상원의 진술.

"창문틀에 거의 다 올라가서 구부린 자세로 바깥쪽을 향해 서 있는 것을 보고 안으로 뛰어 들어가서 발목 쪽을 잡았으나 용의자가 놓지 않으면 뛰어내리겠다는 말을 듣고 순간 당황해 몇 발 뒤로 후퇴했고, 잠시 후에 신체 접촉 없이 최종길 교수가 투신했다."(김상원)

"우측 발목을 잡았다."(김상원)

"창문에 올라가 있는 상태에서는 신체 접촉이 없었고, 뛰어내리는 순간 다가서면서 바짓가랑이를 스칠 정도로 손이 닿기만 했다."(김상원)

"창문 위에 올라가 있는 최종길의 우측 발목을 양손으로 꽉 잡았다."(김상원)

(2) 최 교수를 화장실에 보낸 뒤 차 씨의 위치.

"소변을 보고 와서 사실대로 얘기할 것을 다짐케 한 다음 새벽 1시 35분경 김상원이 최종길 교수를 화장실에 데리고 갔습니다. 그 후 본인은 김종한 계장에게 들러 최종길의 진술 과정을 간단하게 설명하고 … 김종한 계장이 있던 사무실 문을 열고 복도에 한 발 디디는 순간 고함 소리가 들렸지만, 그대로 신문실을 향해 가는 도중 '경비병!' 하는 고함 소리가 들려 이상하게 생각하고 9과의 끝 방을 열어 보았으나 한 사람도 없으므로 재차 변소 쪽 복도로 돌아 변소 입구를 쳐다보았더니, 김상원이 변소 문 입구에 창백한 얼굴로 서서 말도 못 하고 있기에 급히 변소 입구로 쫓아가서 변소 안을 바라보니….ᐟᐟ(차철권)

"화장실에 갔다 와서 다 이야기하겠다고 해 김상원에게 데려갔다 오라고 지시한 후 본인 혼자 문답 내용을 정리하고 있었는데 약 5분이 지났을 때 무슨 고함 소리가 들려 화장실로 뛰어가니….ᐟᐟ(차철권)

(3) 최 교수가 창문에서 '투신'할 때 김상원 씨와 차철권 씨의 위치에 관한 진술.

"차철권이 화장실 출입문에 도착하던 찰나 최종길은 밖으로 뛰어내렸습니다.ᐟᐟ(김상원)

"차철권과 방호원이 온 후에도 계속 설득하다가 순간적으로 뛰어내릴 동작을 취하기에 저는 엉겁결에 뛰어가서 잡으려고 했으나 바짓가랑이를 스칠 정도로 손이 닿기만 하고 최 교수는 밑으로 뛰어내렸습니다.ᐟᐟ(김상원)

"화장실 출입문에서 '최 교수님, 이게 무슨 경솔한 행동이요. 가족을 생각하시오. 우리 대화로 해결합시다' 하는데, 최교수가 '아, 아' 소리를 지르며 몸을 떨어뜨렸습니다.ᐟᐟ(차철권)

"화장실 문에서 4미터쯤 떨어진 복도에서 김상원이 겁먹은 표정으로 화장실을 가리키고 있었습니다. 제가 무슨 일이냐 하니, 김상원은 화장실 문을 가리키며 '저기… 저기…' 하며 말을 잇지 못했습니다.ᐟᐟ(차철권)

"난 당신 아버지를 보지도 못했어요. 김상원이 혼자서 화장실로 데리고 갔지. 이미 뛰어내린 뒤였어요. 엘리베이터를 기다릴 여유가 없어 비상계단을 통해 황급히 뛰어 내려가 봤더니 이미 절명한 상태였어요."(차철권, 1998년 11월 SBS 취재 중 최종길의 아들 최광준과의 통화)

차 씨에 따르면, 보조수사관 김상원은 최 교수가 화장실 창문으로 뛰어내리려는 중요한 순간에 최 교수를 방치하고 복도에 나와 겁먹은 상태로 화장실을 가리키고 있었으나, 김 씨 자신은 화장실에서 최 교수를 계속 설득하고 있었다고 주장한다. 김 씨가 분신술을 쓰지 않는 한 도저히 양립할 수 없는 진술이다. 또 김 씨는 최 교수의 발목을 꽉 잡았다고 했다가, 금방 신체 접촉은 없었다고 말을 뒤집는다. 더구나 7층 경비원은 그런 장면을 본 적이 없으며 고함도 듣지 못했고, 다만 누군가가 사망했다며 7층 화장실 앞에서 경비를 서라고 차 씨가 지시해 경비를 섰다고 진술했다. 또 "차 씨가 시키는 대로 진술한 것으로 그 진술은 사실과 다르다"고 분명하게 말하고 있다. 차 씨는 최 교수를 화장실에 보낸 뒤 혼자 문답 내용을 정리 중이었다고 하다가, 어느 때는 김종한 계장 방에 가 있었다고 한다. 더구나 그 방에서 김종한 계장과 나눴다는 대화 내용도 오락가락이다.

(4) 차 씨는 《신동아》 인터뷰에서 "저는 위원회에서 최 교수가 18일 밤 12시쯤에 투신자살한 것 같다고 진술했는데, 위원회가 확보한 자료에는 19일 새벽 1시 40분쯤으로 돼 있었습니다. 위원회 측은 '왜 사망 시간이 1시간 40분이나 차이가 나는가', '1시간 40분 사이에 최 교수를 고문 치사해 건물 밖으로 떨어뜨린 것은 아닌가' 하고 집중 추궁했다"고 주장했다. 필자는 이 부분을 위원회에서 확인했다. 그 결과 차 씨가 위원회

에서 밤 12시에 투신했다는 진술을 한 적이 없으며, 위원회 조사관들이 1시간 40분 사이에 최 교수를 고문치사해 건물 밖으로 떨어뜨린 것 아니냐고 집중 추궁한 사실도 없음이 밝혀졌다. 위원회에서 차 씨에게 '최 교수를 고문치사한 것 아니냐'고 추궁한 것은 사실이지만, 추궁의 근거는 타살로 진술하는 동료 수사관들의 진술과 몽둥이로 최 교수를 고문했다는 목격 진술, 그리고 법의학적인 증거와 여러 번에 걸친 차 씨의 번복 진술이었지, 단순히 사망 시간대의 차이를 갖고 집중해서 추궁한 것은 아니라고 한다.

(5) 7층 조사실에서 안흥용 과장이 4시간 동안 최 교수와 대화를 나눴다는 것도 거짓말이다. 차 씨는 저녁 9시쯤 안흥용 과장이 조사실로 들어와서 새벽 1시쯤에서야 조사실을 나갔고, 그로 인해 조사를 제대로 못 했다고 아래와 같이 주장했다.

> 통상 저녁 10시가 되면 보조심문관이 청사 밖으로 나가서 사온 족발이나 빵·과일·소주 등으로 야식을 먹는데, 그날은 과장과 최 교수 간의 이야기가 길어져, 밤 11시쯤 김상원이 야식을 사 오게 되었습니다. 저와 과장, 김상원, 최 교수는 책상 위에 신문지를 펼쳐 놓고 야식을 같이 먹었습니다. 야식을 먹는 동안에도 과장은 계속 최 교수를 붙잡고 이야기를 하다가 19일 새벽 1시 10분쯤 자리에서 일어났습니다. 무려 4시간이 넘게 심사에는 전혀 도움 되지 않는 주제로 최 교수와 대화한 것이지요.

위원회 조사 과정에서 확보된 진술을 근거로 이 말이 거짓임을 입증해 보자. 우선 차 씨를 제외한 어느 누구도 이런 사실을 인정하지 않는다. 이는 차 씨가 7층 조사실에 같이 있었다고 주장하는 보조수사관 김상원 씨도 마찬가지다. 김 씨는 22~01시경 주무수사관 차 씨가 신문하는 것을 보조했고, 그 시간대에 차 씨가 최 교수를 추궁하는 가운데 노봉유와 연락을 취한 듯한 '편의 주소'가 적힌 최 교수의 수첩을 제시하며 '누구의 글씨이며 누가 가르쳐 주었느냐', '파리에 갔을 때 전화를 어떻게 걸었느냐' 등으로 추궁했다고 진술하고 있다. 이는 차 씨의 진술이 거짓임을 입증한다. 같은 시간 같은 장소에 있던 사람이 안흥용에 대한 얘기는 전혀 없이 차 씨가 최 교수를 상대로 끈질긴 추궁을 하고 있었다고 하지 않는가?

차 씨 스스로도 1973년 감찰실에서는 물론 1988년 검찰 조사에서도 '저녁 9시경에 안 과장이 잠시 다녀간 적이 있을 뿐'이라고 진술했고, 위원회에서 조사받을 때도 '안 과장이 장시간 7층 조사실에 머문 적이 없다'는 취지의 진술을 했다. 차 씨는 1988년 검찰에서 이렇게 말했다. "18일 밤 12시경 안 과장에게 '최종길 교수가 북에 갔다 왔다'고 보고한 사실이 있습니다." 피의자와 같이 있는 방 안에서 안흥용에게 보고했단 말인가? 참으로 어이없는 주장이 아닐 수 없다. 이 부분에 관해 안흥용은 "18일 밤 9시경 7층 조사실에 잠깐 들른 적이 있습니다. 최 교수와 대화를 나눈 사실은 없고, 그 방에 머문 시간도 5분이 채 안 됩니다"라고 진술했다.

(6) 장송록 단장으로부터 수사1과의 정낙중 계장한테 가서 조사받으라는 지시를 받았다는 주장도 거짓말이고, 이때 최 교수를 조사하며 작성한 녹지와 최 교수 집에서 압수한 수첩 등을 넘겨주었다는 말은 물론 녹지와 수첩이 사라져 버렸다는 말도 사실이 아니다. 장 단장은 정낙중

계장을 자신의 사무실로 불러 사람이 죽었으니 송치 서류를 작성해야한다고 했고, 차 씨에게 송치 서류 작성을 도와주라고 지시했을 뿐 정 계장에게 조사받으라고 지시한 사실이 없다고 진술하고 있다. 상식적으로 판단할 때도 차 씨가 수사과의 조사를 받을 하등의 이유가 없다. 만약 차 씨가 조사를 받는다면 중정의 조직 편제로 볼 때 당연히 감찰실의 조사를 받아야 하고, 실제로 감찰실의 조사를 받았다.

정낙중 계장 역시 "차 씨를 조사한 것이 아니라 그로부터 전해들은 사건 정황을 받아 적어 송치 서류를 작성했다"고 진술하고 있다. 그는 또 최 교수가 사망한 뒤 피의자 신문조서를 작성했음을 인정하면서, 지시에 따라 그렇게 했으나, 분명 잘못된 일로써 반성한다고 진술하고 있다. 또한 송치 서류를 한 번에 작성한 것이 아니라 차 씨와 장송록 단장 등이 준 짤막한 메모지를 몇 번에 걸쳐 전달받아 내용을 보완 수정해 가며 작성한 것이라고 진술했다. 현장검증 서류도 사체를 보지도 못하고 작성한 것이며, 작성 시점도 검증 조서에 나와 있는 새벽 4시 30분경이 아니라 그날 오후 사무실에서 권영진과 함께 작성했다고 진술했다.

(7) 수첩이 사라졌다는 것도 거짓말이다. 이 수첩은 검찰의 송치 서류 목록에서 압수한 것으로 기록되어 있다. 즉 검찰에서 증거물로 가져간 것이지 사라진 것이 아니다.

(8) 새벽 4시 40분경에 검시했다는 주장도 거짓말이다. 차 씨는 인터뷰에서 "10월 19일 새벽 현장으로 달려온 안경상 대공수사국장이 새벽 4시 40분쯤 서울지검 공안부의 당직검사를 불러내 검시하게 하고, 최 교수 시신을 국립과학수사연구소로 옮겨 간 것으로 압니다"라고 주장했다.

이 주장이 거짓이라는 근거는, 첫째, 새벽 4시 40분쯤 최 교수의 사체는 이미 국립과학수사연구소에 안치되어 있었기 때문이다. 위원회는 이날 새벽 4시 5분경 최 교수 사체가 국립과학수사연구소에 안치됐음을 확인했다. 둘째, 검사가 최 교수의 사체가 있던 현장에 온 것이 사실이라고 가정해도 이날 새벽 현장에 달려왔다는 검사는 당직검사가 아니다. 변사 사건이 발생하면 당직검사가 현장에 오거나, 당직검사가 긴급한 일이 있어 업무를 수행할 수 없을 경우 위임을 해서 다른 검사를 보낼 수 있으나, 이 경우에는 이런 정상적인 절차를 전혀 밟지 않고 사적 라인을 통해 정보부와 긴밀한 관계에 있던 공안부 검사(이창우)를 현장으로 부른 것이다. 물론 이 검사가 현장에 왔다는 증거도 없다.

(9) 차 씨가 최 교수의 '투신' 직전에 수사1과 2계의 김종한 계장에게 말했다는 내용도 거짓말이다. 차 씨는 인터뷰에서 "최 교수에 대한 심사 결과를 자랑하고 싶은 마음에 '형님, 일이 많나 보지요' 하며 (사무실) 안으로 들어갔고 저를 본 김 계장이 '어떻게 되어 가느냐'고 묻기에 '최 교수가 동베를린과 북한에 갔다 왔다고 했으니 틀림없는 간첩 아닙니까. 이제 서울대에 침투한 간첩을 잡는 것은 시간문제입니다'라고 했습니다. 이에 김 계장은 '빨리 자술서를 쓰게 하라'고 했습니다"라고 말했다.

그러나 차 씨는 최 교수 사망 직후에 쓴 진술서에서 "1973년 10월 19일 새벽 1시 35분경에 김상원이 최 교수를 화장실로 데리고 나가는 것을 보고 좀 있다가, 김종한 계장이 야근하는 방에 찾아가 최종길 교수가 동베를린에 왕래했다는 진술 내용을 간단히 설명하며 간첩 여부를 판단해 줄 것을 요청했다"고 진술했다. 이 진술서에는 최 교수가 '북한'에 갔다 왔다는 내용은 전혀 없다. 갑자기 어느 누구도 사실로 인정하지 않는 북한을 끼워 넣어 자신의 거짓 주장을 은폐하려는 의도가 엿보인다. 보조수사관 김상원도 "차철권은 계속 최 교수를 압박하며 추궁했고 그때까지 최 교수는 혐의 사실을 부인할 뿐 이렇다 할 만한 내용을 자백한 사실이 없습니다"라고 진술했다.

은폐와 조작

10

감찰 조사

1973년 10월 19일 새벽 최종길이 '투신자살'했다는 차철권의 보고가 있은 이튿날인 10월 20일, 중앙정보부 감찰실은 5국 10과(공작과)를 대상으로 최종길의 사망 경위에 대한 감찰 조사를 실시했다. 감찰실은 조사 과정에서 5국 국장 안경상, 5국 수사단장 장송록, 과장 안흥용, 1계장 고병훈, 주무수사관 차철권, 보조수사관 김상원 등을 상대로 진술을 들었는데, 차철권과 김상원이 진술한 내용의 요지는 아래와 같다(중앙정보부 감찰 조사 보고서에 기록된 이 내용은 국가정보원이 의문사진상규명위원회에 송부한 최종길의 존안 기록에 들어 있다).

(1) 10월 17일 차철권이 최종길을 중앙정보부 남산 분청사 지하 26호실에서 조사했으나, 최종길은 처음에는 자신과 이재원이나 노봉유와의 관계, 동베를린에 다녀온 사실 등을 모두 부인했다.

(2) 이에 조사 환경을 바꾸어 설득할 목적으로, 같은 달 18일 오전 무렵 7층 합동신문실로 장소를 옮긴 다음 휴식을 취하게 한 후 18시경부터

다시 조사를 시작했는데, 그때부터 최종길은 유학 기간 중 이재원과 노봉유를 만난 적이 있고, 동베를린에 다녀온 사실이 있다고 자백했다.

(3) 그러던 중 같은 달. 01시 40분 경 최종길이 화장실에 가겠다고 하므로 보조수사관 김상원이 최종길을 데리고 7층 화장실에 갔는데, 최종길이 용변을 본 후 변기에 2~3회 구토를 하므로 이를 피하기 위해 김상원이 고개를 돌린 사이에 최종길은 그곳 소변기를 딛고 창문턱 위로 올라서서 몸을 창문 밖으로 빼고 양손으로 벽을 잡은 상태로 있었다.

(4) 나중에 최종길이 창문턱 위에 올라가 있는 것을 발견한 김상원이 최종길의 발목을 잡고 내려오라고 설득했으나, 최종길이 "놓지 않으면 뛰어내리겠다"고 하므로, 당황한 김상원이 발목을 놓고 차철권과 경비원을 소리쳐 불렀는데, 이에 차철권이 달려와 그 현장을 목격하고 최종길에게, 가족을 생각하라고 설득하면서 다가갈 즈음에, 최종길이 갑자기 밖으로 뛰어내렸고, 즉시 차철권과 김상원이 내려가 보았으나 이미 최종길은 사망한 상태였다.

이 감찰 조사에서 차철권은 특히 최종길의 고문 여부를 묻는 감찰실 조사관의 질문에 "17일 밤 10시경 지하 조사실에서 최종길로 하여금 벽에 등을 대고 무릎을 반쯤 구부리도록 해서 세워 놓기도 하고, 발로 양쪽 엉덩이를 몇 회 걷어찬 일도 있으며, 야전침대의 몽둥이를 무릎 사이에 끼워 꿇어 놓는 방법으로 고문을 했다"고 답변했다(이후 차철권은 2002년 3월호《신동아》와의 인터뷰에서 자기는 최종길 교수를 절대 고문하지 않았다고 주장했다).

중앙정보부는 위와 같은 감찰 조사 결과를 토대로 차철권과 김상원을 징계위원회에 회부, 차철권에겐 견책, 김상원에겐 1개월 감봉이라는 솜방망이 처분을 내렸다. 이렇게 사건의 실무 책임자인 차철권과 김상원

두 사람에 대한 징계는 터무니없이 가벼웠을 뿐만 아니라 징계 대상도 대폭 축소되었다고 한다. 당시 감찰과장이던 이병정은 1988년 검찰의 진상 조사 때 최종선과의 대질심문 과정에서 "사건 관련자들에 대한 감찰 조사 결과를 감찰실장에게 보고하면서 당시 안경상 대공수사국장과 장송록 수사단장은 지휘 책임을 물어 직위 해제하고, 관련 조사관 5명은 중징계하도록 건의했다"라고 진술했다.

그나마 중앙정보부의 징계 처분 사실이라도 확인한 것은 이후 이 사건의 실체에 접근하는 데 중요한 근거가 되었다. 최종길의 동생 최종선은 형의 장례를 치르고 나서 세브란스병원 정신병동에서 사건에 얽힌 의혹들을 정리한 수기를 모두 완성하고, 1973년 11월 초순이 지나 중앙정보부로 복귀했다. 그런데 최종선은 11월 28일 감찰실 게시판에서 우연히 차철권과 김상원의 징계를 공고하는 '부회보 제42호'를 보게 되었다. '부회보 제42호'의 내용은 다음과 같았다.

1. 처벌
5국 3을 차철권 직무 위반 및 직무 태만 견책
5국 4갑 김상원 직무 위반 및 직무 태만 감봉 1월

2. 비위 내용
상기 명 직원은 간첩 용의자 최 모에 대한 수사의 주무수사관 및 보조수사관으로서 부여된 임무를 수행함에 있어서 제반 수칙을 이행치 아니하고, 용의자의 신변 관리에 소홀해 물의를 야기 시킴으로써, 직무상의 의무를 위반하고 맡은바 직무 수행을 태만한 사실이 있는 자로서 각각 처벌을 받았음. 끝 최종선은 즉시 게시판의 '부회보 제42호' 원본을 몰래 뜯은 후 곧바로 형수 집으로 직행, 형수에게 공고문을 안전하게 보관하라고 당부했다. 다음 날 최종선이 출근하자 감찰실 총무과는 징계 공고문 원본이 없어졌다면서 발칵 뒤집혀 있었다. 총무과 직원들은 대외비 문서를 떼어 간 사람이 최종선일 것이라는 확실한 심증은 갖고 있었으나, 가까스로 설득해 정보부로 다시 복귀한 최종선을 자극할 필요가 없다고 판단했는지 유야무야 넘어갔다. 최종길의 부인 백경자는 이 공고문을 15년 동안 집 천장 위에 숨겨 놓거나 이불 속에 넣고 꿰매는 등 온갖 방법으로 감추어 오다가 1988년 검찰에 진상 조사를 요구할 때 김상수 검사에게 증거물로 제출했다. 이 증거물 덕분에 당시 검찰과 이후 의문사진상규명위원회는 관련 수사관의 인적 사항을 확인하고 그 지휘 라인을 특정할 수 있었다.

부회보 제42호

'부회보 제42호'에 기재된 처벌과 비위 사실 내용을, 중앙정보부가 최종길의 가족들에게 한 말, 그리고 신문지상에 발표한 내용 들과 비교해 보면, 여러 면에서 조작과 은폐의 의혹들이 드러난다.

첫째, 감시 소홀에 대한 책임만을 따진다면 상급자인 주무수사관 차철권이 하급자인 보조수사관 김상원보다 더 중한 징계를 받는 것이 마땅하다. 그런데 하급자 김상원이 상급자 차철권의 '견책'보다 더 중한 징계인 '감봉'을 받았다는 것은, 바로 보조수사관 김상원의 행위에 직접적인 사망 원인이 있음을 반증한다. 수사단장 장송록은 "화장실에서 잠시 한눈을 파는 사이 최 교수가 이미 창틀 위에 올라서 있기에 한 수사관은 가족도 있고 하신 분이 그러면 되겠느냐고 회유하고, 다른 한 수사관은 살금살금 다가가서 다리를 잡는 순간 그대로 뛰어내렸다"라고 말했다. 그렇다면 당연히 주무수사관인 차철권에게 지휘 책임을 물어 더 중히 징계하고 보조수사관 김상원에게는 더 가벼운 징계 내지 최소한 동등 정도의 징계를 내려야 마땅하다. 보조수사관 김상원을 더 중히 징계한 것은 그에게 '감시 소홀'의 책임이 아니라, '최종길을 직접 사망케 한 어떤 다른 행위'에 대한 책임을 물은 것임을 반증한다.

둘째, '최종길을 직접 사망케 한 어떤 다른 행위'는 바로 '고문'이다. 위 공고문의 '비위 내용'을 보면, 화장실에서 감시를 소홀히 해 투신자살을 방치했다는 것 때문에 징계한다면서 '감시 소홀'이라든지 '투신자살'이라는 표현은 단 한 번도 쓰지 않고, '용의자의 신변 관리에 소홀해 물의를 야기시킴으로써'라는 모호한 표현을 썼다. 그럴 수밖에 없었던 이유는, 수사진이 최종길에게 고문을 잘못 가했고, 두 사람 중에 김상원이 고문을 주도했고, 그래서 보조수사관에 불과한 김상원에 대한 징계가 주무수사관인 차철권보다 더 중하게 된 것이라고 추론할 수 있다.

셋째, 중앙정보부는 신문과 텔레비전, 라디오 등 매스컴을 총동원해 '최종길, 간첩, 투신자살'이라고 대서특필하게 했으나, 중앙정보부의 내부 문서인 이 공고문에서는 '간첩'이라고 단정해 표현하지 못하고 '간첩 용의자' 또는 '용의자'라고 우물우물하고 있다. 또 '최종길'의 이름도 '최모'라고 했고, '투신자살'이라는 표현을 쓰지 못한 것은 실제 상황을 당연히 짐작하고 있는 내부 직원들이 부담스러웠음을 반증한다.

그러나 감찰 조사에서도 차철권과 5국의 수사 라인들은, 최종길이 수사 과정에서 평양에 다녀왔다거나 간첩 활동을 했다는 취지로 자백했다

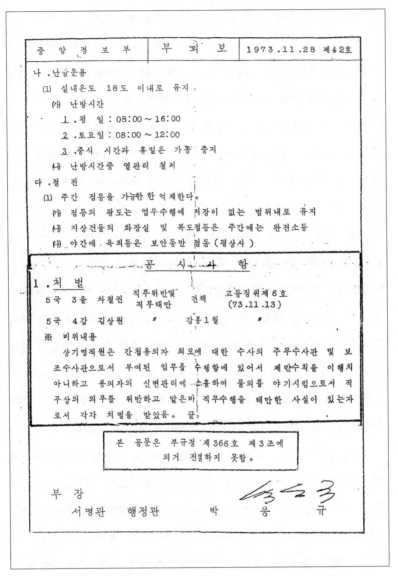

중 앙 정 보 부	부 외 보	1973.11.28 제42호

나 . 난방운용

(1) 실내온도 18도 이내로 유지.

㉮ 난방시간

1 . 평 일 : 08:00 ～ 16:00

2 . 토요일 : 08:00 ～ 12:00

3 . 중식 시간과 휴일은 가동 중지

㉯ 난방시간중 열관리 철저

다 . 절 전

(1) 주간 점등을 가능한 한 억제한다。

㉮ 점등의 광도는 업무수행에 지장이 없는 범위내로 유지

㉯ 지상건물의 화장실 및 복도점등은 주간에는 완전소등

㉰ 야간에 . 옥외등은 보안등만 점등 (평상사)

공 시 사 항

1 . 처 벌

5국 3을 차철권	직무위반및 직무태만	견책	고등징위제6호 (73.11.13)
5국 4갑 김상원	〃	감봉1월	〃

※ 비위내용

상기명직원은 간첩용의자 최모에 대한 수사의 주무수사관 및 보 조수사관으로서 부여된 임무를 수행함에 있어서 제반수칙을 이행치 아니하고 용의자의 신변관리에 소홀하여 물의를 야기시킴으로서 직 무상의 의무를 위반하고 맡은바 직무수행을 태만한 사실이 있는자 로서 각각 처벌을 받았음。 끝。

본 공문은 부규정 제366호 제3조에 의거 전별하지 못함。

부 장

서명관 행정관 박 응 규

부회보 제42호. 이 회보에 최종길의 주무수사관 차철권과 보조수사관 김상원에 대한 징계 처분이 공고되었다. ⓒ최종선

는 진술을 하지 않았다. 그런데 이 감찰 조사 닷새 후인 10월 25일 김치열 차장이 직접 기자들 앞에서 낭독한 '유럽 거점 간첩단 사건' 발표문과, 이와 함께 배포한 '신문보도안'에서는, 최종길이 모스크바를 거쳐 북한에 다녀왔고, 공작금도 받아 간첩 활동을 했다고 되어 있다. 결국 중앙정보부는 감찰 조사를 끝낸 이후 최종길의 용공 혐의를 조작한 것이다.

문건 조작

중앙정보부의 최종길 관련 문건 조작은 두 갈래로 시작했다. 첫째는 동생 최종선에 이끌려 '자진 출두'한 최종길을 사망하기 전에 '연행해 구속'된 것으로 꾸미는 신병 관련 문서였고, 둘째는 최종길의 간첩 혐의를 그의 자필 진술서와 비슷하게 꾸미는 것이었다. 장송록 수사단장, 안흥용 공작과장, 차철권 등은 최종길이 사망할 때까지 수사와 관련해 작성한 서류가 차철권이 신문 과정에서 작성한 A4 용지 2~3장 분량의 간단한 메모(소위 녹지)에 불과했고, 다른 수사 관련 문건은 전혀 작성하지 않았으므로 이 사실이 그대로 발표될 경우 외부로부터 불법 수사라는 비난을 받을 수 있을 뿐만 아니라, 최종길의 사망 원인이나 투신 경위에 대해 끊임없이 의혹이 제기될 우려가 있다는 데 의견이 일치했다.

그러나 이미 최종길이 사망했기 때문에 이들은 어쩔 수 없이 최종길의 수사 관련 문건 일체를 조작할 수밖에 없었다. 그리하여 이들은 최종길이 사망한 다음 날인 10월 20일, '국가보안법 위반 피의 사건 인지동행 보고서', '긴급구속장', '압수 조서' 등을 날짜를 소급해 조작했고, '죽은 피의자' 최종길의 유령을 상대로 '살아 있는 조사자' 차철권이 문답을 나눈 '피의자 신문조서'도 작성했다. 이 조작된 문서들의 기재 내용은 아래와 같다.

(1) **국가보안법 위반 피의 사건 인지동행 보고서** = "네덜란드 거점 간첩 이재원와 연계 혐의가 있는 최종길에 대한 국가보안법 위반 피의 사건을 인지해, 1973. 10. 17. 10:00경 임의동행의 형식으로 최종길을 중앙정보부 청사에 인치했다"고 기재.

(2) **긴급구속장** = "구속·인치 일시를 1973. 10. 17. 10:00로, 구속·인치 장소를 중앙정보부"로 기재.

(3) **압수 조서** = "1973. 10. 17. 13:00경 최종길로부터 유학 기간 중 지인들의 이름 및 주소 등이 기록되어 있는 수첩이 집에 있다는 말을 듣고, 그로부터 가정부에게 중앙정보부 직원들이 찾아가면 집을 살펴볼 수 있도록 협조해 주라는 쪽지를 써 달라고 해 그 쪽지를 받아 최종길의 자택을 수색한 결과, 프랑스를 거점으로 활동한 북한 공작책 노봉유의 주소가 기록되어 있는 수첩 및 네덜란드를 거점으로 활동한 공작책 이재원 앞으로 최종길이 쓴 편지가 발견되어 이를 압수했다"고 기재.

(4) **피의자 신문조서**

가) 최종길은 1958. 1.경 프랑스 파리를 방문, 그곳 대학에서 유학생들의 경제적 곤란을 해결해 주는 방법 등으로 유학생들을 포섭해 간첩 활동을 하고 있는 노봉유를 만나, 그로부터 북한의 발전상을 듣고 북한체제를 선전하는 간행물을 받아 보면서 그의 노선에 동조했다.

나) 1958. 10. 하순경 노봉유와 함께 동베를린에 도착, 그곳 소재 아파트에서 약 10일간 체류하면서 북한 공작 책임자 이원찬 등으로부터 북한체제 등에 대한 교육을 받는 한편, 유학생을 포섭해 동베를린으로

데리고 오라는 지령을 받고, 여비로 미화 300달러를 받고 돌아왔다.

다) 1960. 5.경 동베를린을 출발, 모스크바와 북경을 경유해 평양에 도착했고 그곳에서 17일간 체류하면서 노동당에 입당하고 주체사상 등의 교육을 받았으며, 한국에 귀국한 후 대학교 내에 침투해 학생들에게 반정부 의식을 고취시켜 데모를 선동하는 등으로 사회불안을 조성하고 제자를 포섭해 제3국을 통해 월북시키라는 지령을 받고 돌아왔다.

라) 최종길은 위와 같이 진술한 다음 담배 2대를 연거푸 피우다, 1973. 10. 19. 01:30경 화장실에 가겠다고 하므로 김상원으로 하여금 함께 다녀오게 했는데, 용변을 마친 최종길이 화장실 유리 창문을 통해 밖으로 뛰어내려 사망함으로써 조서 작성을 중지했다.

중앙정보부는 이렇게 최종길 수사 관련 서류 일체를 조작하는 것을 넘어 구체적 사실까지도 조작했다. '국가보안법 위반 피의 사건 인지동행 보고서'에서는, 최종길의 중앙정보부 출두 시간 10월 16일 오후 2시경을 10월 17일 오전 10시로 조작했다. 아마도 '긴급구속장'으로 합법적 구금이 가능한 기간인 48시간에 억지로 맞추려 한 것으로 보인다. 또 중앙정보부는 10월 17일 10시에 임의동행으로 중정에 인치했다고 하면서 같은 시각에 바로 '긴급구속장'을 발부받은 것으로 기재했다. 기본적인 조사도 없이 어떻게 '긴급구속장'이 발부될 수 있는가? 이것도 '긴급구속장'으로 합법적 구금이 가능한 48시간에 억지로 맞추려 했기 때문일 것이다.

중앙정보부는 위와 같이 조작한 서류와 함께 국립과학수사연구소 오수창 소장 명의의 '사체 인수증', 1973년 10월 19일 4시 30분경 최종길 투신 현장을 검증했다는 서울지검 공안부 소속 이창우 검사가 작성한

'현장검증 조서'(이 역시 직접 현장검증을 하고 작성한 것이 아니라 나중에 장송록 수사단장과 차철권 등으로부터 들은 내용을 근거로 했다), '수사 보고', '검거 보고', '신문보도안' 등을 작성한 다음, 10월 22일 최종길에 대한 국가보안법 위반, 반공법 위반, 간첩 등의 죄명으로 서울지방검찰청으로 사건을 송치했다. 이 사건을 송치받은 서울지방검찰청은 11월 23일 최종길에 대해 '피의자 사망으로 인해 공소권 없음'으로 종결 처리했다.

여론 공작

1973년 10월 25일, 중앙정보부 김치열 차장은 '유럽 거점 간첩단 사건'을 발표하면서 최종길에 관련해서는 보도 자료격인 '신문보도안'이라는 문건 하나를 더 배포했다. 이 문건은 중앙정보부의 대언론 발표문이 아니라, 언론이 사건을 자체적으로 취재해 보도하는 것처럼 중앙정보부가 만든 내용이었다. 다음은 최종길에 대한 온갖 거짓 사실들을 망라한 이 문건의 전문이다.

중앙정보부에서는 화란을 거점으로 한 간첩단 수사 과정에서 동백림을 경유 입북해 북한의 지령을 받고 국내에 잠입, 학원에 침투·암약 중이던 전 서울대학교 법과대학 교수 최종길(42세)을 지난 10. 17. 검거한 사실이 밝혀졌다.

중앙정보부에 의하면, 본적을 경기도(상세 주소 생략)에 두고 현재 서울(상세 주소 생략)에 거주하는 최종길은 1951. 9. 본적지인 인천중학교(현 제물포고교)를 졸업, 1957. 3. 서울대학교 법과대학을 거쳐 동대 대학원 법률

학과를 수료하고 동년 4월에 출국 스위스 취리히 대학에서 1년간 수료 후 1958. 4. 서독으로 건너가서 쾰른 대학 법과에 입학 연수, 1961. 2. 동대학에서 법학 박사학위를 획득, 1962. 6. 동교를 수료하고 동년 8월에 귀국해 서울법대 강사로 침투, 합법 토대를 구축, 서울법대 교수로 재직 중이던 자로서,

간첩 최종길은 도구渡歐 후 1957. 8. 인천중학교 동창이며 기이 북한 공작원으로 활동하는 노봉유(43세)를 불란서 파리로 방문, 대화 도중 동인과 함께 한국 실정에 대한 비판을 노골화하면서 이에 은연중 동조해 오던 중 1957. 11. 노봉유를 재차 방문 시에 동인에게 포섭되어 1주일간에 걸쳐 동인으로부터 남한의 정세 비판과 북한의 선전 간행물인 《등대》, 《회상기》, 《빨치산투쟁대》, 《김일성선집》 등을 탐독하면서 사상 교양과 북한의 발전상, 공산주의 우월성에 대한 교양을 받고 이에 감화되어 공산사상을 흠모해 오다가 1958. 4. 지도원 노봉유의 지시로 스위스 취리히 대학교에서 서독 쾰른 대학으로 전학 후 약 2개월간에 걸쳐 전후 8차 접촉하면서 장차 남한에서의 혁명 투쟁 방법 등을 토의한 바 있고,

1958. 10. 하순경 지도원 노봉유의 안내로 항공편으로 쾰른을 출발 서백림에 도착, 그곳에서 택시로 동물원 옆에 있는 명불상名不詳 역에서 기동차를 이용해 동백림에 도착, 그곳 주재 북한대사관에 연락, 성명 불상 북한대사관원의 안내로 승용차에 편승 동백림 소재 비밀 아지트에 수용되어 동일 노봉유의 소개로 북한 대남 공작원 이원찬(당시 47세가량), 담당 지도원 유모(43세가량) 등과 인사 교환 후 최종길은 단신 아지트에 수용 약 10일간 유모 지도원으로부터 《정치경제학》, 《변증법적 유물론(철학)》, 《항일빨치산 회상기》, 《맑스레닌주의 이론》, 《노동신문》 등을 통해 자습 형식으로 교양을 수한 후 북한 영화 〈건설상〉 등 문화영화 4편을 관람하

고, 친지를 포함해 포섭 대상자 32명의 명단을 제출하고 유학생을 동조자로 포섭할 것을 지령받고, 공작금으로 미화 300불과 안착 신호용 그림엽서 1매를 받고 서독으로 복귀, 학업을 계속하면서 유학생들의 포섭을 시도하다가,

1960. 5. 동독 주재 북한 공작원 이원찬의 지령에 의거, 상기 동일한 경로로 단독 동백림에 도착, 비밀 아지트에 3일간 수용되어 1차 수용 시 교양 받은 내용의 사상 교양을 재차 교습해 오다가 유 모 담당지도원과 함께 동독을 출발 이들과 모스크바·북경 경유 입북 평양에 도착, 평양시 용성구역에 위치한 중앙당 연락부 아지트에 안내되어 그곳에서 20일간 체류하면서 친지, 유럽 지역에 유학 중인 동료 교수 및 학생을 포함해 포섭 대상자 24명의 명단을 제출, 동 명단에 대한 개별 부호를 부여받고 공산주의 사상과 공산주의 사회체제의 우월성, 김일성 항일 투쟁사, 조국의 평화통일 방안, 주체사상 등의 사상교양과 A-3 수신 해득 방법, 암서 요령, 접선 방법 등의 간첩 교육을 받았으며, 장차 동조자를 포섭해 정보기관 내에 공작 거점을 설치해 정보망을 조직, 귀국하면 서울대 내에 지하 써클을 조직, 반정부 활동을 선동할 것, 학원 내에 동조자를 포섭, 정부기관 내에 침투 합법 토대를 구축하라는 등의 지령과 공작금으로 미화 2000불을 수수해, 동년 6. 1. 항공편으로 동독 경유 서독으로 귀환 후 학업을 계속하면서 화란 소재 북한 공작원인 이재원, 불란서 주재 북한 공작원 노봉유 등과 수시 서신으로 연락을 계속하면서 재유럽 한국 유학생들에 대한 포섭 공작을 수행해 오다가, 1961. 11.경 서독 여인 ××(25세)와의 스캔들로 인해 공작금을 위자료로 지불해 공작금을 낭비하자 상기 노봉유로부터 혁명사상이 확고하지 못하다고 비판받은 사실이 있으며,

1962. 7. 쾰른 대학교 부속 연구원으로 재직하다 북한의 지령에 의해

1962. 8. 경 국내에 잠입, 현재까지 서울법대 강사, 학생과장 등을 역임하면서 북한의 A-3 지령을 전후 15회에 걸쳐 받은 후 한일회담 반대, 3선 개헌 반대 등의 학생 데모 활동을 배후에서 조종해 왔을 뿐만 아니라 국내 정세 및 학원 동향 정보 자료 수집, 보고를 해 왔는데, 이와 같은 사안 보고는 1962. 8. 유럽에서 귀국 후 상부선인 지도원 노봉유로부터 약정된 음어에 의해 불란서 파리 시내 빠빌롱 G동 안토니 아파트의 주소지를 편의 주소로서 이용해서 총 6회 대북 보고, 북의 공작 지령은 암기식 A-3 해득 방법에 의해 지령사항을 받음,

최종길은 귀국해 9년 후인 1970. 8. 3. 미국의 하버드 대학교 교환교수로 도미하게 됨을 계기로 서독에서 북한 공작 지도원 노봉유와 재접선하라는 지령을 받고, 2년간 도미타가 72. 6. 하순경 유럽으로 건너가 가족과 함께 약 1개월간에 걸쳐 체독 중, 가족을 기만하면서 노봉유와 쾰른 시내 명불상 호텔 방에서 접선, 기간 중 공작 보고 및 수집한 정보를 제공하고, 동인으로부터 여비조로 미화 700불을 수수, 동년 8. 28. 국내로 잠입한 활동 사항을 자백하고, 국내 관련 망 등 계속 여죄를 추궁받자,

"끊었던 담배를 7년 만에 피워 본다"고 말하면서 연이어 두 개비를 피우고 난 후 용변을 구실로 7층 화장실 창문을 통해 투신자살했음을 발표하면서, 국내 조직의 파괴로 초래되는 북당北黨에 대한 사명감과 자신은 물론, 가족 친지 등에까지 불명예스러운 오점을 남기게 됨을 비관 자살한 것으로 보고, 아직 밝혀지지 않은 국내 관련 조직망에 대해서는 계속 수사가 진행되고 있다 한다. 끝.

이 '신문보도안'에는, 최종길의 사망 직후 정보부 내에서 떠돌았던 이야기에서도, 10월 25일의 사건 발표문이나 김치열의 기자 질의응답에서

도 전혀 거론되지 않았던 내용들이 근거 없이 열거되어 있다. 심지어 소설 같은 서독 여성과의 스캔들까지 끼워 넣었다. 위와 같은 신문보도안 및 중앙정보부의 발표를 근거로 TV 방송과 신문은 이 기자회견이 열린 당일 또는 그 다음 날 '유럽 거점 대규모 간첩단 적발'이라는 내용의 기사를 대대적으로 보도했고, 아울러 최종길이 중앙정보부에서 간첩임을 자백, 여죄를 추궁당하던 중 화장실 창문에서 투신자살했다는 것을 기정사실로 몰아갔다.

최종길 교수에 대한 당시의 이러한 사회 분위기를 극명하게 드러내는 일화가 있다. 1975년경 최종선은 어찌어찌해 이화여자대학교 총장 공관에서 김옥길 총장과 단둘이 만나 대화를 나눌 기회가 있었다. 대화 중에 김옥길 총장이 최종길 교수 유가족의 근황을 물었고 최종선이 당시 최 교수 유자녀들이 처한 어려운 사정을 이야기했다.

> (최종길 교수의 자녀인) 광준, 희정이 은석초등학교를 다녔었는데, 아버님이 간첩인데 자살했다고 신문에 대서특필된 뒤 친구들이 손가락질하는 걸 못 견뎌 집도 옮기고 학교도 옮겼는데, 옮기는 곳마다 똑같이 손가락질받으면서 어린 마음에 상처를 받는데도 어떻게 달리 해 줄 도리가 없는 게 형수님께서 가장 마음 아파하는 일이라고 말씀드렸습니다.

최종선은 김옥길 총장을 만나고는 자신이 직접 연락하는 것은 정보부에 도청당할 우려가 있기 때문에 이화여대 출신으로 당시 배화여고 교사로 있는 아내를 통해 서로 연락하기로 하고 집으로 돌아왔다. 그런데 다음 날 바로 김옥길 총장이 최종선의 아내에게 전화해 총장실로 오라고 해 갔더니, 광준과 희정이를 이화여자대학교 사범대학 부속초등학교로 전학할 수 있도록 조치를 취해 놓았다며, 바로 전학시키라고 말했다. 최종길의 딸 최희정의 증언이다.

저와 오빠는 초등학교를 다섯 군데나 다녔어요. 저는 은석초등학교에 입학해 3학년까지 은혜, 서교, 당산초등학교 세 번을 옮겨 갔습니다. 저는 잘 몰랐지만, 어머니께서 학교에서 '간첩의 자식이니 뭐니' 하는 소리를 듣고 우리가 상처받을까 봐 그렇게 하신 것 같습니다. 제가 3학년 때 종선 삼촌이 김옥길 이대 총장님께 그 사정을 하소연하자, 김 총장님이 작은어머니를 불러 이대부속초등학교로 전학갈 수 있도록 해 주셨다고 해요. 당시 작은어머니는 배화여고 교사로 계셨는데, 어느 날 모르는 분이 전화를 걸어와 "나 누군지 알지? 내일 내 방으로 와!" 하시더래요. 작은어머니는 이대 출신이었기 때문에 목소리만 듣고도 그분이 김옥길 총장님인 걸 바로 알았답니다.

어머니는 제 앞에서는 다른 분들에게 아버지가 미국으로 유학 가 계시다고 말씀했지만, 제가 이대부속초등학교에 다닐 무렵에는 이미 아버지가 돌아가신 것을 알고 있었지요. 한 번은 친구 집에 놀러 갔는데, 그 집 아빠가 저에게 "네 아빠는 뭐 하시는 분이냐?" 물어요. 그래서 불쑥 '서울대 교수'라고 했는데, 그분도 서울대인가 연세대인가 교수인지라 관심이 더 있으신지 다시 아버지 이름이 뭐냐고 물어요. 저는 당황해서 우물쭈물 대답을 못 했지요. 어린 마음에도 그분이 저를 '자기 아버지 이름도 모르는 아이'라고 이상하게 생각하시지나 않을까 걱정했지요. 이대부속초등학교에서는 학교 분위기도 좋은 데다가 김옥길 총장님도 특별히 관심을 보이시고 해서 아무 탈 없이 지낼 수 있었습니다.

정의구현전국사제단

———

11

양심선언

1973년 10월 19일 새벽, 최종선은 중앙정보부로부터 긴급히 출근해 당직실에 대기하라는 전화를 받았다. 7시 25분, 감찰과장 이병정이 당직실에 대기 중인 최종선을 자기 사무실로 불렀다. 노크를 하고 들어갔으나 이병정은 최종선을 보고도 어두운 표정으로 한참 동안 아무 말도 하지 않았다. 최종선은 직감적으로 '아! 형님께서 돌아가셨구나!' 하는 생각이 들었다. 최종선은 갑자기 하늘이 무너지고 땅이 꺼지듯 머릿속이 텅 비고 온몸에서 힘이 쭉 빠져나가는 것 같았다.

중앙정보부 관계자들은 뜻밖의 사태가 벌어지자 처음에는 최종선에게 형의 죽음에 대해 미안함을 표명하면서 막대한 금액으로 보상하겠다고 했다. 그들은 사건이 확대되지 않도록 수습하려는 태도를 보였지만, 시간이 조금 지나자, 최종길이 간첩 혐의를 자백했지만 가족들만 조용히 있어 주면 그의 명예를 지켜 주고, 최종선의 중앙정보부원 신분도 보장하겠다는 등의 협박과 회유로 돌아섰다. 그러고는 곧바로 "나라를 배신한 천인공노할 간첩 최종길의 가족으로서 그가 간첩이었음을 잘 알고 있고, 비록 조국을 배반하고 양심의 가책을 못 이겨 결국은 자기의 생명을 스스로 끊었으나, 우리 가족을 용서해 주시고, 최종길의 죄상을 신문 등에 보도하지 않음으로써 자손들이 밝게 살아갈 수 있도록 허락해 달라"는 취지의 탄원서를 가족 연명으로 받아 오라고 요구했다.

최종선은 강하게 항변도 해 보고 인간적으로 호소도 해 가며 중앙정보부 간부들과 싸워 보았지만, '남자를 여자로 바꾸는 것 말고는 무엇이든 다 할 수 있는' 중앙정보부를 홀로 대적하기는 역부족이었다. 최종선은 자기가 설득하고 안내해 출두한 형이 죽음을 당한 데 대한 죄책감, 그리고 형제들과 형수에 대한 미안함, 공채로 자랑스럽게 입사한 자기 직장 중앙정보부가 파렴치한 범죄 집단으로 드러난 데 대한 자괴감 등으로 갈피를 잡지 못했다. 그러나 무엇보다도 최종선을 절망케 한 것은 그들의 회유와 협박에 속절없이 무너져 내린 자신의 처지였다.

형의 죽음을 확인한 그날, 최종선은 중앙정보부를 빠져나와 형의 억울한 죽음의 진상을 밝히기 위해 별 생각을 다해 보았다. 서울대학교를 찾아가 학생들에게 호소해 볼까, 동아일보사를 찾아가 진상을 폭로해 볼까, 외국 언론, 외국 대사관을 찾아가 볼까…. 그러나 그날 오후 최종선은 스스로 중앙정보부에 투항했다. 그들에게 항복한 것이다. 최종선은 형의 억울한 죽음의 진실을 밝히기 위해 잠시의 '항복'을 택한 것이다. 만일 그때 최종선이 담당수사관과 멱살잡이를 벌였거나, 중앙정보부 간부들의 책상이라도 뒤집어엎으며 격렬하게 울부짖었더라면, 정보부의 행태로 보아 최종길의 죽음은 영원히 어둠 속에 묻힐 것이고, 얼마 지나지 않아 최종선 또한 '순직'하거나 '의문사' 당했을 가능성이 높았을 것이다.

최종선은 서울대학 대신에, 《동아일보》 대신에, 외국 언론과 외국 대사관 대신에 세브란스병원의 정신병동을 선택했다. 그 며칠간 그가 겪은 것, 직접 보고 들은 것, 그리고 뼈를 깎고 살을 에는 자기의 심정을 차분하게 정리하는 데는 정신병동이 가장 적당한 장소라고 생각해서였다. 다행히 당시 세브란스병원에는 그와 제물포고등학교 동기동창인 지훈상 등 친구들이 레지던트로 있었고, 최종선은 그들의 도움으로 정신병동 1인실을 특별히 배정받았다. 그리고 그들에게 부탁해 노트와 필기도구도 구했다. 이렇게 해서 최종선이 형 최종길의 억울한 죽음에 대해 기록한 수기가 〈나의 형 최종길 교수는 이렇게 죽었다〉라는 제목의 '양심선언'이었다. 최종선의 회상이다.

> (수기는) 주로 밤에 기록했습니다. 낮에는 병동 내 탁구대에서 병실 친구들과 탁구도 치고 하면서 아무 일 없는 양 시간을 보내고 밤에만 주로 쓰곤 했습니다. (당시 정신병동에) 입시 스트레스 때문에 들어온 어느 고교생이 있었는데, 저녁 어스름이면 황혼의 창가에 앉아 기타를 치며, '세월이 흘러가면 잊을 날도 있다지만 / 그러나 언젠가는 그리울 거야 / 눈가에 맺히는 눈물이야 / 지울 수 있다 하여도 / 우리의 마음에 새긴 것은 / 아마도 지울 수 없을 거야…'라고 노래를 불렀습니다. 나중에 알고 보니 최현이라는 가수의 〈세월〉이라는 노래였는데, 어찌나 구슬프게 부르던지, 그 후부터 이 노래는 저에게 있어 제 인생의 특별한 시절을 생각하게 하는 노래가 되었습니다.

최종선은 정신병동에 실습 나온 연세대학교 간호학과 학생들과의 해프닝도 겪었다. 간호학과 실습생들은 학부에서 이론 위주의 교육을 받다가 처음 병실 현장에 나와 수습간호사 제복을 입고 환자들을 직접 만나다 보니 환자의 쾌유를 돕겠다는 사명감이나 의욕이 강했다. 그들이 보기에 최종선은 특이한 환자였다. 이 환자는 밤이면 자기 방에서 이불을 뒤집어쓰고 노트에 항시 무언가를 골똘히 적는 증세를 보이는데, 간호사들이 들어오면 적고 있던 노트를 급히 매트리스 밑으로 감추곤 했다. 간호사들이 그게 무어냐고 물어도 그저 자기 일기라고만 할 뿐 내용을 보여 주지도 않고 더 이상 대꾸조차 하지 않았다.

그들이 보기에 최종선의 증세는 '체계적이고 논리적인 망상을 지속적으로 고집하는 병적 상태'인 편집증 같았고, 이로 인해 정신병동에 입원한 것으로 판단되었다. 그들끼리 의논이 되었는지, 하루는 간호사 몇 명이 한꺼번에 최종선의 병실로 몰려와 매트리스 밑에 감춘 노트를 반강제로 끄집어내려고 했다. 그들로서는 학교에서 배운 대로, 편집증의 결과물인 그 노트를 읽어 보아야 병의 원인을 알 수 있고, 그래서 치료가 가능할 것이라고 판단했을 것이다. 그러나 최종선이 하얗게 질려 정색을 하며 필사적으로 저항하자, 그들은 섬뜩하리만치 완강한 그의 태도에 포기했다. 최종선이 기록한 노트의 내용은 어느 누구에게도, 심지어 가족에게도 보여 줄 수 없는 '판도라의 상자'였다.

당시 중앙정보부는 최종선의 입원에 대해 크게 의심하지는 않은 것 같았다. 역지사지로, 그들이 보아도 집안의 자랑인 형의 죽음에 간접적으로나마 본인이 관련되어 있었으니 정신적으로 큰 충격을 받았을 것이고, 이를 추스르기 위해 병원에 입원해 휴식을 취하는 것도 필요하다고 판단했을 것이다. 정보부에서 특별 배려를 했는지, 최종선과 공채 9기 동기생으로 정규과정 교육을 마치고 감찰실에 함께 소속되어 근무하던 박춘영이 주로 면회를 왔다. 최종선은, 자기가 정신병동 병실에서 가만히 누워 쉬고만 있을 사람이 아니라는 것을 박춘영도 충분히 짐작했겠지만, 그 또한 당시 박정희 1인 독재체제에 진저리를 치고 있어 모르는 체했으리라 회고했다.

함세웅 신부

최종선은 1973년 10월 26일 세브란스병원 정신병동에 입원해 11월 12일에 퇴원했다. 병원이 그의 한없는 슬픔과 고통, 분노를 치유해 주지는 못했지만, 그는 '수기' 한 권을 들고 병실 문을 나설 수 있었다. 그러나 '수기'의 보관이 문제였다. 최종선의 집이나 최종길 부인의 자택은 위험할 것 같았다. 그렇다고 안전을 생각해 친족 이외의 사람에게 맡기는 것은 더 불안했다. 최종선은 고심 끝에 당시 서울 서교동의 장형 집에서 기숙하며 현대건설에 다니던 조카 손효원에게 '수기'를 건네주고 우선 당분간이라도 잘 보관하라고 신신당부했다.

그러고는 해가 지나 1974년 초겨울쯤이었다. 당시 서울 여의도에 살고 있던 백경자로부터 최종선에게 한 번 집으로 들르라는 연락이 왔다. 백경자는, 당시 천주교 원주교구장 지학순 주교의 구속을 계기로 치열하게 반독재 민주화운동을 벌이고 있던 천주교정의구현전국사제단의 주축 인물인 함세웅 신부가 보내서 왔다는 박기용이라는 사람을 만났는데, 그 사람이 최종선을 만나고 싶어 한다고 했다. 당시 함세웅 신부는 천주교 응암동성당의 주임신부였다.

박기용과 함세웅은 청소년 시절을 천주교 용산성당에서 함께 보냈다. 함세웅은 박기용의 동생 박기웅과 친구였지만, 한 학년 위인 박기용과도 친하게 지냈다. 함세웅은 용산중학교를 마치고 신부가 되기 위해 소신학교(성신고등학교)를 거쳐 대신학교(가톨릭대학)에 들어갔고, 박기용도 중학교를 졸업하고 함세웅보다 1년 앞서 소신학교, 대신학교에 들어갔으나 대신학교 1학년 때 중퇴해 사제가 되지는 못했다. 박기용은 대신학교에서 나온 후 고려대학교 영문과에 입학, 졸업했고, 대학원에 진학해 중세·고대 영어를 전공했다. 박기용은 소신학교 때 이미 라틴어를 마스터했고, 독어나 희랍어 등 웬만한 유럽 언어를 모두 구사하는 등 외국어에 능통했다. 박기용의 증언이다.

1968년경인가, 고려대 대학원 영문과에서 석사과정을 공부하고 있을 때, 강봉식 교수님이 대학원생 중 영어와 독어를 같이 가르칠 수 있는 사람을 찾았습니다. 강 교수님의 부인이 인천 박문여고를 나왔는데, 사모님의 친구들 중 우석대학교 의과대학(고려대 의대의 전신)을 나온 여의사 몇몇이 대학원에 진학하는 데 필요한 영어와 독어를 교습시켜 줄 선생을 찾는다는 것이었습니다. 그때 내가 지원해, 청량리에서 산부인과 의사로 있던 안의순이라는 분의 테스트를 통과한 후 그분들에게 영어와 독어를 가르쳤습니다. 당시 그 그룹에 백경자 여사는 없었습니다. 대학원을 마치고 나는 1969년에 정보부의 해외 파트인 2국에 들어갔다가 1974년 가을에 퇴직했습니다.

중앙정보부 퇴직 후 영어 교습 등으로 소일하고 있는데 어느 날 건너고 건너 백경자 여사로부터 영어를 교습해 달라는 부탁이 들어왔습니다. 백여사는 나를 만난 첫날, 자기는 최종길 교수의 아내인데, 자기 남편은 억울하게 누명을 쓰고 죽었고, 중앙정보부 요원들이 항시 자기의 일거수일투족을 감시·미행하고 있어 무서워 죽겠다며 미국으로 이민 가기 위해 영어를 배우려 한다는 것이었습니다. 나는 너무나 놀랐지만, 일단 영어 공부를 시작하기로 하고 며칠 뒤 함세웅 신부를 찾아가 이 사실을 말했습니다. 실제 백 여사에 대한 영어 교습은 단 한 시간으로 끝났습니다. 짐작입니다만, 백 여사가 사제단이 최 교수 사건의 진상 규명에 앞장서는 것을 보고 이민을 포기하고 국내에서 싸우기로 용기를 낸 것 같았습니다.

1974년 하반기는 민청학련 사건으로 민주화투쟁의 열기가 최고조에 달해 박정희 정권이 수세에 몰린 시기였고, 더구나 박기용은 중앙정보부에서 재직하다 그만둔 사람이어서 최종선은 그를 만나는 것이 무척 조심스러웠다. 최종선은 그해 12월 18일 명동성당에서 열린 최종길 교수 추도미사에는 참석할 수 없었으나, 우여곡절 끝에 성당 안으로 들어간 백경자로부터 추도미사의 분위기와 사제단의 결의를 듣고는 박기용를 만나기로 결심했다. 최종선은 1974년 12월 어느 새벽 백경자의 집에서 박기용을 만났다. 박기용과 만나 직접 이야기를 나누어 보니 최종선도 그에게 신뢰가 갔다. 다시 박기용의 증언이다.

대학원을 졸업하고 1969년에 어떤 기관에서 영어 등 최소 2개 국어에 능통한 사람을 뽑는다는 공고를 보고 지원했습니다. 입사시험과 면접을 준비하는 과정에서 그 기관이 중앙정보부인 것을 알았습니다. 면접관 중에 정보부 국제협력과 계장이 있었는데, 합격한 다른 사람들은 중부경찰서 부근의 중앙정보부 위장 조직인 '한국지질연구소'라는 곳으로 갔지만 나는 이분의 주선으로 이문동 2국(해외 파트)의 국제협력과로 발령을 받았습니다. 국제협력과는 우방국 정보기관들과의 교류 등을 담당하는 부서였습니다. 그러나 국제협력과는 1974년 정보부의 조직 개편으로 8국(해외 파트)의 과課에서 계係로 축소되어 버렸고, 나는 그해 가을 정보부를 퇴직

했습니다. 정보부 퇴직 후 얼마 있다가 함세웅 신부를 찾아가 내가 중앙정보부의 생리와 행태를 어느 정도 알고 있으므로 정의구현사제단의 활동을 돕겠다고 했습니다.

그 후 함세웅 신부와 만나면서 백경자 여사와 최종선에 대한 이야기도 해주었고, 사제단의 최종길 교수 추도미사의 추도사 작성을 도왔고, 《동아일보》 백지광고 사태 때 사제단이 낸 전면광고 원고를 밤새워 편집하기도 했습니다. 그런데 12월 18일 추도미사가 끝나고 며칠이 지나 중앙정보부에서 나를 찾는다는 정보가 들어왔습니다. 나는 직감적으로 이번에 정보부에 잡혀가면 죽을지도 모른다는 생각이 들어 함세웅 신부의 응암동성당으로 가 일주일 정도 피해 있었습니다. 한 해가 넘어가는 12월 31일 밤, 함 신부의 방에서 혹시 있을지도 모르는 사태에 대비해서 아이들에게 보내는 유서 비슷한 것을 쓰고 있는데, 출타한 함 신부가 밤늦게 들어오고, 12시가 다 되었을 즈음 최종선이 두꺼운 코트 차림으로 들어왔습니다. 최종선은 함 신부와 잠시 이야기하고는 코트 안에서 '수기'를 꺼내 함 신부에게 건네주었습니다.

최종선이 '수기'를 함세웅 신부에게 전달하고 난 후 그 심정을 피력한, 함세웅 신부께 드리는 편지 형식의 1975년 1월 5일 자 글이 남아 있다(김정남, 《이 사람을 보라》 2, 217쪽).

형을 연행해 간 동생이라는 손가락질을 받는 속에서도 형님의 영혼은 나의 등을 두드려 격려하시며, 자랑스러운 마음으로 형이 남긴 옷과 넥타이를 매도록 해 그들 살인자들 속에 들어가 그들과 대화하고 그들의 더러운 일에 관여하면서 그들의 죄악을 똑바로 보고 마음에 새기도록 하셨습니다. … 참으며 하늘에 기원하기 1년 … 이 자료는 우리 가족을 멸망 속에서 구하는 최후의 자료이며 또한 신부님들의 주장을 밑받침하는 자료가 될 수 있을 줄 믿습니다. … 저는 그때까지 하나의 자료라도 더 남기고 싶었습니다. 치명적인 일격을 가할 수 있도록 저에게 준비의 시간을 주시기 바랍니다.

제 나름대로의 준비가 다 끝나서 언제 싸워도 좋겠다는 신념이 생길 때는 즉시 연락을 드리겠으며 … 준비가 되기 전에 위난이 닥쳐오면 부득이 지금까지의 준비로 싸우겠습니다. 저에게 무기는 생명 하나가 있을 뿐입니다. … 당분간은 신부님은 밖에서, 나는 안에서 하느님의 뜻에 따라 싸워야하겠습니다. 시시각각으로 닥쳐오는 위해 속에 쓰는 글로서 예의를 전혀 도외시한 글월이 되어 죄스럽게 생각합니다. 언제고 살아 있다면 만나 우러러 뵈올 것이며, 먼저 떠나면 하늘에서 신부님의 하시는 일을 눈여겨보며 격려하겠습니다.

최종선과 처음 대면해 '수기'와 함께 그간의 이야기를 들은 함세웅 신부는 너무나도 긴장한 나머지 한참 동안 아무 말도 하지 못하고 그의 손만 꼭 잡았다고 한다.

1975년 초(박기용의 증언에 의하면, 1974년 12월 31일이다)에 최 교수의 동생인 최종선 씨가 비밀리에 나를 찾아왔다. … 그는 바로 1973년 10월, 형인 최 교수의 신변 안전과 심적 위로를 위해 중정으로 안내했던 장본인이었다. 이 때문에 그는 더욱 괴로워하고 있던 터였다. 최종선 씨는 나에게 서류 한 뭉치를 주었다. 참으로 목숨을 건 결단이었다. 최 교수의 죽음과 관련된 당시 중정 수사의 체계와 수사관 명단, 그리고 자신이 정신병동에 입원해 쓴 수기였다. 그의 불타는 눈을 떨리는 마음으로 바라보며 그의 두 손을 잡고 한참 기도했다. 오직 '그날'의 실현을 기도하면서.

최종선은 '수기'를 함세웅 신부에게 넘기고는 미국 망명을 주선해 달라고 부탁했다. 함세웅 신부는 주한 미국대사관 직원들과 가까운 제임스 시노트 신부를 비롯한 메리놀 선교회 소속 미국인 신부들을 통해 최종선의 망명 가능성을 타진해 보았다. 그러나 현직 중앙정보부원의 망명 요구에 미국대사관 측이 큰 부담을 느꼈는지 반응이 부정적이어서 결국 최종선의 미국 망명은 실현되지 못했다.

최종선의 '수기'는 그야말로 목숨을 걸고 쓴 것이었으니, 함세웅 신부도 목숨을 걸고 '수기'를 지켜 내야 한다고 다짐했다. 최종선은 사제단을 전폭 신뢰해 함세웅 신부에게 자기가 알고 있는 모든 것을 털어놓고 사건의 의혹을 푸는 데 결정적인 증거자료가 될 '수기'를 건네주었지만, 함세웅 신부는 이미 자기가 '수기'의 안전한 보관처가 되지 못하리라 예상하고 있었다. 당시 응암동성당에는 샬트르 성바오로 수녀원에서 파송된 김아멜리아 수녀와 정멜라니아 수녀가 시무하고 있었다. 함세웅 신부는 1975년 여름경 정멜라니아 수녀에게 최종선의 '수기'를 건네주며 잘 보관하라고 부탁했다. 김아멜리아 수녀의 증언이다.

종신 서원 10년을 맞아 저는 1975년 7월부터 9월까지 두 달간 피정에 들어가 있었어요. 9월에 피정을 끝내고 응암동성당에 복귀하니 작은 수녀님(정멜라니아 수녀)이 함 신부님께서 무슨 서류를 잘 보관하라고 주셨다며 우물쭈물하는 거예요. 정 수녀에게 그 서류를 달라고 해 읽어 보니 바로 최종선 씨의 '양심선언'이었어요. 그것을 읽고 큰 충격을 받았습니다.

이거 보통 일이 아니라는 생각이 들었습니다. 작은 수녀님은 신부님이 자기에게 보관하라고 했으니 자기가 보관하겠다는 것을 가까스로 설득했지요. "이 서류는 우리 수녀들 차원에서 보관하고 뭐고 할 성질의 것이 아니다. 안전한 보관처를 찾을 때까지 내가 감춰 두겠다"고 했습니다. 작은 수녀님은 당시의 시국 상황에 대해 큰 이해도 없는 데다가 제가 샬트르 수녀원의 선임이었기 때문에 순순히 제 말을 따랐습니다. 고심 끝에 저는 '양심선언'을 비닐로 여러 번 싸맨 후 성당의 수녀원 옆에 있던 장독대의 소금 항아리 속에 깊숙이 묻어 두었습니다.

1976년 3월 1일 명동성당에서 열린 삼일절 기념미사에서 윤보선, 김대중, 정일형, 함석헌, 문익환, 함세웅 등 18명이 연명해 박정희의 유신독재를 비판하고 민주화를 요구하는 '민주구국선언'을 발표했다. 3월 10일 검찰은 이를 '정부 전복 사건'으로 발표, 김대중·문익환·함세웅 등 11명을 구속 기소하고, 윤보선·정일형·함석헌 등 7명을 불구속으로 재판에 회부했다. 함세웅 신부는 구국선언 발표 후 며칠간 외부에 피해 있었다. 함세웅 신부의 행방이 묘연하자 수십 명의 사복경찰이 응암동성당을 둘러쌌다. 경찰은 성당의 천장 위에도 올라가 보고, 수녀원의 옷장 문도 열어 보는 등 함세웅 신부를 찾기 위해 혈안이 되었다. 함세웅 신부는 3월 6일 밤 성당으로 돌아와 주일인 3월 7일 교중미사를 집전하고는 많은 신도들이 지켜보는 가운데 체포되어 구속되었다. 다시 김아멜리아 수녀의 증언이다.

민주구국선언 이후 신부님이 며칠간 피해 있는 동안 응암동성당은 그야말로 공포 분위기였어요. 성당으로 들어오는 골목마다 경찰이 배치되어 일일이 검문을 하고 있었고, 성당 사무실에도 사복경찰이 득시글거렸지요. 그러니 일반 신도들은 아예 성당에 오질 않았고, 성당에는 저와 작은 수녀, 그리고 식복사(신부와 수녀들의 식사를 담당하는 사람). 세 명의 여자만 있었지요. 우선 작은 수녀에게 사제관에 가서 함 신부님의 소지품을 정리해서 문제가 될 만한 것을 모아 수녀원으로 가져오라고 시켰습니다. 한참 후 작은 수녀가 트렁크 두 개를 갖고 왔어요. 그러나 트렁크를 갖고 성당 밖으로 나가면 주위 사람들이 이상하게 볼 것 아닙니까? 그래서 다시 문제될 것 같은 문서들만 추려 사과 상자에 넣었지요. 이때 최종선 씨의 '양심선언'도 장독대 소금 항아리에서 꺼내 그 상자에 같이 넣었습니다. 그러고는 비밀리에 그 상자를 가지고 명동성당 주교관으로 가서 당시 김수환 추기경님의 비서였던 홍인수 신부님께 잘 보관해 달라고 전해드렸습니다. 홍 신부님은 함 신부님과 신학교 동기동창으로 두 분은 아주 친한 사이였지요. 함세웅 신부님이 구속되고 그 다음 날인가, 중앙정보부원이 성당 사제관을 뒤져 신부님의 책 몇 권을 압수해 갔습니다. 그러니 지금 생각해 보아도 참 아슬아슬하게 '양심선언'이 살아남은 것 같습니다.

최종선의 '수기'는 기록된 지 15년 후인 1988년에야 다시 빛을 볼 수 있었다. 함세웅 신부는 1987년 6월민주항쟁 직후 바로 '수기'를 수소문해 보았지만, 그 행방을 알 수가 없었다. 함 신부가 감옥에 간 사이인 1976년에 정멜라니아 수녀는 응암동성당을 떠났고, 김아멜리아 수녀도 1977년에 명동 본원으로 복귀해 '수기'에 관해서는 잊고 있었다. 김아멜리아 수녀로부터 '수기' 등을 넘겨받은 홍인수 신부는 석촌동성당 주임 신부로 재임 중 2009년 1월 23일에 선종했다. 그러므로 1976년 3월 이후 '수기'가 어떤 경로를 거쳐 어느 곳에 숨겨졌었는지 정확히 확인할 수

는 없으나, 두세 수녀들이 이어 가며 '수기'를 보관하고 있었는데 마지막
으로 보관하고 있던 수녀가 로마로 유학을 가 연락이 되지 않다가 1988
년 즈음에서야 연락이 닿아 그 소재를 확인했다고 한다. 1988년, 최종선
은 자기의 '수기'가 빛을 보게 된 감격을 이렇게 이야기했다.

> (수기를) 천주교정의구현전국사제단 함세웅 신부(당시 응암동성당 주임신
> 부)께서 보내 온 박기용 씨를 통해 함 신부님께 비밀리에 전달했습니다
> 만, 저와 우리 가족들은 이 수기를 신부님께 넘김으로써 일단은 안도할 수
> 있었으나, 이 수기를 넘겨받은 신부님께서는 당시 험난한 시국 속에서 감
> 옥을 수도 없이 들락거려야 하셨으므로, 이 수기 또한 그야말로 여러 신
> 부·수녀님들 손을 거치면서 깊은 수도원·수녀원을 전전하며 숨어 다녀
> 야 했다는데, 그러기를 15년 만에 다시 정의구현전국사제단 김승훈 신부
> 님과 함세웅 신부님, 그리고 당시 《평화신문》에 계시던 김정남 선배님에
> 의해 햇빛 속에 모습을 드러내게 되었던 것이니, 여기에 어찌 우리 주 천
> 주님의 깊고 오묘한 뜻이 함께하지 않으셨다 할 것입니까?

1974년

1974년은 긴급조치와 함께 시작되었다. 1973년 가을부터 유신헌법을
폐기하라는 투쟁이 거세게 일어나자, 박정희는 1974년 1월 8일 "(유신)
헌법을 부정·반대·왜곡 또는 비방하는 일체의 행위 및 헌법 개폐를 주
장·발의·제안 또는 청원하는 일체의 행위를 금지"하고, "이 조치에 위
반한 자와 이 조치를 비방한 자는 법관의 영장 없이 체포·구속·압수·

수색하며 비상군법회의에서 15년 이하의 징역에 처한다"는 소위 '대통령 긴급조치 1호'를 발포했다. 박정희의 강경 대응은 당시 교수와 성직자, 문인, 재야인사 등을 중심으로 활발히 벌어지고 있던 '개헌 청원 100만인 서명 운동'을 봉쇄하고, 새 학기에 예상되는 대학의 반유신 투쟁을 사전에 제압하기 위한 공세적 성격이 강했다.

1973년 서울대학교의 10·2시위를 계기로 긴 잠을 깬 학생운동권도 겨울방학이 시작되자 1974년 새 학기 반유신 투쟁의 전략과 방향을 놓고 대학별로, 서클별로 진지하게 논의를 벌였다. 그 결과 박 정권의 막강한 물리력에 대항하기 위해서는 같은 날, 같은 이슈를 갖고, 전국의 대학이 동시다발적으로 시위에 들어가는 것이 효과적이며, 그러기 위해서는 겨울방학 동안 전국의 대학을 조직적으로 연계시켜 놓는 것이 긴요하다고 판단했다. 서울대학교의 이철, 유인태, 나병식, 김병곤, 정문화, 황인성 등이 이러한 논의를 이끌면서 1974년 새 학기의 전국적 시위운동을 추진하다가 적발된 사건이 '전국민주청년학생총연맹(민청학련) 사건'이었다.

민청학련 사건은 사실상 미수 사건이었다. 그리고 '전국민주청년학생총연맹'은 실체가 존재했던 조직이 아니라, 학생들이 전국적으로 배포할 선언문에 주최자를 표기하기 위해 급조한 이름일 뿐이었다. 전략적으로도 '전국 동시다발의 반유신 시위'가 일어나는 것이 중요했지, 한 조직의 일관된 지도와 통솔하에 전국적 시위가 벌어지도록 하는 것이 목표는 아니었다. 학생 신분으로 자금도 부족하고, 지금처럼 SNS로 긴밀하게 연락하는 것도 쉽지 않던 당시로서는 그러한 투쟁 방식은 아예 불가능했다. 그러나 박정희 정권은 1974년 4월 3일, 민청학련이 북한의 사주를 받아 정부 전복을 기도했다며, 그날 밤 10시를 기해 대통령 긴급조치 4호를 발포했다.

대통령 긴급조치 4호는 "전국민주청년학생총연맹과 관련되는 제 단체를 조직하거나 이에 가입 또는 회합·통신·편의 제공 등으로 구성원의 활동에 직간접으로 관여하는 일체의 행위 금지, 민청학련 및 관련 단체의 활동에 관한 문서·도서·음반, 기타 표현물을 출판·제작·소지·배포·전시·판매하는 일체의 행위 금지, 정당한 이유 없이 출석·수업·시험을 거부하거나 학교 관계자 지도·감독하의 정상적 수업과 연구 활동을 제외한 학내외 집회·시위·성토·농성, 기타 일체의 개별적 집단 행위 금지, 이 조치를 위반하거나 비방한 자에 대해서는 5년 이상의 유기징역에서 최고 사형까지 처할 수 있고, 위반자가 소속된 학교는 폐교 처분할 수 있다"는 등 가히 초헌법적인 내용을 담고 있었다.

4월 3일을 기점으로, 중앙정보부는 민청학련 사건의 배후조종자로 박형규 목사, 연세대학교의 김찬국·김동길 교수, 시인 김지하 등과 도예종·하재완·서도원·이수병·김용원·송상진·우홍선 등 1차 인혁당 사건 관련자들, 그리고 서울대·연세대·서강대·성균관대·한양대·경북대·전남대·부산대 등 전국 주요 대학생 1000여 명을 연행해 대통령 긴급조치 4호 위반으로 구속하고, 윤보선 전 대통령도 같은 혐의로 불구속 조사했다. 1974년 4월 25일 중앙정보부장 신직수는 '민청학련 사건'에 대해 다음과 같이 발표했다.

민청학련은 공산계 불법 단체인 인혁당 재건위 조직과 재일 조총련계 및 일본 공산당, 국내 좌파 혁신계 인사가 복합적으로 작용해 결성되었으며, 1974년 4월 3일을 기해 현 정부를 전복하려 한 불순 반정부 세력이다. 이들은 북괴의 통일전선 형성 공작과 동일한 4단계 혁명을 통해 노동자, 농민에 의한 정권 수립을 목표로 했으며, 과도적 정치기구로 민족지도부 결성을 획책했다. 이른바 4단계 혁명은 ①유신체제를 비민주 독재로 단정하고 반정부 세력을 규합하며, ②4월 3일을 기해 주요 대학이 일제히 봉기해 중앙청, 청와대 등을 점거 파괴하고, ③민주연합 정부를 수립하는 것을 내용으로 했다. 민청학련의 배후 주동 인물로는 전 인혁당수 도예종과 여정남 등의 불순 세력, 재일 조총련 비밀 조직의 망원網員인 곽동의와 곽의 조종을 받는 일본 공산당원 다치카와와 하야카와 등 일본인 2명, 기독교학생총연맹 간부진, 이철·유인태 등 주모급 학생운동자와 유근일 등이다.

지학순 주교

천주교 원주교구의 교구장인 지학순 주교는 민청학련 사건으로 온 사회가 공포 분위기에 떨고 있을 무렵인 1974년 4월 22일, 바티칸 교황청과 서독을 방문하기 위해 출국했다가 두 달여 후인 7월 6일 오후 4시 50분에 귀국했으나 김포공항에서 바로 중앙정보부로 연행되었다. 7월 8일 김수환 추기경은 주교회의 상임위원회를 소집했고, 오전에 중앙정보부의 김재규 차장이 김 추기경을 찾아와 지 주교의 구금을 정식 통고했다. 이날 11시경 김수환 추기경이, 오후에는 주한 교황청대사 도세나 대주교가 중앙정보부를 찾아가 지 주교와 만났다. 7월 9일의 주교회의 상임위원회를 거쳐 7월 10일에 전체 주교회의가 열렸다. 그러나 그 전날 서울교구 신부 40여 명이 명동성당에 모여 대책을 논의하고, 잇따라 주교회의가 열리자 김재규 차장은 김수환 추기경에게 대통령과의 면담을 요청, 김수환 추기경이 오후 6시 청와대에서 박정희를 만났다.

7월 10일 저녁 명동성당에서는 주교와 사제 130여 명, 신자 2500여 명이 참석한 가운데 지학순 주교 석방 촉구 미사가 열렸고, 밤 8시 30분부터는 성직자와 수도자 500여 명이 철야 기도에 들어갔다. 그날 밤 9시 30분경 지학순 주교는 중앙정보부에서 풀려나 10시 30분경 철야 기도 중인 명동성당에 도착해 묵묵히 기도를 드렸다. 그러고 나서 지 주교는 바로 명동성당 근처의 샬트르 성바오로 수녀원에 연금되었다. 지 주교는 7월 15일 수녀원에서 동생 지학삼의 집으로 옮겨 주거 제한 상태로 들어갔으나, 이튿날인 7월 16일 '장기 집권을 획책하고 인간의 기본권을 침해하는 현 정부를 반대한다'는 내용의 '나의 견해'를 발표한 후 동생 집에서 나와 성모병원 621호실에 입원했다(명동성당 구내의 가톨릭회관이 당시 성모병원이었다).

7월 22일, 비상보통군법회의는 병실의 지학순 주교에게 내란 선동 등 혐의의 공소장을 송부하고, 이튿날인 7월 23일 9시 30분에 육군본부 재판정에 출두하라고 통보했으나 그날 저녁에 다시 재판이 연기되었음을 통고했다. 지 주교는 그날 저녁 '민청학련 사건에 대한 나의 입장'이라는 글을 써 놓고는, 이튿날인 7월 23일 오전 성모병원에서 나와 명동성당 성모동굴 앞에서 '양심선언'을 발표했다. '양심선언'은 "본인은 1974년 7월 23일 오전, 형사 피고인으로 소위 비상군법회의에 출두하라는 소환장을 받았다. 그러나 본인은 하느님의 정의가 허용치 않으므로 소환에 불응한다. 본인은 분명하게 말해 둔다. 소위 비상군법회의에서 본인에 대한 어떠한 절차가 진행되더라도 그것은 본인이 스스로 출두한 것이 아니라 폭력으로 끌려간 것임을 미리 밝혀 둔다"고 전제한 후, 5개항에 걸쳐 유신헌법과 긴급조치, 비상군법회의의 재판에 대해 통렬하게 비판하는 내용을 담고 있었다. 중앙정보부는 바로 지학순 주교를 구속했지만, 처음에는 지 주교 구속의 파장을 그렇게 심각하게 생각하지 않은 듯했다. 최종선의 증언이다.

> 1974년 민청학련 사건 당시 지학순 주교님이 구속되셨는데, 면회 간 함세웅 신부님이 "주교님, 얼마나 고생이 많으십니까?"라고 위로할 줄 알았더니 "주교님! 여기서 순교하십시오!" 하시더라는 겁니다. 그 당시 정보 보고로만 읽은 내용이었지만, 그걸 같이 읽은 정보부 고위 간부들의 얼굴색이 하얗게 질리던 모습이 지금도 눈에 선합니다.

지학순 주교의 혐의는 시인 김지하를 통해 민청학련 사건 주모자 나병식 등에게 자금을 지원했다는 소위 '내란 선동' 죄목이었다. 지 주교는 1심 재판에서 김지하에게 돈을 준 사실 자체는 시인했지만, 폭력혁명 운운한 중앙정보부의 발표에 대해서는 단호하게 부인했다. 8월 9일, 비상보통군법회의는 지 주교에게 징역 15년에 자격정지 15년을 선고했다. 9월 11일 지학순 주교는 주교와 성직자들, 그리고 원주교구 교우들에게 "부정·불의를 거슬러 주저함 없이 복음을 증거하는 것이 교회의 사명이니, 괴로움이 가득한 이 어두운 현실에서 촛불을 밝혀 들고 우리 자신과 우리에게 맡겨진 양떼들의 길을 비추어 가자"라고 호소하는 내용의 옥중 서한을 발표해 교계를 크게 흔들어 놓았다.

지학순 주교의 구속은 한국 천주교로서는 조선 후기 천주교 박해 이후 초유의 일이었다. 그동안 안온한 분위기에서 차분하게 교회의 내외적 성장만을 위해 노력해 온 한국 천주교로서 지 주교의 구속 사태는 크게 당황스러웠다. 한국 천주교의 최고기관인 주교회의는 비상사태에 대처하는 데 소극적이었다. 서울과 지방에서 뜻있는 신부와 수도자들, 일부 신자들만이 모여 지 주교 석방을 위한 기도회를 개최할 뿐이었고, 거기에서 나온 성명서나 선언문도 '기도하는 전국 사제단의 주장,' '성직자 일동' 등으로 그때마다 다르게 되어 있었다. 그러자 자연히 평신도사도 직협의회, 가톨릭대학생회, 대건신학대학 학생회 등과 그 외 지 주교의 구속 사태에 대응하려고 모인 자생적 그룹 등에서 교회 지도부의 분발을 촉구하는 움직임이 일어났다.

이러한 움직임에 우선 사제들이 적극 호응했다. 원주교구의 신현봉, 최기식 신부와 2차 바티칸 공의회 이후 서품된 서울대교구의 함세웅, 김택암, 양홍, 안충석, 오태순, 장덕필 신부, 그리고 그들보다 연상인 김승훈 신부 등이 초기부터 적극 참여했고, 지방을 돌며 기도회를 개최하는 과정에서 인천교구의 김병상·황상근 신부, 전주교구의 문정현 신부, 대전교구의 박상래·이계창·윤주병 신부, 부산교구의 송기인 신부, 안동교구의 류강하·정호경 신부 등이 합류했다. 그리고 메리놀회, 골롬반회, 파리외방전교회 소속 외국인 신부들도 속속 함께했다.

사제들은 7월 10·22·23·25일, 8월 12일, 9월 11·22일 명동성당 기도회, 7월 30일 원주교구 기도회, 8월 5일 대전교구 기도회, 8월 18일 광주교구 기도회, 8월 26일 인천교구 기도회, 8월 30일 부산교구 기도회, 9월 2일 대구대교구 기도회, 9월 9일 청주교구 기도회를 연달아 열면서 지학순 주교뿐만 아니라 학생, 지식인, 종교인 들이 투옥되어 있는 현실이 교회의 적극적인 발언을 필요로 한다는 데 의견의 일치를 보았다.

천주교의 각 교구는 조직상 모두 독립적이고 분권적이다. 교황청은 국가 단위와 상관없이 한국의 각 교구와 계선으로 이어져 있다. 그래서 한국이라는 국가 단위 안에서 각 교구의 주교들이 모여 필요한 수준에서 협력하고 논의하기 위해 만든 협의체가 '한국천주교주교회의'다. 곧

주교회의는 한국 천주교 상층부의 협의체이기 때문에 그보다 아래인 사제 단위에서 교구끼리 교류하거나 협력해 일하는 일은 흔치가 않았다. 그러므로 사제들이 자기가 속한 교구를 벗어나 전국적인 목적을 갖고 함께 모이기가 쉽지 않은 것이 천주교의 구조다. 이러한 현실에서 1974년 9월 23일 전국의 사제 639명 중 300여 명이 원주에 모인 것은 천주교 역사상 전무후무한 일이었다. 이날 원주교구에서 개최한 성직자 세미나에 참가하기 위해 모인 이들은 전국 규모의 사제단 결성에 합의하고, 그 다음 날(9월 24일) 원동성당의 기도회에 참여한 후 십자가를 앞세우고 가두행진을 벌였다.

원주에서 결성이 합의되고 이름까지 정해진 '천주교정의구현전국사제단'이 주관한 첫 기도회는 9월 26일의 '순교자 찬미기도회'였다. 사제단은 이 기도회의 모두冒頭에서 "조국을 위해, 정의와 민주 회복을 위해, 옥중에 계신 지 주교님과 고통받는 이들을 위해 이 기도회를 바친다"라며 그 지향을 분명히 하고, 기도회를 끝내면서 "앞으로 나라의 민주화와 인권과 정의를 향한 투쟁으로 나아가겠다"는 내용의 다음과 같은 '경제제일주의에 항의하는 제1시국선언'을 발표했다.

민주제도는 정치 질서에 있어서 국가 공동체가 그 본연의 사명을 완수할 수 있는 가장 적절한 제도임을 믿는다. 교회는 이와 같은 인간의 존엄성과 소명, 그의 생존 권리, 기본권을 선포하고 일깨우고 수호할 의무와 권리를 가진다. 그러기에 교회는 이 기본권이 짓밟히고 침해당할 때면, 언제 어디서나 피해자나 가해자가 누구든 그의 편에 서서 그를 대변하면서 유린당한 그의 권리를 회복해 주기 위해, 그를 거슬러 항변하고 저항하고 투쟁할 권리와 의무를 가진다. 오늘날 우리의 현실은 어떠한가? 국민 대중의 일상적인 인간 생존권과 기본권이 민주제도를 역행하는 정치적 권력 행사로 말미암아 끊임없이 유린당하고 여지없이 압살되어 가는 현실을 지켜보았고, 그 고통을 뼈저리게 느껴 왔고, 그 굴욕을 씹어 왔다.

천주교정의구현전국사제단은 '제1시국선언'에서 박정희 정권에 "유신헌법 철폐와 민주헌정 회복, 긴급조치 무효와 구속 인사 석방, 국민의 생존권과 기본권 보장, 언론·보도·집회·결사의 자유 보장, 서민 대중의 최소한의 생활과 복지 보장"을 요구했다. 이러한 결의를 갖고 출범한 천주교정의구현전국사제단은 그 이후 오늘에 이르기까지 재야 민주화운동의 연대 조직인 민주회복국민회의와 민통련 등에 참여해, 또는 독자적으로 민청학련 사건 관련자 석방 및 유신 철폐 운동, 김지하 구명 운동, 인혁당 사건 진상 규명 운동, 서울법대 최종길 교수 고문치사 사건 진상 규명, 남민전 사건 관련자 구명 운동, 김재규 구명 운동, 5·18광주민중항쟁 진상 규명, 박종철 고문치사 사건 축소 폭로 등 한국 민주화운동사에서 변곡점을 이룬 숱한 사건들과 관련해 지대한 역할을 했다.

기나긴 여정

1974년 10월 24일, 명동성당에서는 서울대교구 가톨릭학생연합회가 주관한 '서울대교구 가톨릭학생 성년기도회'가 열렸다. 기도회에는 가톨릭학생연합회의 오태순 지도신부 등 성직자, 수도자 수십 명과 학생 1000여 명이 참석해 명동성당을 가득 메웠다. 기도회는 '위정자들의 인간성 회복과 고통 중의 사람들을 위한 인권 회복 미사'로 그 지향을 확실히 하고, '학원에 보내는 메시지'와 '정부에 보내는 메시지'를 통해 종교의 자유와 언론의 자유를 탄압하는 일체 행위의 즉각 중지, 지학순 주교 등 구속 인사의 즉각 석방을 강력하게 요구하는 결의문 채택으로 미사를 마쳤다.

이 기도회에는 한 달 전에 출범한 천주교정의구현전국사제단 소속 신부들도 다수 참여해 미사를 공동 집전했는데, 미사 직전 제의祭衣 방에 대기하고 있을 때 메리놀 선교회 소속 제임스 시노트 신부가 10월 9일 자《워싱턴포스트》에 실린 하버드 대학교 코헨 교수의 기고문〈한국의 불길한 1주년〉을 소개했다.

… 1973년 10월 16일 학과가 끝난 후 최종길 교수는 한국 중앙정보부에 연행되었습니다. 그리고 그는 살아 돌아오지 못했습니다. 4일 후 정부는 최 교수가 북한의 간첩 혐의로 구속되었으며, 죄를 자백한 후 7층 심문실 창문에서 뛰어내려 자살했다고 발표했습니다. … 내가 아는 바로는 한국 정부가 시체를 검시해 설득력 있는 증거를 제시하지 못해 난처해 했으며, 또한 최 교수의 자백 내용이 공식적으로 확인되지도 않았습니다. … 최 교수의 사건만이 아닙니다. 잔악한 면에서 품질보증을 받고 있는 한국 중앙정보부의 절묘한 고문수단은 많은 희생자를 냈습니다.

사제들은 이날 사건이 있은 지 1년 뒤에야 처음으로 최종길 교수의 죽음에 대한 의혹을 전해들은 것에 대해, 그것도 외국 언론에 실린 외국인의 글을 보고 알게 된 것에 대해 크게 부끄러워했다. 미사가 끝나고 사제들은, 이틀 뒤에 연희동성당에 모여 최종길 교수 문제를 공개적으로 다루기로 결정했다. 10월 26일 오후 2시 서울대교구 서대문지구 성년기도회가 함세웅 신부 외 11명의 사제 공동집전으로 연희동성당에서 열렸다. 함 신부는 강론에서 "인권 옹호는 기본적으로 교회의 사명이며, 가난한 이를 외면하고 부정과 불의를 묵인한다면 죽은 교회"라고 강조했다. 미사를 마친 사제들은 함 신부의 강론대로 '죽은 교회'가 되지 않기 위해 불의와 부정 속에 묻혀 버린 최종길 교수 죽음의 진상을 규명하는 운동을 펴 나가기로 하고, 우선 12월 18일 명동성당에서 최종길 교수 추도미사를 개최하기로 결정했다.

사제단은 최종길 교수 추도미사에 앞서 12월 10일 '세계인권선언의 날'을 맞아 천주교정의평화위원회와 공동으로 성명을 발표했다. 성명은 인권 문제를 거론하는 것 자체가 금기로 되어 있는 한국의 현실을 개탄한 다음, 만연한 부정부패 척결, 민청학련 사건 구속자 석방, 근로자들의 단결권 보장, 민주인사 및 성직자에 대한 탄압 중지 등을 요구했다. 또 "서울법대 최종길 교수는 자살한 것이 아니라 고문치사되었다. 많은 사람의 증언과 해외 언론 보도가 이를 밑받침하고 있다. 이렇게 죽어 간 사람이 최종길 교수 한 사람이라는 보장이 없다. 인권유린의 수부首府 중앙정보부 등은 마땅히 해체되어야 하며, 인권유린을 인정하는 모든 법적·제도적 장치는 철폐되어야 한다"라고 주장했다.

천주교정의구현전국사제단이 최종길 교수 추도미사를 개최한다는 정보를 접한 중앙정보부는 크게 당황한 듯하다. 12월 10일 성명에서 사제단이 최종길 교수의 고문치사설을 기정사실화했기 때문에 추도미사가 열리면 무슨 이야기가 나올지 알 수가 없으므로 중앙정보부로서는 당연히 불안했을 것이다. 최종선의 증언이다(《산 자여 말하라》, 263~265쪽).

1974년 12월 17일 저녁 7시경 국장 보좌관이 쫓아오더니 급히 회의에 들어오라는 것이었습니다. 국장 주재 회의장에 들어가니 모든 과장과 수사단장, 부국장 등 간부들이 회의를 중지한 채 기다리고 있었습니다.

"부르셨습니까?"

"어, 2국에서 보고서가 왔는데, 내일 저녁 명동성당에서 고 최 교수님을 추모하는 구국기도회가 열린다는데, 형수님께서 참석하셨다가 검은 관을 메고 명동 한가운데로 행진하시면서 데모를 주모하신다는데…" 하고 말끝을 흐리며 제 눈을 보는데, 전체 간부들이 모두 긴장해 저를 주시하는 것이었습니다.

저는 "글쎄, 저는 잘 모르는 일입니다. 그러나 형수님께서 검은 관을 메고 시위를 주도하신다는 부분은 글쎄, 듣기가 좀 그러네요. 요즈음 한동안 형수님 못 찾아뵈어서 자세한 건 모르겠지만, 어쨌든 거 잘된 일이네요. 살인 강도 가족들도 기일이 되면 향을 피우고 제사를 올리는데 우리는 그나마 그조차도 못 해드려 항시 죄스럽고 부끄러웠는데, 신부님들께서 대신해 주신다니 얼마나 고마운 일입니까? 가족 모두 기꺼이 참석해야지요. 저도 형수님 모시고 참석하겠습니다" 하며 신분증을 국장 책상 위에 올려놓고 뒤돌아 나오려 했더니, 국장이 "가만히 좀 있어 봐. 이 사람아!" 하고 말리더니 2국장에게 전화를 걸어 "미사 그 자체를 막을 수는 없잖아요? 성당 밖의 시위로 확산되면 그때는 모를까. 우리 미스터 최는 형수님께서 그렇게까지 하시지는 않을 것 같다고 하는데…" 하자, 저쪽에서도 "신부들에 의해 성당 안에서 집전되는 미사 그 자체를 누가 막을 수 있겠습니까? 단순한 정보 사항으로 보고한 것에 불과할 뿐 달리 무슨 조치를 취해 달라고 올린 보고서가 아니"라는 입장을 밝히는 것이었습니다.

국장은 신분증을 들고 일어나 제 가슴에 다시 달아주면서 "그 성질하고는 … 참석하더라도 너무 앞에 나서지는 마!"라는 것이었습니다. … 회의를 마치고 나와 그날 저녁 형수님을 찾아뵙고 광준, 희정을 꼭 데리고 참석하시라고 말씀드리면서, 그동안 아이들 마음에 상처 줄까 봐 학교까지 전학시키고 집까지 팔고 이사를 해야 하면서도 아이들에게 아버님이 어떤 분이신지 옳게 설명도 못 해 주었는데, 광준에게 그 아버님이 얼마나 훌륭하고 자랑스러운 분이신지 이 기회에 기도회에 꼭 데리고 나가 직접 보고 듣게 해 주자고 말씀드리고 나왔습니다.

1974년 12월 18일 명동성당에서 개최된 '인권 회복을 위해 죽은 사람들을 위한 추도미사'(신현봉 신부 외 사제단 공동집전)는 최종길 교수가 자살한 것이 아니라 고문에 의해 살해되었음을 국내에서 처음으로 공개한 자리였다. 사제들은 미사 도중 또는 미사가 끝난 후 곧바로 중앙정보부로 연행될 것을 각오하고 비장한 심정으로 미사를 집전했다. 이날 800여 명이 참석한 미사의 강론에서 문정현 신부는 "간첩 혐의로 조사를 받다 투신자살한 것으로 발표된 전 서울법대 최종길 사건과 민청학련 사건을 공개하라"고 정부 당국에 요구했다. 개신교의 도시산업선교회 소속 조승혁 목사가 신자들의 기도를 했고, 최 교수의 미망인 백경자 여사는 "우리 남편은 사인도 밝혀지지 않은 채 사라져 갔습니다. 나는 예수상 앞에서 그 죽음의 의미를 찾고 있습니다"라고 기도했다.

2부 순서에서 오태순 신부가 낭독한 추도사 '최종길 교수와 떠난 모든 형제들을 위해'에서는 최종길 교수의 죽음에 얽힌 의혹들을 낱낱이 밝히고, 이 사건을 조작하고 은폐하려 한 중앙정보부의 범죄적 행태를 통렬히 질타했다. 이 추도사는 김정남이 작성했다. 당시는 최종선의 '수기' 내용이 전혀 알려지지 않았을 때여서 김정남은 시중에 나도는 소문과 나름대로 수집한 정보를 근거로 하고 정보부 내부 사정에 밝은 박기용의 조언을 받아 이 추도사를 기초했는데, 후일 밝혀진 사실들은 이 추도사의 내용과 거의 일치했다. '최종길 교수 고문치사 사건' 진상 규명의 단초를 여는 매우 중요한 자료이므로, 다소 길지만 추도사 전문을 소개한다.

작년 10월, 최종길 교수 당신께서는 이 세상을 떠났습니다. 작년 10월 16일 당신께서 봉직하시던 서울대학교 법과대학의 수업이 끝난 후 당신은 중앙정보부에 연행되셨습니다. 그러고는 다시는 살아 돌아오시지 못했습니다. 4일 후 정부는 당신께서 간첩 혐의로 구속되었으며 죄를 자백한 후 7층에 있는 심문실 (옆의 화장실) 창문에서 뛰어내려 자살했다고 발표했습니다.

한국의 중앙정보부가 당신 제자들인 학생들을 무자비하게 구타하자 당신은 교수회의 석상에서 중앙정보부에 항의하자는 주장을 하셨고, 교수도 학생들과 더불어 폭정과 독재에 항거하자고 하셨던 것으로 알고 있습니다. 많은 사람들은 중앙정보부가 당신을 연행해 간 원인이 학생들 편을 들고 있었다는 데 있다고 믿고 있습니다.

당신께서는 1970년부터 2년간 미국의 하버드 대학의 법과대학에서 봉직하셨고 하버드 옌칭 재단에서 수상하셨으며 하버드 대학에서 영국, 미국 및 독일의 국제사법을 연구하기 위해 부인과 두 자녀와 함께 미국에서 지냈습니다. 당신께서는 누구에게나 친근감을 주는 분이셨습니다.

1972년 가을, 정확하게 말하면 10월 17일, 당신께서 돌아오신 직후 박정희 대통령은 갑자기 한국 전역에 계엄령을 선포하고 헌법을 개정해 영구 집권을 획책했습니다. 최종길 교수, 당신께서는 양심상 도저히 용납할 수 없는 이러한 처사에 무척이나 분개하셨을 것입니다. 그러나 당신께서는 가능한 한 충돌을 피하셨고, 오직 당신의 사랑하는 제자인 학생들에게 따뜻하게 눈길을 보내셨을 뿐입니다.

73년 10월, 불의와 독재에 저항하는 학생들의 분노가 학원에서 폭발했습니다. 중앙정보부는 당신의 제자들인 학생들을 연행, 구속했습니다. 어찌 그뿐이었습니까? 학생들에게 무자비한 구타를, 몸서리치는 폭행을 권력의 이름으로 자행했습니다. 더 이상 참을 수 없었던 당신께서는 교수회의에서 정보부의 부당한 처사에 항의할 것을 주장하셨습니다. 이 일이 당신을 죽음으로 몰아가는 일이 될 줄은 당신 자신도 몰랐을 것입니다.

당신의 죽음 자체가 처음에는 비밀에 붙여졌음은 물론입니다. 당신이 연행되어 가신 지 나흘 만에 당국의 발표가 있었습니다만 아무도 그 발표를 믿는 사람은 없었습니다. 당국은 시체를 검시해 설득력 있는 증거를 제시하지 못했습니다. 당신의 자백 내용도 공적으로 확인되지 않았습니다.

최종길 교수! 중앙정보부란 곳이 그 안에서 자살할 여유를 줄 만큼 허술한 곳이 아님을, 그렇게 자유스러운 곳이 못 된다는 것도 알고 있습니다. 당신의 자살은 날조된 것입니다. 지금 미망인이 된 당신의 부인께서도 의사이면서도 자신이 당신의 시신을 검시할 수 없었습니다. 당신의 시체는 봉인된 채 다시는 시체를 확인하지 않는다는 조건 아래 극비리에 매장되었습니다. 그리고 당신의 부인에게는 일체 외부와의 접촉이 허용되지 않았습니다.

당신의 죽음에 대한 진실을 캐기 위한 노력은 벽에 부딪쳤습니다. 당신의 죽음에 대한 당신 동료들의 추적도 협박과 공포 분위기로 방해되었습니다. 신문은 침묵을 강요당했고, 미국에 있는 당신 동료들도 당신 죽음에 대한 토론을 중지당했습니다. 그것은 중앙정보부의 촉각이 국내뿐만 아니라 미국에까지 뻗어 있기 때문입니다. 그러나 당신이 고문치사당했다는 소문은 보도를 통한 것보다도 더 빨리, 더 넓게 세상에 알려졌습니다. 그리고 그 소문을 의심하는 사람은 아무도 없습니다. 그리고 당신이 전기 고문에 의한 심장파열로 돌아가셨다는 말도 세상에 널리 알려졌습니다. 당신을 고문한 사람이 고문하는 기계의 조작법을 몰라 그렇게 되었다는 말도 들렸습니다.

당신의 혈육인 동생은 그때 중앙정보부에 근무하고 있었습니다. 당신을 연행해 간 사람도 당신의 동생이었다고 합니다. 당신의 동생이 갖는 괴로움은 오죽했을 것이며, 분노와 슬픔을 깨물면서 침묵을 강요당한 당신의 부인께서는 또 얼마나 애절하셨겠습니까?

국내외에서 공히 품질보증을 받고 있는 중앙정보부의 절묘한 고문수단에 희생된 사람이 어찌 최 교수 당신 한 사람뿐이겠습니까? 우리들 용기 없는 사람들은 당신의 죽음을 두고도 중앙정보부가 두려워 쉬쉬 하고 지내왔습니다. 이제 이렇게 당신을 추도하면서 우리는 우리 스스로의 용기 없음을 안타까워합니다. 오늘에야 이 땅에서 올바르게 살려고 하는 사람들의 뜻을 모아 이렇게 당신의 추도미사를 올리게 됨을 부끄러워합니다.

소리 없는 흐느낌보다 차라리 크게 통곡하고 싶음은 어인 일이옵니까? 당신을 이 세상에서 앗아 간 것이 누구입니까? 당신으로 하여금 두 자녀와 부인을 두고 이 세상을 하직하게 한 것이 진정 누구입니까? 당신의 이름 석 자는 언제나 우리의 결의와 각오를 새롭게 하는 타오르는 횃불로 우리는 기억할 것입니다. 최종길 교수! 당신과 정도의 차이는 있을지라도 이 땅에 사는 모든 선량하고 올바른 사람들은 다 같이 피해자가 아니겠습니까?

당신이 돌아가신 이후 이 땅에는 많은 일이 있었습니다. 긴급조치라는 명목으로 많은 애국 인사와 성직자가 투옥되었고, 학생과 변호사가 감옥으로 끌려갔습니다. 달을 보고 달이라 할 수 없고 해를 보고 해라고 할 수 없는 암흑의 천지가 74년을 지배했습니다. 3000만은 소수이고 1인 독재는 다수이며, 간악한 권력을 하느님이 주신 것이라 강요하는 궤변이 난무한 한 해였습니다. 정보부에 끌려가 사형과 무기징역, 5년에서 20년을 선고받은 사람이 200여 명을 넘습니다. 전기고문, 물고문, 잠 안 재우기 고문, 이런 고문 저런 고문 등 품질보증 정보부의 온갖 고문이 다 있었습니다. 걸핏하면 학교 문을 닫고 번뜩하면 제적, 퇴학이 홍수처럼 빗발쳤습니다. 언론 탄압, 종교 탄압이 다반사로 행해졌습니다. '별고 없느냐'는 인사말이 생겼을 정도로 연행 사태가 빈번해졌습니다.

유신 지지는 정치활동이 아니고, 유신 반대, 민주 회복 운동은 정치활동이며, 인권 문제에 대한 관심 또한 종교 활동이 아닌 정치 활동으로 간주되어 파면과 추방이 뒤따랐습니다. 그러나 권력에 비례해 민주 회복과 기본권을 주장하는 국민의 분노는 각계각층에서 줄을 이었습니다. 학원에서, 교회에서, 그리고 언론계에서 폭압에 반대하는 물결이 일었습니다.

그러나 권력 당국은 아직도 반성은커녕 분위기 운운하면서 구속자의 석방을 늦추고 있고 국민에 대한 통제를 강화하는 입법을 날치기로 자행하고 있습니다. 가까스로 숨을 쉬고 있는 언론에 대하여도 경영주에게 부당한 압력을 가해 다시 목을 조이고 있습니다. 국민의 민청학련 사건에 대한 의혹은 마땅히 그 진상 규명을 통해 풀어야 함에도 불구하고 그 진상을 밝히기를 주저하고 있습니다. 구태여 당국이 그 진상을 밝히지 않는다 하더라도 국민 중에 알 만한 사람은 다 알고 있습니다.

분위기는 누가 만든 분위기입니까? 정부가 국민을 적으로 생각지 않는다면 어떻게 주권자인 국민을 개헌하자고 했다고 해서 5년에서 15년의 징역형에 처할 수 있습니까? 학생들을 원수로 여기지 않고서야 어떻게 평화적인 시위 한 번에 사형까지 처할 수가 있단 말입니까? 긴급조치를 비방만 해도 사형에 처하겠다니! 그야말로 입 한 번 벙긋하면 죽음이라니 이게 웬 말입니까?

국민 생활은 국제경기의 침체라는 구실 아래 도탄지경을 강요당하고 있습니다. 사대주의를 운운하는 정부는 경제적 사대주의가 빚은 국민 생활의 도탄을 오히려 폭압으로 억누르려 하고 있습니다. 이 나라 경제를 이렇게 만든 것이 누구입니까? 이 땅을 외국 자본의 낙원으로 만든 것이 누구였으며 국민경제의 해외 의존을 이토록 조장한 것은 누구였습니까? 국민의 기본적 생존이야 정보부인들 폭력과 고문으로 해결할 수 없는 것 아니겠습니까?

날아가는 까마귀만 보아도 놀라는 정보부가 어떻게 우리의 안보를 책임질 수 있겠습니까? 국민의 안보보다는 정권의 안보를 획책하는 현 정권의 말을 곧이들을 사람이 얼마나 되겠습니까? 이제 국민은 정부의 발표를 곧이곧대로 믿으려 하지 않고 있습니다. 현 정권이 통치하고 있는 한 한국은 국제적으로 고립된 기아입니다. 차라리 현 정권이 우리 국민과 아무 상관이 없는 것이라면 얼마나 좋겠습니까? 이렇게 대한민국을 미궁으로 몰아넣는 까닭을 우리는 알지 못합니다.

극심한 분노에 사무쳐 고이 눈감으시지도 못하는 당신께 우리의 슬픈 현실을 이렇게 사뢰는 것은 우리 모두가 다 같이 그릇된 권력의 희생자요, 이 세상에서나 하늘나라에서나 다 같이 복된 사회를 건설하기 위해 기도하고 싸워야 한다는 사실을 확인하기 위해서입니다. 장례식까지 통제받아야 했고 슬픔까지 감춰야 했던 우리가 오늘 당신을 추모하면서 이 땅의 인권 회복을 위해 기도하고 있습니다. 추위에 떨고 있는 저 감옥의 수인囚人들을 위해 그들이 받는 고통의 그 몇 분의 일이라도 같이하고자 오늘 이렇게 단식기도를 올리고 있습니다.

비명에 가신 최 교수님! 당신의 얼, 당신의 영혼이 오늘 분명 우리와 함께, 이 기도회에 함께하시리라 믿습니다. 우리로 하여금 당신 용기의 그 절반이라도 가지게 해 주소서. 그리하여 우리로 하여금 그 암흑 속에 진실의 횃불을 밝혀 높이 들고 자유민주의 올바른 길을 가게 해 주소서. 그릇된 권세를 몰아내고 국민의 뜻에 맞는, 국민에 의한, 국민을 위한 권세가 그 자리에 자리하게 하소서. 우리는 다 함께 믿고 있습니다. 국민의 기본권이 보장되고 공포와 궁핍으로부터 해방된 사회가 실현되어야만 당신의 영혼도 고이 잠들어 눈감으실 수 있다는 것을.

우리는 이렇게 다 같이 모여 통곡으로 당신을 추모합니다. 전능하신 하느님께서는 우리의 뜻을 굽어살피사 우리가 악에 물들지 아니하고 정의를 말하는 데 주저하지 않게 하시며 독재에 저항할 수 있는 용기와 힘을 주소서.

최종길 교수에게 영원한 안식을 주소서. 아멘.

함세웅 신부는 박기용에게 12월 18일 추도미사 때 최종길 교수의 부인 백경자가 꼭 참석할 수 있도록 주선해 달라고 부탁했다. 박기용은 백경자에게 두 자녀를 데리고 12월 18일 아침 10시 전에 집을 나오라고 당부했다. 백경자를 담당하고 있던 정보부 요원이 10시까지 집으로 찾아가겠다고 했기 때문에 연금되지 않으려면 그 전에 집을 나와야 했다. 최종길의 아들 최광준과 김아멜리아 수녀의 증언이다.

그날 어머니는 우리 남매를 데리고 일찍 집에서 나오셨다. 나는 초등학교 3학년이었지만, 아버지가 돌아가신 지 1년이나 지났기 때문에 아버지 사건과 우리 집안의 분위기를 대충 감지하고 있었다. 어머니는 우리 둘을 데리고 하루 종일 서울 시내를 돌아다니며 신세계백화점, 미도파백화점 구경도 하고, 중국집에서 점심도 함께 먹은 후 오후 5시쯤 명동성당으로 들어갔다. 어머니는 천주교 미사 예절을 잘 모르셨기 때문에 박기용 씨가 미리 써 준 기도문을 외운 후 불태워 버리고, 그날 미사에서 공개적으로 기도를 올렸다.

- 최광준

12월 18일 추도미사는 제가 시무하던 응암동성당 함세웅 신부님도 공동 집전하는 미사라 미사 시간 1시간 전쯤에 명동성당으로 갔습니다. 성당 입구에서 언덕길을 천천히 올라가는데, 성물 판매소 부근에서 한 부인이 어린 아이 둘을 양손에 잡고 가다가 걸음을 멈추고는 저에게, 명동성당에 처음으로 와서 지리를 잘 모른다며 기도회 하는 곳이 어디냐고 물었습니다. 그 부인은 해맑은 얼굴에 이지적이어서 저는 그녀가 바로 최종길 교수의 부인일 것으로 확신했습니다. 함 신부님으로부터 그날 미사에 최종길 교수의 부인이 참석할 것이라는 이야기는 들었지만, 최종길 교수 부인을 그 시간 그 장소에서 만난 것은 정말 우연이었습니다.

- 김아멜리아 수녀

김아멜리아 수녀는 백경자를 함세웅 등 사제단 신부들이 기다리고 있던 주교관으로 데리고 갔다. 이날 최 교수의 부인을 처음 만난 사제들은 그녀 앞에서 한참 동안 아무 말도 하지 못했다. 다만 최 교수 부인의 억울함을 함께하며 다시는 불의한 권력에 눌려 숨죽이지 않겠다고 다짐할 뿐이었다. 언젠가 불의한 권력이 꼭 종말을 고하고 억울한 이 모든 일들이 낱낱이 밝혀져 감격의 기쁨으로 노래할 그날을 고대하며 마음속으로 그 확신을 다지고 다질 뿐이었다. 함세웅 신부는 후일 그날의 심정을 이렇게 고백했다.

최종길 교수의 억울한 죽음을 공개한 우리 사제들도 여전히 제3자였을 뿐이다. 참으로 유능한 법학도가 하루아침에 살해되고 또 간첩으로 둔갑되는 이 모순의 현실 속에서 그 누가 그 아내와 자녀, 그리고 형제자매들의 아픔을 다 헤아릴 수 있겠는가. 캐나다에서 만난 최 교수의 누이동생 한 분은 그 동안의 삶은 참으로 고난과 수모의 삶이라고 나에게 술회했다. 십자가를 증거하고 십자가의 삶을 살겠다고 다짐한 우리 사제들보다 오히려 이러한 선한 시민들이 바로 주님의 십자가, 민족의 십자가, 그리고 시대와 교회의 십자가를 몸소 짊어지고 산 모범인들이다.

이 미사가 있기 전까지 사제단은 최종길 사건의 정확한 내용은 물론 최종길의 유족들도, 그들의 연락처도 알지 못했다. 또한 최종길의 유가족들도 자기들 이외에 누구도 최종길 교수 죽음의 진상 규명에 도움을 주거나 관심을 갖고 있지 않다고 생각했다. 그런 고립무원의 절망 상태에서 천주교정의구현전국사제단이 최종길 1인에 대한 대규모 추도미사를 거행하자 유족들은 크게 감격했다. 백경자와 최종선은 미사를 보면서 최 교수의 결백을 증명하고 억울한 죽음의 진실을 밝힐 수 있는 곳은 천주교정의구현사제단뿐이라는 사실을 확신하게 되었다. 그리하여 최종선은 1974년 말 함세웅 신부에게 자기의 '수기'를 전하기로 결심할 수 있었다. 최종선의 증언이다(《산 자여 말하라》, 265~266쪽).

저는 명동성당 건너편 로얄 호텔 입구 계단에 서서 확성기를 통해 울려 퍼지는 신부님들의 강론을 눈물 속에 들으며 … 이윽고 기도회가 끝나고 희정, 광준 양손을 잡고 내려오는 형수님에게 마주 다가가 광준의 손을 잡으면서 "이제는 아버님이 어떤 분인지, 왜 돌아가셨는지 알겠지?" 했더니 광준, 희정이 고개를 끄덕이며 입술을 굳게 깨무는 것이었습니다. 우리는 계속 걸어서 '야래향'이라는 중국 음식점에 가서 식사를 했는데, 작은형님과 저는 그야말로 기분이 좋아 배갈도 한잔하고, 무엇보다 광준, 희정이 그들 아버님의 자랑과 명예를 이제 확실하게 알게 되었다는 사실에 기쁘고 기쁜 나머지 모두가 흐뭇하고 감격스러운 저녁이었습니다.

1974년 12월 21일 자《뉴욕타임스》는, 폭스 버터필드 기자의 김영삼 신민당 총재와의 인터뷰를 정리해 〈서울의 반정부 세력, 더욱 신랄하고 눈에 띄게 증가〉라는 제목으로 보도하면서 이날의 최종길 추도미사 소식도 함께 전했다.

1년 전에 남한에서 뛰어난 한 교수가 중앙정보부에 구금되어 있는 동안 불가사의하게 죽었다. 비밀경찰은 그 교수가 자살했다고 발표했으나 그의 가족은 고문으로 죽었다고 믿고 있다. 그 사건은 통제받는 한국의 언론에는 보도되지 않았다. 이번 주 처음으로 남한의 1000여 가톨릭 신자들은 살을 에는 듯한 추위 속에서 서울 명동성당에서 추도미사를 갖고, 공개적으로 최 교수의 죽음을 거론하고, 정부가 책임이 있다고 비난했다. 참석자들은 헬멧을 쓴 기동경찰의 방어망을 뚫고 거리로 행진해 가려 하지는 않았으나 그 미사는 박정희 대통령이 현재 처하고 있는 문제를 의미 깊게 시사해 준다.

불안한 동거

―――

12

중앙정보부 6국

최종선은 최종길의 죽음 이후에도 7년 반을 더 중앙정보부에 남아 있었다. 중앙정보부로서는 이런저런 이유를 만들어 최종선을 내칠 수도 있었겠지만, 최종선이 형의 죽음에 대해 어느 수준의 정보를 갖고 있는지도 알 수 없었고, 그가 정보부를 퇴직하게 되면 바로 형의 죽음에 대한 진상규명 운동에 나설 것이므로 그를 정보부에 붙잡아 두고서 감시하고 관리하는 게 차라리 낫다고 판단했을 것이다. 그 사정은 최종선도 마찬가지였다. 그가 정보부에 근무했던 1970년대 중후반은 박정희 유신독재로 살벌한 분위기였고, 형의 죽음에 직간접적으로 관련된 자들이 중앙정보부를 좌지우지하고 있는 상태였다. 그래서 그는 정보부와 전면전을 벌이는 것이 자기 가족이 다시 위험에 빠질 수도 있는 무모한 행동이라고 본 것이다. 그리하여 최종선은 그들의 눈 밖에 나지 않게 적당히 행동하면서 정보부 내부에서 형의 타살에 대한 증거를 차근차근 찾아 가며 결정적인 시기를 기다리는 것이 낫다고 생각했다.

결국 최종선에 대해 항시 감시의 눈초리를 거두지 않으면서도 그가 정보부를 그만둘까 불안해 하는 중앙정보부와, 속으로는 형의 억울한 죽음으로 피눈물을 흘리지만 겉으로는 형의 죽음에 직간접적으로 관련된 자들과 웃고 떠들고 함께 밥 먹고 술 마시며 지낼 수밖에 없었던 '두 얼굴의 사나이' 최종선, 이 시기 둘은 '불안한 동거'를 한 것이다.

불안한 동거를 먼저 균열시킨 것은 최종선이었다. 검사 출신 신직수가 중앙정보부장으로 부임하자 같은 검사 출신인 5국장 안경상 등이 승승장구 실세로 부상했다. 최종선은, 그들과 매일 얼굴을 맞대는 것이 결국 그들을 자극하고 불편하게 할 수 있기 때문에 자신과 나머지 형제들을 위험에 빠뜨릴 수 있다고 생각했다. 그리하여 '정보부 안의 정보부'라는 감찰실을 떠나 정보부 서울지부로 자원해서 내려왔다.

그런데 최종선이 서울지부에서 근무한 지 2개월도 되지 않아 중앙정보부의 조직 개편으로 서울지부가 해체되면서 그가 속했던 과 전체가 6국(특명수사국)으로 편입되어 최종선은 원치 않는 수사 부서로 옮겨 가게 되었다. 6국은 특명수사를 전담하는 부서로, 유신 이후 학원·언론·종교 등 12개과로 세분해 기구와 인원을 대폭 늘린 중앙정보부의 핵심 부서였다. 1974년 초 서울지부가 해체되고 그 인원이 대거 6국으로 편입된 것은, 당시 불같이 일어나던 유신 철폐 운동과, 박정희 정권이 이 운동을 탄압하려고 연달아 내린 긴급조치를 위반한 인사들을 수사하기 위해 6국을 확대한 조치였다. 당시 6국의 국장은 이용택이었고, 모성진이 부국장을, 검사 문호철이 수사단장을 맡았다. 최종선은 6국의 학원과에 배치되었다.

1974년 중앙정보부 6국이 총력을 다해 다루고 있었던 사건은 민청학련 사건이었다. 사건 관련자 1024명 대부분이 대학생들이었으니 학원과가 수사의 중심이었던 것은 당연했다. 최종선도 사건이 벌어진 처음 며칠간은 공산주의자들이 뒤에서 민청학련을 조종해 정부 전복 활동을 했다는 발표를 믿었으나, 시간이 갈수록 그 발표가 사실이 아니라는 확신이 강해졌다. 형 최종길의 죽음이 중앙정보부의 고문치사임을 확신하고 있었던 최종선으로서는 민청학련 지도부 학생들과 소위 인혁당 재건위 관련자들에 대한 참혹한 고문 수사를 지켜보면서 직감적으로 그들의 용공 혐의가 조작되고 있다고 판단했다. 그는 민청학련 사건 수사 내내 병을 핑계 대거나 교사인 아내를 대신해 갓 태어난 딸아이를 돌봐야 한다는 핑계로 반은 집에서, 반은 사무실에 나가서 일하는 척하며 지냈다. 최종선의 증언이다.

> 민청학련 사건 때는 이 핑계 저 핑계를 대고 수사에는 전혀 참여하지 않았습니다. 민청학련 사건에는 워낙 관련자가 많아 관련자 명단을 정리하고 관리하는 일도 만만치 않았는데, 그 일을 내가 맡았습니다. … 그해 여름 저로 인해 가장 큰 곤욕을 치른 친구는 당시 세브란스병원의 고창조 군이었는데, 저는 제 팔뚝에 조그만 반점들을 무슨 죽을병이나 되는 양 그를 찾아다니며 한여름 내내 귀찮게 했었는데, 지금 생각하면 사무실에는 죽어도 나가기 싫고, 그러면서도 그만두지는 못할 처지이고 하니까 신경성 내지 스트레스로 그런 조그만 반점들이 땀띠처럼 잠시 솟아올랐던 것 같은데, 저는 그 핑계 대고, 아기 핑계 대고 사무실에 안 나가게 되었다지만, 닥터 고는 그해 여름 내내 저 때문에 애 많이 먹었습니다.

2국 학원과, 6국 학원과

1975년 봄 최종선은 6국 학원과의 서울대학교 담당 '흑색(비노출) 요원'

으로 나가게 되었다. 중앙정보부는 민청학련 사건 등에서처럼 최종선이 공안 사건 수사에 미온적인 데다가, 인혁당 재건위 관련자 등 정보부 내에서의 공안 사건 피의자들에 대한 고문 수사를 최종선이 감지하고 있으리라는 불안감 때문에 그를 수사 실무에서 손을 떼게 하고 외근인 서울대 담당관으로 내보낸 듯하다. 또 1970년대 후반 유신독재 반대 시위에서 살포된 유인물이나 구호에는 가끔 '서울법대 최종길 교수의 사인을 밝혀라'는 요구사항이 들어가 있었으니, 이를 수사하는 정보부 내 최종길 사건 관련자들이든, 최종선이든 모두 마음속으로 큰 부담을 갖고 있었을 것이다.

당시 중앙정보부에는 대학을 담당하는 두 개의 '학원과'가 있었다. 2국(보안정보국) 학원과는 대학에 '백색(노출) 요원'을 파견해 학생운동권 및 정권에 비판적인 교수들에 대한 정보를 수집하고, 프락치를 투입해 공작을 펴는 임무를 수행했고, 6국(특명수사국) 학원과는 '흑색(비노출) 요원'으로 학원 관련 사건 수사를 전담하는 구조였다. 곧 2국 학원과에서 사건을 적발하거나 '만들면' 6국 학원과가 수사를 벌이거나 사건을 '꾸며' 재판에 회부하는 역할 분담 구조인 셈이다. 그즈음 2국 학원과의 서울대 담당관은 김덕창에서 이진봉으로 바뀌었는데, 이들은 정보를 '수집'하기보다는 정보를 '생산'했다. 이들은 자기들이 관리하는 프락치 학생을 반독재·반유신 운동권 학생들에게 접근시켜 그들과 함께 서클을 만들게 하거나 반정부 시위를 모의하도록 유도해 조직을 키우다가 거사 바로 직전에 일망타진하는 식의 공작을 폈다. 그 대표적인 케이스가 민청학련 사건이었고, 그때의 프락치가 서울대생 'K.B.S'였다.

당시 서울대학교에는 중앙정보부 2국·6국 학원과, 치안본부·남부경찰서 정보과 등에서 요원들이 나와 있었다. 이들은 정보를 수집하면 일

정 부분 서로 공유하는 것이 불문율이었는데, 2국 학원과 요원은 그렇지가 않았다. 정보를 공유하게 되면 자기들의 프락치 공작이 드러날 염려가 있었고, 또 자기들이 만든 공작이므로 그 공을 독차지하고 싶은 욕심도 있었기 때문에 2국 요원은 혼자서만 지내는 것을 선호했다. 그래서 정보부 2국에서 공작한 사건이 터지면 나머지 요원들은 각기 소속 기관으로부터 "너는 맨날 무엇하고 있느냐? 눈 뜬 장님이냐?"라는 질책을 받았다고 한다.

6국 학원과에서 최종선과 마음이 통하는 요원들은 2국 학원과의 지나친 프락치 공작과 그로 인해 서울대생들이 너무 많이 희생되는 사태에 분노를 참지 못해, 어느 날 2국 학원과의 프락치 'K.B.S'를 6국 학원과로 연행해 와 모르는 척 다른 학생들과 '똑같은' 방식으로 수사를 했다고 한다. 2국 학원과에서는 'K.B.S'를 놓아 주라고 난리를 벌였지만, 6국 학원과는 모르는 척 계속 조사를 해 추악한 공작 내용이 모두 드러났다고 한다. 이에 정모 요원이 "에이! 더러운 놈! 네가 그러고도 서울대생이냐?" 하며 'K.B.S'의 목을 잠시 움켜쥐었는데, 그의 목에 멍이 좀 들어 2국 학원과에서 자기네 공작원을 구타했다고 길길이 뛰었다고 한다.

결국 정보부 상층부에서 개입해 'K.B.S'는 석방되었지만, 2국 학원과에서 계속 문제를 삼아 최종선을 제외한 6국 학원과 요원들은 감찰실에 불려 가 경위 조사를 받았다고 한다. 이후 2국 학원과는 프락치로서 'K.B.S'의 효용 가치가 다 되었다고 판단했는지 더 이상 'K.B.S'를 이용한 공작을 펴지 않았고, 한번 혼이 크게 난 'K.B.S'도 창피하고 두려워서인지 더 이상 공작에 협조를 하지 않아 한동안 서울대생들의 피해를 줄일 수 있었다고 한다.

1970년대 초중반 서울대학교 문리대에서 학생운동에 깊숙이 참여한 인사들에 따르면, 최종선이 'K.B.S'라는 이니셜로 표기한 인물은 문리대 지질학과 학생 '강병산'으로 추정된다. 1974년 민청학련 사건에 관련되어 서울대학교 문리대 국사학과 4학년 재학 중 구속되었던 강창일(현 국회의원)과 문리대 사회학과 2년 재학 중 구속된 이종구(현 성공회대학교 교수), 문리대 물리학과 4학년 재학 중 1975년 긴급조치 9호 위반으로 구속되었던 박인배(전 세종문화회관 사장)의 증언이다.

> 1971년에 황인범, 이재오 등이 역사학자 천관우 선생을 모시고 공부하던 '역사모임'이라는 것이 있었다. '역사모임'은 명동 향린교회에서 정기 모임을 가졌는데 나도 그 모임의 멤버였다. 서울대 문리대의 제정구·정동영과 연세대의 김영준, 성균관대의 김수길도 1972년부터 이 모임에 참여했다. 1974년 1월인가, 강병산이 어떻게 알고 자기도 '역사모임'에 참여하게 해 달라고 부탁해서 그도 나오게 되었다. 나중에 알았지만, 정보부 2국의 서울대 담당관인 김덕창, 이진봉이 '역사모임'에 들어가라고 했다는 것이다(강병산과 이진봉은 동향으로 기억된다). 그해 2, 3월쯤에는 강병산의 정체를 대충 눈치채고 조심했는데, 4월 초에 나와 제정구, 황인범, 김영준, 김수길, 정동영은 민청학련 사건으로 구속되었다. 강병산은 검찰에서 참고인 진술을 했고, 곽성문은 나와 제정구·황인범의 검찰 측(송종의 검사) 증인으로 나왔다. 형이 확정되어 감옥살이를 하고 있는데, 강병산이 면회를 와서 울고불고하더라. 40여 년 전 그 눈물의 의미를 지금도 잘 모르겠다.
>
> ― 강창일

강병산은 문리대 지질학과를 다닌 것으로 알고 있다. 그를 처음 알게 된 것은 1973년 가을이었다. 73년의 10·2시위로 문리대 선배들이 대거 구속되거나 도피 중이어서 나는 이해찬, 송운학 등 문리대 후배 그룹들과 향후 계획을 두고 정신없이 지내고 있었다. 그런데 어느 날 문리대에서도 전혀 안면이 없었던 인물이 악수를 청하며 앞으로 학생운동 등 학교 일을 같이 의논해 하자고 했다. 그러나 그 후 그와 다시 만나 이야기를 나눈 적은 없었다. 그런데 1974년 4월의 민청학련 사건이 터지기 전인 3월 하순, 강병산이 중정 2국장이 자기 아저씨인데 한번 만나 보라며 문리대 학생회장 곽성문 등 학생회 간부들을 데리고 중정으로 들어갔다고 한다. 이것이 소위 문리대 학생회 간부들의 자수 사건이었다. 결국 곽성문 등의 진술과 안내로 문국주 등 서울대학교 민청학련 관련자들이 사전에 구속되고, 이들은 중정에 끌려가 숱한 고문을 당한 끝에 감옥을 살았다.

– 이종구

강병산은 1972년 서울대 교양과정부 학생회의 무슨 부장이었고 나는 부회장이었다. 그는 지질학과, 나는 물리학과로 모두 문리대 이학부 소속이어서 캠퍼스에서 마주치는 일이 많았다. 1974년 민청학련 사건으로 문리대가 초토화되자 남은 선후배들이 그래도 누군가는 학생회에 들어가 학생회를 견인해야 한다고 해서 내가 그해 가을에 총무부장으로 들어갔다. 그러나 학생회장 곽성문은 이리 빼고 저리 빼며 매사에 나서려 하지 않아, 결국 이런저런 성명서와 백서 등을 썼다는 이유로 그해 12월 7일 나만 무기정학 처분을 받았다. 나중에 알았지만 이때 강병산도 나와 함께 무기정학을 당했는데, 그가 왜 무기정학을 당했는지는 아직도 그 이유를 모르겠다. 아마 프락치 이미지를 세탁하려고 했지 않았을까 짐작한다. 강병산은 그때 학생회에 있지는 않았는데, 중정의 프락치라는 소문이 파다했고, 중정 2국의 서울대 담당 정보부원 이진봉과 함께 캠퍼스에서 어울려 다니는 것도 자주 목격되었다. 나는 서울대가 관악으로 옮겨 간 후인 1975년 4월 3일의 '관악 캠퍼스 첫 데모'에 관련되어 구속되었고, 강병산은 1976년에 무사히 졸업한 것 같다. 졸업 후 그가 지질학이라는 자기 전공을 살려 이진봉과 함께 지하 굴착 관련 사업체를 운영하고 있다는 소식을 들었다. 1980년 여름이든가, 세종 호텔 부근을 지나다가 우연히 강병산을 만났는데, 팔 하나가 없었다. 지하 굴착에는 폭약을 자주 사용하는데, 폭발 사고가 나서 그렇게 되었다는 것이다. 2015년, 그가 60을 갓 넘긴 나이로 타계했다는 소식을 듣고 참 인생이 허망하다는 생각이 들었다. 그 또한 격동의 한국현대사가 만들어 낸 또 하나의 희생양이 아니었을까.

– 박인배

당시 문리대 학생회장이었던 곽성문(한나라당 국회의원을 거쳐 현재 방송광고진흥공사 사장 재직)의 프락치 관련 언론 보도도 있다(《PD저널》 2014년 9월 23일 자).

곽성문 전 한나라당 의원이 신임 한국방송광고진흥공사(KOBACO) 사장에 유력한 것으로 알려지면서 논란이 일고 있다. … 곽 전 의원은 낙하산 인사라는 비판과 함께 최근 옛 중앙정보부(이하 중정)의 프락치였다는 의혹에까지 휩싸인 상태다. 민청학련 계승사업회는 지난 20일 발표한 성명에서 "인혁당-민청학련 사건이 발생했을 당시인 1974년 서울대 문리대 학생회장이었던 곽 전 의원이 중정의 프락치로 학우들을 밀고하고 군법회의에 검찰 측 증인으로 출석해 허위 증언으로 공안 사건을 조작하는 데 협력했다"고 주장했다. 이철 전 의원도 지난 22일 〈오마이뉴스〉와의 인터뷰에서 "민청학련 사건 당시 곽성문의 거짓 증언으로 사형선고를 받았다"

며 "그러나 곽성문은 프락치 행위 덕분에 MBC 기자에 특채됐고, 이를 바탕으로 영달의 길을 걸어가게 됐다"고 주장했다. 이 전 의원은 "국회의원으로 일할 때 처음 소속된 상임위가 문교공보위원회(현 미래창조과학방송통신위원회)였다"며 "그때 MBC에 곽성문의 인사 기록 카드 사본을 요구했더니 '특채'로 쓰여 있었다. 당시 사장에게 왜 이렇게 기록돼 있냐고 물었더니 '중정 추천에 의한 특채였다'고 답했다"고 말했다.

서울법대

최종선이 원하지도 않았고, 심정적으로도 전혀 받아들일 수 없는 6국 학원과의 서울대 담당 요원으로 나가겠다고 결심한 데에는 두 가지 이유가 있었다. 첫째, 그는 다른 요원이 나가면 학생 열이면 열 모두 희생당할지 모르지만 자기가 나가면 그 열 명 중 단 한 명의 학생이라도 살릴 수 있다고 기대했다. 그는 "이것 또한 주님께서 오늘의 나에게 주는 쓴잔일지 모른다"는 소명 의식으로 서울대 담당관 자리를 받아들였다고 고백했다. 둘째는 최종길 교수를 두고 일어난 서울법대 내부에서의 '작은 소동' 때문이었다. 그즈음 최종길의 미망인 백경자가 최종선을 집으로 불렀다고 한다. 최종선의 증언이다.

(그때 형수님 말씀이) "서울법대 어느 교수들이 최 교수 미망인에게 조위금이라도 걷어 드리자고 제의했더니 다른 쪽 교수들이 '간첩에게 무슨 조위금이냐?'면서 반대할 뿐만 아니라 형수께서 '다른 남자와 교제를 하고 있으니 곧 재혼할 것'이란 헛소문까지 퍼뜨리고 있다는 내용의 말씀을 어느

교수님 부인으로부터 전해 들으셨다"면서 너무나 분하신 나머지 대성통곡하시는 것이었습니다.

1973년 10월 최종길 교수의 죽음 직후에도 서울법대를 둘러싸고 이상한 소문이 돌았다. 당시 서울법대 교수들은 국내파와 유학파로 갈라져 있었다고 한다. 유학파 최 교수의 등장으로 자리가 위태로워진 모교수가 정보부에 근무하고 있는 자기 동기에게 최 교수를 좀 혼내 주라고 부탁했는데, 그것이 잘못되어 최 교수가 목숨을 잃었다는 것이다. 어쨌든 1975년 최종선이 서울법대 상황을 파악해 보았더니 교수들 사이에는 시류에 영합하는 출세 지향적 중견 교수들이 있는가 하면, 최종길 교수처럼 이상을 추구하는 소장파 교수 그룹도 있었다. 그런데 최 교수 죽음 이후 소장파 교수들은 간첩 동조 세력으로 몰려 고통을 받고 있었고, 저쪽은 최 교수 고문치사 사건에 관련이 있는 안경상 검사와 동기인 J 교수를 중심으로 세를 모아 최종길 교수의 지도교수인 김증한 학장에게 퇴진 압력까지 넣고 있는 상황이었다. 최종선은 서울법대의 이런 상황을 파악하고는 서울대 담당관으로 가기로 결심을 굳혔다. 최종선의 고백이다.

최 교수가 간첩일 수 없다는 사실을 다른 그 누구보다 더욱 더 잘 알고 있을 소위 지식인이라는 동료 교수들까지 자기들 이익 때문에 시류에 영합해 형을 간첩으로 몰아붙인다면, 동생인 내가 그들 앞에 중앙정보부원, 그것도 다른 곳을 담당하는 중앙정보부원이 아니라 바로 서울대를 담당하는 중앙정보부원으로 모습을 나타내 주면 얼마나 아이러니이며 충격일까. 최 교수가 간첩이 아니라는 그보다 더한 웅변이 어디 있을까. 최 교수

사건에 대한 의혹을 그보다 더 증폭시킬 수 있는 일이 달리 어디 있을 수 있을까. 결론적으로 저 개인 '죽일 놈'이라고 욕을 먹더라도 서울대를 담당해 그들 앞에 정면으로 모습을 나타내 주기로 결심하고 그 지시를 받아들였습니다.

최종선은 서울대 담당관으로 부임한 후 상황을 파악하기 위해 한동안을 보내고는 어느 날 저녁 6국 국장 이용택, 수사단장 문호철, 학원과장 윤 모가 있는 자리에서 형수가 자기를 불러 하소연한 이야기를 들려주었다. 그러고는 "형수님께서 공개적으로 국가를 상대로 고 최 교수 사인 규명과 관련자 처벌을 요구하는 소송을 내겠다고 하시는데, 나로서도 어떻게 할 수 있는 입장이 아니며, 나도 사직하고 형수님을 돕는 게 당연한 도리라고 생각한다"라면서 사의를 밝히고 집으로 가 버렸다. 그러자 6국이 발칵 뒤집혔다. 이튿날 그들은 그런 교수들 명단을 알려 주면 모두 데려다가 엄중 경고한 후 혼을 내겠다고 최종선을 설득했다. 최종길 유족이 정보부와 싸우면 유족들도 어려움을 당하겠지만, 또한 그들도 큰 부담을 새로이 안게 되므로 서로 충돌을 피하는 쪽으로 갈 수밖에 없었다.

그러나 그런 소리를 듣고 기분이 좋을 리야 없었지만, 길게 보면 서울법대 교수들이 줄줄이 중앙정보부에 끌려와 치도곤을 당하는 것도 모양이 좋지 않고, 무엇보다 지하에 계신 형이 그런 사태를 원치 않을 것이므로 최종선은 그들의 제안을 거절하고 "이번에는 제가 서울법대 학장을 만나 조용히 경고하고, 학장이 그들 교수에게 경고를 전달하는 것으로 끝내겠다"라고 제의해 서로 합의했다. 그러고는 바로 김증한 학장에게 전화를 걸어 오후 3시에 학장실로 방문하기로 약속을 정했다.

김증한 학장은 최종길을 무척 아꼈던 사람이다. 최종길이 독일에 가서 민법 공부를 하고 오도록 권했고, 최종길이 학위를 마치고 귀국하자 서울법대에 자리 잡게 해 준 사람도 김증한이었다. 김증한이 형과 함께 가끔 인천 집을 방문하면 소년 최종선이 담배 심부름, 재떨이 심부름을 하곤 했다. 최종선은 당시 김증한의 곤혹스러운 처지를 이해했지만, '속상하시더라도 고 최 교수를 위해 하는 일이고, 그분의 사랑하는 아내 눈에 흐르는 눈물을 닦아 드리기 위해서 하는 일이니 참아 내시라'고 속으로 말하고는 싸늘하게 쏟아 냈다.

　저는 중앙정보부 특명수사국 서울대 담당관 최종선입니다. 최 교수와 최 교수 유가족을 비방하거나 함부로 입에 올리지 말도록 모든 교수들에게 엄중히 주의를 주십시오. 최 교수 유가족 누가 여러분에게 조위금 걸어 달라고 했습니까? 최 교수 미망인께서 모욕을 결코 참지 않겠다고 하시는데, 만약 그래서 최 교수 문제로 물의가 일어날 경우 서울법대는 완전 쑥밭이 되어 버릴 것입니다. 한때 독일 쾰른에서 유학했던 J 모 교수, 제가 아주 깊이 주시하고 있습니다. 이상입니다.

　이후 서울법대에서는 최종길 교수를 둘러싸고 아무런 이야기도 나오지 않았다. 그야말로 민망할 정도로 쥐 죽은 듯했다. 사실 최종길 교수의 죽음에 관해서나 이후 진상 규명 운동 과정에서 서울법대 교수들이나 서울법대 출신 법조계 인사들이 취한 태도는 참으로 실망스러웠다. 최 교수가 의문의 죽음을 당했는데도 서울대는 물론 서울법대조차 성명서 한 장 발표하지 않았고, 정보부 요원들이 감시하고 있었다지만 최 교수의 빈소에 조문 온 사람 하나 없었다. 1970년대 후반 대학생들의 유신 철폐 시위 유인물에는 대부분 '최종길 교수의 사인을 밝혀라!'라는 구호가 들어가 있었고, 그 시위 주도로 수백 명의 대학생이 감옥에 들어갔지만, 서울법대 교수들과 최 교수의 서울법대 제자들이 최 교수의 고문치사 진상 규명을 추진하는 모임을 만든 것은 김대중 정부가 들어서고 난 뒤인 1998년 10월이었다. 그해 10월 17일 서울법대의 '근대법학교육백주년 기념관'에서 열린 '고 최종길 박사 제25주기 추모식' 추도사에서 함세웅 신부는 자리를 꽉 채운 최 교수의 동료 및 제자 교수, 법조계 인사 들을 향해 "그 막강한 한국의 판검사들이 대부분 서울법대 출신인데, 자기들 스승인 최종길 교수 사인 규명 하나 못 하고 있느냐?"라고 질타했다.

제10대 국회의원선거 불법 공작

1978년 12월, 최종선은 인천에 있는 중앙정보부 경기지부에서 인천시를 담당하고 있었다. 이때 최종선은 두 가지 일을 겪었다. 하나는 중정 수뇌부의 명령에 따라 1978년 12월 12일에 실시된 제10대 국회의원선거에 불법 개입한 일이고, 다른 하나는 스스로가 당시 중정의 동일방직 노조 와해 공작에 관련된 일이었다. 최종선은 이 두 사건을 자신의 책《산 자여 말하라》에서 상세히 밝혔다. 제10대 총선에서의 불법·탈법·금권 선거는 1967년 6·8부정선거 이래 계속 이어져 온 관권 선거와 맥을 같이 하는 것이었다. 최종선은 1978년 12월 어느 날 최 모 중정 경기지부장으로부터 성남·여주·광주·이천으로 내려가 대통령 특명을 수행하라는 명령을 받았다.

그 지역구에는 제8·9대 의원으로 신민당 소속이던 오세응이 무소속으로, 나는 새도 떨어뜨린다는 경호실장 차지철로부터 지역구를 물려받은 정동성이 여당인 공화당으로, 신민당에서는 유기준이 후보로 나왔는데, 여론은 오세응 1위, 정동성 2위, 유기준 3위였다. 당시는 중선거구제로 한 지역구에서 2명의 국회의원을 선출할 때이므로 그대로 가면 오세응과 정동성의 당선은 거의 확정적이었다. 그런데 대통령의 특명이라는 것이 오세응을 낙선시키고 야당 후보인 유기준을 당선시키라는 것이었다. 오세응이 어느 회의에서 "통일주체국민회의에서 대통령을 뽑더라도 내가 거기 나가서 한 번 붙어 보겠다"라고 해, 이것이 괘씸죄·불경죄에 걸렸다는 것이다. 최종선의 증언이다.

(선거를 뒤집는 것은) 하고 싶지도 않고 할 방법도 없는 것이었습니다. 그래서 기껏 한다는 게 여당 성향의 사회 단체장들을 불러다가 야당인 신민당 유기준 후보 도와주라고 압력 넣는 게 고작이었는데, 지금도 우스운 것은 그때 그들 단체장들의 묘한 표정들이었습니다. … 이렇게 며칠 우스운 나날을 보내고 있는데, 여당 후보인 정동성이 얼굴이 벌게져 우리 사무실로 쳐들어와서 "아니 여당 표를 모두 뺏어다가 야당에 넘겨 주니 세상에 이런 법도 있소?" 하고 강력히 들이대는데…. 저는 그냥 2등이라도 잘하시라고 할밖에 달리 할 말이 없었습니다.

정동성은 차지철 경호실장에게도 호소하고 당 고위층에도 항의했지만, 대통령의 특명 사항이라 그냥 유야무야되고 말았다. 그러나 여권 성향 단체장들 정도를 움직이는 것으로는 '오세응 1위'의 대세를 돌릴 수가 없었다. 중앙정보부는 최후의 수단으로 투표 하루 전날인 12월 11일 오후 현금 3000만 원을 보내 유권자들에게 뿌리기로 결정했다. 돈은 최종선이 그날 오후 4시 성남대로 헌인릉 바로 지나 검문소에서 중정 국내 담당 전재덕 차장으로부터 받아왔다. 다시 최종선의 증언이다.

> 그 돈을 봉투에 1만 원권 한 장씩 넣어서 성남의 달동네 빈민가에 모두 뿌리기로 했는데, 도대체 정보부 직원 대여섯 명이 봉투에 돈 나누어 넣는 것도 어려운 일이지만, 어떻게 밤새 그 많은 걸 길도 모르는 산동네, 달동네, 별동네 수천 가가호호 일일이 뿌릴 수 있겠습니까? … 결국은 성남시장과 경찰서장을 불러서 성남시청 회의실에서 동장 및 사무장, 통장 수십 명을 소집해서 봉투와 돈을 나누어 주고 봉투에 일일이 넣어 밤에 모두 올라가 돌리도록 하고, 경찰서장에게는 돌리다가 상대편 운동원들에게 붙잡혀 오는 사람 있으면 알았다 하고 잠시 잡아 두었다가 뒷문으로 모두 내보내 주라고 했습니다. 개표 결과는 예상대로 1위 오세응, 2위 정동성이었습니다.

제10대 국회의원선거는 이렇게 전국 각지에서 관권이 개입한 불법·탈법 선거로 치러졌지만, 선거 결과는 의외였다. 공화당은 지역구 154석 중 68석을 얻었고, 야당인 신민당은 61석을 획득했다. 그러나 정당별 득표율에서는 공화당 31.7퍼센트, 신민당 32.8퍼센트, 민주통일당 7.4퍼센트로, 두 야당이 합친 득표율이 공화당의 득표율보다 8.5퍼센트나 높았다. 선거 결과 민심이 완전히 박정희 정권을 떠난 것이 확인된 것이다. 그리하여 민심의 지지를 잃은 박정희는 긴급조치를 무기로 해 더욱 폭압적인 통치를 하게 되었고, 이는 그 10개월 뒤 김재규 중앙정보부장에 의한 10·26 박정희 피살로 이어진다.

동일방직 노동조합 와해 공작

인천의 동일방직 노동자 투쟁은 처절한 저항과 극악한 탄압으로 국내외의 이목을 집중시킨 1970년대 노동운동의 획기적 사건이었다. 동일방직 인천공장은 전체 노동자 1300여 명 중 1000명 이상이 여성 노동자인 사업장으로, 해방 직후인 1946년에 이미 노동조합이 결성되어 있었다. 1972년에는 한국 최초로 여성인 주길자가 노조지부장으로 선출되기도 했다. 그러나 유신과 함께 동일방직 노조에도 다른 노조들처럼 곧 와해 공작이 들어왔다. 1976년 7월 23일 노조지부장 이영숙이 경찰에 연행된 틈을 타 고두영이 회사 측 방침에 순응하는 대의원 24명만을 모아 전격적으로 대의원대회를 열고 자신을 지부장으로 선출케 한 사태가 발생한 것이다. 이에 수백 명의 여성 조합원들이 즉각 농성에 돌입해 회사 측 처사에 항의했다. 사흘째 농성이 계속되던 7월 25일 농성 조합원을 해산시키기 위해 경찰이 투입되자, 70여 명의 조합원이 작업복을 벗어 던지고 알몸으로 저항했다. 그러나 경찰이 여성노동자들을 무차별 연행해 40여 명이 기절하고 14명이 부상하는 등 농성 현장은 삽시간에 아비규환이 되었다.

이후 '동일방직 분규 수습 대책회의'의 합의에 따라 이총각을 지부장으로 선출했다. 그러나 1978년 2월 21일 대의원선거 날에 박성기 등 회사 측에 매수된 남성 노동자 4명이 투표장을 기습해 부근에 있던 여성 노동자들에게 똥물을 퍼붓고, 이어 노조 사무실을 습격해 조합원들을 집단 폭행했다. 그러나 경찰은 이를 보고도 방관했고, 전국섬유노조는 3월 6일 동일방직 노조를 사고 지부로 처리해 이총각 지부장과 부지부장 2명, 총무부장 등 4명을 제명했다. 또 회사 측은 124명의 조합원을 무더기 해고시켰다. 동일방직 사태는 당시 정보기관이 개입한 공작으로 알려졌으나, 당국은 모르쇠로 일관, 회사와 노조 사이의 문제로 몰아 버렸다.

최종선은 중앙정보부 감찰실에서 근무를 시작해 1974년 초 잠시 서울지부로 옮겼다가 다시 본부(6국)로 복귀했다. 그리고 1978년 초부터 정보부를 그만둔 1981년 초까지는 경기지부로 옮겨 지부의 노사문제 담당관을 맡았다. 당시 노사문제 담당관은 2명이었는데, 다른 한 사람은 항만노조를 전담했고, 그 외 부문의 노사문제는 모두 최종선이 맡았다. 최종선이 중정 경기지부의 노사문제 담당관으로서 맞은 큰 사건이 1978년 2월 21일의 소위 '똥물 투척 사건'을 전후한 시기의 인천 동일방직 노조 와해 공작이었다.

최종선은 2001년 3월, 국민대 교수 이광택으로부터 이 사건을 민주화운동으로 인정해 달라는 동일방직 해고 노동자들의 신청이 '민주화운동 관련자명예회복 및 보상심의위원회'에서 기각될 상황에 처해 있다는 이야기를 들었다. 이 사건에 당시 박정희 정권이 개입되어 있었다는 사실을 증명해 내지 못했기 때문이라는 것이었다. 최종선은 당시 정보부 경기지부의 노사문제 담당관으로 근무했기 때문에 이 사건에 중앙정보부가 언제, 어떻게 노조 와해 공작을 폈는지 잘 알고 있었다. 최종선은 사회 각계에 자기 형 최종길의 사인 규명 운동을 도와 달라고 간절히 호소해 온 마당에 힘없는 동일방직 해고 노동자 124명을 위해 진실을 밝히는 것은 당연하다고 생각했다. 최종선은 자진하여 '위원회'에 출두, 자기가 보고 듣고 확인한 중앙정보부의 동일방직 노조 와해 공작의 자초지종을 진술했다. 다음은 최종선의 진술 내용이다.

1. 저는 인천 부임 이전의 '이영숙 집행부'에 대해서는 아는 것이 전혀 없습

니다. 78년 초 저는 인천에 부임한 직후 동일방직 노조의 이총각 지부장과 산업선교회의 조화순 목사 등과 전화 통화로 '앞으로 내가 담당자'라는 인사를 나눈 적이 있으며, 그 뒤 이 지부장과는 직접 만나 "'유신체제 철폐'와 '박정희 정권 타도' 요구만 하지 말라. 그것은 일선 담당관 차원에서 봐줄 성격의 일이 아니다. 그 외에는 다 도와주겠다"라고 얘기했습니다. 당국과 노조 사이에 일종의 평화협정을 맺은 격이었습니다. 사실 그 이후 한두 달은 서로 특별히 요구할 것도 없이 시간이 흘러갔습니다.

2. 문제가 생긴 것은 소위 '똥물 투척 사건'이 일어나기 2주쯤 전인 2월 초였습니다. 보안사 인천지부로부터 전화를 받았습니다. "최 형, 우리에게 거동 수상자 보고가 왔는데 아무래도 우리 소관(군 관계)은 아닌 것 같고 최 형이 알고 있어야 할 것 같아 알려준다"라며 인천 신포동 뒷골목의 배명여관에 거동 수상자들이 집단으로 기거하며 들락날락한다는 것이었습니다. 일종의 정보기관 간 정보 전파의 일환이었습니다. 즉시 경기도경 정보과에 확인을 시킨 결과 "입장이 곤란하다"라며 이상하게 쭈뼛거리는 반응이 돌아왔습니다. 할 수 없이 제가 직접 배명여관으로 나가 보는 수밖에 없었습니다. 현장에 도착하니 한눈에 건달처럼 보이는 청년들이 여럿 들락날락하는 모습이 금방 눈에 띄었습니다. 여관 종업원과 그들에게 "누가 책임자냐?"라고 물으니 '작은 덩치에 가죽 모자를 쓰고 개털 잠바를 입은 사람'과 '체격이 크고 어깨가 떡 벌어진 사람'이 나섰습니다. 제가 '중정 인천 조정관'이라고 신분을 밝히며 이들에게도 "신분을 밝히라"라고 했으나 대꾸를 하지 않는 것이었습니다. 하는 수 없이 이들을 인천시청 쪽의 인천 호텔로 데려가 빈방을 얻은 뒤 셋이서 자리에 앉았습니다. 그 자리에서 재차 신분을 밝힐 것을 요구하며 "밝히지 않을 경우 강제 구금하겠다"라는 식으로 엄포를 놓자 이 두 사람은

그때서야 "정말 우리가 누군지 몰라서 묻느냐?" "위(중정 2국을 지칭)에서 다 알고 있다"라면서 체격이 작은 사람은 자신을 '전국섬유노조 조직국장 우종환'이라고, 체격이 큰 사람은 자신을 '조직행동대장 맹원구'라고 밝혔습니다. 그리고 "당신들 뭣 하러 왔느냐?"라는 질문에는 "동일방직 노조 깨부수러 왔다"라고 말했습니다. 제가 명색이 중앙정보부 경기지부의 노사문제 담당관인데 저도 모르는 사이에 이들이 벌써 며칠 전부터 서울에서 내려와 있었던 것이었습니다. 저는 이때 로봇이 된 느낌이었고, 우종환과 맹원구 두 사람은 마치 대단한 특명이라도 받고 온 양 "서울본부에 물어보라"라는 식으로 거만하게 행동했습니다.

3. 저로선 상당한 긴급 상황이 발생한 것이었습니다. 이들이 말하는 내용의 진위도 확인하고 판단도 세워야 하겠기에 간석동 경기지부 사무실로 돌아와 최 모 지부장과 허 모 정보과장에게 즉시 보고서를 제출했습니다. 서울본부에까지 전달된 이 보고서에서 저는 장단점 분석을 하며 대강 다음과 같은 취지의 내용을 썼던 것으로 기억합니다. "이총각 지부장, 조화순 목사 등과 지금 평화 상태인데 구태여 평지풍파를 일으킬 필요가 있느냐. 공연히 건드려 화근을 만들 이유가 없다. 만약 섬유노조 내부의 조직 분규라면 우리가 개입할 이유가 없다. 현재 진행되고 있는 일은 중지되어야 한다" 등등의 내용이었습니다. 이 같은 의견을 내놓게 된 배경에는 '일은 본부에서 일으키고 그것이 제대로 안 되면 지부가 다 뒤집어쓰는 상황이 생길 수도 있다'는 판단도 있었습니다. 아무튼 이런 강력한 '중지' 의견을 담은 보고서를 두세 차례 쓰고 그런 과정에서 본부 2국(보안정보국) 경제과의 최 모 담당관과도 한두 차례 통화했습니다. 본부와 지부 사이에 의견 조정이 되지 않자 결국 본부로부터 "경기지부는 이 일에서 빠지라"라는 연락이 왔고, 저는 마침내 "빠지겠다"라는 보

고서까지 썼습니다.

4. 그렇게 하고 나서 저는 경기도 노동 대책 회의를 소집했습니다. 회의 멤버는 경기도 보사국장을 위원장으로 하고 중정 조정관, 도경 정보과장, 노동청 지방사무소장, 인천시 관계관, 인천 동부경찰서장 등이었습니다. 장소는 간석동 중정 경기지부 사무실이었습니다. 이 자리에서 저는 "앞으로 별명이 있을 때까지 송현동 동일방직에는 동서기 한 명도 넣지 마라"라는 조정안을 내놨습니다. 노사분규와 관계없이 수재의연금 받으러도 들어가지 말라는 식이었습니다. 자칫 인천 지역 공무원이 동일방직 내부에 들어가 있을 때 무슨 문제가 터지면 그 책임을 중앙정보부 경기지부가 뒤집어쓰게 되니 근본적으로 그런 일을 막자는 취지였습니다. 그 뒤 정말 경찰관은 물론이고 어느 공무원도 한동안은 동일방직 내부에 들어간 일이 없었던 것으로 알고 있습니다.

5. 2월 21일 노조지부장 및 대의원선거를 2, 3일 앞두고 이총각 지부장이 위기감을 느꼈는지 관할 경찰서에 집회 보호 요청을 해 왔던 것으로 기억됩니다. 여기서 사단이 벌어집니다. 인천 동부경찰서의 조태순(?) 정보과장이 이 같은 사정을 설명하며 "어떻게 해야 하느냐?"라고 묻기에 저는 "신변 보호 요청인데 민주 경찰이 어떻게 거절할 수 있겠느냐? 이제는 들어갈 수밖에 없지 않느냐?"라고 말했습니다. 결국 경비소대 1개 소대가 동일방직 내부로 들어가게 됐고, 저는 "말려들지 않게 잘 훈련시켜 보내라"라고 당부했습니다. 최종 재가를 한 셈이었습니다. 그 뒤 2월 21일이 되어 현장에서 속보가 들어오는데 박복례 등이 똥을 뿌리고 문제가 복잡해졌는데 돌발 상황이라 어쩔 수가 없었다는 것이었습니다. 그러나 현장에 경찰관들이 있었으니 이총각 지부장은 "정부 비호하에 똥을 뿌렸다"라고 얘기하려면 그렇게 할 수도 있는 상황이었습니다. 저

는 당시에 "도대체 누가 똥을 뿌렸느냐? 이 똥 같은 놈들아!"라고 펄펄 뛰기도 했지만 이미 끝난 일이었습니다. 예상대로 문제가 이렇게 되자 본부의 2국은 뒤로 빠지고 경기도경과 우리(경기지부)의 일이 되고 말았습니다. 그럼에도 불구하고 그때까지도 저는 개입하지 않았습니다. 노조원 수십 명이 회사 안에서인가 어디인가를 점거하고 단식농성에 들어갔지만 인천의 기관들은 여전히 움직이지 못하도록 했습니다. 결국 동일방직 회사만 사태를 막느라 동분서주했고, 저는 이를 모르는 척했습니다.

6. 그렇게 며칠이 지나며 본부 2국 경제과의 최 모 담당관이 전화를 해도 받지 않자 마침내 경제과의 방 아무개 과장이 도지부로 내려와 지부장에게 "이제는 좀 수습하러 나서야 할 것 아니냐?"라고 협조를 요청하는 것이었습니다. 이에 저는 "이런 문제를 예상해 경기지부는 빠지기로 했던 것 아니냐? 나는 수습할 능력도 없다"라는 식으로 얘기했고, 결국 방 과장은 상당히 기분 나빠 하며 서울로 다시 올라갔습니다. 그러나 그 뒤 지부장이 다시 저를 불러 "일이 터진 마당에 수습을 하지 않을 수야 있느냐?"라고 권유했습니다. 이때부터 제가 동일방직 문제에 직접 개입하기 시작했습니다. 보고도 많이 받고, 전화도 많이 하고, 회의도 정말 많이 했습니다. 경찰은 "기동대를 넣어서 단식농성자들을 모두 끄집어내자"라고 했으나 저는 "그런 식으로 충격을 주면 감수성이 예민한 여자들이 자해하거나 숨지는 등 돌발 상황이 생길 수 있다"라며 말렸습니다. 이때가 숨진 최종길 교수의 동생으로서 제가 처했던 기구한 상황의 대표적인 것 가운데 하나입니다.

7. 저는 상황을 장기전으로 끌고 가서는 안 된다는 생각에 1단계로 단식 농성장의 수돗물과 전기를 끊도록 지시했습니다. 주변에 경찰의 모습은

일체 보이지 않도록 하고 스스로 지쳐서 농성장을 나오게 만들려는 일종의 심리전이었습니다. 그리고 2단계로는 농성자들과의 협의를 거쳐 단식에 따른 건강상의 문제가 있을 수 있으니 인천시립병원의 의사와 간호원들을 흰 가운 차림으로 농성장에 들어가게 했습니다. 농성자들의 마음을 가라앉히려는 것이었습니다. 결국 며칠 만에 회사에서의 농성은 이렇게 해서 자진 해산됐습니다.

8. 그 뒤 일부는 명동성당으로 가고 일부는 인천에 남는 등 곳곳에서 항의 농성이 벌어지고 있을 무렵 서울에서 다시 방용섭 경제과장이 내려왔습니다. 그가 지부장에게 했던 말인즉 "명동성당이 계속 반정부 시위 장소로 이용되니 혼을 내야겠다. 똥을 뿌린 남자 종업원들을 보내 명동성당을 쑥밭으로 만들라. 국민들도 명동성당의 꼴을 보기 싫어한다"라는 것이었습니다. 저는 지부장에게 "나는 동일방직 남자 종업원들을 그렇게 조직해 동원할 만큼 영향력이 없다. 그들을 조직해 똥 뿌린 사람더러 하라고 해라!"라면서 거부했습니다. 당시 조화순 목사가 있던 화수동교회로 상당수의 조합원들이 모여들면서 세계노동기구의 조사단이 현장에 나오고 공덕귀·이우정 씨 등의 항의 방문이 이어지는가 하면 가톨릭이 강력하게 개입하는 등 정말 세계적으로 난리가 났습니다. 박정희 정권이 당시 아무리 강력하다 해도 난처하게 된 것만은 분명했습니다. 반도상사 등이 이에 동조하면서 분규가 일어나기도 했지만, 그 모두를 잡아넣을 수는 없는 일이었기 때문입니다.

9. 결국 본부는 한계에 이르렀습니다. 저에게 어떻게 하는 게 좋겠냐고 묻길래 "노동자들이 힘을 합쳐 싸울 때는 처우 개선도 좀 해 줘야 하는 것 아니냐? 친일파의 자식이 그 회사를 하는 모양인데 그동안 감추어 놓았던 돈으로 산업체 특별학급도 만들고 상여금도 올려 주도록 하면 좋겠

다"라고 얘기했습니다. 인천의 조그만 한일방직도 상여금이 400퍼센트나 되는데 전국적 규모인 동일방직이 200퍼센트라는 게 말이 되느냐는 설명도 덧붙였습니다. 당시 서민석 동일방직 사장을 만나서도 "골치도 아프고, 방직공장도 남아도는데 이것 하나 문 닫읍시다. 종업원들에게 제대로 대우를 안 해 주니 결국 이런 문제가 생기는 것 아니냐?"라면서 본부에 했던 말과 비슷한 내용을 말했습니다. 이 무렵만 해도 중정 담당관 권한이 강력하던 시절이었습니다. 결국 동일방직은 교사 5, 6명을 채용해 산업체 특별학급 6학급을 만들고, 상여금도 400퍼센트로 올리고, 통근버스도 3대 구입해 종업원 출퇴근에 사용하도록 조치했습니다. 그러면서 노조원들에게는 이제 농성을 풀고 회사로 돌아가라고 종용했습니다. 정부가 모양을 갖춰 물러나는 것이었지요. 이때 저는 농성자들에게 '복직 보장', '구속자 석방'을 약속하도록 관계기관을 통해 통보하라고 했습니다. 그러나 이들은 돌아오지 않았습니다.

10. 할 수 없이 공고를 붙였습니다. '사흘 이상 무단결근이면 해고가 가능하다'는 법조문을 설명하는 내용이었습니다. 개인별로도 '모월 모일 모시까지 회사로 돌아오면 모든 일을 불문에 붙이겠다'고 통지문을 다 보냈던 것으로 기억됩니다. 저는 그때 개인적으로 조화순 목사라든지 인천교구의 신부님들에게 섭섭했던 게 사실입니다. 제 생각엔 그때 노조원들을 회사로 돌려보내는 것만이 오늘날까지 해고자 복직이 이뤄지지 않을 정도로 사태가 복잡해지는 것을 막는 길이었다고 생각합니다. 농성 조합원들은 회사에 복귀하라는 요청에 50여 명씩 화수동교회에서 나와 만석동의 회사 정문 앞까지 떼를 지어 갔다가는 다시 돌아가는 등 조롱하는 기색이 역력했습니다. 이 무렵 저는 이렇게 생각했습니다. '박정희 정권은 총칼을 갖고 있는 군사정권이다. 여

공들 몇 명 힘에 무너질 정권이 아니다. 학생들이 박 정권 타도를 외치는 것과 노동자들이 박 정권 타도를 외치는 것은 다르다. 국민들이 두려워 학생들의 경우에는 가혹히 못 다루지만 노동자들에게는 얼마든지 가혹하게 탄압할 수 있는 군사정권이다. 이러한 상황이 계속되다간 더 큰 희생이 난다.' 결국 저는 사흘의 시간을 주었습니다. 여기가 갈림길이었습니다. 그럼에도 단 한 명도 복귀 시일 안에 복귀한 사람이 없으므로 본부에 보고해 저는 농성자들을 전원 해고시키도록 조치했고, 노조는 다시 집회를 열어 박복례 집행부를 구성토록 했습니다. 블랙리스트는 본부에서 작성하고 관리 집행했던 것으로 알고 있습니다. 그 뒤로는 지부 내의 보직이 바뀌어 동일방직 문제에 더 이상 관여하지 않았습니다.

11. 그 무렵인지 기억은 분명치 않으나 인천 북구 부평 지역의 반도상사 노조도 동일방직과 비슷한 방식으로 섬유노조 본조에서 와해시키려는 시도가 있었습니다. 이때 저는 "인천에서 동일방직 문제만 해도 시끄러운데 같은 인천 지역에서 또 사고를 벌이는 것은 절대로 안 된다" 라고 강력히 견제해 기존 노조를 유지토록 한 일이 있는데, 그 무렵의 전후 사정은 당시의 노조원 장현자(당시 노조지부장, 현 대전여민회 부회장), 조금분(당시 노조 부지부장) 등이 내용을 잘 알고 있습니다.

최종선의 이 진술은 당시 동일방직의 이총각 주도의 노조와 시각을 달리하는 대목도 있을 수 있지만, 노노 갈등을 일으키게 해 민주 노조를 와해시키려 한 중앙정보부의 공작 실태를 내부 구성원이 증언했다는 점에서 큰 의의가 있다. 최종선은, "개인의 생존권 수호를 넘어 노동3권과 인권을 지키고 신장시키는 일에 온몸을 던져 헌신해 온 동일방직 해고

자 124명의 노력에 경의를 표합니다"라는 구절로 진술서의 끝을 맺었다. 최종선은 이 진술서를 '민주화운동관련자명예회복 및 보상심의위원회' 에 제출하기 하루 전인 2001년 3월 18일, 당시 동일방직 노조지부장이 었던 이총각과 25년 만에 만나 굳게 포옹했다.

최종선, 정보부를 떠나다

1979년 10월 26일 박정희가 중앙정보부장 김재규의 총에 맞아 숨지고, 6년 동안 한국 사회를 옥죄던 긴급조치가 해제되면서 민주화에 대한 희 망이 일시적으로 보이자, 최종선은 형의 죽음의 진상을 밝힐 때가 왔다 고 생각했다. 그러나 1980년 5월 전두환의 정권 탈취로 '서울의 봄'은 바 로 '동토의 왕국'으로 변해 버렸다. 위험과 수모를 무릅쓰고 정보부 안에 서 증거자료를 확보하며 진상 규명 기회를 엿보고 있었던 최종선도 전 두환이 장악한 정보부 내에서는 더 이상 할 일이 없었다. 그 절망감은 최 종길의 부인 백경자도 마찬가지였다. 최광준의 증언이다.

1980년 전두환이 정권을 잡으면서 믿고 의지하던 종선 삼촌도 중앙정보 부를 그만두자 어머니는 희망을 잃으셨던 것 같습니다. 1981년인가, 어머 니는 아버지의 스승이신 쾰른 대학의 케겔 교수에게 독일로 망명할 수 있 도록 도와달라는 편지를 보내셨어요. 케겔 교수가 주한 독일대사에게 부 탁했는지, 어머니가 에거(Wolfgang Eger) 독일대사를 만났어요. 에거 대 사는, 망명 자체도 쉽지 않지만, 독일에서의 망명자 생활이 무척 어렵다며 한국에서 그냥 사시라고 간곡히 설득했답니다. 그러고는 제가 독일 유학을 원한다면 최대한 돕겠다고 했답니다. 어머니께서 그러면 제가 독일어를 배우러 독일문화원에 다닐 수 있도록 해 달라고 부탁하자, 에거 대사는 당시 전두환의 과외 금지 조치로 기왕에 독일문화원에 다니던 고등학생들도 모두 내보낸 처지라 그것도 불가능하다고 말했답니다.

최종선이 중앙정보부를 사직하겠다고 결심한 것은 1980년 5월 27일 전남도청이 계엄군에 접수되면서 수많은 학생·시민이 사살당하거나 부상당하는 등 피비린내가 광주 시내를 진동시키던 날이었다. 최종선은 이날 이 땅의 민주화를 기다릴 기력을 모두 상실할 정도로 낙심했다. 최종선은 절망으로 반은 정신이 나가, 산다는 것 자체가 무의미해질 만큼 몸과 마음이 기진맥진되었다. 최종선은 그날 사직원을 제출하고는 사무실에도 나가는 둥 마는 둥 하며 며칠을 보냈다. "작은형이 하는 회사를 도와야 할 입장이어서 사직원을 낸다"라고 둘러댔지만, 사무실에서 그것을 사실로 믿어 주는 사람은 하나도 없었다.

당시 중앙정보부 경기지부 지부장과 간부들은 "시기가 아주 안 좋으니 사태가 가라앉으면 그때 다시 사표를 제출하라"라고 설득했으나, 최종선은 이미 마음이 떠나 여섯 번이나 사표를 내고 반려받기를 거듭했다. 그러나 정보부 고위층에서는 최종선의 사직원 제출을 일종의 항명으로 받아들였다. 그리하여 최종길 사후 계속 최종선의 동향을 감시해 온 감찰실 서재규 계장 팀의 김 모 직원을 인천으로 보내 최종선의 뒷조사를 하게 했다. 그즈음 최종선과 가까웠던 신 모 서기관이 감찰실로 옮겨 갔는데, 며칠 뒤 그가 "무조건 사표 다시 반려받아 가라. 안 그러고 계속 고집 피우면 너 삼청교육 간다"라고 일러주었다. 그가 최종선을 살린 것이다.

최종선은 "아마 그때 제가 삼청교육에 끌려갔다면, 제 가슴속에 활활 타오르는 분노와 증오로 '삼청교육 의문사 1호'가 되고도 남았을 것입니다. 형은 대한민국 의문사 1호, 동생은 삼청교육 의문사 1호요!"라고 술회했다. 1980년 8월 4일부터 1981년 12월 5일까지 삼청교육이 진행되는 동안 소위 '교육 현장'에서 죽은 사람이 54명이나 되니, 최종선이 그렇게 생각한 것도 과장은 아니었다.

최종선이 꿈과 희망으로 시작한 첫 직장 중앙정보부, 자랑스럽고 존경하던 형 최종길을 무참히 죽인 중앙정보부, 형의 죽음 이후에도 수치와 굴욕의 피눈물을 속으로 삼키며 몸담았던 중앙정보부를 나온 것은 1981년 1월 23일이었다. 그날, 최종선과 중앙정보부의 7년 반에 걸친 '불안한 동거'도 끝이 난 것이다.

서울지방검찰청

13

고 발

1974년 12월 18일, 최초로 최종길 교수의 고문치사 의혹을 제기하고 그 진상을 규명할 것을 촉구하는 천주교정의구현전국사제단의 '추도미사'가 열린 이후에도 최 교수의 의문의 죽음에 대한 진상 규명 요구는 이어졌다. 1975년 3월 1일 개신교 쪽 한국기독자교수협의회는 구속 교수 석방 환영회에서 최종길 교수 사인의 진실을 밝힐 것을 요구했다. 이 사건으로 서울대학교의 한완상 교수가 해직되었다. 또한 사제단은 3월 7일 종교 탄압을 부인한 박정희 대통령의 발언을 반박하는 8개항의 종교 탄압 사례를 지적한 성명서에서 "최종길 교수의 사인을 분명히 밝히지 못하는 한 국민은 고문에 대한 공포에서 벗어나지 못할 것"이라고 천명했다. 또 3월 10일 '근로자의 날'을 맞아 전국 14개 교구에서 동시에 개최된 미사에서도 '하느님의 모상'을 닮은 인간에 대한 악독한 고문 행위를 규탄하고 최 교수의 죽음에 대해 의혹을 제기했다.

이와 같이 재야 민주화 운동권에서 최종길 교수 의문사 사건의 진상 규명 요구가 높아지자, 1975년 3월 15일 국회 본회의에서 신민당의 송원영 의원이, 그리고 3월 17일에는 같은 당의 최성석 의원이 최종길 사건에 대해 질의했다. 특히 최성석 의원은 "최종길 교수가 중앙정보부에 연행되어 심문 도중 자살했다고 보도됐는데, 그게 사실이라면 최 교수가 자살한 이유를 총리는 무엇이라고 보는가? 나의 체험으로 미루어 추리해 볼 때 최 교수는 고문이 너무 고통스러워 자살했다고 생각하는데 총리는 어떻게 생각하는가? 또 최종길 서울법대 교수가 당국에서 조사를 받던 중 고문치사를 당했다고 각계 인사와 외국 언론이 주장하고 있는데 문교부로서 그 진상을 알아보아야 하지 않겠는가?"라며 최 교수 사건을 둘러싼 의혹을 정부가 밝히라고 요구했다.

그러나 정치권의 최종길 사건 진상 규명 요구는 그것으로 끝이었다. 1979년 10월 26일, 중앙정보부장 김재규의 손에 박정희가 피살되기까지 유신체제의 폭압 통치 아래서 서슬이 퍼렇던 중앙정보부를 상대로 야당이 진상 규명을 요구한다는 것은 애당초 무망한 일이기도 했다. 박정희 피살 이후 잠깐 동안의 '서울의 봄' 시기 서울법대 학생들과 일부 교수들이 최종길 교수의 사인 규명에 나서자는 분위기가 있었고, 이화여대 법대 이철수 교수를 비롯해 이성호 변호사 등 역대 서울법대 학생회 장단이 최종길의 유가족과 면담, 진상 규명 활동을 벌이려 했다.

최종선은 1980년 '서울의 봄' 시기에 서울대학교 법대를 중심으로 '최종길 사건'에 대한 규명 요구가 나오자 자신의 '수기'를 공개해 불을 지피기로 결심했다. 최종길 교수 사인 규명 및 명예 회복 운동을 벌이고 있던 학생들에게 "결코 폭력, 과격한 물리적 힘의 행사를 원치 않으며, 지성인답게 합법적이고 질서 있는 이성적 태도로 중후한 여론을 조성, 고인의 명예 회복에만 전념해 주기를 바라며 … 또 사인 규명 과정에서 제자 또는 동료 교수의 희생이 생길 경우 유가족들은 그들과 운명을 같이할 것"이라고 편지를 썼다. 그러나 서울법대를 중심으로 잠시 일었던 '최종길 사건' 진상 규명 운동은 전두환의 5·17쿠데타와 5·18 광주민중학살로 물거품이 되고 말았고, 따라서 최종선의 '수기'도 공개되지 못했다.

전두환 군부 독재정권이 들어서자 최종길 교수 사건의 진상 규명과 명예 회복 운동을 벌이기는 더욱 어려워졌다. 전두환이 최종길 고문치사 사건의 핵심인 중앙정보부를 국가안전기획부로 이름만 바꿔 폭압 통치의 중심축으로 삼아 힘을 실어 주었고, 또 이후락의 뒤를 이어 1973년 12월 3일 검찰 출신 신직수가 중앙정보부장으로 취임하면서 검찰 라인의 안경상 등 최종길의 죽음에 직간접적으로 관련된 자들이 정보부의 실세로 자리 잡았기 때문이다. 안경상은 1979년 전두환과 함께 5·16민족상 안전보장 부문을 공동 수상할 정도였다. 더구나 전두환 정권 시절에는 자기 한 몸을 민주화 제단에 불살라 바친 숱한 열사들의 죽음이 이어졌고, 독재 권력의 마수에 걸려 목숨을 잃은 의문사 죽음도 숱하게 벌어졌으니, 민주화운동의 역량을 최종길 사건의 진상 규명에만 집중시킬 수도 없었다. 최종길의 죽음에 대한 진상 규명은 1987년 6월 민주항쟁을 기다려야 했다.

1987년 6월항쟁으로 전두환의 폭압 통치는 종말을 고했다. 그해 12월 직선제로 치러진 대통령선거에서 김영삼과 김대중의 분열로 노태우가 대통령에 당선되었으나, 1988년 4월에 치러진 총선에서는 의석수에서 여소야대가 이루어져 정국은 세 야당의 공조 체제로 견제와 균형을 갖게 되었다. 그러한 정치 공간에서 천주교정의구현전국사제단과 최종선은 최종길 사건의 진상 규명과 명예 회복을 위해 본격적으로 움직일 때가 되었음을 감지했다. 때맞춰 1974년 함세웅 신부에게 맡겨졌으나 그간 행방이 묘연하던 최종선의 '수기'도 우여곡절 끝에 다시 찾아낼 수 있었다. '수기'는 최종길 사건 발발 전후 중앙정보부 내의 분위기와 사건 관련자들의 발언 및 행동 등을 낱낱이 기록한 결정적인 증거자료였다.

1988년 10월 6일, 최종선과 천주교정의구현전국사제단은 최종길 교수 간첩 사건의 진상 규명과 책임자 처벌을 요구하는 고발장을 서울지방검찰청에 제출했다. 천주교정의구현전국사제단은 이와 동시에 '최종길 교수 사인 진상의 규명을 요구한다'는 성명을 발표했다. 성명은 "사제단은 의문투성이의 최 교수 죽음에 대해 '모든 감추어진 것은 드러나게 마련'이라는 성서의 말씀에 따라 그동안 이를 추적해 온 결과, 최 교수의 죽음은 그를 간첩으로 만들기 위한 혹심한 고문 수사 과정에서 빚어진 폭압적 권력에 의한 살인이라는 확신을 갖게 되었다"라고 한 다음, "추정하는바 최종길 교수를 고문치사케 하는 데 책임이 있거나, 최 교수의 사인을 은폐 조작하고, 죽은 최종길 교수에게 간첩의 누명을 씌워 명예를 훼손하는 데 직간접적으로 관여한 사람들의 명단과 당시 직책"을 공개해 큰 파장을 일으켰다. 이 명단 발표로 검찰은 어쩔 수 없이 중앙정보부의 주요 관련자들을 소환 조사할 수밖에 없었다. 천주교정의구현전국사제단의 성명서에서 밝힌 직간접 관련자 명단은 다음과 같다.

1. 차철권(중앙정보부 5국 사무관, 최종길 교수 주무수사관)

2. 김상원(주사, 보조수사관)

3. 변영철 등 당시 5국 10과 직원 전원(고문에 교대로 관여)

4. 고병훈(담당 조사계장)

5. 안흥용(중령, 담당 공작과장)

6. 장송록(이사관, 수사단장)

7. 안경상(대공수사국장)

8. 조일제(차장보)

9. 김치열(차장)

10. 이후락(부장)

11. 이병정(감찰실 감찰과장)

12. 손종호(감찰실장)

13. 배명갑(감찰실 부실장)

14. 허만위(감찰실 행정과장)

15. 이용섭(감찰실 수집과장)

16. 서철신(5국 9과장)

17. 정낙중 5국 1과 수사계장 등 10여 명(감시 및 은폐)

18. 서재규(감찰실 감찰과 계장, 고문 수사관 조사)

19. 김명옥(감찰실 감찰과 직원)

20. 오수창(국립과학수사연구소 소장)

21. 김상현(국립과학수사연구소 법의학과장)

22. 이창우(서울지방검찰청 공안부 검사)

　　사제단과 유족들이 고발을 서두른 것은, 상해치사죄는 1980년 10월 18일로 7년의 공소시효가 만료되었지만, 살인죄 공소시효는 15년으로 그 만료일이 1988년 10월 18일이기 때문이었다. 천주교정의구현전국사제단의 고발장을 접수한 서울지방검찰청은 10월 7일 사건을 형사1부 김상수 부장검사에게 배당했다. 그러나 검찰은 "진정서를 제출한 사제단 관계자들과 최 교수 유족들을 불러 정확한 진정 내용과 사건 경위를 듣고 당시 변사 사건 처리 기록과 정밀 대조한 뒤 피진정인 22명에 대한 소환 여부 및 시기를 결정할 것이나, 진정 내용대로 최 교수가 자살한 것이 아니더라도 이 사건은 살인죄가 아닌 상해치사죄가 적용되기 때문에 공소시효(7년)가 80년 10월 18일 자로 만료되어 공소 제기를 전제로 한 수사나 관련자들의 처벌은 법률적으로 불가능하지만, 진상 조사 차원에서 사인 규명을 위한 재조사를 할 방침"이라며 미리부터 가이드라인을 그었다.

그러나 검찰의 '가이드라인'에 대해 민변(민주사회를 위한 변호사 모임)은 "사제단의 요청에 따라 사제단이 수집한 자료를 검토한 결과 최 교수는 자살이 아니라 고문에 의해서 사망한 것으로 추정된다. 현재로서는 살인으로 보아야 할지, 고문치사로 보아야 할지는 명확하지 않지만 미필적고의에 의한 살인일 가능성도 매우 크다. 이는 검찰이 명확한 사실 조사로 가려야 할 부분이다. 검찰은 시효가 지났다고 사전에 판단하지 말고 살인죄의 시효 만료일인 오는 18일 이전까지 사실 조사를 끝낸 뒤 살인죄의 판단이 서면 관련자들을 처벌해야 한다"라는 요지의 성명을 발표했다. 또 당시 제1야당인 평화민주당(총재 김대중)도 10월 7일, 성역 없는 수사를 통해 최 교수 사건에 얽힌 의혹을 명확히 밝힐 것을 검찰에 요구하는 성명을 발표했고, 10월 17일 서울 지역 천주교사회운동협의회도 '누가 한 뼘의 손으로 저 밝은 태양을 가리려 하는가'라는 성명을 발표해 철저한 진상 규명을 요구했다.

김정남

1988년 10월 8일 오후, 최종선은 한 통의 전화를 받았다.

"최 선생님이세요?"

"그렇습니다."

"《평화신문》에 있는 김정남이라고 합니다. 한 번 만나고 싶은데 시간 낼 수 있으세요?"

"네. 어디가 좋을까요?"

그날 저녁 두 사람은 명동성당 입구에 있는 '샤롬'이라는 찻집에서 처음으로 만났다. 둘이 소주 두어 병을 곁들인 저녁식사를 마치고 났을 때는 밤 10시가 가까웠다. 김정남이 아무 말도 하지 않고 길 건너 평화빌딩으로 향하자 최종선도 뒤를 따라갔다. 그러고는 그 건물 어느 방으로 들어갔는데 인쇄소인지 출판사인지 구분이 가지 않았다. 책상 위에는 인쇄 원판들이 어지러이 놓여 있었는데, 아! 15년 전 자신이 작성해 함세웅 신부에게 맡겼던 '양심선언' 원본 필름이 얼핏 보였다. 최종선은 그제야 그간에 벌어진 상황을 알아차렸다. 침묵을 깨고 김정남이 입을 열었다.

"원하시지 않으면 빼고 다른 내용으로 바꿀 수 있습니다."

"원치 않다니요? 15년 동안 기다려 온 일입니다. 감사합니다."

최종선은 흘러나오는 눈물을 주체하지 못했다. 함께 있던 편집자들도, 김정남도 눈시울을 훔쳤다. 당시 안기부는 여소야대 정국이라 다소 자중했지만, 그래도 마음을 놓을 수가 없다는 김정남의 말이었다. 신문이 무사히 인쇄되고 배포되어야 하는데, 밤새 다른 일이 없어야 하는데…. 초조하고 불안했다. 불안감을 씻으려는지 김정남이 제안했다.

"우리 학생 때 자주 갔던 낙지 집에나 한 번 가봅시다."

두 사람은 애써 최종길 교수에 대한 이야기는 하지 않고, 십수 년 전 학창 시절의 객쩍은 이야기로 서너 시간을 보냈다. 그렇게 한참을 보내자 어둠이 물러가고 희뿌옇게 새벽이 다가왔다. 긴장과 숙취에다가 피곤에 지친 몸을 일으켜 낙지 집 밖으로 나오니, 광화문 크라운제과 앞에 신문 가판대가 보였다. 가판대 속《평화신문》1면의 '서울대 최종길 교수 고문치사' 특호 활자 제목이 눈에 확 들어왔다. 그날 아침 최종길 교수는 15년 만에 어둠에서 눈부신 태양 아래로 나온 것이다.

김정남은 1974년 12월 18일 명동성당에서 열린 천주교정의구현전국사제단 주최 '인권 회복을 위해 죽은 사람들을 위한 추도미사'에서 오태순 신부가 읽은 추도사를 기초한 이래 최종길 교수의 의문사에 대해 30년 가까이 문제 제기를 해 왔다. 중앙정보부의 '최종길 교수가 간첩임을 자백하고 투신자살했다'고 한 발표를 김정남이 조목조목 반박하고 따질 수 있었던 것도 바로 15년 전 최종선이 세브란스병원 정신병동에서 오열하며 기록한 육필 '수기'가 있어 가능했다. 최종길 교수의 가족들은 그 모진 시련을 겪고도 지금까지 잘 견뎌 주었고, 최종선은 형의 죽음에 관련해 자기가 감당해야 할 일들을 너무도 슬기롭게 해냈다.

《평화신문》은 천주교 서울대교구가 1988년 5월 15일에 설립하고 발행한 주간신문이었다. 초대 재단 이사장은 김수환 추기경이었고, 함세웅 신부가 설립 추진 위원장을 맡아 창간을 주관했다. 함세웅 신부는 1989년 3월 2일 평화방송이 설립되자《평화신문》과 함께 초대 사장으로 취임했다. 함세웅 신부는 천주교정의구현전국사제단 초기부터 민주 회복 운동 과정에서 긴밀한 관계를 유지해 온 김정남을 편집국장으로 초빙했다. 그러므로 함세웅 신부에게 전해진 최종선의 '수기'가《평화신문》에 전격적으로 실릴 수 있었던 것은 너무나도 당연한 일이었다.

'수기'의 전격 공개에는 여론을 들끓게 만들어 고발장을 접수한 검찰이 사건 조사를 유야무야하지 못하도록 압박하는 의도도 있었다. 실제로

'수기'가《평화신문》10월 9일 자와 16일 자에 연이어 전문 게재되자 엄청난 반향이 몰려왔다. 중앙 일간지와 주간지, 월간지 들이 교계에서 발행하는 이 작은 주간지를 인용해 후속 보도를 이어 갔고, 국민들은 소문으로만 들어 왔던 민주 인사에 대한 중앙정보부의 고문, 그리고 간첩 사건의 조작과 은폐가 백일하에 드러난 데 대해 충격을 금치 못했다.

거기에다가 그 희생자가 우리나라 최고 엘리트라 할 수 있는 서울법대 교수였다는 점, 중앙정보부의 직원인 동생이 그를 정보부로 데려갔다는 점, 동생이 근무하던 공간 내에서 형이 고문치사당했다는 점, 그리하여 동생이 정신병원에 들어가 그 실상을 낱낱이 '수기'로 기록해 놓았다는 점 등, 거대 정보 조직 내에서 한 개인이 조직의 부조리와 힘겹게 싸우는 할리우드 첩보 영화를 연상케 하는 광경도 국민들의 큰 관심을 끌게 했다.

고발인 조사

검찰은 고발인 자격으로 천주교정의구현전국사제단 김승훈 신부와 최종선을 불러 고문치사 주장에 대한 진술을 들었다. 최종선은 1988년 10월 10일과 11일 두 차례에 걸쳐 검찰에 출두해 고발인(진정인) 조사를 받았다. 이 조사에서 최종선은 아래와 같은 이유와 근거를 들어 1973년 10월 25일 중앙정보부의 공식 발표가 허위 조작임을 주장했다.

1. 1973년 10월 19일 08시경 고인이 투신자살했다는 현장을 비밀리에 확인했으나 고인의 혈흔, 뇌수, 또는 그 혈흔이나 뇌수를 물로 씻어 낸 물

기 등 흔적이 전혀 없었다. 따라서 고인은 투신자살을 하지 않았으니 투신 현장도 없는 것이다.

10월 19일 07시 30분경 감찰과장 이병정이 본인에게 형의 투신자살 사실을 통보할 때, 본인이 "돌아가신 현장을 봐야겠다"라며 일어서자, 이병정은 "나는 유가족 중 단 한 명에게라도 현장을 보여 주자고 주장했으나 현장이 너무 비참하니 안 보여 주는 게 낫겠다고 결론이 되어 사체는 현재 국립과학수사연구소에 이미 옮겨 안치했다"라고 했다.

그러나 그들의 주장대로 최 교수가 10월 19일 01시 30분에 투신자살했고, 집에서 잠자던 이후락 부장, 김치열 차장 등 정보부 고위층이 정보부에 모여 대책을 협의한 후 사체를 국립과학수사연구소로 옮기고 나서 이병정의 말대로 '비참한 현장'을 물과 세척제로 씻어 냈다면 죽음 이후 최소한 3시간은 걸렸을 것이어서 현장 청소가 완료된 시점은 04시 30분 전후가 될 것이다.

따라서 본인이 투신 현장이라는 곳을 확인한 것은 08시경이므로 현장 청소 후 3시간 30분 정도 지났을 때였다. 비교적 쌀쌀했던 그날의 기온과 그 현장이 응달진 곳이라는 것을 감안하면 최소한 뇌수나 혈흔을 씻어 낸 물기가 아스팔트에 남아 있어야 하는데 전혀 그 흔적이 없었다. 이병정 과장은 투신 현장을 확인하겠다는 본인의 주장에 "이야기가 끝나면 보여 주겠다"라고 했으나 끝까지 현장을 보여 주지 않았다.

2. 당시 본인은 감찰과장 이병정과 감찰실 부실장 배명갑, 수사단장 장송록, 대공수사국장 안경상 등에게 고인에 대한 수사 기록을 보여 달라고 강력히 요청했다. 그러나 그들은 수사가 종결되면 보여 주겠다며 거부했고, 본인은 "죽은 사람을 더 조사한단 말이냐?"라고 강력히 항의했다. 당시는 물론이고 15년이 지난 오늘까지도 고인의 수사 기록을 보여 주

지 않고 있다.

3. 10월 19일 07시 50분경 감찰과장 이병정과 본인이 함께 있는 자리에서 5국 수사단장 장송록은, "(최 교수가 죽었다는 보고를 받고) 밤중에 빨리 들어오라는 전화가 왔기에 지하실에서 물을 먹이다가 일어난 사고로 생각하고 달려왔더니 투신자살했다는 것입니다"라고 말했다. 곧 '지하실에서 물을 먹이다가…'라고 얼떨결에 수사단장 장송록 자신이 고백함으로써 본인은 형이 고문을 당했음을 확인하게 되어 투신자살이 아니라 고문에 의해 살해당한 것으로 확신한다.

4. 중앙정보부에 자진 출두해 조사를 받은 지 60시간이 경과해 심신이 극도로 쇠약해진 상태에서, 맨발에 바지 벨트를 매지 않은 상태에서 162센티미터 작은 키에 뚱뚱한 몸매인 데다가 행동이 민첩하지 못한 고인이 소변기를 짚고 창문에 올라가 투신하기는 전혀 불가능하다. 더구나 건장한 수사관 2명이 감시하는 상태에서 낯선 화장실에서 일말의 망설임도 없이 뛰어내렸다는 것은 결코 납득이 가지 않는다.

5. 본인이 고인에 대한 검시에 변호인이나 의사를 입회시켜 줄 것을 요구했으나 정보부 측은 이를 거부했다. 그들의 발표대로 고인이 투신자살했다면 정보부 자신의 결백을 객관적으로 입증하기 위해서라도 입회 요구를 받아들였어야 마땅하다. 이는 고인이 투신자살하지 않았음을 반증하는 것이다.

6. 1973년 10월 28일 담당 수사관들에 대한 징계 처분을 알리는 부회보 제42호에서 보조수사관 김상원에 대한 징계 내용이 주무수사관 차철권보다 중했던 것은 김상원의 행위가 더 문제였음을 입증하는 것이며, 회보에는 '투신자살'에 대한 설명이 전혀 없었다. 곧 정보부 자체의 공문서에서 투신자살이 사실이 아닐 수 있음을 보이고 있다.

7. 중앙정보부는 지난 15년 동안 천주교정의구현전국사제단, 한국기독자교수협의회, 국회, 국내외 언론, 기타 교수·학생 등 수많은 인사들로부터 고인의 죽음의 의혹에 대한 진상 규명을 요구받았으나 한 번도 설득력 있는 증거를 제시하거나 공식적으로 당당하게 해명한 적이 없었다. 할 말이 없다는 것은 그들의 발표가 조작이었음을 시인하는 것이라 본다.

또한 최종선은 검찰에서 최종길 교수의 죽음에 대해 직간접적으로 관계된 22명과의 대질신문, 중앙정보부 내 범죄 현장 조사 시 본인의 참여를 보장해 달라고 주장하고, 아래의 문서나 자료 들을 검찰이 확인해 달라고 추가로 요구했다.

1. 투신 현장검증 보고서 및 현장 사진 등 증거자료(검사 입회 현장검증 보고서, 정보부 자체 현장검증 보고서, 의사 사망확인서, 기타 모든 관계 증거자료)
2. 국립과학수사연구소의 사체 부검 보고서
3. 고인에 대한 수사 관계 조사 서류(수사 착수 보고서, 자필 진술서, 피의자 신문조서, 기타 수사 관계 기록 및 증거물 일체)
4. 정보부 공식 발표문
5. 구속영장 사본, 구속영장 청구 수사관 및 검사 이름, 구속영장 번호·신청 일시·발행 일시, 구속영장 신청 내용(범죄 사실), 구속영장 발부 내용(범죄 사실), 구속영장 발부 판사 이름
6. 고문 살인 사건 및 고문 살인 수사관에 대한 정보부 자체 조사 기록 및 증거물
7. 정보부 고등징계위원회 제6호 회의록(1973. 11. 13 자)

검찰은 천주교정의구현전국사제단이 "최종길 사망 사건과 관련된 중앙정보부 수사관 및 사망 현장을 검증한 검사, 사체를 부검한 국립과학수사연구소의 의사 등을 피진정인으로 해, 피진정인들이 최종길을 고문하던 중 사망케 하고 그 사실을 은폐하기 위해 투신자살한 것이라고 조작했다"라는 내용의 진정을 하고 그 직간접 관련자 22명의 이름을 특정하자, 이미 사망한 자와 연락이 두절된 자를 제외한 나머지 사람들을 소환 조사했다. 그러나 사건의 전모를 보고받았을 가능성이 높은 당시 중앙정보부장 이후락은 조사 대상에서 제외했고, 중앙정보부 내 사건 관련자들도 비밀리에 소환하는 등 조사 과정에 석연치 않은 부분도 있었다.

그러나 천주교정의구현전국사제단 등 진정인들이 제기했던 살인죄의 공소시효가 1988년 10월 18일로 만료되기 때문에 검찰은 10월 18일 최종길 사건 내사의 중간 발표를 할 수밖에 없었다. 검찰이 발표한, 당시 내사를 담당했던 서울지방검찰청 검사의 질문에 대해 중앙정보부 등의 관련자들이 진술한 내용의 요점과 기타 발표 내용은 아래와 같다.

1. 최종길의 사체를 부검했던 국립과학수사연구소의 의사 김상현은, "최종길은 두부, 흉부, 요부 및 좌우 상·하지에 거대한 둔적 외력이 작용해 심장이 파열되고 두개골 골절로 인한 출혈이 동반되어 사망한 것으로, 상당히 높은 건물에서 떨어질 경우 그와 같은 상처를 입고 사망할 가능성이 충분히 있다. 그 밖에 전기적인 충격, 익사, 질식사 등으로 볼 수는 없고, 사망 후 외력이 작용한 흔적도 없으며, 양쪽 엉덩이에서 발견되는 주먹 크기 정도의 피하 출혈반은 구타당한 것이 아니라 골반 뼈가 부러지게 된 것과 동일한 충격으로 인해 생긴 것으로 생각된다"라고 진술했다.

2. 당시 지휘 검사였던 이창우는 "서울지검 공안부에 근무하던 당시 밤에

집으로 연락이 와 중앙정보부 건물의 추락 현장에서 최 교수의 사체를 확인하고 두 시간 뒤 컬러 사진을 찍고 부검에 착수했다"라고 진술했다.

3. 사건 당시 중앙정보부 5국장 안경상, 수사단장 장송록은, "최종길은 남산 분청사 지하실에서 조사를 받으면서 18일 저녁 무렵에 독일 유학 당시 동베를린 및 평양을 방문, 그곳에서 북한 공작책으로부터 북한 체제의 정당성 등에 관한 교육을 받았다고 자백했고, 이에 최종길을 7층 신문실로 옮겨 조사하도록 했다"라고 진술했다. 당시 공작과장 안홍용과 주무수사관 차철권은 "최종길은 지하 조사실에서는 18일 저녁때까지 동베를린에 다녀온 사실을 인정했고, 7층 신문실로 옮긴 이후에 동베를린 및 평양에 가서 교육을 받고 노동당에도 입당했다는 사실을 자백했다"라고 진술했다.

4. 차철권은 또, "최종길이 모스크바, 북경을 경유해 평양에 가서 노동당 연락부 부부장, 과장 등을 만났고, 17일 동안 용성 구역에 있는 초대소에 수용되어 있으면서 이름을 모르는 지도원으로부터 교양을 받고, 노동당에도 입당하고 공작금을 받는 등의 활동을 하다가 돌아온 사실이 있다고 자백을 했다"고 진술했다.

5. 당시 장송록, 안경상, 김상원, 차철권 등은 "절대로 최종길에 대해 고문을 한 사실이 없었다"라고 진술했다.

6. 당시 현장검증 조서를 작성했던 중앙정보부 수사관 권영진은 "19일 오전 8:30경에 출근해 보니 대공수사국 수사2계장 정낙중, 수사과장 안홍용 등이 '오전 4:30경 이창우 검사의 지휘를 받아 현장검증을 이미 실시했다'고 하면서, '참여자의 진술을 듣고 검증 조서를 작성하라'고 지시를 해, 그들의 말과 김상원, 차철권 등의 진술을 듣고 검증 조서를 작성했고, 직접 현장검증에 참여한 사실은 없다"라고 진술했다.

7. 당시 중앙정보부 감찰과장 이병정은 유족과의 대질신문에서 "사건 후 유족들을 회유 협박했다"라는 부분에 대해 부인했다.

8. 최 교수가 조사받던 중앙정보부 남산 분청사를 현장검증한 결과 화장실은 비좁아 여러 사람이 들어갈 수 없을 정도였으며, 최 교수가 조사받았다는 '합동신문 조사실'은 중앙정보부가 국가안전기획부로 개편되면서 구조가 변경되어 확인할 수 없었다.

9. 최 교수의 사체를 최초로 확인한 중앙정보부 수사관은 1985년에 사망해 조사가 불가능했다.

1973년 10월 19일, 검찰은 이러한 진술 내용을 근거로 "현재까지 수사 결과 최 교수의 사망과 관련해 피진정인(당시 중앙정보부 직원)들을 형사처벌할 수 있는 단서나 증거를 발견하지 못했고, 또한 최 교수가 타살되었다는 증거도, 자살했다는 증거도 찾지 못했다. 당시 중정 수사관은 최 교수가 간첩 사실을 자백하고 자술서를 쓰기 전에 자살했다고 진술했으나 최 교수가 간첩이었는지 여부에 대해서도 현재로서는 아무런 증거도 없다"라고 발표했다. 검찰은 '최종길 교수가 간첩인지 아닌지 확인할 수 없었으며, 그의 죽음이 자살인지 타살인지도 확인할 수 없었다'는 애매모호한 결론을 내린 것이다. 그러나 아래와 같이 검찰 조사에서 새롭게 확인된 사실도 있고, 이병정의 진술과 최종선의 '수기' 내용이 대부분 일치하는 것도 확인되었다.

첫째, 1973년 10월 25일 중앙정보부는 "최종길이 간첩 혐의로 구속 조사를 받던 중 투신자살했다"라고 발표했으나, 이를 입증할 구속영장, 진술 조서, 자필 진술서, 육성 녹음 등 증거자료들이 하나도 발견되지 않았다. 다만 최종길을 신문한 수사관이 작성한 진술서만이 존재했는데,

이는 최종길 사후에 작성되었을 가능성이 있어 검찰도 그 내용을 크게 신뢰하지 않았다.

둘째, 당시 중앙정보부가 제시한 단 한 장의 현장 사진은 최종길의 사체가 반듯이 누워 있는 흑백사진으로서, 정보부가 유가족에게 설명한 내용(뒷머리가 깨지고 양쪽 손과 발이 부러졌다)과 상이했다. 변사체 사진의 경우 컬러필름으로 사체의 전후좌우, 치명적 손상 부위를 근접 촬영해야 하는 상식에도 부합되지 않았다. 정보부는 이 사진을 정보부 이문동 청사의 사진사가 찍었다고 하는데, 통행금지 시간에 멀리 떨어진 이문동 청사 사진사를 동원했다는 것도 상식에 맞지 않는다. 그러나 중앙정보부 이문동 청사의 사진사가 최종길의 사체 사진을 찍었을 가능성을 보이는 정황도 있다. 당시 중앙정보부 국제협력과에 근무하고 있던 박기용의 증언이다.

1973년 10월 18일 저녁에 중앙정보부의 초청으로 방한한 아르헨티나 정보기관의 수장을 환송하는 연회가 삼청각에서 있었다. 연회는 밤늦게까지 계속되었는데, 갑자기 부장 수행원이 들어와 이후락 부장에게 쪽지를 전달하면서 연회가 흐지부지 끝났다. 나중에 생각해 보니, 이때 최종길 교수의 사고 소식이 이후락 부장에게 전달된 것 같았다. 나는 연회를 정리하고는, 행사 앨범을 만들기 위해 이문동 청사로 돌아왔다. 아르헨티나 정보기관 수장이 19일 오전에 출국하기 때문에 아침 9시까지는 그가 묵고 있는 호텔로 앨범을 가져가야 해서, 밤을 새며 사진사는 찍은 사진을 인화하고 나와 스페인어 전공 직원이 사진 캡션을 달고 있었다. 그런데 새벽 3시경 사진사가 남산 분청사에서 무슨 사진을 찍으러 오라 한다며 나갔다.

최종선(가운데)이 서울 종로경찰서 기자실에서 "형 최종길은 중앙정보부 수사관들의 고문으로 숨졌고, 이를 입증할 수 있는 증거물이 있다"는 내용의 기자회견을 하고 있다.
ⓒ연합뉴스(2001. 3. 12.)

셋째, 당시 중앙정보부 감찰과장 이병정은 "정보부의 연락을 받고 통행금지 시간에 정보부에 도착해 보니 투신 현장에 사체도 없었고 핏자국도 없었다. 의아해서 옆의 5국 수사관에게 물어보니 '앰뷸런스로 병원으로 옮겼다'고 했다"라고 진술했다. 중앙정보부조직법과 직무 규정에 따라 부원의 범죄를 조사하는 공식 책임자인 감찰과장의 현장 조사 이전에 이미 사체를 치웠던 것이다.

넷째, 중앙정보부에서 제시한 사진과는 달리 최종길이 투신했다는 화장실의 위치와 구조는 최종선이 '수기'에서 밝힌 것과 완전히 일치했다 (최종선과 이병정의 대질신문).

다섯째, 감찰과장 이병정이 사건 관련자들에 대한 감찰 조사 결과를 보고하면서 안경상 대공수사국장, 장송록 수사단장에겐 지휘 책임을 물어 직위 해제하고, 관련 수사관 5명을 중징계하도록 건의했다는 것을 확인했다. 곧 사건 관련 수사관이 5명일 수도 있다는 것이다(최종선과 이병정의 대질신문).

천주교정의구현전국사제단 등의 고발이 있은 지 1년여가 지난 1989년 8월 22일, 검찰은 최종길 사망 사건 진정에 대한 최종 수사 결과를 아래와 같이 발표했다.

> 최종길이 중앙정보부에서 김상원의 신병 감시하에 차철권으로부터 조사를 받던 중 사망한 사실은 인정되나, 피진정인들은 최종길 교수가 간첩 활동을 했다고 자백을 한 후 화장실에 가겠다고 하므로 김상원이 데리고 나갔는데, 김상원의 감시가 소홀한 틈을 타 화장실 창문 밖으로 뛰어내려 사망한 것이라고 변소하고 있는바, 김상현 작성의 사체 감정서, 사체 사진 필름 32매를 감정한 오수창 작성 감정서 기재, 사건 발생 당시 7층 복도 경비원의 진술 내용, 실황 조사 결과에 의해 나타난 화장실의 소변기 및 창문턱의 구조와 위치, 중앙정보부 감찰실에서 작성한 내부 문서인 '간첩용의자 자살 사건 진상 조사 보고서'의 기재 내용 등이 위 변소 내용에 부합하고, 1988. 10. 18. 공소시효가 완성되어 내사를 종결한다.

검찰의 최종길 사건 내사 종결에 대해 최종선은 후일 의문사진상규명위원회의 조사를 앞두고 '6공 검찰의 진상 조사는 진상 규명이 아니라 진상 은폐에 불과하다'라는 글에서 아래와 같이 강하게 검찰을 비판했다.

1988년 6공 검찰의 진상 조사는 진상 규명이 아니라 1973년 최초 사건 발생 당시 경황 중에 엉성하고 허술하게 조작된 1차 은폐·조작극의 문제점과 모순점에 도리어 합법성과 완벽성만 보강해 주고, 고문 살인자들에게는 공식적인 면죄부만 만들어 준 제2의 은폐·조작극에 불과합니다. 그야말로 수많은 모순점과 문제점을 지니고 있지만, 대표적인 기억 한두 가지만 회고하는 것으로서 전체를 대신하고자 합니다.

사건 조사 중반에 추가로 투입된 장 모 검사는 저의 얼굴을 몰랐기에 저를 정보부 쪽 사람으로 잘못 알고, "수고 많으십니다. 적당히 덮어 버리는 거지요, 뭐!" 하고 잘못 말했다가 저로부터 거센 비난을 받게 되자 당황하며 아니라고 부인하느라 땀을 뻘뻘 흘리는 해프닝이 연출되었는바, 이렇게 당혹스런 분위기는 당해 검사뿐만 아니라 검사실 소속 검찰 수사관과 여직원에게도 또한 마찬가지로 파급되어 그들 모두를 아주 낭패스럽게 위축시켰는데, 이미 6공이라는 정권의 한계를 예감하고 있던 저로서는 이 정권 아래서는 진상이 규명되어질 수 없다는 마음을 굳힌 지 오래전이었으므로, 차제에 검사와 그 소속원들이 당혹해 위축되어 있는 분위기일 때 아예 한 발 더 내딛기로 결심하고, "지금부터 내가 진술하는 것은 검사에게 하는 것이 아니라 역사 앞에 하는 것입니다. 지금부터 내가 진술하는 내용은 후일 기필코 역사가 되돌아볼 것이니 한 자 한 획도 빠뜨리거나 조작하거나 왜곡되게 바꿔 써서는 안 됩니다"라고 엄숙히 선언하고 그 날 밤늦게까지 점심·저녁식사도 모두 함께 거른 채 중간중간에 읽어 보고 고치고, 또 읽어 보고 고치기를 수십 번 거듭하면서 그야말로 심혈을 기울여 진술서를 작성했습니다.

바로 이 진술서, 이 진술서를 검찰이 의문사진상조사위원회에 자료로 제출하지 않는다면, 검찰은 말로만 인권을 말할 뿐 실질적으로는 우리 국민,

우리 민족 전체의 염원인 인권 국가 건설을 방해·역행하고 있는 암적 집단에 불과함을 스스로 자인하는 것이 될 것입니다.

최종길 교수가 정보부에서 조사받을 때 정보부 수사 규정에 따라 이미 벨트를 풀고 바지 지퍼는 내려져 있었을 것인데, 그래서 아래로 흘러내리는 바지춤을 한 손 또는 양손으로 움켜잡은 엉거주춤한 상태에서 두 명의 수사관이 바로 옆에 서서 지켜보고 있는 가운데 어떻게 귀신처럼 유령처럼 한순간에 자기 키 높이의 창문턱에 올라서서 아래로 뛰어내릴 수 있었겠는가, 바지를 잡았던 손으로 창틀을 잡고 창문을 열려고 하면 이렇게 바지가 훌렁 흘러내려 발에 내려와 걸리는데 어떻게 발을 자유롭게 신속히 움직여 창틀에 그토록 빨리 순식간에 올라설 수 있었겠느냐고, 격앙된 분위기에서 실감나게 재연해 보이느라고 검사 앞에서 벨트를 옆으로 확 잡아빼고 바지 지퍼를 좍 밑으로 끌어내리고는 바지춤을 잡았던 손을 놓자 바지가 발밑으로 흘러 떨어졌는데, 그러고서 창문 쪽으로 뛰듯이 다가가서 창문을 열면서 창틀로 올라설 듯 실연했더니, 바지 지퍼를 내리고 바지가 흘러내리는 상황에 누구보다 당혹한 검찰 여직원이 얼굴을 붉히며 얼른 고개를 폭 숙이던 모습도 지금 생각하면 실소를 자아내게 하는 기억 중의 하나이지만, 저의 격렬한 몸짓과 행동에 제가 정말로 창문을 열고 뛰어내리는 게 아닌가 착각하고 겁먹은 검사와 검찰 수사관의 얼굴이 백지장처럼 하얗게 질리던 기억도 지금껏 생생합니다.

바로 그 진술서 원본, 제 일생에 그토록 생생하게 그 사건을 기억해 내고 진술했던 적도 없고, 지금보다 12년 전 훨씬 젊었을 때 진술한 내용으로 이제는 세월도 오래 지나 기억력도 많이 감퇴한 지금 그 옛일을 기억해 내는 것과는 비교가 안 되게 생생하고도 진실된 증거자료로서, 최종길 교수 사인 진상 규명의 알파요 오메가라 할 만큼 지극히 중대한 결정적 중요 자료인 만큼 검찰은 하루라도 빨리 그 자료를 진상규명위원회에 스스로 제출해 정의 구현과 인권 국가 건설에 동참해 주기 바라마지 않는 바입니다. 또한 검찰은 그 당시 수사본부장이었던 김상수 검사가 최종길 교수의 투신 현장검증 사진이라면서 저에게 보여 준 바 있었던 명함판 사진 크기의 흑백사진 1매 역시 의문사진상규명위원회에 지극히 중대하고도 중요한 증거자료로서 기필코 제출해야만 합니다. 비전문가인 제 육안으로만 보아도 그 사진은 완전히 조작된 사진입니다. 저를 속이려고 급히 조작해 만든 사진이지만, 혹 떼려다 혹 붙인다고, 격언에 거짓말 하나에 스무 개의 거짓말이 필요하다더니, 중앙정보부와 검찰은 공연한 짓을 해서 화근을 자초한 것입니다. 사진가들의 영역은 말고라도, 도대체 시대가 어느 시대인데 흑백사진이란 말씀입니까?

1973년이면 일개인도 흑백 필름을 잘 안 쓰던 시대인데, 대한민국 최고의 정보기관인 중앙정보부가, 대한민국 최고의 수사기관인 검찰이, 그토록 예민하고도 중대한 사건의 현장검증 사진으로 흑백 필름을 사용했고, 그것도 두 장도 아닌 단 한 장만을 촬영했다니요, 정말 말도 안 되는 소리입니다.

당시 중앙정보부 감찰실 정규 요원으로 수시로 정보 장비에 대한 보안 감사 내지 점검을 실시해 왔으므로 누구보다 잘 아는 사실이지만, 당시 정보부의 수사 장비 내지 자료 들은 대한민국 최고 수준의 첨단 수사 장비 및 자료 들로서 흑백 필름 같은 구닥다리 케케묵은 수사 장비 내지 자료 같은 것은 눈을 씻고 찾아보려 해도 찾아보기 힘들었을 때인데, 아니 웬 난데없는 흑백사진이란 말씀입니까? 사건이 어떤 사건인데, 두 장도 아닌 단 한 장만을, 컬러도 아닌 흑백 필름으로 촬영했을 뿐이란 말입니까?

그 사진은 정말로, 아주 정말로 지극히 중요한 자료이며 증거입니다. 사진

전문가에 의해 그 사진이 조작된 사진으로 판명되어질 경우, 그 사진의 조작은 단순히 사진 한 장의 조작으로만 끝나는 게 아니라 이 사건 전체가 중앙정보부 한 기관에 의해서만 조작되고 은폐된 게 아니고 대한민국 검찰까지 함께 가세해 법정권적 차원, 범정부적 차원에서 조작되고 은폐되었음을 웅변으로 나타내 주는 말할 수 없이 중요하고도 중대한 단서가 되는 것이기 때문입니다.

정보부가 조작해 만들고, 검찰은 그 조작된 사진을 저에게 보여 주며 행사해서, 저를 속여 진실 즉 고문 살인을 은폐하고자 했다면, 그 하찮은 흑백사진 한 장이 검찰과 정보부가 완전 계획적으로 공모해 합동으로 고문 살인을 은폐했음을 명백히 입증해 주는 중대하고도 중요한 역사적인 증거자료가 되는 것입니다. 즉, 그 엉성하고 초라한 흑백사진 한 장이 검찰과 중앙정보부의 존립 그 자체, 존폐까지도 뒤흔들 수 있는 지극히 중요하고도 막중한 역사적 자료가 된다는 사실입니다. 바로 이 사진! 이 흑백사진 1매를 검찰은 의문사진상규명위원회에 기필코 제출해야만 합니다. 만약 이 사진과 기록 등이 지금은 폐기되고 없어 제출할 수 없다 한다면, 이제 그만 대한민국 검찰은 스스로 그 간판을 내려야 하는 것입니다.

천주교정의구현전국사제단과 최종선의 노력에도 불구하고, 죽은 최종길 교수는 말이 없었고, 죽음의 의혹을 캐겠다는 검찰은 '그 죽음과 관련해 아무 증거도 확인하지 못했다'며 공소시효 만료라는 실정법 뒤로 숨어 버렸다. 그러나 '그 범인'은 공소시효 만료로 어둠 속에서 웃음을 지었겠지만, '그 범죄'는 영원히 남아 있다. 그날, 최종길 교수의 부인 백경자는 이렇게 절규했다.

실정법에 의한 공소시효는 끝났는지 모르지만,

하느님의 법, 역사의 법에 따른 시효는 아직 끝나지 않았습니다!

의문사진상규명위원회

14

특별법 통과

1988년 10월 19일 검찰의 중간 조사 발표는, 최종길 교수가 간첩이라는 증거를 발견하지 못했고, 자살의 증거도 타살의 증거도 발견하지 못했다는 것으로, 결국 최종길 교수의 사인 규명은 영원한 미궁으로 빠져들었다. 천주교정의구현전국사제단과 유가족, 그리고 최종길의 선후배, 제자 들은 실망을 금치 못했지만, 그렇다고 검찰 수사에 크게 기대를 걸지도 않았기 때문에 바로 전열을 가다듬어 최종길 사건의 진상 규명과 명예 회복 운동을 지속적으로 벌여 나가기로 했다. 1993년 10월 18일, 서울대학교 법과대학은 '고 최종길 교수 20주기 추모식'을 열고 최종길 사건의 진상 규명과 최 교수의 명예 회복을 요구하는 메시지를 채택했다.

1997년 12월, 제15대 대통령으로 김대중이 당선되어 역사적인 정권 교체가 이루어졌다. 민주정부 수립으로 과거 독재정권하에서 벌어졌던 숱한 공안 사건들과 의문사 사건들에 대한 재조사 요구가 거세게 일어나 최종길 사건도 사회적으로 큰 주목을 받게 되었다. 최종길 타계 25주기를 앞두고 1998년 9월 독일 훔볼트 재단의 이사장 뤼스트 교수는 주

최종길 교수 추도미사(1988. 10. 18, 명동성당). 앞줄 왼쪽부터 최종숙(누나), 최광준(아들),
백경자(미망인), 최희정(딸), 뒷줄 최종선(동생)

한 독일대사 폴러스(Claus Vollers)에게 최종길 교수의 사인 규명을 위해
총력을 기울여 줄 것을 당부하는 서한을 보내, 폴러스 대사가 이 내용을
한국 정부에 전달했다. 그리고 10월 초에는 배재식 전 서울법대 학장과
이수성 전 국무총리를 공동 대표로 해 100여 명의 인사들이 참여한 '최
종길 교수를 추모하는 사람들의 모임'이 발족됐다. 이 모임은 10월 17일
오후 2시 서울대학교 근대법학교육백주년기념관에서 '고 최종길 박사
제25주기 추모식'을 열었다.

1998년 10월에는 최종길 교수 고문치사 사건 당시 미 CIA의 한국 지
부장으로 근무했던 그레그 전 주한 미국대사의 주목할 만한 증언이 나
왔다. 도널드 그레그 전 대사는 당시 미 CIA가 최 교수 사건의 진상을 어
느 정도 파악하고 있었음을 시사하는 다음과 같은 내용의 증언을 했다.

최 교수의 비극적 죽음은 대단한 슬픔이었고 나를 괴롭게 했습니다. 나는 당시 정보 쪽 일을 했는데, 당시 KCIA가 김대중 납치 사건과 연루돼 있음을 알고 있었습니다. 1973년 10월 나는 또 KCIA가 최 교수를 구금해서 괴롭히고, 고문해서 그를 죽게 만들었거나 그가 고문을 피해 창문을 통해 뛰어내리도록 만들었음을 알고 있었습니다. 나는 그 일이 한국에서 내가 겪었던 가장 충격적인 일 가운데 하나라고 생각합니다. … 나는 당시 두 주요 인맥을 갖고 있었는데, 하나는 KCIA이고 다른 하나는 대통령 경호실의 박종규 씨였죠. 그와 나는 친구가 됐습니다. 그래서 나는 비공식적으로 박 씨를 찾아갔습니다. 나는 그에게 말했습니다. "당신의 친구, 한국의 친구로서 말합니다. 나는 최 교수에게 무슨 일이 일어났는지 아는데, 그것은 정말 혐오스러운 일이라고 생각합니다. 그것은 내가 KCIA와 효율적으로 협력하는 것을 어렵게 만듭니다. 나는 북한 문제와 관련해 KCIA에 도움을 주러 온 사람인데, KCIA는 북한에 별로 관심이 없는 것 같습니다. 나는 자국의 시민에게 그런 행위를 하는 조직과 함께 일하는 것이 매우 힘들다는 것을 발견했습니다. 나는 딜레마에 빠졌어요. 나는 단지 나의 '기분'을 그대로 당신에게 말하고 싶습니다." 그러자 박 씨는 내 말을 열심히 적고는 고맙다고 했습니다. 그러고는 아무 말도 하지 않았죠. 일주일 후 이후락 씨가 경질됐습니다. 후임자는 신직수 전 법무장관이었죠.

- SBS, 〈의문의 죽음 – 그리고 25년〉, 1998. 11. 13 방영

1999년 4월, 의문사 진상 규명을 위한 특별법 제정과 그 시행을 촉구하기 위해 '최종길교수고문치사진상규명 및 명예회복추진위원회'가 발족했다. 추진위는 천주교정의구현전국사제단의 김승훈 신부와 서울 법대의 백충현 교수가 공동 대표를, 이광택 국민대 법대 교수가 실행위

원장을 맡았다. 추진위는 4월 12일 국회 소회의실에서 '의문사 문제 해결을 위한 법적 모색'이라는 주제하에 학술 심포지엄을 열어 특별법 제정을 촉구하는 한편, 〈최종길 교수 고문치사 사건 관련 자료집〉을 발간했다.

민족민주유가족협의회(유가협)가 420일간에 걸쳐 국회 앞 천막 농성을 벌인 결과 1999년 12월 28일 드디어 '의문사진상규명에 관한 특별법(의문사특별법)'이 국회를 통과했고, 그 이듬해인 2000년 1월 16일 공포되었다. 그리고 그해 10월 17일에는 '의문사진상규명에 관한 특별법'에 의거, 대통령 직속 '의문사진상규명위원회'가 발족했다. 의문사진상규명위원회는, 지난날 권위주의 정권하에서 민주화운동과 관련해 공권력의 위법한 행사로 의문의 죽음을 당했다는 의혹이 제기되어 온 사건에 대해 국가 차원에서 진상을 규명함으로써 잘못된 과거사를 정리하고 희생자와 유가족의 명예 회복을 통한 국민 화합과 민주 발전을 위함을 목적으로 설립되었다.

2000년 11월 23일, 최광준(최종길의 아들), 백충현(서울법대 교수) 등 348명은 연명으로 최종길 교수가 중앙정보부에서 고문을 받다가 희생되었다며 그 진상을 밝혀 달라고 의문사진상규명위원회에 진정했다. 의문사진상규명위원회에는 사무국 아래 조사1·2·3과와 특별조사과를 두었는데, 중앙정보부와 국가안전기획부에서 조사받다 일어난 의문사는 조사1과에서, 경찰에서 발생한 의문사는 조사2과에서, 군에서 생겨난 의문사는 조사3과에서 다루게 업무 분장이 되어 있어 최종길 사건은 조사1과로 배당되었다.

그러나 '의문사진상규명에 관한 특별법'은 각 의문사에 대한 조사 기간을 최장 15개월로 한정하고 있어, 최종길 사건은 2002년 3월 9일로

15개월을 맞게 된다. 그러므로 법률대로라면 의문사진상규명위원회는 2002년 3월 9일 이전에 최종길 사건에 대한 조사 결과를 발표해야 한다. 의문사진상규명위원회는 사건에 관련된 사람들의 혐의점이 발견되면 검찰에 고발을 하고, 그렇지 않으면 기각하는 권한을 갖고 있다. 그러나 의문사진상규명위원회가 고발을 결정하더라도 검찰 수사는 살인죄 시효(15년)에 부딪치게 된다. 따라서 공소시효를 연장하는 특별법이 제정되지 않으면, 검찰이 혐의자를 기소할 수 없었던 1988년의 상황이 되풀이될 수밖에 없는 한계를 출발선부터 갖고 있었다.

그러한 한계에도 불구하고 의문사진상규명위원회의 조사는 1988년 검찰의 조사와는 크게 달랐다. 우선 공소시효에 관계없이 사건의 실체를 파악하는 데 주력한 결과, 관련자들의 자백에 가까운 진술을 확보하는 등 상당한 성과를 거두었다. 1988년 검찰은 사건의 직접 관련자들 일부만을 소환 조사하면서 그들이 진술한 내용을 토대로 사건을 재구성해 결론을 내렸지만, 의문사진상규명위원회는 직접적인 관련자뿐 아니라 사전 사후에 그 정상을 파악하거나 보고를 받았을 인사들을 비롯해 제3자적 입장에서 사건에 간접적으로 관련되었던 사람들까지 치밀하게 추적해 진술을 확보함으로써 사건의 실체에 보다 객관적으로 접근할 수 있었다.

의문사진상규명위원회의 최종길 사건에 대한 조사는, 사건이 발생한 지 상당 시일이 흘러 현장 증거를 확인할 수 없었고, 또 그 이후 정치·사회적 상황도 바뀌어 관련자들의 진술이 일면 자기 책임을 회피하는 쪽으로 흘렀을 수도 있다. 그러나 각각의 진술 내용을 크로스체크해 비교 분석하면 사건의 실체에 접합되는 상당한 근거를 확인할 수 있기 때문에 중앙정보부 소속 관련자들의 진술 조서는 이 사건의 실체를 재구再構

하는 데 필수적인 기능을 했다. 의문사진상규명위원회는 이를 토대로 최종길 사건의 의혹을 상당 부분 유추해 확인할 수 있었다. 그리하여 의문사진상규명위원회는 1년 6개월간의 지난한 조사 끝에 2002년 5월 24일 '최종길 사건 결정문'를 발표할 수 있었다. 이어지는 내용은 이 '결정문'을 요약 정리한 것이다(최종선의 저서 등 이미 공간된 문건에서 실명이 드러난 사람은 모두 실명으로 처리했다).

진정 7호 '최종길 사건'

2000년 11월 23일, 최광준과 백충현 등 348명은 최종길이 고문을 받다 희생되었다며 그 진상을 밝혀 달라고 의문사진상규명위원회(이하 위원회)에 진정했다.

진정인들은 1972년 유신헌법을 공포한 지 1년이 채 못 된 1973년 4월 박형규 등의 부활절 내란 음모 기도 사건, 김대중 납치 사건, 서울대 문리대의 반유신 시위를 필두로 한 전국 대학가의 반독재 투쟁 등으로 궁지에 몰린 박정희 정권이 이를 억압하기 위해 학원 사찰의 강도를 높이고 있던 시기에 최종길을 정치적 희생양으로 삼아 위기를 탈출할 목적으로 공작을 진행했으며, 강도 높은 고문으로 최종길을 사망케 한 다음 이를 은폐할 목적으로 최종길이 간첩임을 자백하고 양심의 가책을 이기지 못해 자살한 것으로 사실을 조작했다고 주장했다.

최광준은, 최종길의 간첩 혐의를 입증해 주는 어떠한 근거도 없으며, 오히려 유럽 거점 대규모 간첩단 사건이 조작되었다고 볼 만한 충분한 근거가 있다고 주장했다. 또한 중앙정보부는 최종길을 연행해 조사하는 과정에서 영장을 발급받지 않은 불법적 구금, 미란다원칙 미준수와 진술 거부권 불고지, 변호사 접견권 침해, 피의자 신문 시 변호인의 참여권 원천봉쇄 등의 불법을 저질렀으며, 영장과 조서 없이 수첩과 편지 등을 증거물로 압수했다고 주장했다.

진정을 접수한 위원회는 기초 조사를 거친 다음 2000년 12월 9일 이 사건의 조사 개시를 결정했다. 기초 조사 기간에는 관련 기록을 수집하고, 진정인 및 진정인 측 참고인에 대해 조사했다. 하지만 사망 장소가 중앙정보부라는 폐쇄적인 장소여서 증언을 할 수 있는 사람이 중정 요원들로 국한된다는 어려운 점이 대두했다. 중정 요원들은 퇴직 후에도 자신이 재직 시절에 취득한 정보에 대해서는 보안을 중요시하는 집단이라는 점을 감안해 이 사건의 조사 방법을 소환 조사에 국한하지 않고 탐문 조사를 도입해 조사의 폭을 넓히는 등, 여러 방법을 사용하기로 결정했다. 조사의 목표도 5개의 범주로 세분해 ①민주화운동 관련성 여부, ②간첩 (자백) 여부, ③고문 여부, ④자·타살 여부, ⑤은폐·조작 여부로 결정했고, 조사 목표에 따라 정보 타깃(information target, 특정 정보를 알고 있거나, 혹은 이 정보의 접근로를 알고 있는 사람을 뜻함)을 달리 설정했다.

1차 탐문의 대상은, ①국립의료원의 응급 의사와 경비원, 간호사들, ②중정의 경비원들로 결정했다. 먼저 진정인들의 주장과 1998년 11월 17일에 방영된 SBS의 〈뉴스 추적 – 최종길 교수 의문의 죽음, 그리고 25년〉의 인터뷰에서 나타난 중정 수사관들의 증언에서처럼 최종길이 사망했거나 의식이 불명인 상태에서 국립의료원 응급실에 갔는지 여부와, 만약 국립의료원에 응급처치를 받으러 갔다면 그 시간대는 언제인지를 알아보기 위해 국립의료원 관계자들을 대상으로 탐문을 하는 한편, 사건에 직접적 책임이 없는 중정의 경비원들을 중심으로 탐문 조사를 실시해 정황과 방증 자료를 수집하는 것과 동시에 이 사건에 대해 증언을 할 수 있는지 여부를 밝혀내는 것도 일차적 목표로 삼았다.

그리고 사건의 성격과 관련성, 증언 가능성을 기준으로 조사 대상을 그룹별로 분류했다. 이 분류에 따라 정보 타깃을 1~6그룹으로 결정하고, 정보 타깃을 조사하는 과정에서 정보 풀(information provider pool, 사건의 해결을 위해 제보를 하거나 제보를 위한 여러 조건을 강화하는 데 도움을 줄 수 있는 집단을 말함)을 형성하기 위해 노력하기로 결정했다. 이 결정에 따라 분류된 그룹은 다음과 같다.

제1그룹(사체 현장을 목격하거나 현장 처리에 관여한 사람으로 수사 요원이 아닌 사람) : 채희열(사진 촬영), 유성원(운전기사), 신원 미상의 앰뷸런스 기사, 경비원 임금동과 같은 조의 경비원, 이창홍(군의관), 국립의료원 관계자

제2그룹(부검 · 법의학 관련) : 김상현(부검의), 이정빈(1988년 감정서 작성 법의학자). 그 외 위원회 비상임위원인 이윤성과 해외 법의학자의 자문을 구한다.

제3그룹(간첩 행위 관련 사실을 증언할 사람) : 김순일(당시 최종길의 집 가정부), 이필우(최종길과 관련해 중정에 제보한 자), 최영박(최종길과 관련해 중정에 제보한 자), 황지현(최종길과 동베를린에 동행한 자), 케겔(최종길의 스승)

제4그룹(수사 라인이 아닌 중정 요원들) : 박웅규, 권영진(중정 5국 수사관), 김석찬(중정 수사관), 김일식(중정 수사관)

제5그룹(중정 감찰실 요원들) : 손종호(감찰실장), 김명환, 서재규, 이병정(감찰과장), 이○조(감찰과 수사관), 김○오(감찰과 수사관), 김명옥(감찰과 수사관)

제6그룹(수사에 밀접하게 관여한 핵심 인물) : 안경상(5국장), 장송록(5국 수사

단장), 안홍용(5국 10과 과장), 고병훈(5국 10과 계장), 차철권(최종길 담당 주무수사관), 김상원(최종길 담당 보조수사관), 변영철(최종길 담당 보조수사관), 양명률(최종길 담당 보조수사관), 양공숙(최종길 담당 보조수사관)

위 6개 그룹을 조사하기 위한 선행조건으로 사건의 정황을 파악해 시간대를 특정하기 위한 탐문 조사를 실시하기로 결정했다. 예컨대 최종길이 사망했거나 위급한 상황에서 국립의료원 응급실에 들렀는지 여부를 확인하기 위해, 당시 응급실에 근무했던 간호사, 의사, 원무과 직원, 앰뷸런스 운전기사, 잡역부 등 200여 명에 달하는 참고인을 대상으로 탐문 조사를 실시한 결과, 1973년 당시 응급실에 중정 요원과 함께 왔던 환자는 최종길이 아닌 다른 사람이었다.

이에 따라 최종길의 사체가 중앙정보부에서 언제 어느 곳으로 이동되었는지를 확인하는 탐문 조사를 진행해 국립과학수사연구소 직원 명부에서 당시 정문 수위로 근무했던 이○선을 확인했고, 최종길의 사체가 1973년 10월 19일 새벽 4시 5분에 국과수에 들어왔다는 사실을 밝혀냈다. 이와 함께 각 관련 기관으로부터 아래와 같은 관련 기록 및 자료를 수집했다.

- 국가정보원 : 최종길 존안 기록(2권 348쪽), 감찰 기록(3권 262쪽), 노봉유 등의 존안 기록(121쪽), 인사 기록 카드(66쪽), 징계위원회 기록(39쪽)
- 서울지방검찰청 : 내사 사건 기록(637쪽), 형사 피의 사건 기록(피의자 최종길, 168쪽), 형사 피의 사건 기록(김장현 외, 2권 1137쪽), 공판 기록(김장현 외, 973쪽)
- 국립과학수사연구소 : 최종길 부검 감정서

최종길의 내사는 공작이었다

중앙정보부는 소위 '자수 간첩'의 불확실한 제보에 의거해 공작 차원에서 최종길에 대한 내사를 진행했고, 그렇기 때문에 담당 부서도 수사과가 아닌 공작과에서 맡았음이 밝혀졌다.

의문사진상규명위원회의 〈이필우 진술 조서〉에 따르면, 최종길을 중정에 제보한 이필우는 1967년 '동베를린 간첩단 사건'으로 수배되었다가 1969년에 서독 주재 한국대사관에 자수해 대사관 참사(당시 중앙정보부 직원)로부터 조사를 받고, 1971년 4월 초순경 귀국한 이후에 중정 이문동 본부 지하 조사실에서 2일간 조사를 받았다고 한다. 이때 중정의 담당 조사관이 유학생 명단을 들이대면서 아는 사람이 있느냐고 해 이필우가 최종길을 안다고 이야기하자 당시 중정 수사관들이 호의적인 반응을 보였다고 했다. 그러나 이필우는 최종길이 간첩이라는 취지의 진술을 한 것도 아니며 최종길을 간첩이라고 생각하지 않는다고 의문사진상규명위원회에서 진술했다.

이필우는 최종길이 조사받은 1973년 10월 16일 직전인 9월 28일에도 중정에서 조사를 받은 것이 확인되었으나, 그는 기억이 없다고 진술했다. 이로써 이필우는 최종길이 조사받기 이전부터 사실상 중앙정보부의 공작원 신분이었기 때문에 제보 내용이 최종길의 혐의를 뒷받침한다고 판단하기는 힘들다. 제보 시점이 불투명하며, 제보 내용은 최종길이 개인 사정으로 이재원(최종길과 고등학교 동창이며 동베를린 사건 관련 피내사자였음)으로부터 800마르크를 빌렸으며, 최종길이 공산혁명에는 부적합한 자라는 내용이었다. 이필우가 참여한 공작명은 'H7140공작'과 'KS-7180공작'이었다.

이필우와 마찬가지로 최종길에 대해 중정에 제보한 최영박 또한 1973년 10월 5일 중앙정보부 이문동 청사 지하 조사실에서 이틀 동안 조사를 받을 때, 이재원이 최종길을 만나러 독일에 간 적이 있다는 진술만 했다고 진술했다(의문사진상규명위원회, 〈최영박 진술 조서〉).

사건 당시 중앙정보부 5국 9과 수사관인 김석찬은 최종길과 제물포고등학교 동기이자 서울대학 동기이며 유럽 유학을 같은 시기에 떠난 이재원을 내사하면서 최종길이라는 사람을 알게 되었고, 1973년 10월 초순경 최종길에 대해 일주일쯤 내사를 하다 종결한 적이 있다고 진술했다(의문사진상규명위원회, 〈김석찬 진술 조서〉).

의문사진상규명위원회에서 당시 중앙정보부 5국장이던 안경상을 비롯해 지휘 라인과 담당 수사 라인을 조사한 결과에서도 중정이 최종길에게 간첩 혐의를 두고 수사를 진행하지 않았음이 밝혀졌다.

'최종길 사건'의 지휘 라인에 있던 안경상은 애초에 최종길을 공작 차원에서 임의동행을 해서 조사에 착수했으며 처벌 목적이 아니었다고 인정했다. 중앙정보부 5국 수사단장 장송록도 이필우의 제보 이외에는 최종길의 혐의를 입증할 물증 등이 전혀 없었고 심증만으로 수사를 했다고 시인했으며, 최종길을 연행하기 전에 간첩 혐의를 뒷받침하는 증거를 보강하도록 지시한 사실도 없으며, 최종길을 연행해 물어보라고 지시했다고 했다(의문사진상규명위원회 〈안경상 진술 조서〉, 〈장송록 2·4회 진술 조서〉).

당시 수사 라인에 있던 5국 10과 과장 안흥용도 추측 외에 간첩이라는 증거가 없었으며, 내사 활동을 벌인 바도 없음을 인정했다. 하지만 최종길이 지식인이기 때문에 인격적 모독을 주는 방법 등으로 조사를 하면 자백할 것으로 보았다는 것이다. 이는 담당 수사관이던 차철권도 인정하는 사실이다. 차철권은 최종길에 대한 수사를 착수할 때 이필우와 최영박이 제공한 첩보 이외에는 다른 내용이 없었고, 그 첩보를 근거로 일단 파일을 만들었으며, 최종길을 조사하기에 앞서 최종길이 동베를린과 평양을 다녀왔다는 물적 증거와 목격자가 전혀 없는 상태였다고 진술했다(의문사진상규명위원회 〈안홍용 1회 진술 조서〉, 〈차철권 1·2회 진술 조서〉).

최종길은 간첩이라고 자백하지 않았다

최종길은 중앙정보부 감찰실 직원인 동생 최종선과 함께 1973년 10월 16일 오후 2시경 중정 남산 분청사 입구 수위실을 통해 자진 출두했다. 최종길은 도착한 후 곧바로 지하 조사실에서 조사를 받기 시작했다. 대공 혐의에 대한 아무런 내사 준비 없이 착수된 조사는 주로 최종길에게 독일 유학 시절에 대한 진술서를 몇 차례나 작성하게 하는 방법으로 시작되었고, 진술서 사이의 모순된 점을 추궁하는 방법이었다. 최종길은 중정 수사관들의 계속된 심문에 처음에는 묵비권을 행사하면서 저항했고 완강하게 자신의 결백을 주장했다.

　중앙정보부 수사관들은 처음에는 최종길의 독일 유학 시절 학비 및 생활비 조달 경위를 중심으로 추궁했음에도 특별한 증거가 나오지 않자 조사 이튿날 그의 동의를 얻어 자택을 실질적으로 압수수색했다. 그 과정에서 최종길의 고교 동창이며 '동베를린 간첩단 사건' 수배자였던 이재원의 편지와 노봉유의 주소가 적힌 수첩이 나오자 최종길을 간첩으로 단정하고 이때부터 최종길에게 갖은 모욕과 협박, 그리고 상당한 정도의 고문을 가했다. 그러나 이재원의 편지는 단순한 안부 편지에 불과했고, 수첩 기록도 단순한 주소에 불과해 간첩 혐의에 대한 증거가 될 수 없었다. 최종길이 독일 유학 시절 호기심에 동베를린에 한 번 간 것은 사실이나, 중정 발표대로 간첩이라고 자백한 사실도 없었고, 그 이외에 간첩임을 인정할 만한 아무런 증거도 없었다.

당시의 중앙정보부 부장이던 이후락을 비롯한 지휘 계통, 담당 수사 라인, 감찰실 수사관들의 진술에서도 최종길이 간첩임을 자백한 사실은 물론 간첩임을 입증할 수 있는 증거도 전혀 없음을 확인할 수 있다. 이후락은 "최종길이 간첩이었다는 내용과 투신자살했다는 내용의 보고를 받았습니다. 다만 최종길의 간첩 행위에 관한 자세한 내용은 듣지 못했습니다. 최종길이 접촉한 사람, 북한에 갔다는 등의 얘기는 전혀 없었습니다"라고 진술했다(의문사진상규명위원회 〈이후락 진술 조서〉).

당시 중앙정보부 5국 수사단장 장송록의 진술도 마찬가지다. 특히 수사를 진두지휘한 장송록은 "최종길은 전혀 간첩이 아님에도 불구하고 최종길의 사후에 '간첩'으로 발표되었습니다. 최종길은 분명 간첩임을 자백한 일이 없는 데다가 그 외 간첩이라는 증거가 전혀 없었습니다. … 따라서 중정에서 '간첩임을 자백하고 양심의 가책을 느꼈다'고 발표한 자살 동기가 이미 거짓입니다"라고 진술했고, 중정의 '최종길 존안 기록'에 편철되어 있는 1973년 10월 19일 자 자살 간첩 '신문보도안'도 "국내에서 체포된 고정간첩들의 전형적인 간첩 행위 등을 나열한 것"으로 "다른 사람의 간첩 행위에 대해 꿰어 맞춘 것"이라고 증언했다(의문사진상규명위원회 〈장송록 3·4회 진술 조서〉).

이는 5국 10과장인 안홍용의 진술에서도 확인되는 사실이다. 안홍용은 "솔직히 말씀드리면 그때 수사의 진전이 없어서 보고하거나 받을 내용이 거의 없었습니다. 동베를린에 갔다 왔다는 사실을 최종길로부터 자백받은 외에 혐의 내용을 입증할 만한 어떤 자백도 받지 못했습니다. 평양에 다녀왔다거나 공작금을 받았다는 등의 자백을 받은 사실이 없습니다"라며 최종길이 간첩이라고 자백했다는 것은 허위라고 단언했다(의문사진상규명위원회 〈안흥용 1회 진술 조서〉). 당시 5국 10과의 계장이던 고병훈도 안흥용과 같은 취지의 진술을 했다. "18일 오후 10시에 내가 퇴근할 때까지 최종길은 동베를린에 갔다 왔다는 이외의 자백은 하지 않았습니다"(의문사진상규명위원회 〈고병훈 2회 진술 조서〉).

또한 위원회에서 조사를 받는 과정에서 최종길 담당 주무수사관인 차철권도 이 사실을 인정했다. 차철권은 자신이 1988년에 검찰에서 조사를 받을 때 "최종길이 북한에 가서 연락부 부부장, 과장 등도 만나고 북한의 용성 구역에 있는 초대소에서 17일간 수용되어 있으면서 이름을 모르는 지도원으로부터 교양도 받고, 노동당에도 입당하고, 공작금 2000불을 받는 등의 활동을 하다가 돌아온 사실이 있다고 자백했다"라며 구체적인 내용을 들은 것처럼 사실과 다르게 진술한 것은 잘못되었다고 인정했으며, 더 나아가 최종길이 실질적으로 자백했다고 볼 수가 없다는 사실도 인정했다(의문사진상규명위원회 〈차철권 2회 진술 조서〉).

그 외 보조수사관들도 각기 최종길이 간첩이라고 자백한 사실이 없다고 진술했다. 최종길을 감시하다가 투신 장면을 목격했다는 김상원이 1973년 중정 감찰실에서 조사를 받을 때 작성한 진술서에 따르면, "최종길은 사고 직전까지 혐의 사실을 시인하지 않았다"라고 했다(김상원은 미국으로 이주해 2001년의 의문사진상규명위원회 조사에는 응하지 않았다). 변영철은 "최종길이 간첩이라고 자백했다는 얘기를 들은 적이 없습니다"라고 진술했고(의문사진상규명위원회 〈변영철 진술 조서〉), 양공숙은 "차철권과 고병훈이 안흥용 과장에게 보고할 때, 차철권이 과장에게 '최종길이 동베를린에 갔다 왔다는 내용으로 자백을 했다'는 말을 들었습니다. 그러나 최종길이 간첩이라고 자백을 했다는 말은 듣지 못했습니다"라고 진술했으며 (의문사진상규명위원회 〈양공숙 진술 조서〉), 양명률도 "최종길이 중정에 들어온 이래 10월 18일 오후 6시 30분경에 (본인이) 퇴근을 할 때까지 간첩이라고 자백한 사실이 없었습니다"라고 진술했다(의문사진상규명위원회 〈양명률 2회 진술 조서〉).

나중에 최종길의 사망 경위를 파악하기 위해 차철권을 조사했던 감찰과 직원 김○오도 "제가 그 부분에 대해서 여러 번 물어보았는데 그때마다 혐의만 있을 뿐 자백을 한 사실이 전혀 없다고 했습니다. … 차철권도 간첩이라는 증거가 있었던 것이 아니고 단순히 혐의가 있을 뿐이라고 했고, 그렇다고 자백한 사실도 없다고 했습니다"라고 진술했다. 또 차철권이 1973년 감찰 조사 때 "최종길이 '평양에 갔고, 공작금을 받은 일이 있다'고 진술했다"라고 주장한 데 대해 김○오는 "터무니없는 거짓말입니다. 만약에 차철권이 저한테 그런 내용의 진술을 했다면 당연히 진술 조서에 기재를 했을 텐데 그런 내용이 없다는 것은 차철권이 그런 내용으로 진술하지 않았다는 것이고 저는 들어 본 일도 없습니다"라고 진술했다(의문사진상규명위원회 〈김○오 진술 조서〉). 또 김상원을 조사했던 감찰과 직원 김명옥은 "김상원이 자기가 근무하고 있을 때는 최종길이 자백한 사실이 전혀 없었다고 했습니다"라고 진술했다(의문사진상규명위원회 〈김명옥 진술 조서〉).

이렇게 당시의 중앙정보부 최고수장 이후락부터 5국 지휘 라인의 안경상·장송록, 5국 수사 라인의 안홍용·고병훈, 담당 주무수사관 차철권, 보조수사관 김상원·변영철·양공숙·양명률 및 최종길 사망 후 이들을 감찰 조사했던 중앙정보부 감찰실 소속 김○오와 김명옥에 이르기까지의 진술을 종합해 볼 때, 당시 중앙정보부는 최종길의 간첩 혐의에 대한 증거를 확보하지 못했고, 최종길도 이를 시인하지 않았음이 명명백백하게 확인된다.

고문은 있었다!

차철권은 1973년 중앙정보부 감찰 조사 때나 1988년 검찰 조사, 2002년 《신동아》 인터뷰 등에서 최종길을 전혀 고문한 적이 없다며 고문 사실을 부인했다. 그는 최종길이 서울대학교 교수인 데다가 동생이 정보부 감찰실에 근무하고 있고, 정보부 고위층이 크게 관심을 가진 사안이라 중압감에 눌려 최종길을 구타하거나 폭언을 퍼부을 생각조차 하지 않았다고 주장했다. 그는 최종길을 잠재우지 않은 것은 인정하지만, 그것은 당시 중앙정보부의 일반적 수사 방법이었다고 강변했다.

그러나 의문사진상규명위원회 조사에서는, 당시 중앙정보부 수사관들이 최종길에게 잠 안 재우기, 모욕 등의 언어폭력과, 발길질, 주먹질, 몽둥이질 등의 심한 구타, 각목을 무릎에 끼워 발로 밟기 등 상당한 정도의 고문을 가했음이 확인되었다. 다른 수사관들도 고문에 참여한 것으로 보이나 여러 증거와 증언을 종합해 볼 때 고문에 참여한 수사관은 차철권, 김상원, 변영철, 양명률 등으로 추정된다(의문사진상규명위원회 〈장송록 4회 진술 조서〉).

위와 같은 고문 이외에도 최종길에게 러닝셔츠와 팬티만 입힌 채로 상당 시간 조사를 하면서 감내하기 어려운 정신적·육체적 고통을 가한 것이 확인되었다. 양공숙은 최종길이 10월 16일부터 지하 조사실 026호에서 조사를 받았으며, 자신은 10월 17일 오전 8시 30분부터 10월 18일 오전 8시 30분까지 보조수사관으로 근무했다고 진술했다. 양공숙은 최종길에 대한 고문을 목격한 시점이 10월 17일 오후 8시에서 10시 사이였으며, 최종길이 러닝셔츠와 팬티만 입고 있었으며, 차철권과 변영철이 고문했다고 증언했다.

> 양공숙 : 변영철이 최종길을 몽둥이로 '빠따'를 때리는 것을 본 적이 있습니다. 변영철이 최종길에게 '엎드려'! 하고 말하자 최종길이 책상인가 벽에 양손을 대고 엎드렸습니다. 이때 최종길의 옷을 완전히 벗기지는 않은 상태였습니다. 최종길을 엎드리게 만든 다음 변영철이 몽둥이로 엉덩이를 3~4회 정도 때렸습니다.
>
> 문 : 차철권도 때리지 않았나요?
>
> 양공숙 : '이 새끼 제대로 불지 못해!'라며 욕을 하면서 몇 차례 발로 최종길을 걷어찼습니다.
>
> 문 : 변영철이 최종길을 때릴 때 사용한 몽둥이는 어떤 것인가요?
>
> 양공숙 : 조사실 내에 있던 야전침대에서 뺀 몽둥이로 각진 형태이며 길이는 1미터에 약간 못 미치고 두께는 약 3 내지 4센티미터입니다.
>
> 문 : 당시 최종길의 복장 상태를 보다 구체적으로 진술하시오.
>
> 양공숙 : 러닝과 팬티는 입고 있었습니다.
>
> — 의문사진상규명위원회 〈양공숙 1회 진술 조서〉

> 문 : 이것이 최종길의 부검 사진인데 특히 엉덩이 부분의 사진을 보면 엉덩이 부분에 피멍이 들어 있고….
>
> 양공숙 : 그 사진을 처음 보는 것인데 충격적입니다. 몽둥이로 엄청 때린 상처가 맞는 것 같습니다. 그렇지만 제가 있을 때에 변영철이가 몽둥이

로 몇 대 때리고 차철권이가 발로 몇 번 걷어차는 것을 보았는데 당시 그 정도로 때려서 난 상처라고 보기에는 상처가 심합니다.

문 : 변영철과 차철권이 뭐라고 말을 하며 최종길을 때리던가요?

양공숙 : 변영철이 '너 사실대로 말하지 않으면 좋지 못해!'라는 취지로 말을 했고, 차철권은 '거짓말을 하면 살아남을 수 없다!'는 취지의 말을 했습니다. … 저는 보조수사관이었기 때문에 계속해서 지하 조사실에 있었던 것이 아니고 3층에 있는 사무실에서 대기를 하고 있었습니다. … 17일 저녁에는 딱 한 번 20분 정도 지하 조사실에 있었고, 그 다음 날 새벽 5시경에 … 자필 진술서를 받으라고 해 약 30분 동안 있었습니다. … 비록 최종길이가 간첩이라고 하지만 무척 초췌하고 고통스럽게 앉아 있었기 때문에 연민의 정을 느꼈습니다. 그래서 솔직히 최종길에게 진술서를 작성하도록 강요하지 못했습니다. … 사지는 멀쩡했던 것으로 기억되고, 다만 눈동자가 흐리멍덩해 보였습니다.

　　　　　　　　　　　　　　　　　– 의문사진상규명위원회 〈양공숙 2회 진술 조서〉

당시 5국 10과 과장인 안홍용은 "(자기는) 1973년 10월 18일 새벽 2시 30분경에 조사실에 들어가 30분 정도 직접 신문에 참여했는데, 최종길이 들어갈 때부터 나올 때까지 계속해서 무릎을 꿇고 있었다"라고 진술했다. 그리고 차철권에게 "노골적으로 때려서라도, 자백을 받아 내라고 한 일은 없고, 단지 혼을 내서라도 자백을 받아 내라고 한 일은 있었습니다. 그러나 (엉덩이의 피멍 자국에 대해서) 최종길을 그 정도로 혹독하게 고문한 줄은 정말 몰랐습니다"라고 고문 사실을 시인했다(의문사진상규명위원회 〈안홍용 1회 진술 조서〉). 안홍용은 차철권이 최종길을 고문하는 소리를 들었다고 증언했다.

저는 10월 18일 7층 721호실에서 잠을 자기 위해 누워 있던 중, 최종길의 비참한 신음 소리와 차철권이 악을 쓰는 소리를 분명히 들었습니다. 7층 조사실에서 차철권이 최종길을 고문하는 소리를 들은 것입니다. … '아~악' 소리를 들었는데 최종길이 맞으면서 내는 소리라는 것을 금방 알 수 있었습니다. 몇 차례나 그런 소리가 계속되었는데 단지 엄살이 아니라 고통에 겨운 비참한 비명과 신음 소리였습니다.

- 의문사진상규명위원회 〈안흥용 4회 진술 조서〉

당시 중정 감찰실장 손종호도 최종길의 부검 사진 중 엉덩이의 피명 자국은 '분명 누군가가 몽둥이로 때린 자국'이라고 확언했고(의문사진상규명위원회 〈손종호 진술 조서〉), 최종길이 사망한 이후 차철권을 조사했던 감찰과 조사관 김○오도 "차철권이 1973년 10월 17일 오후 10시경 지하 조사실에서 벽에 등을 대고 무릎을 반쯤 구부리도록 해서 세워 놓기도 하고, 발로 양쪽 엉덩이를 몇 회 걸어찬 일도 있고, 야전침대의 몽둥이(각이 진 몽둥이로 길이가 약 80센티미터, 두께는 약 5센티미터 정도)를 무릎 사이에 끼워 꿇려 놓는 방법 등으로 고문을 했다"라고 자백한 사실이 있다고 증언했다(의문사진상규명위원회 〈김○오 진술 조서〉).

사실상 최종길에 대한 수사를 총괄 지휘했던 수사단장 장송록은 의문사진상규명위원회의 두 차례 조사를 받은 후 자신이 이 사건에 대해 잘못 알고 있었다는 확신을 갖게 되었고, 여러 사실과 정황을 종합할 때 최종길이 자살한 것이 아니라 고문치사를 당했다고 진술했다(의문사진상규명위원회 〈장송록 3회 진술 조서〉).

중정의 사망 상황 발표는 허위였다

최종길은 중앙정보부에 출두한 지 3일 만인 1973년 10월 19일 새벽 중정 남산 분청사에서 사망했다. 최종길이 간첩 사실을 자백하고 조직을 보호할 목적으로 7층 화장실에서 투신자살했다는 당시 중앙정보부의 발표 및 그 근거는 관련자들의 진술을 통해 대부분 허위로 밝혀졌다.

차철권은 "김상원에게 최종길을 화장실에 데리고 가도록 했고, 자신은 김종한 계장의 방에 가서 5~10분 정도 이야기를 했으며, 밖에서 고함 소리가 들려 밖으로 나와 보니 김상원이 화장실 출입문 옆에 서서 겁에 질린 목소리로 손가락으로 화장실을 가리키기에, 안을 들여다보니 최종길이 몸을 창문 밖으로 내밀고 있어서 '애들도 있고, 사회적 지위도 있는 사람이 그렇게 하면 되겠느냐, 내려오시오'라고 했으나, 최종길이 그래도 떨어진 것입니다"라고 진술했다(의문사진상규명위원회 〈차철권 5회 진술조서〉). 그러나 당시 중앙정보부 5국 수사단장 장송록은 최종길이 고문치사를 당했다고 확신한다면서 아래와 같은 8가지 근거를 제시했다.

첫째, 최종길은 전혀 간첩이 아님에도 불구하고 최종길의 사후에 '간첩'으로 발표되었기 때문입니다. 최종길은 분명 간첩이라고 자백한 일이 없는데다가 그 외 간첩이라는 증거가 전혀 없습니다. 따라서 중정에서 '간첩임을 자백하고 양심의 가책을 느꼈다'고 발표한 자살 동기가 이미 거짓입니다.

둘째, 최종길의 부검 사진에서 나타나는 피멍입니다. 사진에서 나타난 것처럼 심하게 고문을 당한 상태에서는 7층 화장실은 물론 어디로든 제 발로 걸어 다니는 것은 절대 불가능합니다. 걸어 다니는 것은 고사하고 살아 있었을지조차 의심스러울 지경입니다. 따라서 최종길의 신병을 옮겨 7

층으로 올라간 것조차 사실이 아닐 것이며 더구나 걸어 다니지도 못 하는 사람이 화장실 창문을 타고 넘어서 자살을 했다는 것은 있을 수 없는 일입니다. 자살이 아니라 최종길은 이미 고문으로 죽었거나 가사 상태에서 사고 현장으로 옮겨진 것이 틀림없습니다.

셋째, 최종길이 자살을 한 것이라면 긴급구속장, 피의자 신문조서, 압수수색장, 부장에게 올리는 보고서, 신문보도안 등 서류 일체를 사후에 만들 이유가 전혀 없습니다. 간첩으로 만들면 그 시절에는 아무도 의심하거나 항의할 수 없었기에 고문치사를 은폐하기 위한 방법으로 이를 선택한 것입니다.

넷째, 안경상 국장, 안흥용 과장, 주무수사관 차철권, 양명률, 김상원 등이 이구동성으로 18일 오전 10시에 최종길의 신병을 7층으로 옮겼다고 거짓말을 하고 있기 때문입니다. 저는 분명 사건 당시 안흥용 과장으로부터 전화상으로 '최종길이 간첩임을 자백했습니다'는 보고를 받았고, 이에 18일 오후 7시 30분경에 '그렇다면 최종길을 7층으로 옮겨서 회유를 잘 하도록 하라'는 지시를 내린 사실이 있습니다. 이는 분명한 사실입니다. 그럼에도 불구하고 18일 오전 10시에 옮겼다고 하는 것으로 봐서 이들은 1973년 중정 감찰실의 조사를 받을 때 입을 맞춘 것이 분명합니다. 그러나 저는 7층에 있는 최종길을 본 적이 없고 지금 생각하면 최종길은 7층으로 올라가지 않은 상태에서 지하 조사실에서 사고를 당한 것이 아닌가 생각합니다. 18일 오후 7시 30분 이전에 최종길이 고문으로 인해 사망하거나 혹은 가사 상태에 빠지는 사고를 당하자 안흥용이 위와 같은 거짓 보고를 한 것이 아닐까 추정됩니다.

다섯째, 김상원이 사고 직후에 보인 행동도 제가 타살임을 확신하는 하나의 근거입니다. 제가 19일 새벽에 현장에 도착해 7층에서 김상원을 만났을 때 동인이 너무 떨면서 말을 더듬기에 "왜 그렇게 몸을 떠느냐. 너무 놀라지 마라"라고 안심을 시킨 적이 있는데, 지금 생각하니 이는 최종길이 자살한 것이 아니라 이들이 최종길을 자살로 위장했기 때문이었던 것 같습니다. 더구나 김상원은 당시 공작과에 온 지 얼마 되지 않았기 때문에 명칭은 어떻든 당시에 하던 역할은 보조수사관이 아니라 감시원에 불과했습니다. 최종길이 죽은 이후 현장에 있었던 사람들이 막내격인 김상원에게 거짓말을 하라고 시켰기 때문에 김상원이 양심의 가책을 느껴 몸을 마구 떨었을 것이 틀림없습니다.

여섯째, 1973년도에 양명률이 감찰실 조사를 받을 때 엉뚱한 거짓말을 늘어놓는 것을 보고 나쁜 녀석이라고만 생각했는데, 지금 생각해 보면 다 위와 같은 이유 때문에 거짓말을 했다는 생각이 듭니다. 분명 양명률은 18일 밤 늦게까지 최종길 조사를 위해 남아 있었는데 감찰실 조사를 받을 때는 "집에 일이 있어 일찍 퇴근했다"고 거짓말을 했던 것입니다. 1988년 검찰에서 이 사건을 조사할 때도 핵심 수사관이었던 고병훈과 양명률을 조사하지 않았으며, 고병훈은 1988년 검찰 조사 당시 제게 새벽에 전화를 걸어와 "안경상 국장님을 만나 사건 설명을 잘 드려 주십시오"라는 부탁을 한 일이 있습니다. 그럼에도 불구하고 고병훈이 지금에 와서 18일 밤에 퇴근을 했다고 거짓말을 하는 데는 분명 이유가 있을 것입니다. 최종길을 고문치사한 사실을 숨기려는 것이 그 중요한 이유일 겁니다.

일곱째, 7층 화장실은 평소에 닫혀 있기에 최종길이 창문을 열고 투신자살했다는 것을 믿을 수 없기 때문입니다.

여덟째, 만약 안흥용의 말대로 최종길이 자백을 한 것이 분명하다면 전화상으로 보고를 하기보다는 분명 증거자료를 들고 직접 내 방으로 와서 보고를 했을 것입니다. 자백을 하지 않았기 때문에 전화상으로 보고하지 않았는가 하는 의심이 듭니다.

— 의문사진상규명위원회 〈장송록 3회 진술 조서〉

장송록의 위와 같은 진술은 자신이 직접 목격한 것이 아니라 여러 정황들에 대한 사후 판단이며, 더구나 당시 최종길 수사의 주된 지휘 책임자로서 자신의 책임을 회피하기 위한 진술일 가능성도 있으므로 그의 '고문치사'라는 결론을 그대로 믿기는 어려운 측면이 있다. 그러나 장송록의 진술은 다른 참고인들의 진술과 함께 타살의 가능성을 높여 준다. 주무수사관 차철권의 상관인 공작과장 안흥용도 장송록과 마찬가지로 최종길의 타살 가능성을 구체적으로 증언했다.

새벽 1~2시 사이에 두 사람 정도가 복도를 우당탕거리며 뛰어오는 소리를 들은 것은 분명합니다. 위 소리를 들은 직후 김종한 계장이 내가 자고 있던 방으로 나를 깨우러 왔습니다. 김종한 계장은 나를 깨운 후 7층 비상계단으로 데리고 나가더니 비상계단 좌측의 한쪽을 손으로 가리키면서 "여기서 밀어 버렸어"라며 양 손으로 최종길을 밀어 떨어뜨리는 동작을 연출했던 기억이 생생합니다.

— 의문사진상규명위원회 〈안흥용 4회 진술 조서〉

안흥용은 옛 중앙정보부 남산 분청사에서 실시한 실지 조사에서도 같은 진술과 함께 자기는 곧바로 비상계단을 따라 내려가 시신을 확인했다면서 사체가 놓여 있었던 모습도 재현했다(의문사진상규명위원회 〈실지 조사서〉). 또한 안흥용은 "최종길이 소변기를 딛고 투신자살했다기에 자세히 확인해 봤으나 소변기에 발자국은 분명 없었습니다. 더구나 당시 최

종길은 고문을 당한 이후였고 부검 사진에서 나타나는 엉덩이 상처로
볼 때도 최종길이 소변기를 딛고 투신자살을 했다는 것은 전혀 불가능
한 엉터리 주장입니다"라며 최종길이 소변기를 딛고 투신자살했다는 것
도 허위라고 진술했다(의문사진상규명위원회 〈안흥용 5회 진술 조서〉).

　당시 중앙정보부 감찰과장 이병정 역시 중정이 자살의 근거로 제시한
7층 화장실 소변기 위에는 족적이 없었다고 단정했다.

　이병정 : 차철권과 김상원을 앞세워서 최종길이 떨어졌다는 7층 화장실로
　　　　　갔습니다. 그래서 차철권 등에게 떨어진 경위 등에 대해 물었더니 김상
　　　　　원이 하는 말이 출입문에서 한눈팔고 있을 때 소변기를 밟고 올라가 창
　　　　　문으로 뛰어내렸다고 해 제가 소변기를 밟고 올라가 보았습니다.
　문 : 소변기에 발자국 등이 있던가요?
　이병정 : 제가 소변기를 밟고 올라가기 전에 김상원에게 어떤 소변기를
　　　　　밟고 올라갔는지를 물어본 다음 소변기에 발자국이 있는지 유심히 살
　　　　　펴보았는데 전혀 없었습니다. 그래서 제가 한 번 김상원의 말대로 가능
　　　　　한지 시험을 해 본 것입니다.
　문 : 최종길이 소변기를 밟고 올라가 창문을 통해 떨어졌다면 소변기에
　　　　발자국이 있어야 하는 것이 아닌가요?
　이병정 : 실외 같으면 발자국이 있겠지만 실내에서 벌어진 일이라 그런지
　　　　　발자국은 없었습니다. 그래서 저도 혹시나 해서 제가 소변기를 밟고 올
　　　　　라가 본 뒤에 확인을 해 보니 변기에 발자국이 생기지 않았습니다.
　　　　　　　　　　　　　　　- 의문사진상규명위원회 〈이병정 1회 진술 조서〉

　문 : 중앙정보부가 최 교수의 사망 경위와 관련해 최종길이 화장실의 변기

를 밟고 올라갔다는 증거로 제시한 사진이 조작되었다고 생각하나요?

이병정 : 당시 본인은 분명 10월 19일 새벽 4시에서 6시 30분 사이에 7층
화장실에 올라가 봤으나 변기에서 그런 발자국을 보지 못한 것은 사실
입니다. 중정에서 작성한 기록에 붙은 사진(변기에 발자국이 나타난 사진)
에 대해서는 언급하지 않겠습니다.

— 의문사진상규명위원회 〈이병정 2회 진술 조서〉

사건 당시 7층 경비원이었던 임금동도 "경비원인 저도 가끔 피조사자
를 데리고 화장실에 가서 감시할 때가 있는데, 피조사자의 변기 옆에 바
로 서서 감시를 하는 것이 정상이고 입구에 떨어져서 하는 것은 근무 태
만인 것으로 압니다. 한마디로 말해 이런 사고는 납득하기 어렵습니다"
라며 변기를 밟고 창문을 딛고 올라가 떨어졌다는 중앙정보부의 발표
는 상식상 이해할 수 없다고 진술했다(의문사진상규명위원회 〈임금동 1회 진술
조서〉). 그리고 임금동은 사고 후 차철권의 지시로 허위 진술을 했다고도
고백했다.

임금동 : 저녁식사 시간을 전후해서 누구인지는 모르나 김상원과 피의자
한 사람이 조사실 밖으로 나가는 것을 보았고, 고함 소리를 들은 바는
전혀 없으며 사망하기 3~4시간 전쯤에 또 한 번 동피의자를 본 것이
사실입니다. 사망 5분 전에 최종길은 물론 어떤 피의자도 조사실 밖으
로 나가는 것을 목격한 사실이 없습니다. …차철권이 제게 한 말의 취
지는 최종길이 자살한 것으로 유도하는 내용이었습니다. '악! 하는 소
리를 들었다'는 내용, '사망 직전에 최종길이 조사실 밖으로 나가는 것
을 보았다'는 내용 그리고 그 시간이 '새벽 1시 30분이었다'는 내용 등

을 진술토록 말했던 것은 맞습니다.···

문 : 최종길을 본 사실이 있나요?

임금동 : 김상원과 같이 나간 피의자를 본 것은 저녁 무렵이 분명하고, 그
후에는 시간은 분명치 않지만 오후 11시경으로 기억이 됩니다.

- 의문사진상규명위원회 〈임금동 4회 진술 조서〉

당시 임금동과 같이 7층에서 경비를 섰던 이○수 역시 사건이 있던
날 평소와 다른 분위기를 전혀 느끼지 못했다고 진술했다.

문 : 사망 사건이 있던 날 '방호원!'이라는 고함 소리를 들은 사실이 있나요?

이○수 : '방호원'이라는 용어는 (중정에서) 쓰지 않았습니다. '경비원'이라
는 용어를 썼습니다. 그리고 사망 사고가 있던 날에 일체의 소란스런
소리가 없었던 것은 분명합니다. 복도를 누가 다급하게 뛰어다닌다거
나, 앰뷸런스가 왔다갔다거나, '경비원!'이라는 고함 소리라든가 하는
것도 없었습니다. 분명 정적이 유지되었고 평상시와 다른 분위기를 전
혀 느끼지 못했습니다. 그렇기 때문에 사고가 났다는 사실도 어느 정도
시간이 경과한 다음에 알게 된 것입니다.

- 의문사진상규명위원회 〈이○수 2회 진술 조서〉

최종길 관련 서류는 모두 조작되었다

중앙정보부는 1973년 10월 22일 피의자 신문조서, 현장검증 조서, 수사

보고서 등의 서류와 함께 최종길에 대해 국가보안법 위반, 반공법 위반, 간첩죄 등의 죄명으로 서울지방검찰청으로 사건을 송치했는데, 이 송치 서류의 대부분은 최종길이 사망한 후에 조작된 것들이었다. 검찰 송치 서류는 엄격한 증거에 입각해 작성해야 함에도 불구하고 아무런 증거도 없이 최종길을 간첩으로 단정하는 일련의 문서를 사후에 작성한 것이다. 최종길의 주무수사관 차철권의 일방적 진술에 근거해 5국 수사과에서 송치에 필요한 서류를 허위 작성했으며, 그 서류에는 최종길이 간첩이라 고 자백했다는 허위 내용이 있었고, 그에 따라서 최종길이 간첩이라는 결론을 내려 10월 25일 '유럽 거점 간첩단 사건'을 발표한 것이다.

이 일련의 과정에는 조일제 중앙정보부 보안차장보가 있었다. 그는 최종길 사후에 장송록 단장에게 대책을 강구하라고 지시했으며, 간첩 검 거 보고서나 언론 보도 문건, 송치 서류 등 거의 모든 문서가 그의 묵인 하에 만들어졌다. 조일제의 진술이다.

> 문 : 수사를 담당했던 차철권은 '최종길이 19일 새벽 1시경에 평양에 갔다 왔다고 자백을 했을 뿐 그 이상 자백한 일이 없다'고 하고, 그 외 공작과 장인 안홍용, 김상원, 양명률 등 당시 참여했던 수사관들도 최종길이 동 백림에 갔다 왔다고 자백을 했을 뿐, 간첩임을 자백한 사실이 없다고 하 는데 여기 문건(간첩 검거 보고서)은 마치 평양에서 노동당에 가입하고 A-3 수신 교육을 받고, 공작금 2000불을 수수한 것처럼 되어 있는 이유 는 무엇인가요?
>
> 조일제 : 저는 기억이 나지 않습니다.
>
> 문 : 진술인이 사후 수습을 하라고 지시를 했기 때문에 위와 같이 허위로 작성된 것이 아닌가요?

조일제 : 물론 제가 수습을 하라고 지시를 했을 것입니다. 그렇지만 그와 같이 허위로 만들라고 한 일은 없습니다.

문 : 장송록 단장에 의하면 진술인의 지시를 받고 위와 같이 허위의 문건을 만들어 날짜를 소급해서 결재를 얻은 것이라고 하던데요?

조일제 : 물론 사람이 죽었으니까 대책을 강구하라고 지시를 한 것은 맞을 것입니다. 그렇지만 앞서도 말했듯이 제가 간첩으로 만들라고 직접 지시하지는 않았을 것입니다.

문 : 장 단장이 독단적으로 위와 같이 허위로 만들 수는 없지 않은가요?

조일제 : 물론 장 단장 마음대로 하지는 않았겠지요.

문 : 그러면 진술인의 묵인하에 이루어진 것이 맞지 않은가요?

조일제 : 사후에 만들어진 것이 분명하므로 제가 거기에 대해 묵인을 한 것은 맞습니다. 하지만 일일이 범죄 사실에 대해 조작을 하라고 한 일은 없습니다.

문 : 진술인이 언론에 발표해야 한다면서 언론 보도 문건, 송치 서류를 만들라고 장 단장에게 지시한 일도 있지요?

조일제 : 제가 사람이 죽었으니까 수습 차원에서 그렇게 하라고 한 것은 맞습니다.

– 의문사진상규명위원회 〈조일제 진술 조서〉

안경상 5국장도 당시 최종길에 대한 피의자 신문조서, 현장검증 조서, 긴급구속장 등이 사후에 작성되었고 자신이 서명했다고 인정하면서도 실제 조작을 지휘하지는 않았다고 진술했다.

안경상 : 제가 서명한 것은 분명하므로 행정적인 책임은 있으나 실제적으

로는 내용을 파악하지도 않고 통과의례처럼 서명을 한 것입니다.

문 : 그렇다면 최종길의 사후에 사건을 은폐·조작하는 과정에서 실제적
　　으로 관여하지 않았다는 말인가요?

안경상 : 장 단장이 송치 서류가 필요하다는 의견을 제시해 이를 승인했
　　을 뿐 이 과정에서 실제적인 지휘를 한 사실은 없습니다.

- 의문사진상규명위원회 〈안경상 진술 조서〉

장송록 수사단장은 송치 서류가 최종길의 사후에 허위로 작성된 것이
분명하며, 문서 조작을 지시한 사람은 조일제 차장보라고 진술했다.

장송록 : 정낙중을 저의 방에 불러서 송치 기록을 만들라고 지시를 한 것
　　같습니다.

문 : 최종길이 사망할 때까지 간첩 행위 등에 대해서 자백한 사실이 없는데
　　여기 송치 기록을 보면 동인이 동백림에서 모스크바, 북경을 거쳐 평양
　　에 들어가 약 17일간 용성 구역에서 교육을 받고 공작금으로 2000불을
　　수수했다는 등 여러 가지의 범죄 사실이 있는데 어떻게 된 것인가요?

장송록 : 당시 공작과에서 수사를 하면, 그와 같은 계통을 거쳐 남파되는
　　것이 대부분이었습니다. 그래서 그 틀에 맞추어 범죄 사실을 작성한 것
　　같습니다.

문 : 여기 송치 기록의 인지동행 보고서 등을 보면 진술인이 결재한 것으
　　로 보이는데, 결재한 것이 맞나요?

장송록 : 최종길이 사망한 이후에 송치 기록을 만들면서 날짜 등을 소급
　　해서 결재한 것은 맞습니다.

문 : 진술인 말대로 최종길이 조사를 받던 중에 자살을 했고, 당시까지만

하더라도 피의자 신문조서, 긴급구속장 등 아무것도 만들어진 자료가 없음에도 불구하고 최종길을 마치 간첩인 양 기록을 만든 이유는 무엇인가요?

장송록 : 사람이 죽었기 때문에 추후 책임 문제 등이 있기 때문에 그랬던 것입니다.

- 의문사진상규명위원회 〈장송록 2회 진술 조서〉

최종길이 자살을 한 것이라면 긴급구속장, 피의자 신문조서, 압수수색장, 부장에게 올리는 보고서, 신문보도안 등 서류 일체를 사후에 만들 이유가 전혀 없습니다. 간첩으로 만들면 그 시절에는 아무도 의심하거나 항의할 수 없었기에 고문치사를 은폐하기 위한 방법으로 이를 선택한 것입니다.

- 의문사진상규명위원회 〈장송록 3회 진술 조서〉

윗선의 지시가 있었던 것은 틀림없습니다. … 아마 위 지시는 조일제 차장보로부터 내려온 것으로 추정됩니다. … 수사과 직원들을 동원해 결재 서류를 꾸미는 등의 작업은 실무선에서 할 수 없고, 결재 라인과 지휘 라인을 볼 때 그렇다는 것을 알 수 있습니다.

- 의문사진상규명위원회 〈장송록 4회 진술 조서〉

그러나 5국 공작과장 안흥용은 송치 서류 등을 사후에 만들라고 지시한 사람은 장송록 수사단장이라고 주장했다.

안흥용 : 19일 새벽 3시경 장 단장실에서 장 단장과 본인 그리고 차철권 이렇게 3명이 모였고, 차철권에게 사고 경위에 대해서 물어보고 동인

에게 보고서를 작성하라고 한 사실이 있습니다.

문 : 차철권에게 사고 경위에 대해 물어본 장 단장이 무어라고 하던가요?

안흥용 : 장 단장이 차철권의 사고 경위에 관한 보고를 들은 후 '최종길이 사
망했으니 송치 서류를 꾸며야 한다. 우선 수사과 직원들을 불러 피의자
신문조서를 만들어야 하니 사건 내용을 잘 아는 차철권이 수사과 직원들
의 피의자 신문조서 작성을 보조해라, 그 외 긴급구속장, 압수수색영장,
첩보 보고서, 수사 보고서 등 송치에 필요한 일체의 서류를 만들라'고 지
시했습니다. 그 결과 최종길 사후에 위의 서류 일체가 작성된 것입니다.

― 의문사진상규명위원회 〈안흥용 1회 진술 조서〉

이렇게 조일제, 안경상, 장송록, 안흥용은 송치 서류 허위 작성의 책임
을 서로 미루려 했지만, 진실은 이 서류들의 작성에 실무 책임자로 참여
했던 정낙중 수사1과 2계장의 진술로 분명하게 드러났다.

정낙중 ; 10월 19일 오후 1시경쯤에 장송록 단장이 저를 사무실로 불러서
공작과에서 최종길 관련 기록을 만들어 놓은 것이 아무것도 없으니 담
당 수사관에게 물어서 기록을 만들어 놓으라는 지시를 해서 취급을 한
것입니다. 서철신 과장은 부검 때문에 국과수에 가고 없어 제가 장송록
단장으로부터 직접 지시를 받았습니다. 당시에 저는 장 단장에게 피의
자 신문조서도 없고, 그렇다고 자필 진술서도 없는데 어떻게 기록을 만
드느냐며 거절을 했더니, 사람이 죽었으니 송치는 해야 한다며 대충 만
들라고 했던 것입니다.

문 : 그럼 진술인이 최종길 담당 수사관들로부터 내용을 청취하고 자료
등을 입수해 기록을 작성한 것인가요?

정낙중 : 당시 최종길 담당 수사관인 차철권으로부터 메모지 몇 장(너무 오래되어 기억이 없는데 대략적으로 16절지짜리 4~5장 정도)을 받고, 대략적으로 조사 내용을 물어보는 방법으로 작성한 것입니다.

문 : 그럼 피의자 신문조서도 최종길 사후에 작성한 것인가요?

정낙중 : 저의 지시로 권영진이 1973년 10월 20일경에 작성한 것입니다. 사건 당일은 아니었습니다. … (피의자 신문조서는) 차철권이 작성해 놓은 메모지와 차철권과 김상원으로부터 들은 내용을 토대로 해서 작성한 것인데, 메모지 내용은 아주 짧았던 것으로 주로 차철권의 진술 내용을 토대로 해서 서로 상의해서 작성한 것입니다.

문 : 송치 기록에 보면 첩보 입수 보고, 피의자 임의동행 보고, 긴급구속장 등이 있는데, 이것은 어떻게 작성된 것인가요?

정낙중 : 저의 부하 직원에게 공작과 직원과 상의해서 작성하라고 해 서명과 날인을 받아 온 것입니다.

- 의문사진상규명위원회 〈정낙중 1회 진술 조서〉

그러나 차철권은 송치 기록과 관련해 정낙중과 상의한 적이 결코 없으며, 1988년 검찰에서는 이 부분에 대해 허위 진술을 했다고 발뺌을 했으나 여러 진술을 종합해 볼 때 차철권의 진술은 거짓임이 분명하다.

문 : 최종길에 대한 송치 기록을 보면 밀봉교육, 공작금 수수 등 구체적인 범죄 사실들이 특정이 되어 있던데 어떻게 된 것인가요?

차철권 : 저는 송치 기록을 만들 때 관여한 사실이 없어 잘 모르겠습니다. … 분명히 말해 정낙중이 송치 기록과 관련해 저와 상의한 적은 결코 없었습니다.

또 '신문보도안'을 작성하는 데 참여했던 양공숙은, 당시 중정에서 작성된 '신문보도안'이라는 문건은 기록상 작성 시점이 실제와는 다르고, 그 내용도 피의자 신문조서 등 근거가 있는 서류를 보고 작성한 것이 아니어서 실제의 사실과 다르다고 인정했다.

양공숙 : '사건 발생 보고'라는 제목으로 보고서를 작성한 기억이 납니다.

문 : 작성 시점은 언제인가요?

양공숙 : 19일 새벽 3~4시경으로 장송록 단장이 준 초안을 보고 작성했습니다.

문 : 신문보도안을 진술인이 작성한 것인가요?

양공숙 : 제가 작성한 것이 맞는데 기록상에는 1973년 10월 19일 작성한 것으로 되어 있는데, 그날 작성한 것이 아니고 신문 발표 며칠 전에 한 것으로 기억을 하는데 그때가 22일 아니면 23일이 아닌가 싶습니다.

문 : 여기 내용을 보면 최종길이 평양에 가서 노동당에 가입하고, 공작금도 받았다는 내용 등이 있는데 어떤 근거로 그와 같이 작성한 것인가요?

양공숙 : 제가 어떤 근거 자료를 보고 작성한 것이 아니고, 당시 장송록 단장, 안홍용 과장, 고병훈 계장이 메모를 해서 저에게 주면 이를 토대로 작성했던 것으로, 그것도 단 한 번에 그와 같이 작성한 것이 아니고 짜깁기 식으로 작성을 해 놓으면 과장과 단장이 이를 보고서 여러 차례 수정을 해서 작성했던 것입니다.

- 의문사진상규명위원회 〈양공숙 1회 진술 조서〉

현장검증에 관한 의문

일반적으로 변사 사건이 벌어지면, 경찰은 현장에 출동해 사체를 확인하고 현장을 보존한 상태로 폴리스라인을 설치한다. 그러고는 변사체 발생 보고서를 작성해 검찰에 지휘 품신을 한다. 검사는 특별한 상황이 아니면 1차로 사체의 신원 파악을 하고 동시에 검시관을 대동해 사망 원인을 확인할 것과 현장 사진 확보 및 목격자의 진술을 받아 놓으라고 경찰에 지시한다. 그러나 검시관이 사망 원인을 판정하지 못하거나 범죄 혐의가 있을 것으로 추측된 때는 검사가 압수수색영장을 청구해 정밀 부검을 실시하라는 명령을 내리게 된다. 그 경우 사체는 정밀 부검이 가능한 국립과학수사연구소로 인도되어 법의학 전문가가 부검해 자세한 사망 원인을 찾아 자살 또는 타살 여부를 판정한다. 아울러 변사체 발견 현장에서부터 국과수의 사체 부검 전 과정이 다양한 각도에서 정밀 촬영된다. 사진을 남기는 것은 너무나도 당연한 일이다.

그러나 1973년 10월 19일, 최종길 사망 사건이 벌어졌을 당시 중앙정보부의 간부, 그리고 수사관들과 경비원들의 진술을 종합하면 현장검증 조서는 조작된 것이 분명하며, 현장이 제대로 보존되지 않았고, 사체도 원래 상태대로가 아니라 이동된 것으로 보인다. 현장검증 조서의 작성 장소는 남산 분청사 7층 사무실이었고, 작성한 시점은 1973년 10월 19일 오후이며, 검증 시점은 10월 19일 오전 4시 30분부터 오전 5시로 되어 있다. 그러나 실제 현장검증 조서에 참석자로 기재되어 있는 차철권 등과 검사도 현장검증에 참여한 사실이 없다고 진술하고 있어 현장검증 조서의 내용과 검증 사실조차 믿기 어렵다. 차철권의 진술이다.

문 : 현장검증 조서에는 이창우 검사의 지휘를 받아 진술인과 김상원이
참여한 가운데 검증 조서가 작성된 것으로 되어 있는데 사실이 아니란
말인가요?

차철권 : 문서에 어떻게 나와 있든 나는 현장검증에 참여한 사실이 없습
니다. 새벽 4시 30분부터 5시 사이에 저는 장송록 단장의 사무실에서
사고 경위 보고서를 작성하고 있었는데 어떻게 현장검증에 참여할 수
가 있었겠습니까?

　　　　　　　　　　－ 의문사진상규명위원회 〈차철권 3회 진술 조서〉

현장검증을 실시했다는 그 시간에 최종길의 사체는 이미 청운동 소재
국립과학수사연구소에 있었다. 당시 중앙정보부의 경비원이던 안○식
은 당시는 물론 재직 기간 중에도 새벽에 앰뷸런스가 오거나 현장검증
을 하는 것을 목격한 적이 없다고 진술했다. 당시의 근무 수칙과 상황으
로 볼 때 각 초소는 물론 건물 1층과 7층 등 순찰을 하는 곳마다 시간을
체크하는 열쇠가 비치되어 있어서 본인이 시계의 본체를 지니고 직접
가지 않고는 달리 방법이 없었기 때문에 하루도 빠지지 않고 순찰을 돌
았고, 따라서 그 사실을 분명하게 안다고 진술했다.

문 : 1973년 10월 무렵에는 현장검증, 추락, 앰뷸런스가 오는 등 평소와
다른 어떤 일을 목격하거나 이에 대한 보고를 받은 사실이 없었나요?

안○식 : 제가 순찰을 돌면서 보거나 혹은 다른 초소의 보고를 통해서도
그런 일은 분명히 없었습니다. 10월뿐만 아니라 근무 기간 전체를 통해
서도 그런 일이 없었던 것은 분명합니다. 사람이 떨어졌다거나 앰뷸런
스가 왔다거나 건물 뒤편에서 현장검증을 했다거나 하여튼 무슨 일이

벌어졌다거나 하는 일은 분명 없었습니다.

– 의문사진상규명위원회 〈안○식 진술 조서〉

그 외 공작과장 안흥용 역시 현장검증을 하는 장면을 전혀 본 적이 없으며, 새벽 2시경에 앰블런스가 현장에 온 것도 전혀 본 적이 없다고 했다(의문사진상규명위원회 〈안흥용 1회 진술 조서〉). 이러한 진술은 5국 수사공작과 1계장 고병훈의 경우도 마찬가지다.

고병훈 : 새벽 3시를 조금 넘긴 시간으로 여하튼 3시 30분을 넘지 않아 남산 분실에 도착했습니다.

문 : 최종길이 떨어져 있다는 곳에 가 보니 어떤 흔적이 있었나요?

고병훈 : 어떤 흔적도 본 기억이 없습니다.

문 : 이창우 검사를 본 사실이 있나요?

고병훈 : 현장에 도착한 이후로 한 번도 본 적이 없습니다.

문 : 현장검증을 하는 것을 본 일이 있나요?

고병훈 : 현장검증하는 것을 본 일은 결코 없고, 제가 도착했을 때 사체가 없었으므로 이미 현장검증이 끝났다고 판단했습니다.

문 : 사체를 어떻게 했다고 하던가요?

고병훈 : 당일 새벽에 싣고 국과수로 갔다는 말을 들은 것 같으나 누구에게 들었는지는 기억이 안 납니다.

문 : 현장에서 앰블런스를 보았나요?

고병훈 : 보지 못했습니다.

– 의문사진상규명위원회 〈고병훈 1회 진술 조서〉

정보부 감찰실 감찰과장 이병정은 1973년 10월 19일 새벽 4시 이전에 현장에 도착했으나 현장검증을 언제 어디에서 했는지 전혀 모르며, 10월 19일 새벽 4시경부터 오전 10시까지는 계속 중정의 남산 분실에 있었으나 어느 누구도 현장검증을 하는 장면을 분명 보지 못했다고 진술함으로써 현장검증 조서상에 표현된 검증 시간 자체가 허위로 작성된 것임을 분명하게 밝혔다(의문사진상규명위원회 〈이병정 2회 진술 조서〉).

이보다 더욱 결정적인 증거는 당시 현장검증 조서를 작성했던 5국 9과 수사계장 정낙중의 진술이다. 그는 현장검증에 참석하지 않았으면서도 마치 참석한 것처럼 현장검증 조서를 작성했다고 증언했다.

> 문 : 진술인이 현장검증에 참여한 것은 맞나요?
>
> 정낙중 : 아닙니다. 검증 조서는 서철신 과장의 지시를 받고 작성한 것입니다. … 당시 현장에 있었던 서철신 과장, 차철권, 김상원 등으로부터 사건 내용을 듣고 작성했던 것입니다.
>
> 문 : 현장검증을 한 시간이 새벽 4시 30분경부터 같은 날 새벽 5시까지로 되어 있는데 실제 그 시간에 검증한 것은 맞나요?
>
> 정낙중 : 당시 서철신 과장 등 직원들로부터 들었는데 새벽에 검사가 와서 현장검증을 했고, 또 동인의 부검 지시에 의해 사체를 국과수로 옮겨 놓았다고 했습니다. 그래서 시간을 대략적으로 그와 같이 기재를 한 것 같기도 한데 자세한 경위에 대해서는 오래되어 기억이 없습니다.
>
> 문 : 실제로 누군가가 현장검증을 한 것은 맞나요?
>
> 정낙중 : 서철신 과장, 김종한 계장과 차철권, 김상원의 진술에 따르면 새벽 4시 30분부터 새벽 5시까지 이창우 검사의 지휘하에 현장검증을 했다고 하므로 이를 믿을 수밖에 없으나 직접 본 것은 아닙니다.

서철신 수사과장 역시 "나와 김종한 계장은 물론 수사과에서 현장검증에 입회한 사람은 아무도 없었다"라고 진술했다(의문사진상규명위원회 〈서철신 진술 조서〉). 그러나 이창우 검사는 10월 19일 새벽 3~4시경에 사체를 확인하고 투신했다는 화장실에 가 보았으며 국과수에 부검을 의뢰하도록 지휘했다고 주장했다(의문사진상규명위원회 〈이창우 2회 진술 조서〉). 4시경에 최종길의 사체가 국립과학수사연구소로 옮겨졌다는 주장도 제기되었다. 국립과학수사연구소 정문 경비원으로 근무했던 이○선은 다음과 같이 주장했다.

그날 저는 야간에 근무를 서고 있었고 오○웅 씨가 그날의 당직이었는데 국과수 내에 있던 매점에서 자고 있었습니다. 그것을 기억하는 이유는 당시 통금 해제 시간 전인 3시 40분경에 전화가 걸려 왔는데, 들어 본즉 여기는 청와대 경호실인데 새벽 4시 정각에 정문을 열어 놓으라는 내용이었습니다. 저는 정문을 열려면 윗분의 결재를 얻어야 하니 잠시 기다려 달라고 말하고는 당시 부인이 운영하는 국과수 매점에서 자고 있던 오○웅 씨에게 급히 달려가서 문을 두드려 깨웠습니다. 그렇게 한 이유는 당직을 서야 할 사람이 자리를 비운 탓에 문책이라도 받으면 안 된다는 생각 때문이었고 더구나 내가 정문 수위실에서 자리를 비운 사이에 전화가 걸려 올 것을 대비해 전화를 내려놓았으므로 급한 마음에 마구 뛰어다닌 기억이 나는데다가 나중에 이 사실을 추궁당하지 않으려면 시간대를 잘 기억해야 했던 사정이 있어 정확히 기억하는 것입니다. 사체가 들어온 것은 제가 자리로 돌아온 직후였으므로 4시 정각에서 5분 내지 10분을 지난 시점입니다.

사체가 현장에서 어딘가로 옮겨졌다는 근거는 사체를 본 사람들의 진술 사이에 큰 차이가 있기 때문이기도 하다. 이창우 검사는 "사체는 반듯이 누워 있는 것은 아니고 옆으로 누워 있는 상태인 것으로 기억하며 모포로 덮여 있지 않았습니다"라며 최종길의 사체가 지하실 계단에 비스듬히 걸쳐 있었다고 진술했다(의문사진상규명위원회 〈이창우 1회 진술 조서〉). 차철권은 시신이 7층 화장실 밑에 있는 지하 조사실 앞에 설치된 철책을 중심으로 해서 약간 비스듬히 있었다고 진술했으며(의문사진상규명위원회 〈차철권 2회 진술 조서〉), 당시 중앙정보부 파견 군의관인 이창홍은 "뼛조각이 흩어져 있었다"라고 주장했다(의문사진상규명위원회 〈이창홍 진술 조서〉).

그러나 현장을 촬영한 당시 사진에는 사체가 하늘을 보고 반듯이 누워 있는 자세며, 더구나 사체가 있는 위치도 위의 진술과는 달리 7층 화장실 밑 철책에서 약 3미터 이상 떨어져 있었다. 또한 부검 감정서에는 머리 부분에 단 한 군데의 파열창도 나타나지 않아 위 주장들은 전혀 믿을 수가 없다. 그리고 이 사진을 감정한 국내외의 법의학자들도 사체를 찍은 현장 사진이 조작되었거나, 아니면 사진에 나타난 현장이 바뀌었다고 판단했다.

부실한 부검과 중정의 부검 감정서 탈취 기도

부검은 검시만으로는 죽음의 원인을 밝힐 수 없거나, 정황상 변사체의 사인이 의심스러울 때 사망의 원인을 밝히기 위해 국가기관인 검사의 지휘로 실시하는 강제처분이다. 통상적으로 검사의 지휘에 따라 일시와 장소를 정하고 국립과학연구소(분소) 등에서 지정된 검시관(의사)에 의해 부검을 실시한다. 부검은 지정된 검시관과 부검 보조 인력 1~2명, 검사 또는 경찰관 입회하에 실시하는데, 유족 중 1~2명을 참여시키기도 한다. 부검 후에는 부검 절차 및 부검 과정을 각각 기재한 부검 결과 보고서를 작성해야 한다. 당연히 각 부검 과정과 부검에서 확인된 사체의 이상 부위들도 컬러 사진으로 촬영해 첨부해야 한다.

그러나 1973년 10월 19일 국립과학수사연구소의 부검은 이러한 부검의 기초적인 사항들을 지키지 않아 부실하기 짝이 없었다. 최종길의 사체 부검의는 국립과학수사연구소 법의학과장 김상현이었다. 1973년 10월 19일 새벽, 김상현은 이후락 중앙정보부장의 집무실이 있던 궁정동 안가로 불려 가 입회 검사를 소개받았고, 중앙정보부 직원으로부터 사건 정황을 설명받았으며, 보안을 지키라는 말을 들었다고 한다(당시 국립과학수사연구소는 청운동에 있었다).

부검 전에 담당 의사를 부른다거나 하는 일은 그 전에는 물론 그 이후로도 없었으므로 왜 부를까 이상하다는 생각을 했습니다. 그렇기 때문에 28년이 지난 지금도 이 사건에 대한 기억이 나는 것입니다.
　　　　　　　　　　　　　- 의문사진상규명위원회 〈김상현 1회 진술 조서〉

수사관 한 사람이 3층 사무실로 저를 데리고 가서 검사라는 사람에게 "이 분이 최종길을 부검할 의사입니다"며 소개를 시켜 줬습니다. 저를 궁정동에 데리고 간 사람이 사건을 설명해 줬는데 "궁정동 3층에서 피의자가 조사를 받던 중 화장실에서 투신자살했다. … 이 피의자는 서독에서 비행기를 타고 귀국해서 공항에 내리자마자 중정에 붙들려 와서 조사를 받던 간첩이었다"라는 등의 설명을 해 주었습니다.

— 의문사진상규명위원회 〈김상현 2회 진술 조서〉

그런데 막상 국립과학수사연구소에서의 최종길에 대한 부검에는 검사가 입회하지도 않았고 부검을 지휘하지도 않았다. 부검의 김상현은 "중요한 사건의 경우 대부분 검사가 입회한 기록을 남기는데 이 경우에는 입회는 물론 지휘를 하지도 않았다"라고 진술했다(의문사진상규명위원회 〈김상현 1회 진술 조서〉). 이 사건의 경우 변사체가 발생한 장소와 시간을 고려할 때 서울지검의 당직검사가 사건을 지휘해야 함에도 불구하고 이러한 절차가 생략된 것이다.

문 : 당시 부검을 지휘한 이창우 검사는 고문으로 인한 외상을 주의 깊게 살피라고 진술인에게 지시를 했다는데요?

김상현 : 저는 이창우 검사든 누구든 검사를 본 사실이 없었기에 지시를 했다는 말은 새빨간 거짓말입니다.

— 의문사진상규명위원회 〈김상현 2회 진술 조서〉

또한 사망을 공식적으로 확인하는 사망진단서와 사체검안서도 없이 사후 24시간도 안 된 상태에서 실시한 부검도 불법이었다.

문 : 부검을 하는 데 특별한 요건이 필요한가요?

김상현 : 사망진단서나 검안서가 있어야만 부검을 할 수 있습니다.

문 : 사망진단서나 사체검안서가 없어도 부검하는 경우가 있나요?

김상현 : 그런 경우는 전혀 없습니다.

문 : 최종길의 부검 전에 사망진단서나 사체검안서를 본 적이 있나요?

김상현 : 전혀 그런 것을 보지 못했습니다. 부검영장도 보지 못했습니다.…

문 : 사후 24시간이 안 된 상태에서 부검을 한 것이 이 건 말고도 있나요?

김상현 : 제 경우에는 이 건 이전은 물론 그 후로도 전혀 없습니다.

- 의문사진상규명위원회 〈김상현 1회 진술 조서〉-

국립과학수사연구소의 부검 자체에서도 많은 문제점이 드러났다. 1973년 김상현이 작성한 부검 감정서에는 부검에서 명백히 나타난 고문의 흔적에 대한 언급이 전혀 없다. 또 부검 감정서상의 사진과 설명이 일치하지 않는 곳도 '좌심 전벽(→좌심 후벽), 심낭 전벽(→심낭 후벽), 좌측 폐문구 열상(→대동맥 열상), 철골골절(→요골골절)' 등 네 군데에 이르며, 자살이나 타살을 가리려는 노력도 기울이지 않았다. 2001년 김상현의 진술이다.

김상현 : 엉덩이 윗부분은 추락으로 생긴 상처일 수도 있으나 허벅지 부분의 상처는 때려서 난 상처로 보입니다.

문 : 그렇다면 (1973년에) 부검 감정서에 엉덩이의 상처 사진을 붙여 놓고도 위와 같은 언급을 하지 않은 이유는 무엇인가요?

김상현 : 그것은 저의 실수입니다. 사인과 직접적인 관계가 없었기 때문에 언급을 하지 않았을 것입니다. …

문 : 지금(2001) 엉덩이의 상처를 봤을 때도 엉덩이의 상처가 고문으로 인한 것이 아니라고 확신하나요?

김상현 : 지금 볼 때는 고문으로 인한 상처라고 추정이 됩니다. 당시에는 정말 몰랐습니다.

— 의문사진상규명위원회 〈김상현 2회 진술 조서〉

또한 중앙정보부에서는 부검 이후 며칠이 지난 후에 수사관 둘을 국과수에 보내 협조 공문조차 없이 사체 사진이 포함된 최종길의 부검 감정서 원본을 가져가려고 시도한 것도 밝혀졌다. 중앙정보부가 나중에라도 최종길의 사인을 밝힐 수 있는 증거를 완전히 없애려 한 정황이다. 부검의인 김상현은 당시 국립과학수사연구소 소장 오수창에게 이는 불법이고 증거를 인멸하는 행위가 될 수 있다면서 거부했다고 진술했다.

김상현 : 제가 부검을 한 직후인지 며칠 지나서인지 정확치는 않지만 중정의 수사관 두 명이 저를 찾아와서 최종길의 부검 감정서 원본을 달라고 요구한 적이 있습니다. … 오수창 당시 국과수 소장에게 이는 증거를 인멸하는 행위가 될 수 있고, 또 불법적인 행위가 되기 때문에 '원본'을 줘서는 안 된다고 말하면서 원본을 주지 않았습니다.

문 : 원본을 달라고 한 사람들이 중정의 수사관인 것을 어떻게 알았나요?

김상현 : (그들이) 신분을 밝혔기 때문에 안 것입니다.

— 의문사진상규명위원회 〈김상현 1회 진술 조서〉

중앙정보부의 고문 사실 은폐와 간첩 조작

1973년 10월 중앙정보부 지휘부는 최종길 사망 사건의 진상을 밝힐 의지를 전혀 갖고 있지 않았다. 중정의 조직 편제상 이 사건의 발생 원인을 철저히 규명해 유사한 사고의 재발을 막을 의무를 지닌 곳은 감찰실이었다. 하지만 이 사건과 관련해 중정 감찰실은 기초적인 정보조차 갖고 있지 못했으며, 그 결과 감찰실 조사관이 피조사자인 차철권 등 5국 수사관들이 제공하는 정보에 의존해야 할 정도였다.

문 : 타살 여부나 고문 등에 대해서 조사를 지시했나요?

손종호 : 그런 지시를 한 적은 없습니다. … (감찰실) 수사관들이 최선을 다해 조사를 했다고 봅니다만 결과적으로 그렇지 못했습니다. 그러나 그것이 수사관들의 의지 문제 때문은 아니었고 자료 등이 부족한 탓이었을 것으로 봅니다.

- 의문사진상규명위원회 〈손종호 진술 조서〉

문 : 당시 고문 여부 등에 조사를 하면서 최종길 시신 등을 보았나요?

이○조 : 원칙은 시신 등을 보고서 조사를 해야 하는데 상부의 지시가 없었기 때문에 그 이상은 조사를 할 수 없었습니다. … 당시 분위기상으로는 독단적으로 조사를 할 수도 없었습니다. 당시에는 상관의 지시 없이는 아무것도 못했습니다.

- 의문사진상규명위원회 〈이○조 진술 조서〉

처음부터 최종길의 사체가 있던 현장은 보존되지 않았다. 감찰실 직원들이 확인하기 전에 서둘러 치워진 것이다. 감찰실 조사관 중 어느 한 사람도 최종길의 사체를 목격하지 못했으며, 현장검증에 참여한 사람은 물론 검증하는 장면을 목격한 사람조차 없었다. 감찰실 조사관들은 최종길 사건 관련 수사 자료와 진상 규명 지침을 제공받지 못했다. 이들은 부검 감정서는 물론 부검 사진조차 보지 못한 것이다.

> 문 : 진술인은 당시 수사관들의 폭행 등 고문 여부를 조사했다고 했는데 최종길의 시신을 본 적이 있나요?
>
> 김명옥 : 없습니다. … 과장한테 지침을 받기는 김상원만 조사를 하라고 했던 것으로 시신을 보지 않았습니다. 당시 분위기로는 과장 등 상부의 지시가 있어야 했습니다. 그래서 저는 시신을 본다든가, 화장실에서 변기를 밟고 올라갈 수 있는지 여부 등에 대해서 하나도 확인을 하지 않았습니다. …
>
> 문 : 조사를 담당한 수사관으로서는 조사 대상자 진술의 진위 여부를 추궁할 수 없었다는 얘기네요?
>
> 김명옥 : 예, 안타깝게도 그것은 사실입니다. 그러나 앞서 말씀드린 대로 그 당시 중정의 분위기 때문에 그럴 수밖에 없었습니다.
>
> — 의문사진상규명위원회 〈김명옥 진술 조서〉

이때 감찰실 조사를 받은 5국 10과 수사관 양명률은 "1973년 10월 20일 자로 (감찰실에서) 작성한 진술인(양명률)의 자필 진술서에서는 왜 10월 18일 오전 10시에 최종길을 7층으로 데리고 올라갔다고 진술했는가"라는 의문사진상규명위원회 조사관의 물음에 "그 당시 감찰실 조사에서 피조사자들의 진술을 맞추기 위해 편의적으로 그렇게 만들었던 것"이라고 답변했다(의문사진상규명위원회 〈양명률 3회 진술 조서〉). 결국 당시 중앙정보부 감찰실 조사관들은 차철권이나 김상원, 안흥용, 장송록 등 조사 대상자들을 추궁하기는커녕 그들이 진술하는 내용대로 짜 맞추는 데 급급했던 것이다. 당시 감찰실에서 감찰 실무를 총괄했던 이○조의 진술도 이를 뒷받침한다.

> 문 : 고문 등에 대해서 조사를 하려고 했다면 시신을 면밀히 확인하고, 지
> 하 조사실, 7층 조사실과 화장실, 추락한 현장에 가 일일이 확인을 한
> 다음 당시 최종길 수사에 관여했던 수사관, 경비원 들에 대해서 심도
> 있게 추궁해야 하는 것이 아닌가요?
> 이○조 : 맞습니다. 그렇지만 당시 분위기로는 그와 같이 심도 있게 조사
> 할 수가 없었습니다. 독직 폭행 등의 사건은 상관의 지시가 있어야 하
> 는데 그 누구도 그런 것에 대해서 말을 하는 사람이 없었고, 저 같은 말
> 단 수사관이 독자적으로 조사를 한다는 것은 엄두도 못 냈습니다. 저야
> 그저 위에서 시키는 대로 했을 뿐입니다.
>
> – 의문사진상규명위원회 〈이○조 진술 조서〉

그럼에도 불구하고 일부 감찰실 조사관들은 차철권, 김상원, 변영철 등 담당 수사관들을 상대로 최종길에 대한 고문 여부 등을 추궁해, 최종길이 간첩이라고 자백한 사실이 없었다는 점, 잠 안 재우기, 모욕 등의 언어폭력, 발길질, 몽둥이질 등 심한 구타, 각목을 무릎에 끼워 발로 밟기 등 고문을 자행한 사실 등을 밝혀냈으나, 이러한 조사 결과는 상부에 의해 조직적으로 축소·은폐·조작되었다. 1973년 10월 25일 중앙정보부 김치열 차장은, 최종길은 간첩이라고 자백했고, 최종길의 사체를 부검한 결과 고문으로 인한 외상은 없었다고 발표했다. 그리고 한 달 뒤 최종길을 고문한 수사관들은 피의자 신병 관리를 소홀히 한 책임으로 최고 1개월 감봉 처분을 받았다. 중앙정보부가 징계 사유로 든 '신병 관리

소홀' 책임이란 고문을 가리키는 말이 아니라 피의자가 화장실에서 자살하는 것을 막지 못한 책임을 말하는 것이었다.

최종길 사망 직후 중앙정보부 감찰과장 이병정은 최종길의 동생 최종수에게 중정에서 보상금으로 3000만 원(당시 여의도의 52평 아파트 한 채 매매가 1500만 원 정도)을 주고, 자녀들 교육도 중정에서 책임을 지고, 최 교수가 간첩이라는 사실도 발표하지 않겠다고 했으며, 장례는 가족장으로 하고, 화장을 해 달라고 요구했다. 이에 최종수는 보상금 제의는 거절하고 최종길을 억울하게 간첩으로 만들지 말 것, 자녀들의 교육에 지장이 없도록 할 것, 최종선이 계속해서 중정 감찰실에 근무하도록 해 줄 것 등 세 가지를 중정 측에 제의했다(의문사진상규명위원회 〈최종수 진술 조서〉, 〈이병정 2회 진술 조서〉). 중앙정보부는 이 세 조건을 모두 들어주겠다고 약속했지만, 곧바로 최종길이 간첩이라고 발표했다.

중앙정보부는 '유럽 거점 대규모 간첩단 사건'을 발표하면서 사건과는 무관한 최종길을 간첩단 일원으로 포함시켰다. 그러나 중앙정보부는 이른바 '유럽 거점 대규모 간첩단 사건'으로 최종길, 김장현, 김촌명 등 3인을 구속했다고 발표했지만, 재판 진행 중 무죄가 선고된 사람도 있었고(김촌명은 1심에서 무죄판결을 받음), 일부 유죄로 인정된 사람도 있었으나(김장현은 다섯 번의 재판 끝에 대법원에서 징역 4년이 확정되어 실형을 살았으나, 2012년 재심에서 무죄판결을 받았다), 이 사건 관련자들 중 중정 5국에서 수사받는 과정에서 최종길에 대해 추궁받은 사람은 한 명도 없었고, 최종길과 안면이 있는 사람도 없었다.

문 : 진술인이 간첩이라는 당국의 발표를 인정하는가요?

고재웅 : 인정할 수 없는 것이, 첫째 조사를 마친 후에 학교에서 강의 등

일상생활로 완전히 복귀시킨 후에 발표되었다는 점, 둘째 조사의 내용
이 저의 활동에 관한 것은 거의 없고 단지 얼굴을 몇 번 봤을 뿐인 이재
원과의 관계에 대한 것이고, 셋째 이재원과의 관계 부분도 일상적인 내
용을 크게 벗어나는 것이 거의 없었기 때문입니다.

문 : 최종길을 아는가요?

고재웅 : 유학 시에든 조사를 받을 때에든 한 번도 보고 들은 적이 없는 사
람입니다.

— 의문사진상규명위원회 〈고재웅 진술 조서〉

문 : 진술인은 최종길을 아는가요?

전몽각 : 전혀 모릅니다. … 이재원으로부터 들은 일도 없고, 또 중정에서
조사를 받을 때도 동인과 관련해서 조사를 받은 일이 없습니다.

— 의문사진상규명위원회 〈전몽각 진술 조서〉

이와 같이 소위 '유럽 거점 간첩단 사건' 관련자들이 최종길과 일면식
도 없었고, 그 외 간첩임을 입증할 아무런 증거가 없음에도 불구하고 중
앙정보부는 최종길을 언론에 간첩이라고 발표한 것이다.

검찰의 부실 조사와 중정 직원들의 허위 진술 대책회의

1988년 10월 6일 천주교정의구현전국사제단은, 1973년 최종길이 중앙
정보부 내에서 고문치사를 당한 것이 분명하므로 이를 철저히 조사해
달라며, 당시 사건에 직간접으로 관련되었던 차철권 등 중앙정보부원 22

명을 서울지방검찰청에 고발했다. 검찰은 이 고발을 진정으로 간주하고 사실 규명 차원에서 수사를 벌였다. 그러나 서울지검에서 조사를 받기 전에 장송록, 차철권, 김상원, 고병훈, 안홍용을 비롯한 최종길 사망과 직접 관련된 중정 5국 직원들이 모여 대책회의를 했고, 이 자리에서 차철권의 진술을 뒷받침해 주기 위해서 허위 진술을 하기로 공모했다.

검찰 조사에서 차철권과 장송록 등은 "최종길이 북한 용성 구역에 가서 밀봉교육을 받고 공작금을 수수했으며, … 간첩임을 자백했다"라거나 "고문 등 가혹 행위는 절대 없었다"(1988년 검찰 작성 〈차철권 진술 조서〉), "배후 세력이나 연루자 등을 질문받자 이들을 보호할 목적으로 투신자살을 한 것으로 생각했다"(1988년 검찰 작성 〈장송록 진술 조서〉)라는 등의 진술을 통해 사건을 은폐하고 조작했다. 이들은 2001년 의문사진상규명위원회의 조사에서 당시 대책 회의를 열고 말을 맞추었음을 실토했다.

> 문: 1988년도 검찰 조서 내용은 모두 허위란 말인가요?
> 안홍용 : 사실 그때는 검찰의 조사를 받기에 앞서 장송록 단장을 비롯한 5 국 직원들이 모여 사전에 대책회의를 해 차철권의 진술을 뒷받침해 주기 위해서 서로 입을 맞추었기 때문에 일부 허위의 내용도 있고, 시간 등은 차철권이 주장하는 대로 따라했던 것입니다. … 당시 장송록 단장이 전화상으로 "검찰에서 조사를 하는데 우리도 대책을 세워야 한다며 강남에 있는 덕우회(중정 5국 퇴직자들의 모임) 사무실로 나오라"는 연락을 받고 약속장소에 갔더니 장송록 단장, 차철권, 김상원, 고병훈 등이 있었는데 그때 서로 상의해서 대책을 세웠던 것입니다. …우선 사건 내용에 대해 차철권에게 설명하라는 요구를 했고 이를 바탕으로 시간대와 내용을 조정한 후에 조사를 받은 것은 사실입니다. … 장송록 단장

이 세밀하게 진술 내용 등에 대해서 말을 해 주었던 것입니다. … 전부
다는 아니지만 최종길이 간첩임을 자백했다는 것과 7층 사무실에 올라
간 시점, 사망 경위 등 일부 핵심 내용이 모두 허위입니다.

－ 의문사진상규명위원회 〈안흥용 1회 진술 조서〉

문 : 검찰에 출두하기 전에 5국 관계자들이 함께 모인 사실이 있나요?

장송록 : 강남에 있던 덕우회 사무실에서 모인 사실이 있는데, 제가 연락
을 한 것은 아니고 덕우회 진 모 사무국장이 연락을 해서 "중정의 수사
국에서 연락이 왔는데 사람들을 덕우회 사무실로 불러 모으라"라며 우
리에게 명단을 줬으니 "몇 월 며칠에 사무실로 오시오"라는 연락을 받
고 모인 것입니다.…

문 : 1988년도 검찰의 진술 조서에 최종길이 북한에 가서 연락부 부부장,
과장 등도 만나고 용성 구역에 있는 초대소에서 17일간 수용되어 있으
면서 이름을 모르는 지도원으로부터 교양도 받고, 노동당에 입당하고,
공작금 2000불을 받는 등의 활동을 하다가 돌아온 사실이 있다고 자백
했다며 구체적인 내용을 들은 것처럼 진술한 이유는 무엇인가요?

장송록 : 최종길이 저에게 그와 같이 구체적인 사실을 진술한 적은 전혀
없는데, 제가 사실과 다르게 진술한 것은 잘못되었습니다.

－ 의문사진상규명위원회 〈장송록 2회 진술 조서〉

이와 같이 1988년 서울지검 내사 당시 최종길을 수사했던 10과의 수
사관들이 사전에 공모를 통해 허위 진술을 했으나 검찰은 이를 밝히기
위해 적극적인 노력을 기울이지 않았다. 최종길에 대한 고문의 흔적이
뚜렷한데도 이를 밝혀내지 못했고, 사망진단서조차 없이 부검을 강행한

이유에 대해서도 단 한 마디의 질문조차 하지 않았다. 최종길의 사후에 서류가 조작되었을 가능성이 있다는 정낙중의 진술을 확보했음에도 이를 추궁해 허위 공문서가 작성된 사실을 밝혀내기 위한 노력을 기울이지 않았다. 당시 최종길이 간첩 사실을 자백하지 않았고, 조사받는 과정에서 상당한 고문을 받았음이 명백함에도 이를 밝혀내지 못했다.

진실

최종길은 '자살'했다, 1973

환상·허구와 구분되어 실제로 있었던 일이 '사실事實'이다. 그리고 사실에서 거짓이 아닌, 왜곡과 은폐, 착오를 모두 배제했을 때 밝혀지는 바가 '진실眞實'이다. 그러므로 부분으로서의 사실, 또는 진실이 명확하지 않은 상황에서 진실에 가까이 접근하는 사실은 여러 개가 있을 수 있지만, 진실은 오직 하나밖에 없다. 중앙정보부는 '최종길 사건'의 실제로 있었던 일로서의 '사실'을 왜곡하고 은폐하는 것을 넘어 사실을 조작함으로써 영원히 '진실'을 감추려 했다.

그러나 의문사진상규명위원회는 당시 사건에 직간접적으로 관련되었던 중앙정보부 요원들을 심층 조사해 상당한 '사실'을 밝혀냈고, 그 사실로부터 '진실'을 찾아냈다. '진실'은 그들의 조작된 사실이 '거짓'임을 명명백백하게 밝히는 것도 포함한다. 먼저 최종길 교수가 간첩 '사실'을 자백하고 조직을 보호할 목적으로 7층 화장실에서 투신자살했다는 당시 중앙정보부의 발표에 대해 의문사진상규명위원회는 다음과 같은 근거로 '거짓'이라고 판단했다.

1. 1973년 10월 25일 중앙정보부에서 발표한, 간첩 혐의가 드러나자 조직을 보호하려고 투신했다는 최종길의 자살 동기가 명백히 허위로 조작되었음이 드러났다.(장송록 수사단장 이하 말단 수사관에 이르기까지 모두 최종길이 간첩이었다는 증거를 확인하지 못했으며, 최종길도 이를 자백하지 않았다고 진술했다.)

2. 중앙정보부는 최종길이 투신한 장소를 남산 분청사의 7층 화장실이라고 발표했으나, 중정이 제시한 근거는 7층 경비원의 진술 및 7층 화장실 소변기의 족적을 찍은 사진 등인데, 당시 경비원의 진술은 허위로 작성된 것임이 드러났고, 화장실 소변기 사진은 족적의 동일성 여부를 확인하지 않았고, 족적조차 보지 못했다는 중정 수사관의 진술이 있으므로 믿기 어렵다(중정 7층 경비원 임금동, 중정 수사관 안흥용 · 이병정의 진술).

3. 1973년 10월 중앙정보부 감찰실에서 최종길 사건 관련자들을 대상으로 한 조사 결과 최종길이 간첩임을 자백한 사실이 없으며 수사관들이 최종길을 고문한 사실이 드러났음에도 고문한 사실을 은폐하고 마치 최종길이 간첩이라고 자백하고 조직을 보호할 목적으로 투신자살을 한 것으로 자살 동기를 조작했다.

4. 최종길을 간첩 혐의 때문에 수사한 것이 아니라 공작의 일환으로 조사에 착수했음에도 최종길의 사후에 현장검증 조서, 긴급구속장, 압수 조서, 피의자 신문조서, 신문보도안 등 허위 문서를 만들어 이 사건이 마치 간첩 사건의 수사 과정에서 발생한 우발적인 사고인 양 은폐 · 조작을 시도했다.

5. 현장검증을 형식적으로 했으며, 사체의 상태는 물론 위치와 자세, 착의 상태 등 현장을 조작했고, 그에 대한 관련자들의 진술도 일치하지 않는다.

6. 중앙정보부 수사관들은 최종길이 '유럽 거점 대규모 간첩단'의 일원이 아님을 잘 알고 있었기 때문에 위 사건 간첩단 피의자들을 조사하면서 최종길과 관련한 어떠한 추궁도 하지 않았으면서도 발표할 때는 최종길이 이 간첩단의 일원이라는 허위 사실을 발표했다.

7. 중앙정보부 내 이 사건 관련자들이 1988년 검찰에서 조사를 받기 전에 검찰에서 진술할 내용과 방향에 대해 사전 협의를 함으로써 이 사건의 시간대와 여러 정황에 대해 허위로 진술을 맞춘 사실이 드러났다.

8. 담당 수사관들이 최종길의 간첩 자백 여부, 7층 조사실 수용 여부, 7층 조사실로 이동한 시점과 이유, 사체의 위치와 자세, 투신 정황, 최종길의 복장 상태 등에 대해 자신이 과거에 한 진술을 수차례 번복하고 있음이 명백하게 입증되므로 수사관들이 이제껏 최종길이 자살했다는 취지로 진술한 1973년 감찰실 조사 및 1988년 검찰 내사 시에 진술한 내용의 신빙성이 떨어진다.

9. 중앙정보부 요원들이 국립과학수사연구소가 소장하고 있던 최종길 사체 사진 및 부검 감정서 원본을 빼내려 기도한 것은 증거를 인멸하려는 의도임이 분명하다.

10. 현장의 사체 사진을 감정한 일부 법의학자들이 사진상의 사체 모습이 추락 직후의 모습이 아니라 조작을 위해 옮겨진 뒤의 모습이라고 판단하고 있다.

11. 당시 중정에서 최종길의 유가족에게 거액(3000만 원)의 보상 제의를 한 것이 사실로 인정된다.

12. 최종길 사망 당시 수사관인 차철권은 사망 다음 날 자신이 작성한 것이 분명한 감찰 진술서 및 진술 조서(최종길을 고문한 사실 및 간첩 사실을 자백하지 않았음을 인정하는 내용)가 조작되었다고 주장하면서 최종

길을 뺨 한 대 때린 사실이 없고 최종길이 간첩이라고 자백한 것이 맞다고 강변하고 있고, 같은 수사관인 김상원은 현재 미국에 거주하면서 몇 차례에 걸친 본 위원회의 출석 요구 및 본 위원회 조사관의 현지 출장 면담조차 거절하면서 진술을 완강히 회피하고 있어 두 수사관들의 진술을 모두 믿기 어렵다.

이상 전체 상황을 종합해 판단한다면 우선 최종길의 자살을 주장하는 논거는 모두 믿기 어렵고 오히려 타살 가능성이 더 크다고 할 수 있다. 왜냐하면 최종길이 간첩 사실을 자백하고 자살했다면 긴급구속장, 피의자 신문조서, 압수 조서 등 송치 서류 일체와 정보부장에게 올리는 보고서, 신문보도안 등 내부 보고 서류 일체, 현장검증 조서 등을 허위로 작성할 이유가 없고, 부검의를 중정 안가로 불러서 압력을 행사할 이유도 없으며, 중정의 수사관들이 부검 감정서 원본을 강압적으로 제출하라고 요구할 필요가 없는 것이다.

또한 자살이 명확하다면 최종길을 고문한 사실을 은폐할 이유가 없으며, 간첩이라고 자백했다는 허위 사실을 신문과 방송에 유포할 필요가 없으며, 7층 경비원에게 최종길을 보았다는 허위 진술을 시킬 이유도 없다. 이와 같은 은폐와 조작은 조일제 차장보의 재가하에 5국장 안경상의 묵인과 장송록 단장의 지시로 5국 9과의 서철신 과장, 정낙중 계장, 권영진 수사관, 그리고 10과의 차철권 등이 공동으로 행한 것으로 판단된다.

최종길은 '타살'되었다, 2002

1973년 10월 19일 최종길이 중앙정보부 남산 분청사에서 죽었다는 것은 누구도 부인할 수 없는 '사실'이다. 그러나 최종길 죽음의 원인에 대한 사실은 그동안 명확히 밝혀지지 않았다. 곧 최종길 죽음의 '진실'은 아직도 드러나지 않은 것이다. 중앙정보부는 최종길이 투신자살했다고 주장하나 유족과 천주교정의구현사제단은 그가 고문으로 타살되었다고 항변한다. 1988년 검찰은 형식적인 조사 끝에 자살인지 타살인지 결론을 내릴 수 없다고 발표했다. 그러나 2001년의 의문사진상규명위원회의 조사에서는 최종길이 타살되었다고 볼 만한 진술들이 나왔다.

당시 중앙정보부 5국 10과장 안흥용은 김종한 계장으로부터 "비상계단에서 밀어 버렸어!"라는 이야기를 들었다고 하며, 5국 수사단장 장송록은 최종길이 고문치사되었을 8가지 이유를 제시했다. 그리고 의문사진상규명위원회에서 의뢰해 부검 사진을 확인한 일본의 세계적인 법의학자 가미야마 시게타로(上山滋太郎) 박사도 타살 가능성을 제시하고 있다. 그는 "최종길의 부검 사진상에 나타나는 왼쪽 족저부의 상처, 전두부 골절, 양팔 골절 등에 응혈과 혈종이 나타나지 않는 등 다른 상처들과 발생한 시간에서 뚜렷한 차이가 나며 이는 명백히 사후 손상에 해당한다. 위와 같은 사후 손상은 외표에 손상을 남기지 않고 외력을 가하는 방법으로 최종길을 사망케 하고 추락으로 위장하기 위해 사체를 바닥에 던지거나 발바닥에 망치 등으로 외력을 가해 생긴 것으로 판단된다"라는 소견을 폈다.

안흥용과 장송록의 진술 및 가미야마 시게타로 박사의 법의학 소견을 종합하면 최종길에 대한 타살은 다음 세 가지 형태 중 하나라고 추측할 수 있다.

1. 심한 고문 등으로 인해 최종길이 의식불명 상태에서 소생이 불가능해지자, 수사관들에 의해 7층 비상 옥외 계단에서 바닥으로 던져져 사망했거나,
2. 이미 고문으로 인해 사망한 사람을 자살로 가장하기 위해 상당한 높이까지 운반해 아래로 던져서 추락시켰거나,
3. 이미 사망한 사람을 바닥으로 운반한 다음 추락으로 인한 사망으로 가장하기 위해 발바닥에 둔기 등으로 외력을 가한 경우다.

그러나 위 증거만으로는 타살의 형태를 어느 하나로 특정하기 어렵다. 왜냐하면 안흥용의 진술은 상당히 신빙성이 있어 보이나 다른 과 수사관이었던 김종한으로부터 사건 직후에 들은 내용이면서, 김종한이 사망해 이를 확인하기 어렵고, 장송록의 진술은 자신이 직접 목격한 것이 아니고 정황들에 대한 사후 판단으로서 자신이 당시 최종길 수사의 주된 책임자였음에도 이를 회피하기 위한 진술일 가능성 또한 배제할 수 없다. 또 가미야마 시게타로 박사의 법의학 소견에 대해서 국내외 다른 법의학자들은 살아있을 때의 추락이라고 주장하고 있어 사망의 원인 및 과정을 단정하기 어렵다.

또 유력한 목격자이자 당시 보조수사관인 김상원이 미국에 거주하면서 위원회 조사를 극력 거부하고 있고, 사건 발생 후 30년 가까운 시간이 지났다는 점 때문에 여러 가능성 중 어느 한쪽으로 타살의 방법을 특정하기는 어렵지만, 최종길이 중정 수사관들의 고문이라는 위법한 공권력에 의해 사망했다고 인정하는 데는 부족함이 없다. 이에 따라 의문사 진상규명위원회는 아래와 같이 조치를 결정하고 '최종길 사건'에 대한 1년 반의 조사를 마무리 지었다.

1. 위원회의 구제 조치

본 위원회는 최종길이 민주화운동과 관련해 위법한 공권력의 행사로 사망했다고 인정한다. (그러므로) 이 사건에 관해 '민주화운동관련자명예회복 및 보상심의위원회'에 최종길 및 그 유족에 대한 명예 회복 및 보상 심의를 요청하기로 한다.

2. 위원회의 고발 조치

최종길에 대한 고문 및 그로 인한 사망에 가담한 차철권·김상원은 형법 제125조(폭행, 가혹 행위)·형법 제259조(상해치사)의 경합범, 변영철은 고문에만 가담해 형법 제125조(폭행, 가혹 행위), 사건 발생 후 허위 서류 작성에 가담한 조일제·안경상·장송록·서철신·정낙중·권영진·차철권·김상원 등은 허위 공문서 작성죄·동행사죄(형법 제227조, 229조)가 성립하지만 모두가 위 범죄일로부터 형사소송법 제249조에서 정하는 공소시효가 경과되었음이 명백하므로 범죄에 가담한 자에 대해 고발 및 수사 의뢰를 하지는 아니한다.

정의란 무엇인가, 2017

죽은 자는 말이 없고, 그 억울한 죽음과 직간접적으로 관련이 있는 자들은 변명과 책임 회피의 장광설을 늘어놓고 있다. 이 사건의 피해자 최종길은 하나뿐인 생명을 잃었으니 그 피해가 심히 장대하나, 차철권 등 사건의 가해자들은 작은 불이익조차 당하지 않고 천수를 누리고 있다. 그리고 최종길의 남은 가족들은 그의 죽음 이후 피눈물을 흘리며 인고의 세월을 보냈다.

연로하신 나의 부모님. 어머니는 큰딸의 불행을 견뎌 내지 못하고 병석에
누워서 오랫동안 고생하시다 돌아가시고 말았다. 나는 너무도 나약하고
평범한 여인에 지나지 않았지만, 강해져야만 했다. 아이들 앞에서는 절대
약한 모습을 보일 수 없었다. 정 참을 수 없을 때는 아이들이 잠든 밤에 혼
자서 엉엉 울었다.

– 부인 백경자

아버지가 돌아가신 후 저희는 평범한 듯 보였지만, 가슴에 항상 한을 가지
고 살아왔습니다. 저는 너무 어려서 아버지에 대한 기억이 별로 많지 않지
만, 오빠는 초등학교 3학년이었고, 아버지에 대한 기억이 그만큼 많아서
상처도 더욱 컸을 것으로 생각합니다. 저희는 간첩의 자식이라는 누명을
쓰고 여러 차례 전학을 해야만 하는 힘든 시간들을 보냈습니다.

– 딸 최희정

1998년에는 아버지가 돌아가시고 25년이 지나서야 서울대학교 교정 안
에서 추모식을 가질 수 있었다. 그 오랜 세월이 지나도록 서울대에서 아버
님을 추모하는 행사를 갖는다는 것은 엄두도 내지 못할 일이었다. 아무에
게도 알리지 못하고 가족끼리만 모인 자리에서 중앙정보부 직원들의 감
시하에 치러졌던 25년 전의 장례식을 생각하며 나는 준비도 되지 않은 인
사말씀을 올리는 도중, 계속 쏟아져 나오는 눈물을 어떻게 할 수가 없었
다. 나는 이미 오래전에 나의 눈물이 다 말라 버린 줄만 알았었다. 나는 평
생 처음으로 어머니와 동생 희정이 앞에서 눈물을 보였다. 그동안 우리는

최종길과 백경자의 합장 묘. 백경자는 2015년 5월 24일, 80세를 일기로 타계해 헤어진 지 42년 만에 남편 최종길의 곁으로 돌아갔다. ⓒ김학민

모두가 혼자서 울어 왔다.

- 아들 최광준

2002년 의문사진상규명위원회의 결정으로 정의는 실현된 것인가? 그러나 정의가 없는 힘은 폭력인 것처럼, 힘을 갖지 못한 정의는 무력하다. 2017년, 이 책을 마무리하면서, 피해자가 가해자들에게 '진실'을 밝히기를 간청하고, 그래서 정의의 실현을 가해자들의 '양심'에 기댈 수밖에 없는 이 반쪽뿐인 '정의'를 두고 정의란 과연 무엇인가를 되묻게 된다. 최광준의 증언이다.

1998년 10월, SBS가 아버지 사건에 대한 프로그램(의문의 죽음 - 그리고 25년)을 제작할 때 기자와 같이 차철권의 집을 찾아갔다. 내가 최종길 교수

최종길 교수 '고문치사 사건' 전개 과정

일자	관련 기관 또는 관련자	주장 및 발표·결정
1973.10.16	동생 최종선	중앙정보부 5국의 요청으로 형과 함께 자진 출두
1973.10.25	중앙정보부 김치열 차장	'검거'되어 범행 사실을 자백한 후 10.19.01:30 7층 화장실에서 '투신자살'했다고 발표
1973.11.23	서울지검 공안부 이창우 검사	피의자 사망으로 공소권 없음 결정
1974.12.18	천주교정의구현전국사제단	중앙정보부에서 '전기 고문을 받던 중 심장 파열'로 사망 주장
1988.10.18	서울지검 형사1부 김상수 검사	간첩 여부 알 수 없으며, '타살이나 자살의 증거도 찾지 못했다'고 발표
2001.8.20	국가의문사진상규명위원회	'간첩 자백'은 거짓이며, 중앙정보부 수사관들의 가혹 행위 확인 중간 발표
2001.10.18	의문사진상규명위원회	'간첩 혐의'를 씌우기 위해 가혹 행위가 있었으며 사후 사실의 은폐와 조작이 있었음. 최종길의 간첩 혐의는 '조작'되었으며, '고문에 의한 죽음'이라고 최종 발표

의 아들임을 밝히고 이야기 좀 하자고 했으나, 차철권은 문도 열어 주지 않고 아파트 안에서 자기는 "잘못한 일이 없어 할 이야기가 없다. 그리고 정보부 퇴직자의 기밀 유지 의무 때문에 아무것도 말할 수도 없다"고만 되풀이했다. 그때 SBS 기자로부터, 미국의 김상원의 집에도 방문해 인터뷰를 요청했으나, 김상원이 완강히 거부하며 (자기가 미국시민권자이기 때문에) 경찰을 부르겠다고 해 접촉이 무산되었다고 들었다. 안흥용은 대구에서 혼자 살고 있어 명절 때 내가 가끔 찾아가기도 했다. 당시 수사 실무를 총괄했던 책임자로서 안흥용의 "…김종한 계장은 나를 깨운 후 7층 비상계단으로 데리고 나가더니 비상계단 좌측의 한쪽을 손으로 가리키면서 '여기서 밀어 버렸어'라며 양손으로 최종길을 밀어 떨어뜨리는 동작을 연

출했던 기억이 생생합니다"라는 4회 진술을 의문사진상규명위원회가 비중 있게 다루지 않은 점은 참으로 아쉽다.

최종길 교수 고문치사 사건에 직접 관련이 있는 중앙정보부 5국 10과 주무수사관 차철권은 서울 근교 도시에 살고 있다. 최종길에 대한 조사에서 차철권을 보조했던 김상원은 현재 미국 시애틀에 살고 있다. 그의 소재를 파악해 의문사진상조사위원회 조사관들이 미국으로 가 진실 규명을 위한 증언을 요청했으나 그는 완강히 거부했다. 또 다른 보조수사관 변영철은 미국으로 이민을 가 로스앤젤레스에 살고 있다. 수사를 총괄한 5국 10과장 안홍용은 아내를 먼저 보내고 대구의 작은 아파트에서 홀로 노년을 보내고 있다.

진실을 파헤치기 위해 중앙정보부와 지난한 싸움을 벌여 온 최종선은 고국을 떠나 미국 워싱턴 근교에 살고 있다. 최종길의 아들 최광준은 고교를 졸업하고 아버지의 스승이던 케겔 교수의 초청으로 퀼른 대학에서 아버지의 전공과 같은 민법을 공부했다. 그는 유학을 마치고 부산대학교 교수를 거쳐 현재 경희대학교 법과대학에서 학생들을 가르치고 있다. 최종길의 딸 최희정은 결혼해 현재 서울 근교에서 두 아이의 어머니로 살고 있다. 최종길의 부인 백경자는 2015년 5월 24일, 80세를 일기로 타계했다. 그녀는 국가배상금 등 유산을 천주교인권위원회에 기부한다는 유언을 남기고, 헤어진 지 42년 만에 마석 모란공원묘원의 남편 최종길 곁으로 돌아갔다.

최종길 교수 사건 일지

1931년	4월 28일	최종길, 충남 공주시 반포면 상신리 374번지에서 아버지 최상희와 어머니 성금례 사이 4남 2녀 중 차남으로 태어남.
1945년	3월	최종길, 인천 송현보통학교 졸업.
1951년	8월	최종길, 인천중학교(6년제) 졸업.
	9월	최종길, 서울대학교 법과대학 입학.
1955년	3월	최종길, 서울대학교 법과대학 졸업.
	4월	최종길, 서울대학교 법과대학 대학원 입학.
1957년	4월	최종길, 서울대학교 법과대학 대학원 졸업.
	5월	최종길, 스위스 취리히 법과대학 유학(~1958년 2월).
1958년	4월	최종길, 훔볼트 재단 장학생으로 선발되어 쾰른 대학교 법과대학 유학(~1962년 1월).
	10월	이재원, 네덜란드 델프트 공과대학 유학.
1960년	4월 19일	4월혁명 발발.
1961년	2월	최종길, 쾰른 대학교에서 한국인 최초 독일 법학 박사학위 취득.
	5월 16일	5·16쿠데타 발발.
	5월 20일	중앙정보부 창설, 초대 중앙정보부장에 김종필 취임.

	10월	이필우, 네덜란드 사회과학연구원(ISS) 부설 대학원 유학.
	12월 중순	손원일, 네덜란드 사회과학연구원 연수. 이필우와 만남.
1962년	1월	최종길, 프랑스 소르본 대학에서 프랑스어 공부(~1962년 7월).
	7월	손원일, 사회과학연구원 연수 마치고 귀국.
	8월	최종길, 유럽 유학 마치고 귀국.
1963년	4월	최종길·백경자 결혼.
		김장현, 국제연합식량농업기구 주최 국제 세미나 참석차 네덜란드 사회과학연구원 체류. 이필우와 이재원 만남.
	6월	이필우, 네덜란드를 떠나 쾰른 대학 대학원 유학.
	10월	김장현 귀국.
1964년	5월 15일	최종길, 서울대학교 법과대학 전임강사 발령.
	6월 3일	한일회담 반대 시위.
1967년	3월	최종길, 서울대학교 법과대학 학생과장 근무(~1970년 2월).
	6월	서울대학교 법과대학 학생들 6·8부정선거 규탄 시위.
	7월 8일	중앙정보부, '동베를린 간첩단 사건' 발표.
1969년	9월 14일	3선 개헌 반대 시위로 전면 휴교.
	9월 28일	이필우, 주서독 한국대사관에 자수, 중정 소속 참사로부터 조사받음.
1970년	3월	최종길, 미국 하버드 대학교 엔칭연구소에서 연구 활동 (~1972년 2월).
	11월 13일	전태일 분신자살.
	12월 21일	제6대 중앙정보부장 이후락 취임.
1971년	2월	이필우, 쾰른 대학에서 경제학 박사학위 취득.

	4월 9일	이필우, 귀국하여 중앙정보부에서 5국 수사관 차철권에게 독일 유학 시절의 활동에 대해 조사받음. 차철권의 요구로 북한에 다녀왔을 것으로 추정되는 인사 20여 명의 이름을 진술했고 차철권은 이를 '존안철'로 보관.
	5월 중순	이필우, 검찰에 의해 '공소보류' 처분 받음.
	8월	서울대학교 법과대학 교수회, 문리과대학 교수회 학원 자주화 선언 지지 성명 발표.
	10월 15일	교련 반대 시위로 위수령 선포, 전국 대학 휴교.
	12월	박정희, 국가비상사태 선포.
1972년	2월	최종길, 미국 하버드 대학교 연수 마치고 훔볼트 재단 초청으로 독일 체류(~1972년 8월).
	10월 17일	유신 선포로 계엄령, 전국 대학 휴교.
	11월	최종길, 서울대학교 법과대학 정교수 발령.
	12월 23일	박정희, 통일주체국민회의 대의원 투표로 제8대 대통령 취임.
1973년	1월 21일	최종선, 중앙정보부 입사.
	4월	이재걸 정보부 감찰실장, 윤필용 사건에 연루되어 구속.
	8월 8일	도쿄에서 중앙정보부 주도 김대중 납치 사건 발생.
	가을	[중앙정보부 5국 10과에서 유럽 거점 간첩단 사건 수사 착수―차철권 주장]
	9월 중순	김장현·김촌명, 중앙정보부에 연행.
	9월 25일	이필우, 중앙정보부에서 김장현에 대한 자필 진술서 및 진술조서 작성.
	9월 28일	이필우, 중앙정보부에서 김장현에 대한 자필 진술서 작성.
	10월 2일	서울대학교 문리과대학 학생들 반유신 시위.

10월 4일	서울대학교 법과대학 학생들 반유신 시위.
10월 5일	서울대학교 상과대학 학생들 반유신 시위.
10월 13일 오전 11시	최종선, 총무국 직원 박응규를 통해 5국에서 형 최종길에게 '관심' 갖고 있음을 최초로 확인.
10월 13일 오후 1시	최종선, 박응규로부터 들은 '둘째형 최종길에 대해 5국에서 관심을 갖고 있다'는 사실을 직속상관 이용섭 수집과장에게 보고하고, 아울러 형이 조사를 받는다면 인격적으로 대하도록 도와 달라고 요청.
10월 13일 오후 3시	최종선, 구내식당에서 5국 수사관 김석찬과 만나 둘째형 최종길 관련 여부를 묻고, 조사 시 인격적 대우를 요청. 김석찬은 최종길에게는 별 문제가 없으며 사건이 거의 종결되어 언론발표문을 작성하는 단계라고 언급.
10월 13일 저녁	최종선, 최종길 집을 방문해 그날 낮에 들은 이야기를 전한 후, 정보부의 요청이 있을 경우 싫은 내색하지 말고 협조하라고 설득.
10월 15일 오후 6시	최종선, 5국 안흥용 과장과 면담. 안흥용, 최종선에게 형이 중앙정보부에 출두해 협조받을 수 있도록 요청.
10월 16일 오전 8시 30분	최종선, 최종길에게 전화해 오전에 중정에 출두하도록 요청. 그러나 최종길이 휴교 후 첫 수업이라 오후 출두하겠다고 해 전화로 5국 안흥용 과장의 확인을 받고 두 사람이 오후 1시 40분쯤 퇴계로 아스토리아 호텔에서 만나기로 약속.
10월 16일 오후 2시	최종길, 동생 최종선과 동행해 중앙정보부 정문 출입자 통제소 도착, 5국 공작과 직원 변영철이 신병 인수. [최종길은 아스토리아 호텔 커피숍에 오후 4시에 나타났으며, 중정에는 오후 4시 30분에 '자진 출두'했음 – 차철권 주장. 중앙정보부는 10월 17일 오전 10시 최종길을 간첩 혐의로 '검거'해 10시에 긴급구속장을 발부, 구속했다 함 – 10월 25일 중앙정보부 발표문, 사후 작성 긴급구속장]

최종길 교수 사건 일지

10월 16일 오후 7시경	최종선, 정문 출입자 통제소에 최종길의 주민등록증이 그대로 있는 것을 확인.
10월 17일 오전 8시	최종선, 정보부 정문 출입자 통제소에 형의 주민등록증이 그대로 있는 것을 확인.
10월 17일 오후	중앙정보부 5국 수사관, 최종길의 친필 메모를 휴대하고 최종길 자택에 찾아와 가정부 김순일로부터 최종길의 수첩과 편지를 가져감.
10월 17일 오후 5시	감찰실장 손종호 주재 감찰실 과장회의에 최종선 호출. 감찰실장 손종호, 부실장 배명갑, 최종선이 형 최종길 관련 사실을 직속상관 이용섭에게 보고했다고 하자 잘 처리했다고 격려. 배명갑, 5국 10과 조사계장 고병훈에게 전화를 걸어 최종길 사건을 무리하게 처리하지 말도록 당부.
10월 17일 오후 7시경	최종선, 정문 출입자 통제소에 최종길의 주민등록증이 그대로 있는 것을 다시 확인.
10월 18일 새벽 4시경	[송금 영수증을 제시하며 생활비 조달을 추궁하자 최종길이 이재원에게 800마르크를 빌렸다고 실토 – 차철권 주장]
10월 18일 오전 8시	최종선, 감찰실 이용섭 과장으로부터 감찰실 행정과에 올라가 행정과장 허만위의 지시를 받으라고 명령. 최종선, 하루 종일 행정과 대기.
10월 18일 오전 10시	[최종길을 7층 VIP 조사실로 옮김 – 차철권 주장 / 오후 7시 30분에 최종길을 7층으로 옮기라고 지시 – 장송록 주장]
10월 18일 오후 4시 30분경	[친구와 바람을 쐴 겸 지하철을 탔는데 어느 역에서 내리니 동베를린이었고, 같이 간 사람은 노봉유였다고 최종길이 실토 – 차철권 주장]
10월 18일 오후 7시	행정과장 허만위, 최종선의 퇴근을 허락하고 익일 정상 출근하도록 지시.

10월 18일 오후 7시경	[최종길이 동베를린에 간 것을 실토한 후 5국 수사단장 장송록, 10과장 안흥용이 지하조사실에 들어와 이를 확인하고 7층 VIP 조사실로 최종길을 옮김. 저녁부터 보조심문관 변영철을 김상원으로 교체 – 차철권 주장]
10월 18일 오후 9시경	[10과장 안흥용이 조사실에 들어와 최종길에게 이것저것 물은 후 익일 새벽 1시 10분경까지 시간을 끌어 조사가 제대로 진행되지 않음 – 차철권 주장]
10월 18일 오후 11시경	[보조심문관 김상원이 야식을 사 와 책상에 신문지를 깔고 차철권, 김상원, 최종길이 함께 야식을 먹음 – 차철권 주장]
10월 18일 밤	최종선, 형의 문제가 심상치 않다고 판단해 전 감찰실장 이재걸 부인의 도움을 받아 이후락 정보부장 면담을 시도하기로 결심.
10월 19일 오전 1시 40분	[최종길, 중앙정보부 화장실에서 '투신자살' – 중앙정보부 발표]
10월 19일 오전 3시 30분	[당직실에 대기 중인 차철권에게 5국 수사단장 장송록이 찾아와 '사고 발생 경위서'를 작성하도록 지시 – 차철권 주장]
10월 19일 오전 4시 5분	최종길의 사체 국립과학수사연구소 도착.[5국장 안경상이 서울지검 검사를 불러 검시케 한 후 사체를 4시 40분에 국립과학수사연구소로 옮김 – 차철권 주장]
10월 19일 오전 5시	18~19일 야간의 중앙정보부 당직 근무자 태성범, 최종선에게 전화를 걸어 오전 7시까지 당직실에 대기하라는 감찰과장 이병정의 지시 전달.
10월 19일 오전 6시	[5국 수사단장 장송록에게 '사고 발생 경위서' 제출. 장송록, 5국 1과 정낙중 계장에게 조사받도록 지시 – 차철권 주장]
10월 19일 오전 7시	[5국 1과 정낙중 계장에게 조사받으며, 녹지와 최종길의 수첩을 넘겨주었으나 이후 모두 사라짐 – 차철권 주장]
10월 19일 오전 7시 25분	감찰과장 이병정, 최종선에게 형의 '투신자살' 통고.

최종길 교수 사건 일지

10월 19일 오전 8시경	최종선, 이병정과 함께 5국 수사단장 장송록 만남.
10월 19일 오전	최종선, 장송록의 방에서 빠져나와 형이 투신했다는 현장을 확인하고 국립과학수사연구소로 감.
10월 19일 오전	최종선, 국립과학수사연구소에 들어가지 못하고 시내를 배회하다가 셋째형 최종수를 만나 형의 죽음을 이야기하고 정보부로 돌아옴. 감찰과장 이병정, 막대한 금전적 보상 제의.
10월 19일 정오경	최종선, 셋째형 최종수를 소공동 '수향다방'에서 만나 정보부의 요구대로 부검에 입회할 것을 설득. 잠시 후 자리를 옮겨 부근의 경양식집 '사라망카'에서 5국 9과장 서철신, 감찰과장 이병정과 만나 부검 입회 결정.
10월 19일 오후 1시	최종선과 최종수, 부검 입회 위해 국립과학수사연구소 도착.
10월 19일 오후 2시경	국립과학수사연구소 법의학과장 김상현의 집도로 최종길 사체 부검.
10월 19일 오후	중앙정보부 5국장 안경상, 국과수 소장실로 최종선 형제를 찾아와 막대한 보상과 가족에게 사죄단 파견 약속.
10월 19일 오후	최종길의 부검을 끝낸 최종선 형제, 중앙정보부로 돌아와 감찰실장 손종호와 만남. 손종호, 정보부 고위층이 가족들의 요구를 들어주겠다면서 간단한 각서를 요구. 5국 수사단장 장송록이 각서 초안을 가져왔으나 굴욕적 내용으로 확인. 두 형제 버텼으나 결국 굴복.
10월 19일 저녁	둘째 형수(최종남의 부인) 탄원서 서명.
10월 20일 아침	최종길의 부인 백경자 탄원서 서명.
10월 20일	오류동 최종수의 집에 최종길 빈소 설치.
	중앙정보부 감찰실, 5국장 안경상, 수사단장 장송록, 공작과장 안흥용, 1계장 고병훈, 주무수사관 차철권, 보조수사관 김상원에 대한 직무 감사 실시.

	10월 21일 아침	최종선 형제, 국과수에서 최종길 시신 인수.
	10월 21일	외부 인사의 참석이 금지된 채 모란공원묘원에 최종길 안장.
	10월 23일	중앙정보부, '유럽 거점 간첩단 사건' 관련자 검찰에 송치.
	10월 24일 10시 30분	중앙정보부 감찰과장 이병정, 경양식집 '사라망카'에서 최종선 형제를 만나 최종길이 간첩죄로 발표될 수 있다고 통고.
	10월 25일	중앙정보부, '유럽 거점 간첩단 사건'(간첩 혐의자 최종길은 조사를 받던 중 10월 19일 오전 1시 30분 7층 화장실에서 투신자살했다) 발표.
	10월 26일	최종선, 세브란스병원 정신병동에 위장 입원해 '양심수기' 기록.
	11월 12일	최종선, '양심수기' 완성, 퇴원.
	11월 13일	중앙정보부, 최종길의 주무수사관 차철권 등 고등징계위원회에서 징계 결정.
	11월 28일	중앙정보부, 주무수사관 차철권과 보조수사관 김상원 징계 처분 고시(차철권 견책, 김상원 감봉 1개월).
	12월 3일	이후락 실각, 제7대 중앙정보부장 신직수 취임.
	12월	최종선, 정보부 감찰실에서 전보되어 서울지부 근무.
1974년	1월 8일	대통령 긴급조치 1호 발포.
	1월	최종선, 정보부 조직 개편으로 서울지부가 6국(특명수사국)으로 편입되어 6국 학원과 근무.
	4월 3일	민청학련 사건 발생.
	8월 15일	광복절 기념식장에서 박정희 부부 문세광에 의해 피격, 육영수 사망.
	12월 10일	천주교정의구현전국사제단, 세계인권선언의 날 기념미사에서 중앙정보부 해체 요구.

	12월 18일	천주교정의구현전국사제단, 명동성당에서 최종길 교수 추도미사 집전, 최종길 교수의 고문치사 의혹 거론.
	12월 31일	최종선, '양심수기'를 함세웅 신부에게 전달.
1975년	3월 1일	기독자교수협의회, 최종길 교수 사인 규명 촉구 성명 발표.
	3월 10일	천주교정의구현전국사제단, 근로자 권익·민주 회복 기도회에서 최종길 교수 죽음의 진상 공개 요구.
	3월 17일	신민당 최성석 의원, 국회 본회의에서 최종길 교수 사인 재조사 요구 질의.
	봄	최종선, 정보부 6국 학원과의 서울대학교 담당 요원으로 발령.
1976년	12월 4일	제8대 중앙정보부장 김재규 취임.
1978년	초	최종선, 중앙정보부 경기지부로 전보.
1979년	10월 16일	부산·마산에서 대규모 민중 시위(부마민주항쟁) 발발.
	10월 26일	박정희, 김재규 중앙정보부장에 의해 피살.
1980년	3월	역대 서울대학교 법과대학 학생회장단, 최종길 교수 사인 규명 운동 추진.
	5월 18일	5·18광주민주화운동 발발.
1981년	1월 23일	최종선, 중앙정보부 퇴직.
1988년	10월 6일	천주교정의구현전국사제단과 유가족, 검찰에 최종길 교수 사건 수사 요구 진정.
	10월 7일	평화민주당(총재 김대중), 최종길 교수 사인 규명 촉구 성명서 발표.
	10월 8일	최종선, 김정남과 만남.
	10월 9일	최종선의 '양심수기' 전문《평화신문》에 공개.
	10월 10, 11일	최종선, 검찰에 출두해 사건에 대해 진술.

	10월 17일	서울 지역 천주교사회운동협의회, 최종길 교수 사인 규명 촉구 성명 발표.
	10월 19일	검찰, 최종길 사건 중간 발표. 천주교정의구현전국사제단, 최종길 교수 15주기 연미사 집전 후 검찰의 중간 발표에 대한 중간 보고서 발표.
	10월	장송록, 차철권, 김상원, 고병훈 등 사건 당시 5국 직원들, 강남의 덕우회(중정 5국 퇴직자 모임) 사무실에 모여 검찰 조사 시 차철권의 입장에 말을 맞추기로 결정.
1989년	8월 22일	검찰, 최종길 사건 내사 종결 발표.
1990년	6월 10일	최종길 교수 등 민족 민주 열사·희생자 합동 추모제 거행.
1993년	10월 18일	민주화운동기념사업회, 모란공원에서 최종길 교수 20주기 추도식 거행. 진상 규명 요구 성명서 발표.
1998년	9월	독일 훔볼트 재단 뤼스트 이사장, 주한 독일대사 폴러스에게 최종길 교수의 사인 규명에 총력을 기울여 줄 것을 당부하는 서한 전달.
	10월 17일	최종길 교수 25주기 추모식 거행. '최종길 교수를 추모하는 사람들의 모임'(공동대표 이수성·배재식) 결성.
	11월 3일	SBS, 〈의문의 죽음 – 그리고 25년〉 방영.
1999년	4월	'최종길교수고문치사진상규명 및 명예회복추진위원회'(공동대표 김승훈·백충현) 결성, 사건 관련 자료집 발간
	4월 12일	최종길교수고문치사진상규명 및 명예회복추진위원회, '의문사 문제 해결을 위한 법적 모색' 학술 심포지엄 개최.
	5월 9일	최종선, 미국 워싱턴에서 발간되는 《The Korean Weekly》지에 최종길 죽음의 의혹에 대한 글 기고.
	10월 16일	최종길 교수 26주기 추도식 거행(모란공원묘원).
	10월 18일	최종길 교수를 추모하는 사람들의 모임, 고 최종길 박사 제26주기 추모제 거행(명동성당 문화관).

2000년	1월 16일	'의문사진상규명에 관한 특별법' 공포.
	10월 17일	대통령 소속 '의문사진상규명위원회' 출범.
	10월 21일	최종길 교수 27주기 추도식(모란공원묘원).
	11월 23일	유가족 등 348명, 의문사진상규명위원회에 최종길 교수의 사인을 규명해 달라는 진정서 제출.
2001년	3월 12일	최종선, 종로경찰서 기자실에서 "최종길은 중앙정보부 수사관들의 고문으로 숨졌고, 이를 입증할 수 있는 증거물이 있다"고 기자회견.
	3월 14일	최종선의 양심수기 《산 자여 말하라 : 나의 형 최종길 교수는 이렇게 죽었다》 출판기념회(명동성당 가톨릭회관) 개최.
	6월 12일	의문사진상규명위원회, 최종길 교수 사건 등 7개 진정 사건 조사 기한 3개월 연장.
	8월 20일	의문사진상규명위원회, "최 교수가 간첩이라고 자백한 사실 없으며 중정의 투신자살 발표는 허위"라고 발표.
	10월 18일	최종길 교수 제28주기 추도식(서울대학교 근대법학교육·백주년기념관).
	10월 21일	묘소 참배 및 추모예배(모란공원묘원).
2002년	5월 24일	의문사진상규명위원회, 17개월간의 조사 끝에 제51차 회의에서 위원 전원 찬성으로 "최종길 교수의 간첩 혐의는 조작되었고 수사 과정에서 고문이 있었다"고 최종 결정.
	5월 25일	한상범 의문사진상규명위원회 위원장, 최종길 교수 사건에 대한 조사 결과 김대중 대통령에게 보고.
	5월 27일	의문사진상규명위원회, 최종길 교수 사건에 대한 결정문 발표.
	5월 28일	의문사진상규명위원회, 민주화운동관련자명예회복 및 보상심의위원회에 최종길과 그 유족에 대한 명예 회복 및 보상금 등 심의 요청.

	5월 29일	최종길 교수 유가족, 국가를 상대로 국가배상을 청구하는 소장 접수.
	10월 17일	최종길 교수 제29주기 추도식 및 추모 문집《아직 끝나지 않은 죽음 : 아! 최종길 교수여》출판기념회 개최.
	10월 19일	최종길 교수 제29주기 추모예배(모란공원묘원).
2015년	5월 24일	최종길 교수 부인 백경자 여사 타계, 모란공원묘원의 고 최종길 교수와 합장.
2017년	5월	《만들어진 간첩》발간.

고병훈 사건 당시 중앙정보부 5국 10과 조사1계장. 최종길이 사망하자 장송록, 안흥용 등과 함께 차철권의 사건 경위 보고에 맞춰 메모를 작성, 양공숙으로 하여금 긴급구속장 등 공문서를 조작 작성케 함.

고재웅 사건 당시 건국대학교 공과대학 조교수. [네덜란드와 독일에 유학할 때 이재원으로부터 북한 사회의 우월성 선전,《노동신문》등 간행물을 통해 남한 적화통일 전선에의 참여를 종용받았으며, 이를 불고지해 조사를 받았으나 공소시효 만료로 불기소 의견 – 중앙정보부 발표]

공성근 최종길이 사망한 1973년 10월 18~19일 사이의 중앙정보부 야간 당직 근무자.

권영진 사건 당시 중앙정보부 5국 9과 수사관. 정낙중 계장의 지시로 10월 20일 최종길에 대한 피의자 신문조서 등을 조작 작성함.

김계호 사건 당시 한국수자원개발공사 낙동강유역조사사무소 조사과장. [네덜란드 델프트 공과대학 유학 시 '간첩' 이재원과의 접촉 사실을 불고지해 조사받았으나 공소시효 만료로 불기소 의견 – 중앙정보부 발표]

김명옥 사건 당시 중앙정보부 감찰실 감찰과 직원. 최종길 사망 후 보조수사관 김상원을 감찰 조사했으나 시신이나 현장을 확인하지 않음.

김명환 사건 당시 중앙정보부 감찰실 감찰과 직원.

김상수 서울지검 형사1부 부장검사. 1988년 최종길의 사인을 밝혀 달라는 유가족과 천주교 정의구현전국사제단의 진정 사건 조사를 담당함.

김상원 사건 당시 중앙정보부 5국 10과 직원으로, 최종길 담당 3인 1조 수사팀의 보조수사관. 중앙정보부 공채 7기 출신. 사건 이후 통신국으로 전보되어 근무하다가 1988년 검찰 조사를 받은 후 사표를 내고 미국으로 이민, 현재 시애틀 거주.

김상현 사건 당시 국립과학수사연구소 법의학과장으로 최종길 부검의. 최종길을 부검하기 직전 궁정동 정보부 안가로 불려 갔음. 1973년 10월 19일 오후 최종길의 시신을 부검한 후 투신자살로 결론 내림. 부검 이후 중정에서 최종길의 부검 감정서 원본을 가져가려고 시도하자 증거인멸 행위라며 거부.

김석찬 사건 당시 중앙정보부 5국 9과 수사관. '유럽 거점 간첩단 사건'에서 농수산부 기사 김춘명을 조사. 10월 13일 통근 차 안에서 총무과 직원 박응규에게 최종길에 대해 물음. 10월 13일 오후 3시 최종선으로부터 형 최종길의 관련 여부와 조사를 하게 되면 인격적 대우를 해 줄 것을 요청받자, 최종길에게는 별 문제가 없으며 사건이 거의 종결되어 언론 발표문을 작성하는 단계라고 답변.

김성수 1973년 10월의 '유럽 거점 간첩단 사건' 관련자. 전라남도 화순 출생. 연세대학교 철학과 졸업 후 독일 튀빙겐 대학을 거쳐 프랑크푸르트 대학 대학원 철학과 유학, 동학 관련 논문으로 박사학위를 취득했으며 천도교 경전인《동경대전》을 독일어로 번역. [1969년 8월 동베를린 경유 평양으로 가 간첩 교육과 지령을 받고 서독으로 귀환, 이재원의 연락책으로 활동 – 중앙정보부 발표]

김순일 사건 당시 최종길 교수 자택의 가정부. 1973년 10월 17일 오후 최종길의 친필 메모를 휴대하고 온 중앙정보부 5국 수사관들에게 최종길의 수첩과 내외국인들과 교환한 편지를 제공.

김장현 '유럽 거점 간첩단 사건' 관련자로 구속되어 4년 징역형을 선고받고 복역했으나 2012년 재심에서 무죄판결을 받음. 1935년 광주에서 출생해 목포고등학교와 서울대학교 경제학과 졸업(1958년). 경제기획원에 근무할 때인 1963년 국제연합식량농업기구(FAO)가 주최한 '농업개발 계획에 관한 국제 세미나'에 참석하기 위해 네덜란드 체류. 세미나 후 경제기획원으로 복귀해 근무하다가, 1969년 경제·과학심의회의로 전보, 제2조사분석실 분석관으로 근무. [네덜란드 체재 시 이재원에게 포섭되어, 1963년 9월 30일~11월 27일 사이 동베를린에서 간첩 교육을 받음 – 중앙정보부 발표]

김적교 사건 당시 한국개발연구원 연구원. [네덜란드 사회과학연구원 유학 시 '간첩' 이재원과의 접촉 사실을 불고지해 조사받았으나 공소시효 만료로 불기소 의견 – 중앙정보부 발표]

김정길 사건 당시 서울시 수도국 시설과 공무2계장. [네덜란드 델프트 공과대학 유학 시 '간첩' 이재원과의 접촉 사실을 불고지해 조사받았으나 공소시효 만료로 불기소 의견 –

중앙정보부 발표]

김종한 사건 당시 중앙정보부 5국 9과 2계장. 10월 19일 오전 3시경 최종길 사망으로 긴급히 출근한 5국 공작과장 안흥용에게 떠미는 시늉을 하며 "여기서 밀어 버렸어"라고 말함. '유럽 거점 간첩단 사건' 관련자들의 검찰 송치 업무 일체를 담당.

김촌명 '유럽 거점 간첩단 사건' 관련자로 구속되었으나 1심에서 무죄로 석방됨. 용산중고등학교와 서울시립농과대학 졸업. 농수산부 농지관리국 토목기사로 재직 중 1966년 10월 네덜란드 정부 초청으로 델프트 공과대학 유학. [네덜란드 델프트 공과대학 유학 시 '간첩' 이재원에게 포섭되었음 - 중앙정보부 발표]

김치열 사건 당시 중앙정보부 차장. 1973년 8월 김대중 납치 살해 계획 실패로 중앙정보부장 이후락이 실권하자 부장을 제치고 박정희에게 직보하는 중정의 실세로 등장, 안경상 등 중정 내 검찰 인맥을 내세워 '유럽 거점 간첩단 사건'을 조작. 이 사건으로 중정에 자진 출두한 최종길이 고문치사하자, 1973년 10월 25일 간첩 혐의가 드러난 끝에 최종길이 투신자살했다고 언론에 발표. 1973년 12월 3일 중정 차장에서 퇴임한 후 검찰총장, 내무부 장관, 법무부 장관 역임.

김현식 사건 당시 중앙정보부 5국 수사관.

노봉유 1973년 10월 25일 중앙정보부가 '유럽 거점 간첩단사건'을 발표할 때 최종길을 포섭해 간첩 행위를 하게 했다고 특정한 인물. 인천중학교와 서울대학교 문리과대학 수학과를 졸업한 후 제물포고등학교 교사를 거쳐 프랑스 유학, 파리 대학 이과대학에서 국가박사학위 취득. 국립 알제 대학 교수로 근무하다가 병사. [최종길은 1958년 1월경 프랑스 파리에 유학 중인 노봉유의 연락을 받고 위 노봉유의 기숙사에서 7일간 기거하면서 외세에 의해 분단된 국토와 민족이 평화적으로 통일하려면 유학생들이 혁명 대열의 선봉적 역할을 해야 한다며 혁명 대열에 참여하라는 권고에 동조함 - 중앙정보부 발표]

명관심 사건 당시 농업진흥공사 영산강사업소 공무과장. [네덜란드 델프트 공과대학 유학 시 '간첩' 이재원과의 접촉 사실을 불고지해 조사받았으나 공소시효 만료로 불기소 의견 - 중앙정보부 발표]

박기용 중앙정보부 2국 국제협력과 전 직원. 사건 당시 중앙정보부 퇴직. 최종길의 부인 백경자, 동생 최종선을 함세웅 신부와 연결해 줌.

박응규 사건 당시 중앙정보부 총무국 근무. 최종선의 셋째형 최종수의 친구. 1973년 10월 13

일 통근 차 안에서 5국 수사관 김석찬이 최종길에 관해 물었음을 최종선에게 이야기해 줌.

박정희 사건 당시 대통령. 일제하에서 대구사범학교를 졸업하고 보통학교 교사로 근무하다가 일제의 괴뢰 만주국의 신경군관학교에 입학, 만주군 장교로 해방을 맞음. 해방 후 국방경비사관학교에 입학, 창군에 참여했으나 남로당 입당으로 숙군에 몰렸다가 만주군 인맥들의 도움으로 기사회생, 이승만 정권하에서 군 생활을 이어 감. 1960년 4월혁명 이후 호시탐탐 쿠데타를 모의하다가 1961년 5·16쿠데타로 정권을 잡음. 1963년 5대 대통령, 1967년 6대 대통령, 1971년 7대 대통령에 당선되었으나 1972년의 유신 쿠데타로 장기 집권을 획책, 유신독재체제를 구축하고 중앙정보부와 보안사를 앞세워 숱한 공안 사건을 조작해 야당 인사와 지식인, 언론인, 대학생 등 비판 세력을 탄압함. 1979년 10월 26일 유신독재의 절정에서 중앙정보부장 김재규의 총에 맞아 사망.

박춘영 사건 당시 중앙정보부 감찰실 직원. 최종선과는 9기 공채 동기생. 최종길의 장례식 때, 최종선이 정신병동에 있을 때 곁에서 위로해 줌.

배명갑 사건 당시 중앙정보부 감찰실 부실장. 1973년 10월 16일 오후 5시 감찰실 과장회의에 출두한 최종선으로부터 최종길 사건 파악.

변영철 사건 당시 중앙정보부 5국 10과 직원으로, 최종길 담당 3인 1조 수사팀의 보조수사관. 대공수사 경력으로 중앙정보부에 특채. 1973년 10월 13일 오후 2시경 중정 정문 출입자 통제소에서 최종길의 신병을 인수. 사건 이후에도 중앙정보부에 더 근무하다가 1980년대에 퇴직, 미국으로 이민 가 현재 로스앤젤레스 거주.

서재규 사건 당시 중앙정보부 감찰실 감찰과 계장. 최종길의 주무수사관 차철권과 보조수사관 김상원을 감찰 조사해 징계 처리한 '부회보 제42호' 작성, 사건 후 최종선에 대한 동향 감시 책임을 맡음.

서철신 사건 당시 중앙정보부 5국 수사9과장. 1973년 가을 차철권으로부터 최종길의 존안철을 넘겨받아 김석찬에게 내사하게 했으나 대공 용의점 없다고 보고받음. 10월 19일 정오경 최종선·최종수 형제를 만나 부검에 입회하라고 설득.

서정옥 사건 당시 수산청 어정국 어정계장. [네덜란드 델프트 공과대학 유학 시 '간첩' 이재원과의 접촉 사실을 불고지해 조사받았으나 공소시효 만료로 불기소 의견 – 중앙정보부 발표]

손종호 사건 당시 중앙정보부 감찰실장. 1973년 8월 김대중 납치 살해 계획 실패로 정보부장 이후락이 실권하고 김치열 차장이 실세로 떠오르자 그의 특명을 받아 정보부 내의 이후락 계열 특채자 100여 명을 숙청. 10월 16일 오후 5시 감찰실 과장회의에 최종선을 출두시켜 최종길 사건 파악.

신직수 검찰청장을 거쳐 사건 당시 법무부 장관. 1973년 8월 김대중 납치 살해 계획 실패와 10월 '유럽 거점 간첩단 사건'으로 자진 출두한 최종길이 사망한 사건으로 중앙정보부장 이후락이 실각하고 12월 3일 그 후임으로 부장에 취임, 1976년 퇴임할 때까지 민청학련 사건, 울릉도 거점 간첩단 사건, 3·1 민주구국선언 사건, 대학가의 반유신 긴급조치 9호 위반 사건 등을 조작 탄압한 최고위층.

안경상 서울대학교 법과대학 졸업. 검사 출신으로 사건 당시 중앙정보부 5국장. 1973년 9월 김장현, 김촌명 등 유럽 연수 공무원들을 고문 수사해 '유럽 거점 간첩단 사건'을 조작한 중정 5국의 최고 책임자. 자진 출두한 최종길이 고문 수사로 사망하자 간첩으로 조작, 투신자살했다고 몰고 감. 1979년 전두환과 공동으로 청룡봉사상 '국가안보부문'상 수상.

안흥용 사건 당시 중앙정보부 5국 10과장. 현역 육군 중령. 1973년 10월 15일 저녁 최종선을 불러 10월 16일에 형 최종길을 중정에 출두시키도록 요청. '최종길 사건' 수사를 지휘한 실무 책임자.

양공숙 사건 당시 중앙정보부 5국 10과 수사관. 최종길 사후인 10월 22·23일경 장송록, 안흥용의 지시로 '신문보도안' 허위 작성.

양명률 사건 당시 중앙정보부 5국 10과 수사관.

오수창 사건 당시 국립과학수사연구소 소장. 1973년 10월 19일 오후 2시경 최종길의 부검 지휘 책임자.

유호문 사건 당시 건설부 산업입지국 공업항과장. [네덜란드 델프트 공과대학 유학 시 '간첩' 이재원과의 접촉 사실을 불고지해 조사받았으나 공소시효 만료로 불기소 의견 – 중앙정보부 발표]

이권섭 사건 당시 중앙정보부 5국 9과 수사관. 이필우로부터 1973년 9월 25일 김장현, 9월 28일 최종길에 대한 진술서를 받음. 김장현에 대한 주무수사관.

이병정 사건 당시 중앙정보부 감찰실 감찰과장. 1973년 10월 19일 오전 7시 25분 최종선에게 최종길의 '투신자살'을 통고.

이수훈 사건 당시 건설부 중부국토건설국 토목기좌. [네덜란드 델프트 공과대학 유학 시 '간첩' 이재원과의 접촉 사실을 불고지해 조사받았으나 공소시효 만료로 불기소 의견 - 중앙정보부 발표]

이용섭 사건 당시 중앙정보부 감찰실 수집과장. 1973년 10월 13일 오후 최종선으로부터 '둘째형 최종길에 대해 5국에서 관심을 갖고 있다'는 사실을 보고받음.

이원찬 [북한의 대남 공작 유럽 총책. 1958년 10월 이재원을 포섭, 평양에 보내 공작 교육을 받게 하고 이후 네덜란드·스위스·서독 대남 공작책으로 활동하게 했다 함 - 중앙정보부 발표]

이재걸 1973년 1월 최종선의 중앙정보부 입사 당시 감찰실장. 최종길과는 서울대학교 법과대학 9회 동기동창. 제6대 중앙정보부장 이후락의 조카로 승승장구했으나 1973년 윤필용 사건에 연루되어 구속됨.

이재문 이재원의 동생. 인천 덕적도 출신으로, 제물포고등학교를 졸업하고(1회) 1963년 서울대학교 공과대학 전자공학과를 졸업한 후 광운전자초급대학 강사로 근무하다가 1965년 네덜란드 에인트호번 공과대학에 유학. [형인 이재원의 지령에 따라 국내 간첩 김장현과 접선, 그의 주선으로 1965년 2월에 네덜란드에 유학. 1965년 7월 동베를린 경유 평양에 가 간첩 교육과 지령을 받고 네덜란드로 돌아가 한국 유학생을 대상으로 간첩 활동. 동베를린 간첩단 사건 후 북한으로 탈출. 1970년 7월 서독에 침투, 형 이재원 밑에서 부책으로 활동 - 중앙정보부 발표].

이재원 인천 덕적도 출신으로 인천중학교를 졸업하고(최종길과 동기동창) 서울대학교 공과대학 조선공학과를 졸업했으며, 1957년에 서울공대 대학원을 수료한 후 모교인 제물포고등학교 교사로 근무하다가 네덜란드 델프트 공과대학 유학. 사건 당시 [북한의 유럽 대남 공작 총책. 1958년 10월 동베를린 주재 유럽 대남 공작 총책인 이원찬에게 포섭돼 북한에 들어가 공작 교육을 받고 귀환 후 1960년부터 네덜란드 공작책으로 활동. 1960~1967년 김장현, 이재문, 김성수, 최종길 등을 포섭해 북한에 보냄. 동베를린 간첩단 사건 후 잠시 동유럽으로 도피했다가 1970년 5월부터 다시 네덜란드에 근거를 두고 유럽 지역의 간첩망 조직 등 재활동을 펴고 있음 - 중앙정보부 발표].

이창우 사건 당시 서울지방검찰청 공안부 소속 검사. 경남 김해 출신으로 서울대학교 정치학과 졸업. 1967년 '동베를린 간첩단 사건,' 1968년 '임자도 간첩단 사건' 수사. 1975년 사회안전법 제정에 따라 법무부 검찰국에서 보안 처분 심사 담당. [1973년 10월 19일 최종길의 '투신자살 사건' 때 현장검증 - 중앙정보부 주장]. 1973년 10월 19일 오후 국립과학수사연구소에서 최종길의 부검을 지휘했으나 부검을 시작하기도 전에 최종길이 투신자살한 것 같으며 고문 흔적은 없다고 최종선에게 설명. 최종길이 중정에 출두하기 이전인 9월 말부터 '유럽 거점 간첩단 사건'의 수사 검사로 간여하고 있었음. 부산지검 차장검사를 거쳐 서울지검장 역임.

이창홍 사건 당시 중앙정보부 파견 군의관. 사건 직후 최종길의 사체 확인.

이치왕 중앙정보부 주서독 파견관. 1969년 9월 28일 '유럽 거점 간첩단 사건'의 제보자 이필우가 자수하자 주서독 한국대사관에서 조사해 중앙정보부장에게 '미체포 간첩 자수에 관한 보고 전문'을 보냄.

이필우 1973년 '유럽 거점 간첩단 사건'에서의 김장현, 최종길에 대한 정보제공자. 수원농고와 중앙대학교 경제학과를 졸업하고 1960년 네덜란드 사회과학연구원에 유학한 후 1963~1971년 독일 쾰른 대학교에서 경제학을 연구, 박사학위 취득. 유럽 유학 동안 이재원과의 교유 관계가 불안해 중앙정보부에 자수, 중정의 요구로 유럽 체류자 중 남한 정부에 비판적이며 동·베를린을 방문했을 가능성이 있는 인사 20여 명을 지목, 이것이 '유럽 거점 간첩단 사건'으로 발전되고, 그 여파로 '최종길 고문치사 사건'이 벌어짐.

이형수 사건 당시 무직(수자원개발공사 과장 역임). [네덜란드 델프트 공과대학 유학 시 '간첩' 이재원과의 접촉 사실을 불고지해 조사받았으나 공소시효 만료로 불기소 의견 – 중앙정보부 발표]

이환범 사건 당시 교통부 해운국 항만진흥과 기사. [네덜란드 델프트 공과대학 유학 시 '간첩' 이재원과의 접촉 사실을 불고지해 조사받았으나 공소시효 만료로 불기소 의견 – 중앙정보부 발표]

이후락 사건 당시 중앙정보부장. 1924년 경남 울산 출생. 1945년 군사영어학교 1기생으로 입교. 1946년 3월 임관해 1948년 육군 정보국 차장 등 육군의 정보 분야에서 복무하다가 1961년 육군 소장으로 예편. 4월혁명 후 장면 내각이 설치한 중앙정보연구위원회에서 정보실장과 연구실장으로 근무하다가 5·16쿠데타 세력에 합류, 중앙정보부 창설 및 박정희의 권력 강화에 공을 세움. 1963년 10월 박정희가 제5대 대통령에 당선된 후 대통령 비서실장에 임명되어 1969년 10월까지 재임. 1970년 12월부터 1973년 12월까지 제6대 중앙정보부장 재임. 이 기간에 정보부장으로 재직하면서 숱한 용공·음해·테러 공작을 자행했으며, 박정희 영구 집권을 위해 유신체제를 기획했고, 이에 저항해 해외에서 투쟁하던 김대중을 납치해 살해하려 했으나 실패해 중앙정보부장직에서 물러나고 유정회 국회의원을 지냄. 1980년 전두환 신군부로부터 '권력형 부정 축재자'로 몰리자 "떡을 만지다 보면 떡고물이 손에 묻을 수 있다"는 '명언'을 남김. 2009년 10월 31일 사망.

이희일 사건 당시 주프랑스 한국대사관 공사. [네덜란드 사회과학연구원 유학 시 '간첩' 이재원과의 접촉 사실을 불고지한 혐의로 조사받음. 공소시효 만료로 불기소 의견 – 중앙정보부 발표] 박정희 유신정권하에서 농수산부 장관 역임.

임금동 사건 당시 중앙정보부 남산 분청사 7층 경비원. 2001년 의문사진상규명위원회에서 1973년의 중정 감찰실의 조사와 1988년 검찰 조사 때는 차철권의 회유와 협박 때문에 허위 증언을 했다고 진술.

임민우 사건 당시 중앙대학교 교수. [네덜란드 사회과학연구원 유학 시 '간첩' 이재원과의 접촉 사실을 불고지해 조사받았으나 공소시효 만료로 불기소 의견 – 중앙정보부 발표]

임석진 1967년 '동베를린 간첩단 사건'의 전모를 박정희에게 제보한 사람. 1956년 서울대학교 정치학과를 졸업하고, 하이델베르크 대학에서 사회학을 공부하고 1961년 프랑크푸르트 대학에서 철학 박사학위 취득. 귀국해 명지대 교수 역임.

장송록 사건 당시 중앙정보부 5국 수사단장. '유럽 거점 간첩단 사건'을 조작한 중정 5국의 최고 수사 책임자. 최종길이 사망한 10월 19일 오전 8시경 최종선을 만났을 때 "밤중에 빨리 들어오라는 전화가 왔기에 나는 지하실에서 물을 먹이다가 일어난 사고로 생각하고 달려왔더니 투신자살하셨다는 겁니다"라고 실토. 최종선에게 형의 죽음에 대한 '협조'를 강요. 의문사진상조사위원회 조사에서 여덟 가지 이유를 들어 최종길 교수가 고문으로 타살되었을 것이라고 증언.

전몽각 사건 당시 성균관대학교 부교수. [네덜란드 델프트 공과대학 유학 시 '간첩' 이재원과의 접촉 사실을 불고지해 조사받았으나 공소시효 만료로 불기소 의견 – 중앙정보부 발표]

정낙중 사건 당시 중앙정보부 5국 9과 수사계장. 최종길 '투신자살' 직후 5국 수사단장 장송록의 지시로 차철권을 조사. 1973년 10월 21일 최종길 장례식 때 유가족 감시 책임을 맡음. 의문사진상규명위원에서 진술 조서 등 최종길 관련 모든 문서가 사후 조작되었다고 진술.

정문혜 이재원의 부인. 두 사람은 최종길의 형 최종남의 소개로 1957년에 결혼했으나 결혼

3개월 만에 이재원이 유학을 떠나 10여 년간 만나지 못함. 네덜란드에 유학했던 농림부 공무원 김촌명으로부터 이재원의 시계와 중고차 투자 반환금 2만 원을 받아 사건에 연루됨. 사건 당시는 이재원과의 관계를 정리하고 우 모 씨와 재혼한 상태.

조일제 사건 당시 중앙정보부 차장보. 육군 특무대 문관에서 출발해 중앙정보부에 특채, 3국장, 보안차장보 역임. 10대 국회의원(유정회), 11대 국회의원(한국국민당) 역임. 최종길이 사망하자 관련 검찰 송치 서류 및 간첩 자백 서류들의 조작 작성을 지휘.

차철권 사건 당시 중앙정보부 5국 10과 직원으로, 최종길 담당 3인 1조 수사팀의 주무수사관. 1927년 경상남도 함안군 칠서면에서 태어나 1931년 일본 교토로 이주. 1945년 해방이 되자 함안군 대산면으로 귀환. 1947년 국방경비대 제15연대에 자원입대. 1950년 2월, 육군정보국 순천지구 CIC(특무대) 요원으로 차출. 1956년 갑종 118기 교육을 받고 소위로 임관해 육군특무대에 근무하다가, 1966년 1월 중위로 예편했으나 바로 3급을 군속으로 임용되어 방첩부대 대공 분야 근무. 1970년 중앙정보부에 촉탁으로 임용되었다가 그해 12월 5국 수사공작과 4급갑(주사) 요원으로 특채. 1973년 11월 '최종길 사망 사건'으로 견책을 받았으나 1974년 소위 울릉도 간첩단 적발로 사무관에서 서기관으로 특진. 1978년 12월 부이사관으로 승진, 중앙정보부 대전지부 대공수사과장으로 재직하다가, 1980년 7월 전두환의 중앙정보부 숙청 때 해직.

채희열 사건 당시 중앙정보부 이문동 본청 소속 사진기사. 1973년 10월 19일 새벽 남산 분청사로 불려와 현장 사진을 찍음.

최영박 사건 당시 고려대학교 이공대학 교수. [네덜란드 델프트 공과대학 유학 시 '간첩' 이재원과의 접촉 사실을 불고지해 조사받았으나 공소시효 만료로 불기소 의견 – 중앙정보부 발표] 의문사진상규명위원회는 최영박을 이필우와 함께 중안정보부 관리 인사로 적시.

최재화 사건 당시 건설부 국립건설연구소 항측과장. [네덜란드 델프트 공과대학 유학 시 '간첩' 이재원과의 접촉 사실을 불고지해 조사받았으나 공소시효 완성으로 불기소 의견 – 중앙정보부 발표]

최종길 사건 당시 서울대학교 법과대학 교수. 1973년 10월 16일 동생 최종선의 안내로 중앙정보부 출두, 5국 수사공작과 수사관 차철권 등에게 조사를 받던 중 의문의 죽음을 당함.

최종선 최종길의 막냇동생으로 사건 당시 중앙정보부 감찰실 감찰과 직원. 5국 수사공작과 수사관들의 요청으로 형 최종길을 중앙정보부에 출두시켰으나 형이 조사를 받던 중 사망하자, 이를 고문치사로 단정하고 사건 당시 관련 정보부원들의 발언과 행동, 상황증거들을 세브란스병원 정신병동에서 기록으로 남겨 후일 사건의 진상을 밝히는 데 결정적인 역할을 함.

태성범 최종길이 피살되었던 1973년 10월 18~19일의 중앙정보부 야간 당직 근무자. 10월 19일 오전 5시경 최종선에게 전화를 걸어 오전 7시까지 당직실에 대기하라는 감찰 과장 이병정의 지시를 전달.

한영택 1972, 1973년 즈음 서독 주재 한국대사관 파견 중앙정보부 요원. 김성수를 비롯한 서독 내 반유신 인사들 감시.

한찬우 사건 당시 건설부 포항공업지구공사사무소 건설과장. [네덜란드 델프트 공과대학 유학 시 '간첩' 이재원과의 접촉 사실을 불고지해 조사받았으나 공소시효 만료로 불기소 의견 – 중앙정보부 발표]

한철종 사건 당시 건설부 건설공무원연수원 교관. [네덜란드 델프트 공과대학 유학 시 '간첩' 이재원과의 접촉 사실을 불고지해 조사받았으나 공소시효 만료로 불기소 의견 – 중앙정보부 발표]

함세웅 고 김승훈 신부와 함께 천주교정의구현전국사제단을 중심으로 1970, 1980년대 한국의 민주화운동을 이끈 천주교 사제. 1974년 12월 18일 명동성당에서 열린 최종길 교수 추도미사에서 최 교수의 고문치사 의혹을 공개적으로 제기. 1974년 말 최종선으로부터 '양심수기'를 건네받아 1988년 공개될 때까지 여러 경로를 거쳐 안전하게 보관케 하여 최종길 교수 사인 규명에 결정적 역할을 함.

허만위 사건 당시 중앙정보부 감찰실 행정과장. 1973년 10월 18일 직위 해제되어 행정과에 대기 중인 최종선을 관리.

황지현 [1962년 서베를린 대학에서 열린 세미나에서 최종길과 처음 만나 그와 함께 지하철로 동베를린의 프리드리히슈트라세 역까지 동행. 이 사실로부터 최종길의 압박 고문 수사가 시작되었음. 중앙정보부 수사관들은 황지현이 자기들의 공작책(프락치)임을 암시했으나, 황지현은 《동아일보》와의 전화 통화에서 본인은 정보부와는 전혀 무관하며 동베를린 방문도 1962년이 아니라 1958년에 호기심으로 한 번 가 보았고, 그때 최종길과 동행했는지는 기억이 없다고 함 –《동아일보》기사]

참고 자료

판결문·결정서·보고서 등

국정원과거사건진실규명을통한발전위원회, 〈인혁당 및 민청학련 사건 조사 보고서〉, 2005.
　　12. 7

대법원 제1부(상고심), 〈김장현 판결문〉, 2011. 12. 22

대법원 제1부(파기환송 상고심), 〈김장현 판결문〉, 1978. 7. 22

대법원 제3부(상고심), 〈김장현 판결문〉, 1974. 11. 26

서울고등검찰청, 〈김장현에 대한 상고이유서〉, 2011. 6. 22

서울고등법원 제2형사부(항소심), 〈김장현·김춘명 판결문〉, 1974. 7. 22

서울고등법원 제3부(파기환송심), 〈김장현 판결문〉, 1975. 3. 27

서울고등법원 제3형사부(재심), 〈김장현 판결문〉, 2011. 5. 19

서울고등법원 제3형사부, 〈김장현 재심개시결정서〉, 2011. 3. 28

서울고등법원, 〈최종길 사건 손해배상 부대항소 판결문〉, 2005. 10. 25

서울형사지방법원 제6부(1심), 〈김장현·김춘명 판결문〉, 1974. 3. 22

의문사진상규명위원회, 〈의문사진상규명위원회 1차 보고서(2000. 10~2002. 10)〉, 2003

의문사진상규명위원회, 〈의문사진상규명위원회 활동보고서〉, 2002

의문사진상규명위원회, 〈진정 제7호 최종길 사건 결정 요지〉, 2002. 5. 24

의문사진상규명위원회, 〈진정 제7호 최종길 사건 결정〉, 2002. 5. 24

의문사진상규명위원회, 〈진정 제7호 최종길 사건 보도자료〉, 2002. 5. 27

진실·화해를위한과거사정리위원회, 〈김장현 결정통지서〉, 2008. 5. 26

단행본

김재홍, 《박정희 유전자》, 개마고원, 2012

김정남, 《이 사람을 보라》 1~2, 두레, 2016

_____, 《진실, 광장에 서다》, 창비, 2005

김학민·이창훈, 《박정희 장군, 나를 꼭 죽여야겠소》, 푸른역사, 2015

김형욱·박사월, 《김형욱 회고록》 1~3, 아침, 1985

도널드 P. 그레그, 차미례 옮김, 《역사의 파편들》, 창비, 2015

나병식 선생 추모문집 편찬위원회, 《황토바람에 불빛 : 만파 나병식 선생 추모문집》, 풀빛,
　　　2015

민주화운동기념사업회 기획, 《그날 그들은 그곳에서》, 민주화운동기념사업회, 2008

민주화운동기념사업회 연구소 엮음, 《한국민주화운동사 1, 제1공화국부터 제3공화국까지》,
　　　돌베개, 2008

민청학련운동계승사업회 엮음, 《실록 민청학련 : 1974년 4월》 1~4, 학민사, 2003~2005

박원순, 《야만시대의 기록》 1~3, 역사비평사, 2006

신동호, 《70년대 캠퍼스》 1~2, 도요새, 2007

안병욱 외, 《유신과 반유신》, 민주화운동기념사업회, 2005

《암흑 속의 횃불 : 7, 80년대 민주화운동의 증언》 1~2, 기쁨과 희망 사목연구소, 1996

유시춘 외, 《우리 강물이 되어》 1~2, 경향신문사, 2005

유영구, 《남북을 오고간 사람들》, 글, 1993

이경재, 《유신 쿠데타》, 일월서각, 1986

이삼열, 《독일에서의 민주화운동》, 2016

이상우, 《(비록)박정희 시대》 1~3, 중원문화사, 1984~1985

이수자, 《내 남편 윤이상》 상·하, 창작과비평사, 1998

이신범, 《광야의 끝에서》, 실천문학사, 1991

이종찬, 《숲은 고요하지 않다 : 이종찬 회고록》, 한울, 2015

이충렬, 《아, 김수환 추기경》 1~2, 김영사, 2016

정운현, 《실록 군인 박정희》, 개마고원, 2004

천주교인권위원회 엮음, 《사법살인》, 학민사, 2001

최종길 교수를 추모하는 사람들의 모임 엮음, 《아직 끝나지 않은 죽음》, 공동선, 2002

최종선, 《산 자여 말하라 : 나의 형 최종길 교수는 이렇게 죽었다》, 공동선, 2001

한승헌 외, 《유신체제와 민주화운동》, 춘추사, 1984

한홍구, 《역사와 책임》, 한겨레출판, 2015

_____, 《유신》, 한겨레출판, 2014

황장엽, 《북한의 진실과 허위》, 통일정책연구소, 1998

기고문

고창조, 〈우리의 영원한 선배 최종길 교수님〉, 《아직 끝나지 않은 죽음》, 공동선, 2002

김기수, 〈나의 친구 최종길 교수〉, 《아직 끝나지 않은 죽음》, 공동선, 2002

김석주, 〈나의 중학 시절 친우 최종길을 생각하며〉, 《아직 끝나지 않은 죽음》, 공동선, 2002

김성렬, 〈오로지 학문에만 전념했던 성실한 친구〉, 《아직 끝나지 않은 죽음》, 공동선, 2002

김유성, 〈자애로우시며 의협심이 강하셨던 최종길 교수〉, 《아직 끝나지 않은 죽음》, 공동선, 2002

김윤수, 〈망명 아닌 '미국 망명' 17년, 유기천 박사 입을 열었다〉, 《주간조선》 12호, 1988. 6

김정남, 〈질풍노도 속으로…〉, 《아직 끝나지 않은 죽음》, 공동선, 2002

김창희, 〈동백림 사건요? 코미디였지요〉, 《뉴스플러스》 3호, 1997. 7

_____, 〈최종길 교수는 고문으로 사망〉, 《뉴스플러스》 19호, 1998. 11

김채윤, 〈그토록 쾌활하고 낙천적인 최교수였는데〉, 《아직 끝나지 않은 죽음》, 공동선, 2002

김충식, 〈HR 또 하나의 의혹 '교수 의문사'〉, 《동아일보》, 1988 12. 28

김학준, 〈최종길 선생님에 대한 추억〉, 《아직 끝나지 않은 죽음》, 공동선, 2002

김형태, 〈의문사진상규명위원회 최종길 사건 중간보고서 : 중정은 고문으로 간첩 만들고 타살 후 증거를 조작했다〉, 《신동아》, 2002. 2

김혜경, 〈저 산을 넘어 먼 곳에〉, 《아직 끝나지 않은 죽음》, 공동선, 2002

명응희, 〈오직 학문과 학생만을 사랑했던 사람〉, 《아직 끝나지 않은 죽음》, 공동선, 2002

문정현, 〈이렇게 끝날 수는 없다〉, 《아직 끝나지 않은 죽음》, 공동선, 2002

박병호, 〈믿을 수 있는 친구 최종길 교수〉, 《아직 끝나지 않은 죽음》, 공동선, 2002

박연철, 〈최종길 교수님의 명예회복〉, 《아직 끝나지 않은 죽음》, 공동선, 2002

백경자, 〈가슴속 깊이 묻혀있는 한〉, 《아직 끝나지 않은 죽음》, 공동선, 2002

백충현, 〈마음이 아름다우셨던 최종길 교수님〉, 《아직 끝나지 않은 죽음》, 공동선, 2002

손효원, 〈나의 인생에 깊이 스며든 외삼촌 최종길〉, 《아직 끝나지 않은 죽음》, 공동선, 2002

에드워드 베이커, 〈최종길은 나의 친구였습니다〉, 《아직 끝나지 않은 죽음》, 공동선, 2002

우태영, 〈서울법대 최종길 교수 의문의 죽음, 자살인가 타살인가〉, 《주간조선》 17호, 1988.

10

윤영전, 〈정의 깊은 최종길 선생님〉,《아직 끝나지 않은 죽음》, 공동선, 2002

윤재걸, 〈최종길 교수 고문치사사건의 정치사회적 배경〉,《아직 끝나지 않은 죽음》, 공동선, 2002

_____, 〈최종길 교수의 죽음은 고문치사였다〉,《뉴스메이커》, 1993. 5

이광택, 〈차철권 전 중정 수사관은 47가지 거짓말을 하고 있다〉,《신동아》, 2002. 6

_____, 〈최종길 교수와 함께 한 억압과 저항의 대학 시절〉,《아직 끝나지 않은 죽음》, 공동선, 2002

이부영, 〈우리 모두의 평화로운 정의구현을 위해〉,《아직 끝나지 않은 죽음》, 공동선, 2002

이상정, 〈선생님의 명복을 빌며〉,《아직 끝나지 않은 죽음》, 공동선, 2002

이시윤, 〈최종길 교수님에 대한 추억의 한 토막〉,《아직 끝나지 않은 죽음》, 공동선, 2002

전진우, 〈동백림 사건과 6·8부정선거〉,《신동아》, 1989. 4

제롬 코헨, 〈한국의 불길한 1주년〉,《워싱턴포스트》, 1974. 10. 5

지훈상, 〈학창시절의 우상 최종길 형님〉,《아직 끝나지 않은 죽음》, 공동선, 2002

최광준, 〈아빠!〉,《아직 끝나지 않은 죽음》, 공동선, 2002

최송화, 〈그가 아니라 그들이 죽었다〉,《아직 끝나지 않은 죽음》, 공동선, 2002

최종례, 〈나의 오빠 최종길〉,《아직 끝나지 않은 죽음》, 공동선, 2002

최종선, 〈동일방직 노조 사건 증언 전문〉,《dongA.com》, 2001. 3. 19

최희정, 〈나의 아버지와 어머니〉,《아직 끝나지 않은 죽음》, 공동선, 2002

함세웅, 〈최종길 교수 부활하다〉,《아직 끝나지 않은 죽음》, 공동선, 2002

홍은택, 〈'의문사 최종길 교수 자살할 이유 없었다' 73년 미CIA 한국 책임자 그레그 증언〉, 《뉴스플러스》 19호, 1998. 11

황우여, 〈아시아뿐만 아니라 세계가 주목한 학자〉,《아직 끝나지 않은 죽음》, 공동선, 2002

황적인, 〈최종길 교수의 업적과 학문적 영향〉,《아직 끝나지 않은 죽음》, 공동선, 2002

자료집

〈'5·16쿠데타 50년' 학술대회 자료집〉, 2011. 5. 16

〈2012년 오늘, 유신을 말하다 : 학술단체협의회 연합 심포지움 자료집〉, 2012

〈긴급조치 9호 철폐 투쟁 30주년 기념 학술토론회 자료집〉, 2005. 5. 13

〈누가 반헌법 행위자인가 : 반헌법행위자 열전 만들기 1차 토론회 자료집〉, 2015. 8. 12

〈대법원, 민주주의의 무덤이 되다 : 대법원 긴급조치 국가배상판결 규탄토론회 자료집〉,
    2015. 6. 22

〈민족민주열사, 희생자, 의문사 명예회복을 위한 제2차 학술회의 : 6월민주항쟁 10주년 기
    념 학술회의 자료집〉, 1997

〈박정희 정권의 국가폭력 희생 사건 재조명 학술세미나 – 위칭 '남조선해방전략당사건' :
    2012년 과거청산 학술세미나 자료집〉, 2012. 11. 12

〈살아서 만나리라! : 민족민주열사·희생자 합동추모제준비위원회 자료집〉, 1990. 6. 10

〈살아있는 과거사, 유신·긴급조치를 고발한다 : 토론회 자료집〉, 2012. 10. 24

〈식민의 유산, 유신의 추억 : 유신 40년 전국순회 특별전 도록〉, 민족문제연구소, 2012. 6

〈역사에 묻힌 죽음들 – 한국의 의문사문제 : 민족민주열사·희생자·의문사 명예회복을 위
    한 2차 학술대회 자료집 박원순 발제문〉, 1997. 6. 5

〈올바른 과거청산을 위한 연속토론회 자료집〉, 2004. 10. 28~11. 27

〈우리는 왜 '간첩'이 되었나? : 재일교포 정치범사건 40년 토론회 자료집〉, 2015. 10. 19

〈인혁당 '두 개의 판결'과 유신체제 관련 토론회 자료집〉, 1012. 9. 24

〈중단된 과거청산 어떻게 할 것인가 : 2012년 과거청산 토론회 자료집〉, 2012. 9. 17

〈천주교정의구현전국사제단 창립 40주년 감사미사와 학술대회 자료집〉, 2014. 9. 22

〈최종길 교수 고문치사 사건 관련 자료집〉, 최종길교수고문치사진상규명 및 명예회복추진
    위원회, 1999. 4

〈한국 민주화운동의 쟁점과 전망 : 2003년 학술심포지엄〉, 민주화운동기념사업회, 2003. 9.
    30

〈한국사회 변혁운동과 윤한봉 : 합수 윤한봉 기념사업회 학술토론회 자료집〉, 2013. 5. 13

언론보도

《경향신문》, 1973. 10. 25, 〈중앙정보부 발표, 유럽 거점 간첩단 적발〉 ; 1974. 3. 15, 〈울릉도
    거점 간첩단 47명 검거〉 ; 1988. 10. 19, 〈고 최종길 서울법대 교수 유신독재의 타
    살 재조명〉

《국민일보》, 2001. 10. 1, 〈의문사 최종길 교수 중정 발표 허위〉

《동아일보》, 1973. 10. 25, 〈유럽 거점 대규모 간첩단 적발〉 ; 1975. 3. 3, 〈기독교교수협 최
    종길 교수 사인규명 등 요구〉 ; 1988. 10. 16, 〈최 교수 동생, 전 중정과장 대질〉 ;
    1988. 10. 18, 〈검찰 '최 교수 타살 여부 못 가려'〉 ; 2001. 10. 21, 〈최종길 교수, 중

정 공작 희생양〉

《서울신문》, 1988. 8. 20, 〈'유신 사죄' 외친 참지식인〉

《신동아》, 2002. 3, 〈차철권 인터뷰 : '천지신명에 맹세코 나는 최 교수를 죽이지 않았다'〉

《연합뉴스》, 2001. 8. 20, 〈의문사 최종길 씨 '간첩자백' 사실과 달라〉

《오마이뉴스》, 2014. 9. 22, 〈이철 인터뷰〉

《일요신문》, 1988. 10. 16, 〈동생 최종선 씨가 말하는 형의 죽음〉

《조선일보》, 1969. 9. 5, 〈스승도 울고 학생도 울었다〉 ; 2001. 8. 21, 〈의문사 최종길 교수 간
    첩 자백 안했다〉.

《평화신문》, 1988. 10. 9~15, 〈서울대 최종길 교수 고문치사〉 ; 1988. 10. 16~22, 〈형과 함
    께 정보부에… 그리고 마지막이었다〉 ; 1988. 10. 23~29, 〈최교수 사인 증거 못 찾
    아〉

《PD저널》, 2014. 9. 23, 〈곽성문, 낙하산 논란에 중정 프락치 의혹까지…〉

《한겨레신문》, 1988. 10. 7, 〈최종길 교수 고문으로 죽었다〉 ; 1988. 10. 18, 〈자살이냐 타살
    이냐, '최종길 교수 죽음' 공방〉 ; 1988. 10. 20, 〈최종길 교수 타살 여부 못 밝혀〉 ;
    10. 21, 〈최종길 교수 죽음 미궁에 빠질 것인가〉 ; 1998. 7. 21, 〈송두율 교수 귀국대
    상서 제외〉 ; 1998. 8. 21, 황장엽씨 주장 진위 다시 도마〉 ; 2011. 11. 8, 김정남, 〈증
    언-박정희 시대〉 ; 2016. 1. 29, 〈'간첩조작' 수사관 14명 '국가안보' 기여 훈포장〉

《한국일보》, 1969. 9. 4, 〈단식농성 4일째, 서울법대생 50명〉 ; 1969. 9. 5, 〈75시간 만에 단식
    끝내, 교수들의 간곡한 만류로 어제 귀가〉 ; 1975. 3. 2, 〈'최종길 교수의 진상을 밝
    히라' 기독교교수협의회〉 ; 1988. 10. 7, 〈서울대 최종길 교수 '고문에 의해 숨졌다'〉
    ; 1988. 10. 8, 〈'혼자 검찰 입회하면 거액 준다' 회유〉 ; 1988. 10. 19, 〈최 교수 사인
    영원히 미궁으로〉 ; 2001. 8. 30, 〈최종길 교수 고문 타살 가능성〉

SBS, 1998. 11. 3 방영, 〈의문의 죽음 – 그리고 25년〉

SBS 인터뷰

게르하르트 케겔(쾰른 대학 법대 교수)

김장현(1973년 유럽 거점 간첩단 사건 구속자)

도널드 P. 그레그(전 주한 미국대사)

제롬 A. 코헨(하버드 대학교 법대 교수)

하인리히 파이퍼(훔볼트 재단 이사)

저자 인터뷰

강창일(국회의원), 2017. 2. 3

김아멜리아(샬트르 성바오로 수녀원 수녀), 2016. 4. 26

김연주(김장현 부인), 2016. 10. 19

김용석(전 청와대 인사비서관), 2015. 12. 28

김정남(전《평화신문》편집국장), 2016. 2. 19

김창희(전《동아일보》독일 특파원), 2015. 11. 22 ; 2016. 2. 28 ; 2016. 8. 27 ; 2016. 10. 11

박기용(전 중앙정보부 국제협력과 직원), 2016. 3. 15 ; 2016. 3. 22

박순철(제물포고등학교 이재원 교사 제자), 2016. 3. 25

박인배(전 세종문화회관 사장), 2016. 8. 4

심재갑(전 제물포고등학교 교사), 2016. 3. 24

윤진노(인천중·제물포고총동창회 사무국장), 2016. 3. 11

이근성(전《프레시안》대표), 2017. 3. 25

이삼열(전 숭실대학교 교수), 2016. 10. 19

이종구(성공회대학교 교수), 2016. 8. 1

이해동(전 한빛교회 담임목사), 2016. 9. 18.

정태헌(최종길·이재원과 인천중학교 동기동창), 2016. 3. 24

최광준(고 최종길 교수 아들), 2016. 8. 5 ; 2017. 3. 13

최종선(고 최종길 교수 동생), 2017. 2. 3 ; 2. 6

최희정(고 최종길 교수 딸), 2017. 3. 17

함세웅(천주교정의구현전국사제단 신부), 2016. 3. 10

황인성(전 청와대 시민사회수석), 2017. 4. 1

웹사이트

국가기록원 http://www.archivers.go.kr

국가법령정보센터 http://www.law.go.kr

네이버 http://www.naver.com

다음 http://www.daum.net

민주화운동기념사업회 http://www.archivers.kdemo.or.kr

위키피디아 http://ko.wikipedia.org
중앙일보 인물정보 http://bill.joins.com
진실·화해를위한과거사정리위원회 http://www.jinsil.go.kr

사전 등

《경찰학사전》, 법문사
《동창회원명부》, 인중·제고총동문회
《두산백과》, 두산동아
《법률용어사전》, 법전출판사
《시사상식사전》, 박문각
《한국근현대사사전》, 가람기획
《한국민족문화대백과사전》, 한국학중앙연구원
《한국민주화운동사연표》, 민주화운동기념사업회

찾아보기

ㄱ

가마야마 시게타로 467, 468

갈봉근 51

강구철 69

강병산 358~362

강신옥 175

강영원 69, 181

강창일 360

검은 10월단 사건 66

경제 · 과학심의회의 158, 160, 162, 184, 186, 192, 221, 237, 241

고두영 370

고병훈 34, 281, 301, 388, 419, 424, 425, 432, 443, 446, 459

고재웅 159, 162, 458

고창조 130, 357

공광덕 154

공덕귀 376

공로명 230

공성근 38

곽동의 334

곽성문 360~363

구법회九法會 36, 135

국가보안법 위반 피의 사건 인지동행 보고서 166, 307~309, 439

국가보위에 관한 특별조치법 47

국가비상사태 (선포) 46~49

국가안전기획부 55, 153, 387, 399, 414

국가재건최고회의 55, 56

국립과학수사연구소 20, 100, 106, 108, 112~115, 119, 265, 282, 295, 296, 309, 389, 394, 396, 397, 419, 444, 445, 448, 450~453, 465

국정원과거사진실규명을통한발전위원회 68, 157, 232

국제사법 및 외국사법연구소 82

국제연합식량농업기구(FAO) 185

군사영어학교 56

권영진 295, 398, 418, 442, 466, 469

권오석 42

그레그 58, 412

그로스크로이츠 172

긴급구속장 166, 167, 307~309, 431, 438, 440~442, 464, 466

긴급조치 142, 171, 331~333, 335, 339, 346, 348, 356, 360, 369, 379

길영희 80, 83, 202, 211, 212, 224, 225

김계호 162

김규남 153

김근태 65

김기수 173

김낙중 66

김남주 65

김대중 42, 45, 46, 49, 57, 58, 61, 65, 67, 68, 209, 329, 367, 387, 390, 411

김대중 납치 사건 67~71, 91, 230, 413, 416

김대중 내란 음모 사건 56

김덕창 87, 88, 358, 360

김동길 333

김동운 68

김동하 56

김득봉 206

김명옥 389, 418, 425, 455

김명환 418

김미옥 211

김병곤 71, 332

김병삼 42

김병상 337

김보현 163, 223

김상수 304, 389, 405, 472

김상원 245, 257, 259, 260~263, 266, 267, 279, 281, 282, 286~294, 296, 297, 301~306, 309, 388, 395, 398, 402, 419, 424~426, 430~432, 434~437, 442, 445, 447, 455, 456, 459, 466, 468, 469, 472, 473

김상현 114, 389, 397, 402, 418, 450~453

김석구 119

김석주 79, 173

김석찬 29, 30, 130, 164, 275, 418, 421

김성렬 174

김성수 158~161, 163, 164, 190, 191, 193, 201, 202, 205~210, 220

김수길 360

김수환 330, 334, 392

김순일 278, 418

김승훈 331, 337, 393, 413

김아멜리아 328~330, 349, 350

김연주 194

김연준 36

김영곤 66

김영삼 352, 387

김영주(남) 238

김영주(북) 48

김영준 360

김옥길 73, 314, 315

김용경 66

김용래 65, 163, 223

김용석 62

김용원 333

김유성 86, 92

김의영 176

김일 69

김일성 48, 190, 287, 312

김일식 418

김장현 113, 158~162, 164~166, 169, 180, 181, 183~197, 205~207, 210, 213, 214, 216, 217, 220, 221, 233, 237~241, 419, 457

김재규 52, 55, 334, 339, 369, 379, 386

김적교 163, 191

김정길 65, 163, 177, 178, 213

김정남 326, 331, 343, 390~392

김정택 184

김종전 163, 219

김종태 153

김종필 53, 55, 56, 59, 68

김종한 261, 290, 292, 296, 430, 433, 447, 448, 467, 468, 472

김증한 92, 94, 132, 364~366

김지하 333, 336, 339

김찬국 333

김창룡 53

김창희 209
김채윤 143
김철수 209, 210
김춘명 113, 158, 160, 161, 162, 164, 165, 169, 176~183, 192, 213, 214, 217, 218, 223, 224, 457
김치열 58, 59, 158, 266, 307, 310, 313, 389, 394, 456, 472
김택암 337
김학동 85
김학준 176, 201, 229
김형욱 154
김형태 246, 247
김혜경 175
김홍일 65

ㄴ ───────────────

나병식 69, 182, 332
남북적십자회담 49, 168, 205
남북조절위원회 48, 49
노봉유 80, 160, 163, 164, 167, 168, 201~205, 206, 210, 224, 253, 254, 258, 277, 278, 287, 288, 294, 301, 302, 308, 311~313, 419, 422
노봉환 202, 203
노태우 152, 387
녹지 257~259, 264, 294, 307

ㄷ ───────────────

대중당 42
대통령특별선언 49
덕우회 459, 460
데라우치 마사타케 54
델프트 공과대학 161, 162, 177, 212, 216~219
도예종 153, 333, 334

도종수 69, 71, 181
동베를린(백림) 간첩단 사건 153~157, 178, 183, 201, 203, 204, 218, 219, 229~231, 236, 420, 422
동일방직 노조 탄압 사건 370~379

ㄹ ───────────────

라이샤워 169
레름 90
뤼스트 411
류강하 337

ㅁ ───────────────

맹원구 373
명관심 162, 213, 215, 223
명응희 174
모성진 356
목정래 63
문국주 361
문익환 329
문정현 337, 343
문호철 356, 365
민건협(민주화운동건설협의회) 209
민변(민주사회를 위한 변호사 모임) 390
〈민우〉지 사건 66
민족주의비교연구회(민비연) 사건 155~157, 201, 229
민주공화당(공화당) 41~43, 47, 49, 156, 268, 368, 369
민주당 53
민주수호전국청년학생연맹 65
민주화운동관련자명예회복 및 보상심의위원회 371, 379, 469
민주회복국민회의 339
민청학련 계승사업회 362
민청학련(전국민주청년학생총연맹) 사건 56,

66, 73, 142, 325, 332~336, 339, 341, 343, 347, 356~362

민통련(민주통일민중운동연합) 339

ㅂ

바더 81

박기용 323~325, 327, 331, 343, 349, 350, 400

박기웅 323

박병호 143, 144

박복례 374, 378

박상래 337

박석무 65, 66

박성기 370

박세희 66

박스터 169

박영환 66

박원복 66

박응규 28~30, 418

박인배 360, 362

박정희 41~74, 86, 88, 89, 91, 106, 150~153, 155, 156, 169, 171, 184, 204, 209, 217, 219, 229~231, 323, 325, 329, 331~334, 339, 344, 352, 355, 356, 369, 371, 372, 376, 377, 379, 385, 386, 416

박종규 59, 413

박춘근 239

박춘영 120, 121, 144, 322

박형규 416

박혜숙 181

방용섭 376

배명갑 34, 109, 110, 132, 389, 394

배재식 92, 93, 412

백경자 83, 84, 95, 109, 116, 118, 120, 168, 304, 323~326, 343, 349~351, 363, 379, 412, 470, 471, 473

백충현 87, 93, 413, 414, 416

베이커 172

변영철 33, 245, 251, 257, 281, 388, 419, 424~428, 456, 469, 473

부활절 내란 음모 기도 사건 416

부회보 제42호 267, 303~307, 395

비상국무회의 50, 51

비상군법회의 332, 335

ㅅ

사법파동 49

4월혁명 53, 60

사회과학연구원(ISS) 162, 163, 185, 233, 234, 237, 239

(3·1) 민주구국선언 329

3선개헌반대투쟁위원회 42

삼청교육 380, 381

샬트르 성바오로 수녀원 328, 329, 335

서도원 333

서민석 377

서울대생 내란 음모 사건 57, 64

서울대학교 10·2시위 69~74, 332, 360

서재규 380, 389, 418

서정옥 162, 191

서철신 110, 275, 389, 441, 447, 448, 466, 469

성금례 77

손영길 36, 58

손원일 163, 186, 217, 237, 239, 240

손종호 34~36, 58, 115, 116, 283, 389, 418, 429, 454

손효원 121, 323

송기인 337

송두율 210, 220

송상진 333

송요찬 56

송운학 361

송종의 360

수기(양심선언, 양심수기) 37, 125~145, 303, 319, 321, 323, 326~331, 335, 338, 339, 351, 386~388, 391~393, 399, 401

수지김 사건 56

시국정화운동본부 53, 55

시노트 328, 340

신막동 184

신문보도안 307, 310, 313, 314, 423, 431, 440, 443, 464, 466

신민당 42, 47, 49, 106, 268, 352, 367~369, 385

신유수 222

신직수 59, 60, 169, 268, 333, 356, 387, 413

신현봉 337, 343

실미도 사건 49

심재권 65

ㅇ ─────────────

안경상 60, 99, 115, 263, 265, 281, 295, 301, 303, 356, 364, 387, 389, 394, 398, 402, 418, 421, 425, 431, 432, 438, 439, 441, 466, 469

안충석 337

안홍용 31, 32, 255, 258, 259, 263, 276, 281, 283, 293, 294, 301, 307, 388, 398, 419, 421~425, 428, 429, 431~434, 437, 440, 441, 443, 446, 455, 459, 460, 464, 467, 468, 472, 473

압수 조서 307, 308, 464, 466

양공숙 281, 419, 424, 425~428, 443

양달승 42

양명률 281, 419, 425, 426, 431, 432, 437, 455

양일동 68

양택식 61

양홍 337

엄양길 206

에거 379, 380

ASP 63

여석동 67

여정남 334

오세웅 367~369

오수창 113, 309, 389, 402, 453

5·16쿠데타 41, 53

오치성 49

오태순 337, 339, 343, 392

우종환 373

우홍선 333

울릉도 간첩단 사건 246, 266~270

위수령 57, 61~67, 69

유가협(민족민주유가족협의회) 414

유경식 66

유근일 334

유기준 368

유럽 거점 (대규모) 간첩단 사건 56, 80, 113, 126, 130~131, 157~197, 201, 203~205, 210, 213~215, 218, 220, 221, 229, 232~241, 275, 307, 310, 416, 437, 457, 458, 465

유성원 418

유신(체제) 46, 48~52, 55, 57, 60, 66, 67, 69~74, 86, 88, 91, 92, 106, 151, 165, 175, 176, 181, 207, 217, 229, 269, 329, 334, 339, 347, 355, 356, 358, 366, 370, 372, 386

유신헌법 51, 52, 56, 71, 73, 142, 331, 335, 416

유영래 66

6월항쟁 330, 387

유인태 332, 334
유호문 163
윤경노 66
윤보선 41, 329, 333
윤영전 94
윤영훈 65
윤이상 153, 154, 156, 178, 209, 219, 230~232
윤재걸 65
윤주병 337
윤치영 53
윤필용 사건 36
의문사진상규명에 관한 특별법 414
의문사진상규명위원회 121, 235, 238, 246, 248, 260, 265, 273, 280, 301, 402, 405, 406, 411~461, 463, 467~469, 471~473
이강 65
이강린 66
이계창 337
이광택 273, 371, 413
이권섭 191
이귀영 53, 55
이규환 211
이근성 69, 71
이동배 163, 185, 186, 237
이문성 71
이병정 37, 38, 99~103, 105, 108, 110~112, 114~116, 125, 126, 265, 303, 319, 389, 394, 395, 399, 401, 402, 418, 434, 435, 447, 457, 464
이부영 142
이삼열 208, 209
이성호 386
이성희 268, 269
이수병 333

이수성 88, 412
이수훈 163
이승만 53, 60, 82, 150, 179
이시윤 93, 94
이신범 65, 87, 142, 143
이영숙 370, 371
이완용 54
이용득 269
이용섭 29~31, 34, 35, 389
이용택 356, 365
이우정 376
이원찬 158, 159, 164, 168, 191, 220, 236, 308, 311, 312
이윤성 418
이응로 154, 156, 178, 230
이재걸 36, 58, 89
이재문 158, 159, 161, 163, 164, 178, 191, 206, 210, 217, 218, 237
이재오 360
이재원 29~31, 80, 130, 132, 133, 135, 158~161, 163, 164, 167, 177~183, 186, 190, 191, 201, 202, 205~207, 209~225, 234~241, 253, 254, 274, 278, 301, 302, 308, 312, 420~422, 458
이정빈 418
이정호 65
이종구 360, 361
이진봉 358, 360~362
(2차) 인혁당 (재건위) 사건 56
이창우 112~114, 182, 190, 192, 265, 296, 309, 389, 397, 398, 445, 446~449, 451, 472
이창홍 418, 449
이철 332, 334, 362
이철수 386
이총각 370, 372~374, 378, 379

이치왕 238

이평의 65

이필우 164, 185, 186, 190, 192, 233~241,
248, 275, 418, 420, 421

이해찬 361

이헌세 67

이형수 163

이환범 162

이황 65

이황하 176

이회기 58

이후락 36, 48, 51, 55~60, 68, 104, 387,
389, 394, 397, 400, 413, 423, 425, 450

이희일 162, 215, 217, 223

인권 회복을 위해 죽은 사람들을 위한 추도
미사 343~349, 392

(1차) 인혁당사건 153, 333, 339

임금동 289, 418, 435, 436, 464

임민우 163

임석진 154, 215, 231

ㅈ ─────────────

장기표 65

장덕필 337

장도영 56

장면 53, 55~57, 177

장송록 103, 105, 116, 140, 141, 255, 263,
264, 274, 281, 283, 285, 294, 295, 301,
303, 304, 307, 310, 388, 394, 395, 398,
402, 418, 421, 423, 425, 426, 429, 430,
433, 437~441, 443, 445, 455, 459, 460,
444, 446, 467~469

장현자 378

재독 한국 그리스도인의 바일슈타인 선언
208

전몽각 162, 177, 178, 182, 217, 224, 458

전영관 268, 269

전재덕 369

전태일 분신자살 사건 43, 44

정규명 154, 156

정금채 71

정낙중 119, 264, 265, 294, 295, 389, 398,
439, 441, 442, 447, 448, 461, 466, 469

정동성 368, 369

정동영 360

정만기 67

정멜라니아 328, 330

정문혜 164, 179, 212, 222~225

정문화 69, 332

정발기 66

정방지 206

정욱표 67

정일형 69, 329

정종판 222

정진영 66

정진옥 177, 217

정진회 필화 사건 67

정하룡 156

정호경 337

제정구 360

제철 66

조금분 378

조승혁 343

조영래 65

조영수 203, 204

조일제 281, 283, 389, 437~441, 466, 469

조화순 372, 373, 376, 377

주교회의 334, 336~338

주길자 370

주석균 154

중앙정보부(중정) 27~30, 32, 36, 37, 46,
53~56, 58~60, 64~66, 68, 69, 71, 78,

81, 87~89, 91~95, 106, 108, 110, 112,
113, 115, 118~120, 125~128, 130,
131, 136, 140~144, 152~158, 161,
164~170, 172, 173, 175, 176, 178~183,
186, 187, 190~192, 194~196, 201,
203~205, 207~210, 214, 216~221,
223, 230~232, 235~241, 245, 246,
249, 254, 257, 258, 260, 264~269, 274,
279, 301~305, 307~310, 314, 319,
320, 322, 324~326, 333~336, 340,
341, 343~346, 352, 355~358, 362,
364~368, 371, 373, 374, 378~381,
386~388, 392, 393, 395~402, 405, 406,
414~417, 419~423, 425, 426, 430,
433~437, 444, 445, 449, 453, 455~458,
463~465, 467, 470, 472, 473
중앙정보연구위원회 53, 55, 57
지학삼 335
지학순 323, 334~337, 340
지훈상 80, 127, 128, 321
진실·화해를 위한 과거사정리위원회 194,
195

ㅊ ─────────────

차지철 368
차철권 232, 233, 235, 238, 239, 245~270,
273~276, 288, 291, 297, 301~307,
310, 388, 395, 398, 402, 419, 421, 422,
424~431, 433~435, 440~445, 447,
449, 454, 455, 456, 458, 459, 465, 466,
469, 471~473
채희열 418
천관우 360
천상병 231
천주교인권위원회 473
(천주교)정의구현전국사제단 323, 326,

331, 338~341, 351, 385, 387~389, 392,
393, 396, 397, 402, 406, 411, 413, 458,
467
총선무효화투쟁위원회 42
최광준 78, 118, 233, 247, 278, 292, 349,
350, 379, 412, 414, 416, 471, 473
최규식 268, 269
최기식 337
최기영 66
최상희 77
최성석 386
최송화 91
최영박 162, 418, 421, 422
최영주 66
최재화 162, 219, 223
최종길 27, 29~33, 35, 36, 58, 77~96,
101, 105,~107, 109, 112~122,
125~127, 129~131, 133, 135~137,
139~144, 158~162, 164, 165~176,
180~182, 202, 204, 205, 208, 209, 211,
212, 220, 223, 225, 232~236, 238, 239,
245~255, 257~267, 270, 275, 276,
279, 285~292, 294, 296, 301~311,
313~315, 319~321, 323~326,
339~341, 343~346, 349~352, 355,
357, 358, 363~367, 371, 375, 379~381,
385~388, 391, 392, 396~402, 404~406,
411, 412, 414~446, 448~459, 461,
463~469, 471~473
〈최종길 교수 고문치사 관련 자료집〉 414
최종길 교수를 추모하는 사람들의 모임
412
최종길교수고문치사진상규명 및 명예회복
추진위원회 273, 413
최종남 77~79, 81, 117, 212, 225
최종례 77

최종선 27~38, 84, 92, 93, 95, 99~122,
   125~145, 158, 164, 166, 212, 249, 250,
   251, 256, 257, 280, 303, 304, 306, 307,
   314, 315, 319~323, 325~328, 330, 331,
   336, 341, 343, 351, 355~360, 363~369,
   371, 378~381, 386~393, 396, 399, 401,
   402, 406, 412, 416, 422, 457, 472, 473
최종수 28, 107, 108, 110, 111, 113, 116,
   119, 457
최종숙 119, 121, 412
최해인 219
최희정 315, 412, 470, 471, 473
7·4남북공동성명 47, 48, 68

ㅋ
케겔 81, 82, 85, 169, 170, 379, 418, 473
코헨 90, 169, 171, 340
크리스천아카데미 사건 56

ㅌ
태성범 37, 38
테르피츠 172
통일주체국민회의 51, 52, 368
통혁당(통일혁명당) 사건 153

ㅍ
파이퍼 90, 171
《평화신문》 331, 391~393
폴러스 412
피의자 신문조서 295, 308, 396, 431, 436,
   438, 440~444, 466

ㅎ
하재완 333
한국기독자교수협의회 385, 396
한국민주회복통일촉진국민회의(한민통) 68

한맥회 66
한영택 208
한완상 385
한찬우 162
한철종 162, 177, 179, 182, 183, 224
한태연 51
함상근 66
함석헌 63, 329
〈함성〉지 사건 65
함세웅 129, 323~~331, 336, 337, 341,
   349~351, 367, 387, 391, 392
항명파동 49
허만위 389
홀러커 81
홍인수 330
홍정기 71
황상근 337
황성모 154, 155, 157
황우여 175
황인범 360
황인성 69, 181, 332
황지현 278, 279, 418
훔볼트 재단 82, 90, 134, 135, 171, 277,
   411